Michael Bommes · Veronika Tacke (Hrsg.)

Netzwerke in der funktional differenzierten Gesellschaft

Michael Bommes
Veronika Tacke (Hrsg.)

Netzwerke in der funktional differenzierten Gesellschaft

VS VERLAG

Bibliografische Information der Deutschen Nationalbibliothek
Die Deutsche Nationalbibliothek verzeichnet diese Publikation in der
Deutschen Nationalbibliografie; detaillierte bibliografische Daten sind im Internet über
http://dnb.d-nb.de abrufbar.

1. Auflage 2011

Alle Rechte vorbehalten
© VS Verlag für Sozialwissenschaften | Springer Fachmedien Wiesbaden GmbH 2011

Lektorat: Frank Engelhardt

VS Verlag für Sozialwissenschaften ist eine Marke von Springer Fachmedien.
Springer Fachmedien ist Teil der Fachverlagsgruppe Springer Science+Business Media.
www.vs-verlag.de

Umschlaggestaltung: KünkelLopka Medienentwicklung, Heidelberg
Druck und buchbinderische Verarbeitung: Ten Brink, Meppel
Gedruckt auf säurefreiem und chlorfrei gebleichtem Papier
Printed in the Netherlands

ISBN 978-3-531-16095-5

Inhalt

IV Neue Medien des Social Networking

Einleitung

Michael Bommes und Veronika Tacke

Über soziale Netzwerke ist in den letzten Jahren sehr viel gesagt und geschrieben worden, zweifellos so viel, dass es eines besonderen Begründungsaufwandes bedarf, um den vielen Publikationen allein im deutschsprachigen Raum (siehe nur: Holzer 2006; Hollstein/Straus 2006; Stegbauer 2008; Holzer/Schmidt 2009) noch eine weitere hinzuzufügen. Wir wollen die Begründung für den vorliegenden Sammelband im Folgenden an der bemerkenswerten Erfolgsgeschichte der sozialen Netzwerkforschung entfalten. Angesprochen ist damit hier nicht der gesellschaftlich florierende Boom der Semantiken von Netzwerk, Vernetzung, Networking etc., der allerdings seinerseits noch einer soziologischen Erklärung harrt. Vielmehr beziehen wir uns hier zunächst enger auf die innerwissenschaftliche Erfolgsgeschichte der Netzwerkforschung, speziell in den Sozialwissenschaften. Allen voran ist hier an die unter dem Titel der sozialen Netzwerkanalyse (SNA) firmierende Netzwerkforschung zu denken, deren Wurzeln in sozialpsychologischen und anthropologischen Studien zu finden sind und mehr als ein halbes Jahrhundert zurückreichen (im Überblick: Holzer 2006; Jansen 2006). Gedacht ist aber auch an die demgegenüber weit jüngere Diskussion um Netzwerke als Form der ‚Governance‘, in der das Phänomen vor allem auf der Ebene von Organisationen und primär im politischen und wirtschaftlichen Kontext verortet wird (im Überblick: Weyer 2000; Kenis/Schneider 1995).

Einen einfachen quantitativen Indikator für wissenschaftlichen Erfolg stellt die enorme Zahl an Publikationen dar, die Datenbanken unter dem Stichwort Netzwerk ausweisen. Die Konsolidierung der sozialen Netzwerkanalyse wird darüber hinaus an einigen qualitativen Indikatoren ablesbar. Bemerkenswert ist, erstens, die Verbreitung von Netzwerkanalysen in einer Vielzahl von *Forschungsfeldern*, darunter, um nur einige zu nennen, die Familiensoziologie (Wagner 2002; Diaz-Bone 1997), die Medizinsoziologie (Hass 1997), die Migrationssoziologie (Haug 2003; Schütze 2003), die Religionssoziologie (Engelbrecht 2006), die Arbeits-, Wirtschafts- und Organisationssoziologie (Davern 1997; Powell 1990; Voss 2007). Speziell in der sozialen Netzwerkanalyse hat sich, zweitens, eine beachtliche Palette von *Methoden* der Erhebung und Analyse von Netzwerken herausgebildet. Liegt deren Schwerpunkt und Tradition einerseits im Bereich quantitativer Instrumente (Pappi 1987; Carrington et al. 2005; Jansen 2006), werden in jüngerer Zeit auch Methoden qualitativer Netzwerkforschung

sondiert (Hollstein/Straus 2006). Die erfolgreiche Konsolidierung der sozialen
Netzwerkanalyse spiegelt sich, drittens, darin, dass verstärkt Versuche zu beobachten sind, den Netzwerkansatz im *Verhältnis zu anderen Ansätzen* der Soziologie zu diskutieren – seien es Rational-Choice-Ansatz, Kommunikationstheorie
oder die Bourdieu'sche Soziologie (siehe nur die entsprechenden Beiträge in
Stegbauer 2008). Weitere Konsolidierungs- und Erfolgsindikatoren ließen sich
auch auf der Ebene der organisatorischen Etablierung der sozialwissenschaftlichen Netzwerkforschung angeben.[1]
      Erfolg verdeckt aber mitunter Probleme. Mit Bezug auf die Erfolge der
sozialwissenschaftlichen Netzwerkanalyse wollen wir hier zwei Folgeprobleme hervorheben und unterscheiden. Das erste Problem sehen wir darin, dass
im Zuge der bemerkenswerten Erfolgsgeschichte der Netzwerkforschung eine
Unsicherheit darüber entstanden ist, wo und wie diese Forschungen eigentlich
wissenschaftsprogrammatisch zu verorten und systematisch zu verankern sind.
Angesichts der auch fachübergreifenden Bedeutung von Netzwerkanalysen, die
weit über die Grenzen der Sozialwissenschaften hinausgeht, vereinfachen wir die
unsichere Sachlage dabei unsererseits bereits erheblich, indem wir die Frage der
Verortung und Verankerung der Netzwerkanalyse nur auf sozialwissenschaftlich
einschlägige Zweige beschränken. Wenngleich wir dahingestellt sein lassen, wo
die Grenzen einer spezifisch sozialwissenschaftlichen bzw. im engeren Sinne
soziologischen Netzwerkanalyse auszumachen wären, stellen sich doch nicht zuletzt für die Soziologie mehrere Fragen: Behandelt die soziale Netzwerkanalyse
eigentlich ein zwar gesellschaftlich vielfach verbreitetes, aber doch *spezifisches
soziales Phänomen*, das neben andere soziale Phänomene und Strukturen tritt –
und als Gegenstand dann entsprechend durch eine ‚spezielle Soziologie' zu be-
treuen wäre? Oder hat man es vor allem mit der Entwicklung einer *Methode der
Forschung* zu tun, die als solche voraussetzt, dass die theoretischen Grundlagen
für Hypothesenbildung oder phänomenologisches Verstehen anderswo im Fach
erzeugt werden? Oder hat man es mit einer *allgemeinen Sozialtheorie* zu tun,
die mit dem grundlegenden Anspruch antritt, eine ‚nicht subjektivistische', ‚rela-
tionale' und ‚antikategoriale' Zugriffsweise auf das Soziale schlechthin anzubieten (Granovetter 1985; Trezzini 1998; Emirbayer/Goodwin 1994: 1414)?
      Wie an vorliegenden Texten unschwer abzulesen ist, können alle drei Mög-
lichkeiten – spezielles Phänomen, Methode und Sozialtheorie – nebeneinander
in der Forschung existieren, also je ‚für sich' funktionieren. Eingedenk des bekannten Theorien- und Methodenpluralismus in den Sozialwissenschaften ist
das prinzipiell auch nicht ungewöhnlich. Ungewöhnlich und auffällig ist aber im
vorliegenden Falle, dass die Netzwerkforschung heute in ein sozialtheoretisch-

---

[1] So ist die Netzwerkforschung seit 2008 in der DGS, dem Fachverband der Soziologie in Deutschland, in einer eigenen Arbeitsgruppe organisiert.

grundbegriffliches und ein gegenstandsbezogen-spezielles Programm auseinanderfällt (vgl. Tacke 2000; Bommes/Tacke 2006, Wiederabdruck in diesem Band). So setzt auf der einen Seite der spezielle Zugriff voraus, dass es neben sozialen Netzwerken – als besonderen Sozialgebilden – mehr oder weniger zahlreiche andere soziale Strukturen oder Sozialgebilde gibt[2]; auf der anderen Seite muss der grundbegrifflich-allgemeine Ansatz letztlich leugnen, dass andere Sozialstrukturen an die Stelle von sozialen Netzwerken treten könnten.

Weil eine kombinierte Ausgangsannahme – alle sozialen Beziehungen sind Netzwerke, *und* soziale Netzwerke sind spezielle Sozialbeziehungen – zwangsläufig paradox wäre, kann man mit einiger Sicherheit annehmen, dass die soziale Netzwerkforschung dieses Problem mit ihren eigenen Mitteln nicht wird lösen können. Es sei denn, sie etabliert dauerhaft ein Schisma zwischen einem allgemeinen und einem speziellen Zugriff auf Netzwerkphänomene, und der eine Zugriff hebelt dann den anderen laufend aus.

Zur Auflösung der Unsicherheiten im fachlichen Status der Netzwerkforschung bedarf es argumentativer Schützenhilfe – und es liegt nahe, sie in der (übrigen) Soziologie als Disziplin zu suchen. Das ist, wie gesagt, auch bereits der Fall. Die Anstrengungen, den Ansatz der sozialen Netzwerkanalyse ins Verhältnis zu auch anderen theoretischen Ansätzen des Faches zu setzen, die grundbegrifflich nicht mit dem Netzwerkkonzept beginnen, sondern andere und weitere Annahmen einführen, lesen wir als eine Reaktion nicht zuletzt auf dieses paradoxieträchtige Problem der Netzwerkanalyse. Solche Anstrengungen und Bemühungen um fachliche ‚Schützenhilfe' bleiben allerdings zum einen noch daraufhin zu befragen, wie überzeugend sie im Einzelnen eine theoretische ‚Integration' von sozialtheoretischen Ansätzen zu leisten vermögen. Unseres Erachtens wären sie zum anderen und vor allem aber genauer daraufhin zu prüfen, ob und inwieweit sie ein zweites Problem ‚einfangen' und einer Lösung näherbringen, das sich im Erfolgszug der Netzwerkanalyse herausgebildet hat.

Dieses zweite Folgeproblem des Erfolgs betrifft vor allem den im engeren Sinne formalen Zweig der Netzwerkanalyse und -methodik (SNA).[3] Gemeint ist, dass der SNA im Zuge ihrer Tendenz, im Prinzip jedwede soziale Wirklichkeit

---

[2] Schon wo Netzwerke als wirtschaftlicher und/oder politischer Modus der Governance konzipiert werden, werden ihnen immerhin Märkte und Hierarchien zur Seite gestellt.

[3] Für spezielle Netzwerkkonzepte, wie sie sich im Kontext der Wirtschafts- und Politikforschung in den letzten Jahrzehnten herausgebildet haben (vgl. Weyer 2000), stellt sich dieses Problem ebenfalls, aber doch ganz anders. Kurz gesagt, lösen diese Zugriffe zwar nicht die Gesellschaft in Netzwerke auf, vielmehr formulieren sie – umgekehrt – den Netzwerkbegriff von vornherein in gesellschaftlicher, aber hochspezifischer, eben durch Reflexionsprämissen der Wirtschaft (Transaktionskosten) oder der Politik (politische Steuerung) präformierter Weise. Netzwerkphänomene werden damit nicht als gesellschaftlich *allgemeines* Phänomen verständlich – oder, sofern als gesellschaftliches Phänomen, dann nur in spezifisch eingeschränkter Weise.

in soziale Netzwerkrelationen aufzulösen, die *Gesellschaft* abhandengekommen ist. Auch dies ist ein Effekt des Erfolgs der SNA. Ausgangspunkt dieser Entwicklung dürfte sein, dass die Attraktivität und Eleganz der SNA nicht zuletzt auf der Einfachheit ihres Zugriffs auf Soziales beruht; ausnahmslos alle sozialen Wirklichkeiten lassen sich in Beziehungsmuster (Relationen) auflösen und formal dann in ‚Kanten' und ‚Knoten' darstellen.[4] Zunächst schon macht dies verständlich, dass sich die Energien in der SNA nicht zuletzt auf Methodenentwicklungen richten. Zum Wachstum und Erfolg der SNA trägt vor allem aber bei, dass eine so angelegte Forschung von vornherein nicht scheitern kann. Denn die Annahme, dass das Soziale sich in Netzwerken darstellt (und erschöpft), findet in der Gesellschaft unbegrenztes und nahezu beliebiges Material.

Kann die Forschungslandschaft in der Anwendung der Varianten und Methoden formaler Netzwerkanalyse in dieser Weise ungebremst wachsen, fragmentiert sie sich in der Folge zugleich zusehends. Das überrascht nicht, denn im Prinzip kann von jedem Knoten aus ein ‚ego-zentriertes' Netzwerk beschrieben werden. Selbst wenn man von der Frage absieht, ob und inwiefern auch Organisationen oder Staaten ‚Netzwerkakteure' sein können, sind damit bereits – mindestens – sechseinhalb Milliarden Netzwerke bezeichnet. Die Frage nach der Gesellschaft, in der all diese Verkantungen und Verknotungen stattfinden, stellt sich damit aber umso dringlicher. Was unterscheidet Netzwerke eigentlich, und was macht sie vergleichbar? Und mehr noch: Welche Voraussetzungen und impliziten Annahmen erlauben es eigentlich dem Netzwerkforscher, Netzwerke auszuwählen und entsprechende methodische Schnitte in die vernetzte Welt des Und-so-weiter der Kontakte und Beziehungen einzuführen? Werden nicht auch in der SNA regelmäßig und notwendigerweise Strukturen *jenseits* von sozialen Netzwerken angenommen, die es überhaupt erst erlauben, sei es ein Unternehmen, eine Region, eine künstlerische oder wissenschaftliche Gemeinschaft, eine Partei dann *als* Netzwerk methodisch auszugrenzen und zu untersuchen (vgl. Doreian/Woodard 1992)? Und werden insofern nicht zwangsläufig sinnhaft unterscheidbare Rollen (als Organisationsmitglied, als Familienangehöriger, als Wissenschaftler, als Lokalpolitiker etc.) unterstellt, damit aber bereits Strukturen vorausgesetzt, um Netzwerke analysieren zu können, die sich selbst nicht zwanglos als Netzwerkstrukturen verstehen lassen?

Man kann vermuten, dass Fragen dieser Art sich dem Netzwerkforscher der SNA gar nicht stellen, das Gros sich eher in einem pragmatischen Interesse an Gelegenheiten für die Analyse von Kanten und Knoten einrichtet. In Zweifel muss man aber ziehen, dass sich mittels der Unterscheidung von Kanten und

---

[4] Die Netzwerkanalyse nimmt auf der Grundlage ihrer Binnenunterscheidung – Kanten und Knoten – eine formale Identifikation möglicher Beziehungsmuster vor sowie die Bestimmung der daraus resultierenden Restriktionen für jeweils interessierende Beziehungen.

Knoten – über das Zusammentragen von allerlei sozialen Netzwerken und die Vermessung ihrer Struktureigenschaften hinaus – soziologisch Relevantes sagen lässt. Was unterscheidet z. b. Migrationsnetzwerke, Wissenschaftlernetzwerke, Korruptionsnetzwerke, Nachbarschaftsnetzwerke oder Terrornetzwerke voneinander, und was könnten sie mit z. b. Netzwerken von Bundestagsabgeordneten, Unternehmensnetzwerken, Innovationsnetzwerken oder Netzwerken von Arbeitslosengeldempfängern (vgl. die Beiträge in Stegbauer 2008; Weyer 2000) zu tun haben? Dies ergibt sich offenkundig nicht allein aus formalen Ähnlichkeiten oder Unterschieden ihrer Binnenstrukturen, sondern letztlich eben erst aus der sie umgebenden Gesellschaft. Diese im Blick, kommt hinzu, dass sich aus der Brauchbarkeit bestimmter soziologischer Konzepte für Netzwerkforschungen nicht ohne Weiteres auch deren Plausibilität für eine Beschreibung der Gesellschaft ergibt. Zu denken ist hier an die eigentümlich selbstläufige Karriere des Sozialkapital-Begriffs in der Netzwerkforschung, die dabei nicht selten nahelegt, die konzeptionelle Affinität zwischen Netzwerk und Sozialkapital erlaube Schlüsse auf eine Ungleichheitstheorie der Gesellschaft.[5]

Kurz gesagt: Was der Netzwerkanalyse fehlt, ist ein gesellschaftstheoretisches ‚Defragmentierungsprogramm'.[6] Gemeint ist damit nicht nur eine Anreicherung des Netzwerkansatzes durch andere – sei es praxistheoretische, individualistische oder institutionalistische – Sozialtheorien, sondern gefragt ist eine *Theorie der Gesellschaft*, die es zum einen erlaubt, die Vielfalt und Heterogenität sozialer Netzwerkphänomene zu ordnen und sie zugleich in eine Relation zu anderen sozialen Strukturen der Gesellschaft zu setzen. Unterstellt man, dass es neben Netzwerken auch andere (und möglicherweise gesellschaftlich relevantere) Strukturen gibt, müsste die SNA im Übrigen auch imstande sein, das Ausbleiben und die Substitution sozialer Netzwerkbildungen zu erklären – anstatt nur umgekehrt die irgendwie vorausgesetzte Gesellschaft in eine unendliche und unerklärte Vielfalt von Netzwerken aufzulösen.

Wo in diesem Zusammenhang die Frage nach der Gesellschaft gestellt wird, liegen sofort zahlreiche Folgefragen auf der Hand: Wie und in welchen Hinsichten wird für soziale Netzwerke die Gesellschaft, die sie „umgibt", relevant? Was trägt die Gesellschaft zur Konstitution sozialer Netzwerke bei? Was unterscheidet

---

[5] Dies vollzieht sich typischerweise zwar nicht explizit in Auseinandersetzung mit einem Begriff von Gesellschaft, dieser Bezug ist aber erschließbar, etwa wenn der Zusammenhang von Sozialkapital und Netzwerkbildung als „status attainment and, thus, (...) social stratification and social mobility" gelesen und zugleich dann im Kontext von „political economies" interpretiert wird. Vgl. Lin 1999: 468.

[6] Diese Wendung verdanken wir einer längere Zeit zurückliegenden mündlichen Formulierung von Jörg Bergmann, der – wohl aus vergleichbaren Gründen – den Bedarf für ein theoretisches „Defragmentierungsprogramm" für die vielfältigen und heterogenen Resultate der ethnomethodologischen Konversationsanalyse konstatierte.

soziale Netzwerke von anderen sozialen Strukturbildungen innerhalb der Gesellschaft? Wo lässt die Gesellschaft soziale Netzwerke überhaupt entstehen – und wo und aus welchen Gründen gegebenenfalls nicht? Wo drängt sie Netzwerkbildungen in den Nachtschatten ab? Wie ist die Gesellschaft im Einzelnen an – offenbar recht verschiedenen – Typen der Netzwerkbildung beteiligt? – Angesichts solcher Fragen wird sich die soziologische Netzwerkforschung, pointiert gesagt, auf Dauer wohl weder mit der letztlich trivialen Einsicht begnügen wollen, dass soziale Netzwerke stets in der Gesellschaft vorkommen (wo auch sonst?), noch mit einer schlichten Behauptung, dass soziale Beziehungen eben immer schon Gesellschaft sind (aber welche Gesellschaft wäre das?).

Programmatisch ist der vorliegende Sammelband in die Erfolgsgeschichte der Netzwerkanalyse und ihre Folgeprobleme hineinformuliert, von denen wir einige zuvor skizziert haben: Wir gehen auf der einen Seite davon aus, dass die soziologische Netzwerkforschung zur Klärung entstandener Unsicherheiten über ihren fachinternen Status eines ‚netzwerkexternen Ankers' bedarf, der außerhalb einer Theorie und Methode des Netzwerkes, aber innerhalb der Soziologie als Disziplin zu suchen ist. Und wir argumentieren auf der anderen Seite, dass dieser Anker in der Unterscheidung von ‚Gesellschaft und Netzwerk', also der gesellschaftstheoretischen Aufklärung dieses Verhältnisses, zu finden ist.

Zweifellos ist mit der Hinwendung zur Unterscheidung von Gesellschaft und Netzwerk keine ‚schnelle Lösung' verbunden; vielmehr treten damit erst zahlreiche eigenständige Herausforderungen in den Blick.

Wenn wir eingangs argumentiert hatten, dass die Netzwerkanalyse die Folgeprobleme ihres Erfolgs nicht mit den eigenen Mitteln wird lösen können, vermag an dieser Stelle zwar eine gesellschaftstheoretische Rekonstruktion von Netzwerken einzuspringen; sie führt aber nahezu zwangsläufig dazu, nicht nur das formale Programm der Netzwerkanalyse, sondern auch den damit verbundenen sozialtheoretischen Netzwerkbegriff zu unterlaufen. Denn sobald soziale Netzwerke *in* der Gesellschaft gedacht werden sollen, wird – so oder so – zum Problem, dass das Netzwerk der SNA lediglich durch eine *binnenkonstitutive Differenz* definiert ist, formal in der Fassung von ‚Knoten' und ‚Kanten' beziehungsweise soziologisch spezifiziert durch ‚Akteure' und ‚Beziehungen'. Auf der Grundlage einer rein binnenkonstitutiven Unterscheidung werden soziale Netzwerke allerdings von vornherein *umweltlos* bestimmt.[7] Dem Umstand, dass es

---

[7] Der Netzwerkbegriff hat in dieser Hinsicht Ähnlichkeit mit dem Rationalitätsbegriff von Theorien rationaler Wahl; denn auch in diesem Fall wird mit einer binnenkonstitutiven Unterscheidung gearbeitet: Zweck und Mittel. Dies gilt im Übrigen auch für den Sinnbegriff der soziologischen Systemtheorie mit seiner binnenkonstitutiven Unterscheidung von Aktualität und Potentialität. Der Sinnbegriff unterscheidet sich aber mindestens insofern vom Rationalitäts- und vom Netzwerkbegriff, als er nicht als Letztbegriff der (System-)Theorie fungiert. Prozessoren von Sinn sind vorausgesetzt – und die Analyse des Fundierens von Sinn führt genau dazu, den Systembegriff

auch in der Umwelt von sozialen Netzwerken Gesellschaft und damit auch andere soziale Strukturbildungen als soziale Netzwerke gibt (seien es Familien, Staaten, Organisationen, Professionen, oder nenne man sie politische, wirtschaftliche, wissenschaftliche und künstlerische ‚Institutionen‘), lässt sich nun allerdings nicht im Modus einer begrifflichen Addition Rechnung tragen. Das wird ersichtlich schon daran, dass der Strukturbegriff der SNA mit der binnenkonstitutiven Reduktion des sozialen Netzwerkes auf eine Kontakt- oder Beziehungsstruktur bereits in sehr spezifischer Weise belegt ist bzw. mit dem Netzwerkbegriff selbst zusammenfällt. Würde dieser ‚strukturalistische‘ Strukturbegriff zur Beschreibung von Strukturen in der gesellschaftlichen Umwelt der Netzwerke übernommen, wäre man wieder beim Ausgangspunkt: Die Gesellschaft würde insgesamt auf eine soziale Netzwerkstruktur reduziert. Wird dagegen von einem anderen allgemeinen Strukturbegriff ausgegangen (seien es kommunikative Erwartungs- oder soziale Deutungsstrukturen), der es erlauben würde, gesellschaftliche Ordnungsbildungen ‚neben‘ sozialen Netzwerken zu erfassen, gerät zwangsläufig der strukturalistische Strukturbegriff der SNA – und mit ihm zugleich der damit zusammenfallende Netzwerkbegriff – unter theoretischen Anpassungsdruck.

Zu den Herausforderungen der Beschreibung des Verhältnisses ‚Netzwerk und Gesellschaft‘ gehört schließlich aber auch, dass auch gut ausgearbeitete und elaborierte Programme soziologischer Gesellschaftsbeschreibung dem Phänomen sozialer Netzwerkbildung bislang recht wenig systematische Aufmerksamkeit gewidmet haben.[8] Ein empirischer Schluss auf eine gesellschaftliche Irrelevanz sozialer Netzwerke kann daraus nicht gezogen werden – jedenfalls sicher nicht voreilig und umstandslos.[9] Umgekehrt kann man das weitgehende Schweigen von Gesellschaftstheorien zu sozialen Netzwerken aber auch als Hinweis lesen, die Relevanz des Phänomens soziologisch und gesellschaftlich nicht zu überschätzen. Die „Netzwerkgesellschaft" (Castells 2001) ist eine zweifellos schnell austauschbare Formel für die Selbstbeschreibung von Gesellschaft.[10] Selbst wenn die Rede

---

einzuführen und damit die Unterscheidung von System und Umwelt. Vgl. zur Ähnlichkeit von Rationalitäts- und Sinnbegriff auch Stichweh 1995.

[8] Siehe etwa zur Verwendung des Netzwerkbegriffs in Luhmanns ‚Gesellschaft der Gesellschaft‘ Bommes/Tacke 2007. Den Einbau des Netzwerkbegriffs in die Giddens'sche Theorie der Strukturierung betreiben seit vielen Jahren Arnold Windeler (2001) und Jörg Sydow (1992). Wir sehen darin ein weiteres Beispiel (s. o.) für die Auseinandersetzung der Netzwerkforschung mit anderen Sozialtheorien – nicht also ein Beispiel einer gesellschaftstheoretischen Auseinandersetzung mit der Netzwerkforschung.

[9] Durchaus vergleichbare Defizitanzeigen und Kritiken lagen immerhin auch in Bezug auf eine „gesellschaftslose" Beschreibung von Organisationen über viele Jahrzehnte vor, ohne dass sie systematisch bearbeitet worden wären (vgl. für andere nur: Kudera 1977).

[10] Daran ändert auch die jüngere Semantik der „Netzwerkgesellschaft" letztlich wenig, soweit diese sich bisher nicht in der Lage gezeigt hat, die erheblichen Begründungslasten zu tragen, die nötig wären, um wenigstens einen (ausgewählten) Teil jener Strukturbildungen im Verhältnis auch zu-

von einer „Netzwerkwirtschaft" (Hessinger et al. 2000) und einem „Netzwerkstaat" (Castells 2003) neben erheblichen organisatorischen Strukturveränderungen auch auf einen bemerkenswerten gesellschaftlichen Legitimitätszuwachs von sozialen Netzwerken hinweist, und auch wenn die Durchdringung der Gesellschaft mit computervermittelter Kommunikation Möglichkeiten des „Networking" erheblich steigert (siehe Beher u. a. in diesem Band), sind einstweilen erhebliche Zweifel angebracht, ob sich damit eine „nächste Gesellschaft" (Baecker 2007) ankündigt. Zunächst jedenfalls wäre das Verhältnis Netzwerk/Gesellschaft soziologisch genauer in den Blick zu nehmen. Ohne Übertreibung muss man aber sagen: Den ‚Netzwerken ohne Gesellschaft', wie sie die SNA, aber wohl auch die organisatorische Netzwerkforschung bislang erforscht und konzipiert, steht bislang eine ‚Gesellschaft ohne Netzwerke' gegenüber.

Die Frage nach dem Verhältnis von sozialen Netzwerken und Gesellschaft wird im vorliegenden Band als Frage nach dem Verhältnis von sozialen Netzwerken und gesellschaftlicher Differenzierung gestellt,[11] wobei es speziell für die moderne Gesellschaft dann um die Bestimmung von sozialen Netzwerken im Rahmen *funktionaler Differenzierung* geht. Bezeichnet ist damit einerseits die gesellschaftliche Ausdifferenzierung von Funktionssystemen für Wirtschaft, Politik, Recht, Wissenschaft, Kunst, Erziehung, Krankenbehandlung usw., andererseits und zugleich die Ausdifferenzierung der drei Systemtypen Funktionssystem, Organisation, Interaktion, die auf unterschiedlichen Modi der Grenzziehung (funktionsspezifische Codierungen, Mitgliedschaftsentscheidungen, reflexive Wahrnehmung von Anwesenheit) beruhen (Luhmann 1997, 1975).

An das Konzept funktionaler Differenzierung schließen bereits verschiedene Versuche an, den Netzwerkbegriff in die Luhmann'sche Gesellschaftstheorie einzubauen: So hatte in kritischer Absetzung vom Netzwerkparadigma Tacke (2000) zunächst den Versuch gemacht, die Möglichkeit und die Unwahrscheinlichkeit der Bildung sozialer Netzwerke im Rekurs auf Strukturbedingungen funktionaler Differenzierung zu bestimmen. Auf der Grundlage des Modus des kommunikativen Einbezugs von Individuen als „soziale Adressen" (Fuchs 1997) wird die funktionale Differenzierung hier vor allem als Voraussetzung und Einschränkung für die Freisetzung von sozialen Netzwerken als einem eigenständigen sozialen Strukturtyp sichtbar gemacht – und später in der Konsequenz auch als eine soziale Systembildung eigenen Typs zugespitzt (Bommes/Tacke 2006, Wiederabdruck in diesem Band). Holzer (2006, 2008) beschrieb Netzwerke demgegenüber einerseits explizit vergleichend im Re-

---

einander zu klären, mit denen sich die Soziologie seit den Klassikern befasst hat (nenne man sie in loser Reihenfolge Staat, Markt, Kapitalismus, Arbeitsteilung, Bürokratie, Profession, Organisation, Familie, Soziale Bewegungen, etc.).

[11] Vgl. zur Theorie gesellschaftlicher Differenzierung im Überblick: Schimank 1996.

kurs auf unterschiedliche Differenzierungsformen von Gesellschaft, orientierte sich dabei aber andererseits, ähnlich wie auch Fuhse (2010), weit stärker an einer Theorieentwicklung nahe am Programm der SNA. Auch Stichweh (2000, 2007), der sich für Netzwerke vor allem als eine die Weltgesellschaft kennzeichnende Strukturbildung interessiert, schließt explizit an Argumente der SNA an („small worlds", „scale free networks"). Im Rahmen der universalisierten Ermöglichungs- und Einschränkungsbedingungen von Kommunikation erscheinen soziale Netzwerke als „Adressenordnungen" (Stichweh 2000) der Funktionssysteme – und damit nicht als besondere Sozialform, die sich auch quer zu primären Grenzziehungen bilden und auf der Grundlage selbst hergestellter Partikularität stabilisieren kann.

Zusammengenommen ist damit zum einen auch in die differenzierungstheoretische Diskussion das Problem hineinkopiert, inwieweit es sich bei Netzwerken um ein ubiquitäres gesellschaftliches Phänomen handelt (denn: jede Kommunikation muss Adressen *selektiv* einbeziehen) oder um eine spezielle und gesellschaftlich zugleich ‚verquere' Sozialform. Finden Netzwerke ihre kommunikativen Möglichkeiten und Einschränkungen an den Grenzen anderer Sozialsysteme, vor allem Funktionssystemen und Organisationen, oder erzeugen sie auf der Grundlage gesellschaftlicher Möglichkeiten auch eigene Sinngrenzen für die Fortsetzung ‚ihrer' Kommunikation? Immerhin aber ist mit einer so gestellten Frage – in den Kontext der Differenzierungstheorie gestellt – bereits ein Forschungsproblem formuliert und an die Stelle von bloßer Fragmentierung und offener Unbestimmtheit getreten. Zum anderen sind die zuvor genannten Texte auch insoweit noch als programmatisch aufzufassen, als sie zwar das gesellschaftliche *Potential* für Netzwerkbildungen allgemein zu bestimmen versuchen, aber unter anderem eine Antwort auf die Frage schuldig bleiben, wie sich die *Reichhaltigkeit* von Netzwerkbildungen in der funktional differenzierten Gesellschaft erfassen lässt und darstellt. Man kann zwar allgemein vermuten, dass sich auf der Ebene der Morphologie von Netzwerken keine Ein-für-allemal-Aussagen treffen lassen, weil die hochdifferenzierte Gesellschaft eben auch hochdifferenzierte Formen der Netzwerkbildung ermöglicht. Allerdings stellt die Theorie der gesellschaftlichen Differenzierung zahlreiche Möglichkeiten und Perspektiven für strukturelle Einschätzungen von sozialen Phänomenen bereit. Soweit dies soziale Netzwerke betrifft, zeichnen sich in den Beiträgen des vorliegenden Bandes einige ab.

Wir kommen im Folgenden auf die einzelnen Beiträge zu sprechen und werden dabei einzelne Argumente mit Bezug auf die Frage aufgreifen und aufeinander beziehen, welche strukturellen Einschätzungen und differenzierungstheoretischen Perspektiven sie hinsichtlich des Zusammenhangs von ‚Netzwerk und Gesellschaft' anbieten.

Die soziologische System- und Differenzierungstheorie legt in methodischer Hinsicht vor allem Vergleiche nahe.[12] Der Beitrag von *Boris Holzer* vergleicht soziale Netzwerkbildungen im Rahmen und in Abhängigkeit von gesellschaftlichen Differenzierungsformen (segmentäre Gesellschaften, stratifizierte Adelsgesellschaften, funktional differenzierte moderne Gesellschaft). Er zeigt in dieser Vergleichsperspektive, dass soziale Netzwerke zwar keineswegs eine moderne Erfindung sind, dass aber erst in der modernen Gesellschaft jene Bedingungen vorliegen, unter denen soziale Netzwerke sich sowohl gegenüber der ‚Gesellschaft' insgesamt wie auch gegenüber ‚Interaktion' profilieren können. Mag der Historiker – siehe den Beitrag von *Peter Hertner* – hinsichtlich starker (Differenzierungs-)Thesen und großer historischer Vergleichslinien von Haus aus viel vorsichtiger argumentieren als der gesellschaftstheoretisch interessierte Soziologe, ergibt doch auch der Blick in die historische Forschung und entsprechende Quellen offenbar kein abweichendes, sondern ein reichhaltig bestätigendes und gut illustrierendes Bild.

Für den Fall der modernen Gesellschaft liegen Vergleiche vor allem mit Bezug auf unterschiedliche *Funktionssysteme* nahe. In diesem Sinne beleuchtet der Beitrag von *Veronika Tacke* „Soziale Netzwerkbildungen in Funktionssystemen der Gesellschaft" vergleichend am Fall von Wissenschaft, Kunst, Politik und Wirtschaft, wobei sie zeigt, wie das kontextabhängig eingeschränkte und ermöglichte Potential partikularer Netzwerkbildungen mit der Funktionstypik der Kommunikation dieser Systeme und der Rolle korreliert, die Organisationen in diesen Kommunikationen zukommt. Zwei weitere Beiträge nehmen je ein Funktionssystem vertiefend in den Blick. Vergleicht man sie, fällt nicht nur die – offenbar zufällig – hochgradig analoge Titelwahl auf, sondern auch und gerade deshalb, dass sich hier bemerkenswert unterschiedliche Perspektiven auf soziale Netzwerke ergeben, die offenbar alles andere als zufällig sind. Während es bei den „Netzwerken der Wissenschaft", die der Beitrag von *Cristina Besio* behandelt, im empirischen Sinne um die – gleichsam ganz alltäglich daherkommenden – sozialen Netzwerkbildungen unter Wissenschaftlern geht, sind mit den „Netzwerken des Rechts", die *Karl-Heinz Ladeur* thematisiert, keineswegs soziale Netzwerke unter Juristen (seien es Richter oder Anwälte) angesprochen. Thema und Problem ist hier vielmehr eine „postmoderne Variante hybrider Netzwerke", die in der Beobachtung des Rechts als „Transformation" der übrigen Gesellschaft auffällt. Das Recht hat es nicht mehr nur mit einer „Gesellschaft der Individuen" und einer „Gesellschaft der Organisationen" zu tun, sondern

---

[12] Abgesehen von Vergleichen zwischen Differenzierungsformen und Vergleichen auf der Ebene der Funktionssysteme der modernen Gesellschaft ist allgemeiner an das systemtheoretische Argument der funktionalen Äquivalenz von Strukturen sowie das entsprechende methodische Programm einer funktionalen Analyse zu denken (Luhmann 1970a, b).

heute auch mit einer „Gesellschaft der Netzwerke". Weiterführende Fragen und Forschungen liegen hier in mehreren Hinsichten nahe: Zum einen verweisen die beiden Texte insofern aufeinander, als Netzwerke in *beiden* Fällen im Kontext von Wissensproduktion thematisiert werden, aber sehr unterschiedlich. Während auf der einen Seite soziale Netzwerke als gleichsam schon ‚klassische' Begleiterscheinung der modernen Erzeugung wissenschaftlichen Wissens erscheinen (Besio), werden sie auf der anderen Seite erst mit einem neuartigen Modus gesellschaftlicher Wissensproduktion in Verbindung gebracht (Ladeur).[13] Zum anderen ist bemerkenswert, dass im Rahmen rechtlicher Reflexion zwar eine „Gesellschaft der Netzwerke" zum Problem wird, soziale Netzwerke unter Leistungsträgern und Organisationen im Recht aber in diesem Zusammenhang nicht zum Thema werden; demgegenüber erscheinen die Netzwerke der Wissenschaft – trotz auch ‚partikularer' sozialer Verknüpfungen – als Teil ihrer universalen Form von Kommunikation.

Betonen Besio und Ladeur auf je ihre Weise die Normalität und Funktionalität von auch ‚partikularistischen' Netzwerken, begründen *Tobias Werron* zufolge alle Formen von Netzwerkbildung einen mindestens latenten Zug von Nicht-Legitimität. Gewonnen wird diese Perspektive auf das Phänomen vor allem im Vergleich der Operationsweise von Funktionssystemen und Netzwerken: Sofern Funktionssysteme sich vor allem als und durch öffentliche Kommunikationen ausdifferenzieren, fällt an sozialen Netzwerken ihre „Arkanität" in den Blick. Zweifellos erweist sich hier, dass in einer Theorie der Gesellschaft auch andere strukturelle Einschätzungen von Netzwerken möglich sind als in einer lediglich strukturalistischen oder auf Leistungen bezogenen Sicht auf den Gegenstand – bzw. allgemeiner: als in einer durch die Teilnehmer präformierten Perspektive.

Eine wiederum andere Perspektive bieten *Wolfgang Ludwig Schneider und Isabel Kusche* an, indem sie Netzwerke als Parasiten sozialer Systeme beschreiben, die – vorgeführt am Fall von Wissenschaft und Politik – an Unentscheidbarkeitsproblemen der Funktionssysteme Nahrung und Halt finden. Für Netzwerkbildungen sind in dieser Sicht Strukturprobleme der funktionalen Differenzierung konstitutiv. In der Sicht auf Netzwerke als Parasiten liegt es im Übrigen dann nahe zu fragen, ob und inwieweit der Gast dafür sorgt, dass der Wirt lebt (siehe den Beitrag von Cristina Besio), ob es zu laufenden wechselseitigen Irritationen im Verhältnis von Wirt und Gast kommt (siehe den Beitrag von Michael Bommes), oder der Gast den Wirt frisst (siehe den Beitrag von Klaus Japp). – Dazu aber im Einzelnen:

---

[13] Ladeur sieht eine „Überschreitung von Grenzen" durch „heterarchische Verknüpfungen", Tendenzen der „Beseitigung hierarchischer Ordnung" und einer „Aufhebung vertraglich fixierter Rollen". In der Wissenschaftsforschung dürfte man vergleichbare Formulierungen in Bezug auf die Modi der Wissensproduktion (mode 1/mode 2) finden.

Gerade wenn und soweit soziale Netzwerke auf Strukturprobleme der Differenzierungsform der modernen Gesellschaft hinweisen, liegen nicht nur Vergleichsperspektiven bzw. der Blick auf Strukturprobleme innerhalb einzelner dieser Systeme nahe. Trotz der Bedeutung von Vergleichen zwischen Funktionssystemen sollte nicht vergessen werden, dass soziale Netzwerke sich „innerhalb" und „quer" zu Funktionssystemen der Gesellschaft bilden können (Holzer 2008: 155). Mehr noch scheint – etwa im Vergleich zu Organisationen, die sich ebenfalls „quer" bilden können, die Bedeutung von sozialen Netzwerken in der modernen Gesellschaft nicht zuletzt mit ihrer Fähigkeit zusammenzuhängen, Sinn- und Systemgrenzen überbrücken zu können (Tacke 2000, 2009).[14]

Zwei weitere Beiträge des vorliegenden Bandes unterstreichen den Zusammenhang, der zwischen ‚Strukturproblemen der Differenzierungsform' einerseits und der netzwerkeigenen ‚Fähigkeit zur Überbrückung' andererseits besteht, in besonderer Weise. Sie thematisieren dabei zwar beide – wenn auch sehr unterschiedlich – die Rolle der Politik in der Weltgesellschaft, allerdings geht es nicht um „politische" Netzwerke. *Michael Bommes* zeigt in seinem Beitrag, dass soziale Netzwerkbildungen der weltweiten Migration einerseits ihre Grundlage in und ‚quer' zu Strukturen der Ausdifferenzierung der modernen Gesellschaft finden (vor allem hinsichtlich der Pluralität der Zugänge zu einer Vielfalt von differenzierten Leistungen), andererseits sachlich ausdifferenzierte Strukturen (und hier vor allem der moderne Wohlfahrtsstaat) jene Voraussetzungen nicht erzeugen können, um sich selbst an die Stelle dieser sozialen Netzwerke setzen zu können. Die ‚Integration' von Migranten in Strukturen des modernen Wohlfahrtsstaates scheitert – mindestens partiell.

Dramatischer im Lichte der Theorie gesellschaftlicher Differenzierung – und ihrer möglicherweise heimlichen Modernisierungsannahmen – erscheint der Zusammenhang zwischen netzwerkeigenen Überbrückungspotentialen und Strukturproblemen der Differenzierungsform dort, wo soziale Netzwerkphänomene auf den Ausfall von Strukturen funktionaler Differenzierung in Regionen der Weltgesellschaft hinweisen (siehe bereits Luhmann 1995). Am Fall von „Vertrauensnetzwerken" im Kontext von failing states, die Inklusionen auf der Grundlage von ethnisch-religiösen Kriterien vollziehen, hebt *Klaus Japp* in seinem Beitrag hervor, dass soziale Netzwerke nicht nur die Fähigkeit zur Überbrückung hochdifferenzierter Sinn- und Rollenkontexte übernehmen können und damit den Ausfall von Strukturen funktionaler Differenzierung zu kompensieren vermögen; vielmehr kann die Fähigkeit zur Überbrückung von Sinnkontexten auch gegen jenen „Realitätsverlust" gerichtet sein, der unter Bedingungen der Differenzierung

---

[14] Das unterstreicht im Übrigen auch der soziologische Netzwerkansatz, der ja nicht den *strong ties*, sondern den *weak ties* eine besondere – überbrückende (*bridges*) – Bedeutung hinsichtlich von Möglichkeiten des Zugangs zu Informationen und Möglichkeiten zuschreibt.

anderenfalls zu erwarten wäre – mit der Folge, dass die Generalisierung funktionsspezifischer – hier: politischer – Kommunikation nachhaltig blockiert wird. Im Gegensatz zu failed states zeichnen sind successful states durch die Übernahme (etwa soziale Bewegungen) bzw. die Nutzung (etwa subsidiäre soziale Hilfen) von Vertrauensnetzwerken aus.

Eine noch mal ganz andere Perspektive auf Netzwerkprobleme nimmt der abschließende Text des vorliegenden Bandes ein. Er greift auf, dass Netzwerkbildung heute unter dem Stichwort des „networking" zu einer alltagsweltlich breit geschätzten Semantik geworden ist und sich unter dem Stichwort des „social networking" zahlreiche Kommunikationsplattformen im Internet gebildet haben, die enorme Zahlen an Teilnehmern zu attrahieren vermögen. Der Beitrag von *Stefan Beher, Christian Hilgert und Thorben Mämecke* thematisiert dieses kommunikative Phänomen im Spannungsfeld von Differenzierungstheorie und Netzwerktheorie. Die Frage, ob hier tatsächlich soziale Netzwerke entstehen, die auch außerhalb der Plattformen selbst Bedeutung erlangen, stellt sich ihnen dabei erst sekundär. Denn primär scheinen diese Networking-Plattformen eine für die moderne Gesellschaft charakteristische Ausdifferenzierung persönlicher Kontakte zu verstärken.

Die Beiträge des vorliegenden Bandes erfassen das Verhältnis ‚Netzwerk und Gesellschaft' weder über die Funktionssysteme der Gesellschaft hinweg noch überhaupt einheitlich. Sie eröffnen vielmehr zahlreiche Perspektiven auf diesen Zusammenhang (funktionale Spezifikation, Illegitimität, Parasitentum, Überbrückung, Ausfall). Sofern sich daraus mit Bezug auf die funktionale Differenzierung der Gesellschaft überhaupt eine einheitliche Formel ableiten lässt, dann vielleicht die, dass soziale Netzwerke spannungsreiche Zusatzperspektiven eröffnen – den Teilnehmern, die, so oder so, von der funktionalen Differenzierung der Gesellschaft nicht absehen können, aber eben auch der Theorie der gesellschaftlichen Differenzierung, die im Prinzip zunächst anderes erwartet (Tacke 2009).

Statt eines Vorworts: Allen Autoren sei gedankt, für ihre Beiträge zum vorliegenden Band und für ihre diskussionsfreudige Beteiligung am Autorenworkshop, der den Texten erkennbar wechselseitige Impulse gegeben hat, daneben auch Herrn Engelhardt vom VS-Verlag für seine verständnisvolle Geduld. Unser Dank gilt im Übrigen Jutta Tiemeyer (Uni Osnabrück), die die Literaturkontrollen zu den Beiträgen sorgsam erledigt hat, und besonders Christel Vinke-Pitt (Uni Bielefeld), die nicht nur alle Texte auf Rechtschreibung und Grammatik durchgesehen, sondern auch mit zahlreichen guten Vorschlägen zur Verständlichkeit der Texte beigetragen hat. Sie behielt im Übrigen, wie immer, den Gesamtüberblick.

Literatur

Baecker, Dirk (2007): Studien zur nächsten Gesellschaft. Frankfurt/Main: Suhrkamp

Bommes, Michael/Tacke, Veronika (2005): Luhmann's Systems Theory and Network Theory. In: Seidl, David/Becker, Kai Helge (Eds.), Niklas Luhmann and Organization Studies. Copenhagen: Liber & Copenhagen Business School Press, 282–304

Bommes, Michael/Tacke, Veronika (2006): Das Allgemeine und das Besondere des Netzwerkes. In: Hollstein, Betina/Straus, Florian (Hrsg.), Handbuch Qualitative Netzwerkanalyse. Konzepte, Methoden, Anwendungen, Wiesbaden: VS Verlag, 37–62

Bommes, Michael/Tacke, Veronika (2007): Netzwerke in der ,Gesellschaft der Gesellschaft'. Funktionen und Folgen einer doppelten Begriffsverwendung. In: Soziale Systeme. Zeitschrift für soziologische Theorie 13, Themenheft: Zehn Jahre danach. Niklas Luhmanns ,Die Gesellschaft der Gesellschaft', hrsg. von Dirk Baecker, Michael Hutter, Gaetano Romano und Rudolf Stichweh, 9–20

Castells, Manuel (2001): Bausteine einer Theorie der Netzwerkgesellschaft. In: Berliner Journal für Soziologie 11, 423–440

Castells, Manuel (2003): Die Vereinigung Europas: Globalisierung, Identität und der Netzwerkstaat. In: ders., Das Informationszeitalter. 3. Jahrtausendwende, Opladen: Leske + Budrich, 355–384

Carrington, Peter J./Scott, John/Wasserman, Stanley (2005): Models and methods in social network analysis. Cambridge: Cambridge University Press

Davern, Michael (1997): Social Networks and Economic Sociology. In: American Journal of Economics and Sociology 56, 287–302

Diaz-Bone, Rainer (1997): Ego-zentrierte Netzwerkanalyse und familiale Beziehungssysteme. Wiesbaden: DUV

Doreian, Patrick/Woodard, Katherine L. (1992): Fixed List versus Snowball Selection of Social Networks. In: Social Science Research 21, 216–233

Emibayer, Mustafa/Goodwin, Jeff (1994): Network Analysis, Culture, and the Problem of Agency. In: American Journal of Sociology 99, 1411–1455

Engelbrecht, Martin (2006): Netzwerke religiöser Menschen. Die Dynamik von Wissensbeständen und Netzwerken religiöser Traditionen zwischen kollektiver Selbstabgrenzung und individueller Wahl. In: Hollstein, Betina/Straus, Florian (Hrsg.), Qualitative Netzwerkanalyse. Konzepte, Methoden, Anwendungen. Wiesbaden: VS Verlag, 243–266

Fuchs, Peter (1997): Adressabilität als Grundbegriff der soziologischen Systemtheorie. In: Soziale Systeme. Zeitschrift für soziologische Theorie 3, 57–79

Fuhse, Jan (2010): Verbindungen und Grenzen. Der Netzwerkbegriff in der Systemtheorie. In: Weyer, Johannes (Hrsg.), Soziale Netzwerke. 2. Auflage. München: Oldenbourg (im Erscheinen).

Granovetter, Marc S. (1985): Economic Action and Social Structure: The Problem of Embeddedness. In: American Journal of Sociology 91, 3, 481–510.

Hass, Wolfgang (1997): Soziale Netzwerke im Gesundheitswesen. In: Sozialwissenschaften und Berufspraxis 20, 229–254

Haug, Sonja (2003): Interethnische Freundschaftsbeziehungen und soziale Integration. In: KZfSS 55, 716–736

Hessinger, Philipp/Eichhorn, Friedhelm/Feldhoff, Jürgen/Schmidt, Gert (2000): Fokus und Balance. Aufbau und Wachstum industrieller Netzwerke. Opladen: Westdeutscher Verlag

Hollstein, Betina/Straus, Florian (Hrsg.) (2006): Qualitative Netzwerkanalyse. Konzepte, Methoden, Anwendungen. Wiesbaden: VS Verlag

Holzer, Boris (2006): Netzwerke. Bielefeld: transcript

Holzer, Boris (2008): Netzwerke und Systeme. Zum Verhältnis von Vernetzung und Differenzierung. In: Stegbauer, Christian (Hrsg.), Netzwerkanalyse und Netzwerktheorie. Wiesbaden: VS Verlag, 155–164

Holzer, Boris/Schmidt, Johannes (Hrsg.) (2009): Themenheft: Theorie der Netzwerke oder Netzwerk-Theorie? Soziale Systeme. Zeitschrift für Soziologische Theorie 15, 2.

Jansen, Dorothea (2006): Einführung in die Netzwerkanalyse. Grundlagen, Methoden, Forschungsbeispiele. 3. überarbeitete Auflage. Wiesbaden: VS Verlag

Kenis, Peter/Schneider, Volker (1995): Organisation und Netzwerk: Institutionelle Steuerung in Wirtschaft und Politik. Frankfurt a. M./New York: Campus

Kudera, Sabine (1977): Organisationsstrukturen und Gesellschaftsstrukturen. In: Soziale Welt 28, 16–38

Lin, Nan (1999): Social Networks and Status Attainment. In: Annual Review of Sociology 25, 467–487

Luhmann, Niklas (1970a): Funktion und Kausalität. In: ders., Soziologische Aufklärung 1. Aufsätze zur Theorie sozialer Systeme. Opladen: Westdeutscher Verlag, 11–38

Luhmann, Niklas (1970b): Funktionale Methode und Systemtheorie. In: ders., Soziologische Aufklärung 1. Aufsätze zur Theorie sozialer Systeme. Opladen: Westdeutscher Verlag, 39–67

Luhmann, Niklas (1975): Interaktion, Organisation, Gesellschaft. In: ders., Soziologische Aufklärung 2. Aufsätze zur Theorie der Gesellschaft. Opladen: Westdeutscher Verlag, 9–21

Luhmann, Niklas (1995): Kausalität im Süden. In: Soziale Systeme. Zeitschrift für Soziologische Theorie 1, 7–28

Luhmann, Niklas (1997): Die Gesellschaft der Gesellschaft, 2 Bde. Frankfurt a. M.: Suhrkamp

Pappi, F. Urban, Hrsg. (1987): Methoden der Netzwerkanalyse. Techniken der empirischen Sozialforschung, Bd. 1. München: Oldenbourg

Powell, Walter W. (1990): Neither Market nor Hierarchy. Network Forms of Organization. Research in Organizational Behavior 12, 295–336

Schimank, Uwe (1996): Theorien gesellschaftlicher Differenzierung. Opladen: Leske + Budrich

Schütze, Yvonne (2003): Migrantennetzwerke im Zeitverlauf. Junge russische Juden in Berlin. In: Berliner Journal für Soziologie 13, 239–253

Stegbauer, Christian (Hrsg.) (2008): Netzwerkanalyse und Netzwerktheorie. Wiesbaden: VS Verlag

Stichweh, Rudolf (1995): Systemtheorie und Rational Choice Theorie. In: Zeitschrift für Soziologie 24, 395–406

Stichweh, Rudolf (2000): Adresse und Lokalisierung in einem globalen Kommunikationssystem. In: ders., Die Weltgesellschaft. Soziologische Analysen. Frankfurt: Suhrkamp, 220–231

Sydow, Jörg (1992): Strategische Netzwerke. Evolution und Organisation. Wiesbaden: Westdeutscher Verlag

Tacke, Veronika (2000): Netzwerk und Adresse. In: Soziale Systeme. Zeitschrift für soziologische Theorie 6, 291–320

Tacke, Veronika (2009): Differenzierung und/oder Vernetzung. Über Spannungen, Annäherungspotenziale und systemtheoretische Fortsetzungsmöglichkeiten der Netzwerkdiskussion. In: Soziale Systeme. Zeitschrift für Soziologische Theorie 15, 243–270

Trezzini, Bruno (1998): Konzepte und Methoden der sozialen Netzwerkanalyse. Eine aktuelle Übersicht. In: Zeitschrift für Soziologie 27, 378–394

Voss, Thomas (2007): Netzwerke als soziales Kapital im Arbeitsmarkt. In: Kölner Zeitschrift für Soziologie und Sozialpsychologie, Sonderheft 47: Sozialkapital. Grundlagen und Anwendungen, hrsg. von Axel Franzen und Markus Freitag. Wiesbaden: VS Verlag, 321–342

Wagner, Michael (2002): Familie und soziales Netzwerk. In: Naeve-Herz, Rosemarie (Hrsg.), Kontinuität und Wandel der Familie in Deutschland: eine zeitgeschichtliche Analyse. Stuttgart: Lucius & Lucius, 227–254

Weyer, Johannes (Hrsg.) (2000): Soziale Netzwerke. München: Oldenbourg

Windeler, Arnold (2001): Unternehmungsnetzwerke. Konstitution und Strukturation. Opladen: Westdeutscher Verlag

I

Gesellschaft und soziales Netzwerk

Das Allgemeine und das Besondere des Netzwerkes[1]

Michael Bommes und Veronika Tacke

1 Einleitung

Netzwerke sind ubiquitär. Es gibt keinen Bereich in der Gesellschaft, in dem Netzwerke keine Rolle spielen. Sie reichen von Nachbarschaftsnetzwerken, Wirtschaftsförderungsnetzwerken über Wissenschafts- oder Gesundheitsnetzwerke, Frauennetzwerke, Antidiskriminierungsnetzwerke bis zu solchen Netzwerken, die gemeinhin als problematisch gelten, wie Schleuser- und kriminelle Beschaffungsnetzwerke. An einer solchen Liste fällt auf, dass es zum einen Netzwerke gibt, die positiv konnotiert sind und politisch, ökonomisch, rechtlich, aber auch wissenschaftlich als förderungswürdig gelten, deren Aufbau also nicht lediglich sozial geschieht, sondern wiederkehrend zum Zweck erklärt wird. Zum anderen werden Netzwerke beobachtet, die als problematisch gelten und deren Verhinderung oder Zerstörung daher zum Ziel wird. Gleichgültig aber, ob positiv oder negativ bewertet, ob Wissenschaftler- oder Schleusernetzwerk, infrage steht meistens nicht, ob es sich um Netzwerke handelt. Worin besteht aber die Gemeinsamkeit von Wirtschaftsförderungsnetzwerken und kriminellen Beschaffungsnetzwerken? Namensgebungen für „Typen" helfen nicht weiter, verdecken vielmehr erhebliche Unklarheiten. Man vermeidet dann anzugeben, was Netzwerke generell ausmacht und ob ihre Merkmale verallgemeinerbar sind.

Nicht alle Netzwerke bezeichnen sich zudem selbst als solche, und umgekehrt kann nicht unbesehen jede Selbstdarstellung als Netzwerk soziologisch für bare Münze genommen werden – jedenfalls dann nicht, wenn man davon ausgeht, dass es wissenschaftlich möglich ist, begrifflich genauer zu fassen und abzugrenzen, was als ein Netzwerk gelten kann und was nicht. Daraus ergibt sich, dass man aus soziologischer Sicht unterscheiden muss zwischen „Netzwerk" als einer sozialen Struktur in der Gesellschaft und „Netzwerk" als einer Semantik, mit der in der Gesellschaft Ausschnitte ihrer selbst beschrieben werden. Dafür spricht nicht zuletzt, dass heute die vielfältige Verwendung des Terminus Netzwerk soziale Unübersichtlichkeit erzeugt. Scheinbar beliebige soziale Zusammenhänge

[1] Unveränderter Wiederabdruck des gleichnamigen Beitrags in: Hollstein, Betina/Straus, Florian (Hrsg.) (2006): Qualitative Netzwerkanalyse. Konzepte, Methoden, Anwendungen. Wiesbaden: VS Verlag, 37–62.

werden mit der Bezeichnung Netzwerk belegt; sie ist damit zu einem Catch-all-Konzept geworden: Wo sich früher Arbeitskreise, runde Tische oder Verbände bildeten, entstehen heute „Netzwerke". An dieser semantischen Diffusion sind die Sozialwissenschaften nicht unerheblich beteiligt. Immerhin hat der Netzwerk-begriff in den letzten zwei Dekaden in Wirtschaftswissenschaft und Betriebs-wirtschaftslehre (Williamson 1996; Thorelli 1986; Monse 1992; Sydow/Windeler 1994), Politikwissenschaft (Mayntz 1993; Kenis/Schneider 1996), Rechtswissen-schaft (Teubner 1992, 2002) ebenso wie in der Soziologie (Powell 1990; Grabher 1993; Mahnkopf 1994; Weyer 2000) erheblich an Popularität gewonnen.

Prima facie sind damit bereits einige Gründe bezeichnet, den Netzwerkbe-griff in soziologischer Perspektive genauer zu fassen und bei seiner Ausformu-lierung zugleich einigen Mindestanforderungen Rechnung zu tragen: Netzwerke kommen in den verschiedensten gesellschaftlichen Kontexten vor. Daher ist ein soziologisch hinreichend *allgemeiner* Begriff des Netzwerks zu entwickeln, der das Gemeinsame der im Übrigen recht verschiedenen Netzwerke zu fassen vermag. Der Begriff muss zugleich so gebaut sein, dass er für die unterschied-lichsten Kontexte, in denen Netzwerke in der Gesellschaft vorkommen, *respe-zifizierbar* ist. Ein solcher soziologischer *Strukturbegriff* des Netzwerkes muss darüber hinaus von einer gesellschaftlichen *Semantik* unterschieden werden, die dem Netzwerkkonzept eine je system- und konjunkturspezifische Bedeutung ver-leiht. Voraussetzung dafür ist eine soziologische Theorie, die gesellschaftliche Struktur und Semantik unterscheidet und diese zugleich in ihrem Verhältnis zu-einander zum Gegenstand macht (Luhmann 1980; Stichweh 2000a).[2]

Die Entwicklung eines solchen Netzwerkkonzepts kann an die, auch im All-tag, gebräuchliche Unterscheidung zwischen der Herstellung und der Darstellung sozialer Sachverhalte anknüpfen. Nicht jeder Darstellung von Sozialität als Netz-werk entspricht schon die Herstellung einer Netzwerkstruktur – und nicht jedes Netzwerk, das sich in der Gesellschaft als Struktur herausbildet, stellt sich selbst als solches in der Kommunikation dar. Soziale Zusammenhänge nehmen auf sich selbst in ihrer Selbstdarstellung als Netzwerk Bezug, wenn damit Sozialformen[3] sowie Ziele, Werte und Bezugsprobleme assoziiert werden können, die in der Gesellschaft positiv besetzt sind („Frauennetzwerk", „Innovationsnetzwerk"); auf entsprechende Selbstdarstellungen als Netzwerk scheint demgegenüber dort

---

[2] Die Seite der semantischen Konjunktur und Darstellung von „Netzwerk" unterstreichen Meier und Krücken (2003), ohne im Rahmen ihres neo-institutionalistischen Arguments (Netzwerk als neuer „Rationalitätsmythos") allerdings strukturellen Fragen auch ihrer Herstellung Rechnung zu tragen.

[3] Auch hier ist der Beitrag der Sozialwissenschaften bemerkenswert: So spricht Powell (1990) von Netzwerken als sozialen Beziehungen, die „sozialer" sind als andere soziale Beziehungen, weil in Netzwerken Vergesellschaftung nicht auf Markt (Preise) oder Hierarchie (Befehl), sondern auf So-lidarität (Vertrauen) beruhe.

verzichtet zu werden, wo illegitime Möglichkeiten in sozialer und sachlicher Hinsicht realisiert werden können, und auch Gelegenheiten für entsprechende Fremddarstellungen (Schleusernetzwerke, Good old Boys Networks) werden dann eher gemieden.[4]

2 Von der Sozialtheorie zur Systemtheorie des Netzwerkes

In der Soziologie liegt ein allgemeiner Netzwerkansatz bereits vor (Burt 1982; Granovetter 1973, 1985). Dem Anspruch nach handelt es sich dabei zwar (noch) nicht um eine ausgearbeitete Theorie, sondern vielmehr um eine „universelle" Methode zur formalen Analyse von Sozialstrukturen (vgl. Trezzini 1998); die zentralen theoretischen Prämissen sind allerdings hinreichend gut erkennbar, um sie kritisch zu beleuchten. Sie verleihen diesem Ansatz die sozialtheoretischen Konturen einer „strukturellen Handlungstheorie" (Burt 1982): Handelnde beziehen sich danach in ihrem Handeln stets auf konkrete andere Handelnde und treten auf diese Weise immer schon in soziale Beziehungen zueinander, die ihr Handeln „einbetten" (Granovetter 1985). Netzwerke bezeichnen die Struktur der Einbettung des Handelns in soziale Beziehungen und damit soziale Struktur schlechthin. Aus der sozialtheoretischen Prämisse der wechselseitigen Konstitution von „sozialem Handeln" und „sozialen Beziehungen" folgt, dass Netzwerke in diesem Ansatz als sozial *unhintergehbares* Phänomen erscheinen.[5] Damit können Netzwerke allerdings prinzipiell nicht von anderen möglichen Formen sozialer Strukturbildung, etwa Organisationen oder Interaktionen, unterschieden werden. Der theorietechnische Grund dafür ist, dass der Grundbegriff der Theorie bereits mit dem zu klärenden Problem zusammenfällt und damit überlastet ist. Denn der Begriff kann nicht die Bedeutung der Konstitution von Sozialität schlechthin annehmen *und* zugleich ein besonderes, in seinem Vorkommen kontingentes soziales Phänomen beschreiben. Generell setzt die Vermeidung von Kurzschlüssen dieser Art Theoriemittel voraus, die es erlauben, Grundbegriff

---

[4] Der vorliegende Beitrag bezieht sich im vorderen Teil auf Argumente, die Autorin/Autor bereits an anderen Stellen publiziert haben (Tacke 2000, 2001; Bommes/Tacke 2005). Über diesen Argumentationsstand geht der vorliegende Text jedoch im zweiten Teil hinaus – vor allem mit dem Vorschlag, Netzwerke als Systeme zu beschreiben (anders: Tacke 2000).

[5] Darin mögen Vertreter dieses Ansatzes eine Vereinfachung sehen, sofern sie dazu tendieren anzunehmen, dass es neben Netzwerken auch soziale Beziehungen gibt, die „weniger sozial" sind als diejenigen sozialen Netzwerke – und gemeint sind dann typisch: Märkte und Hierarchien als – mit Weber – versachlichten Kontexten des Sozialen. Sofern aber dies berücksichtigt werden soll, kann umgekehrt der Netzwerkbegriff theoretisch nicht mehr für die Konstitution von Sozialität schlechthin stehen, jedenfalls nicht ohne Klärung des Verhältnisses von Sach-, Zeit- und Sozialdimension.

und Problem zu trennen, also das im empirischen Sinne klärungsbedürftige Problem nicht bereits grundbegrifflich zu beantworten.

Es wird vermutet, dass die Systemtheorie für die Netzwerkforschung ungeeignet sei (oder gar: an diesem Phänomen scheitere), weil sie auf den Grundbegriff des operativ geschlossenen sozialen Systems setze und damit „bei der Beschreibung prinzipiell nicht begrenzter Zusammenhänge ins Leere" laufe (Hessinger u. a. 2000: 66; ähnlich: Weyer 2000: 245).[6] Der Vorteil der Systemtheorie liegt jedoch genau darin, dass der Netzwerkbegriff nicht zum Repertoire ihrer sozialtheoretischen Grundbegriffe (Kommunikation, System) gehört. Die Theorie spezifiziert Problemstellungen der sozialstrukturellen Entwicklung grundsätzlich nicht auf der Ebene der Sozialtheorie, sondern der Gesellschaftstheorie. Für die Frage nach Netzwerken sowie andere sozialstrukturelle Problemstellungen bedeutet dies, sie im Kontext der Theorie der modernen, funktional differenzierten Gesellschaft zu klären.

Damit ist bereits generell nahegelegt, dass Netzwerkbildung – jedenfalls in der modernen Gesellschaft – Strukturen funktionaler Differenzierung voraussetzt. Dies wird im Weiteren mit dem Vorschlag erläutert, dass sich soziale Netzwerke über *Adressen* konstituieren, genauer gesagt: über die reflexive Kombination der Optionen und Möglichkeiten, die mit der Polykontexturalität sozialer Adressen in der funktional differenzierten Gesellschaft verbunden sind (vgl. Tacke 2000; Bommes/Tacke 2005). Die Annahme, dass Netzwerke sich über die reflexive Kombination von Adressen herausbilden, kann dabei am sozialtheoretischen Netzwerkansatz gewonnen und abgelesen werden. Dennoch kann der systemtheoretische Vorschlag nicht bruchlos an den sozialtheoretischen Netzwerkansatz anschließen. Denn die Theorie der gesellschaftlichen Differenzierung legt zugleich – mit ihrer These vom gesellschaftlichen Primat einer Differenzierungsform – nahe, dass es sich bei Netzwerken in der modernen Gesellschaft nicht um eine primäre, sondern um eine *sekundäre* Form der Ordnungsbildung handelt, die sich an den Primärstrukturen der gesellschaftlichen Differenzierung herausbildet und sich unter bestimmten Bedingungen, die es im Rahmen einer Netzwerktheorie ebenfalls anzugeben gilt, zu stabilisieren vermag.

Die Rolle der primären gesellschaftstheoretischen Differenzierungsform für Netzwerkbildungen, an der sich sozial- und systemtheoretische Konzepte des Netzwerks trennen, soll zunächst kurz erläutert werden, bevor der Entstehung und Stabilisierung von Netzwerken über Adressenkombinatorik nachgegangen wird. Denn anders als in der Systemtheorie wird im sozialtheoretischen Netzwerkansatz nicht zwischen der modernen Gesellschaft und ihren Vorläufern

---

[6] Wie aber, so fragt man sich, verlassen wohl soziale Netzwerke soziale Systeme – sie werden sich zumindest an diese Grenze halten müssen. Man muss nicht System sagen – aber die Grenzziehung sozial/nichtsozial wird man nicht vermeiden können.

unterschieden; entsprechende Unterscheidungen werden sogar explizit zurückgewiesen (Granovetter 1985). Das ist bemerkenswert, weil der Netzwerkansatz in
seinen Grundannahmen das voraussetzt, was er leugnet: den gesellschaftsstruk-
turellen Übergang von einer stratifikatorisch differenzierten zu einer funktional
differenzierten Gesellschaft.

Auf der einen Seite vermittelt der sozialtheoretische Netzwerkansatz den
Eindruck, dass er die Vorstellung einer primär stratifikatorisch differenzierten
Gesellschaft fortschreibt, weil er sozialstrukturellen „Positionen" und „Bindungen" (Thorelli 1986) einen „kausalen Primat" (Hessinger et al. 2000: 31) einräumt.
Denn es sind Verhältnisse gesellschaftlicher Stratifikation, für die kennzeichnend ist, dass soziale Beziehungen durch Rangordnungen und Zugehörigkeiten
bestimmt und Teilnahmebedingungen an Kommunikation entsprechend durch
sozialstrukturell definierte Status-Role-Sets (Burt 1982) bestimmt sind. Auf der
anderen Seite ist eine Netzwerktheorie selbst nur als Reflexion auf die spezifisch moderne Einsicht und Erfahrung verstehbar, dass sich soziale und zeitliche
Bindungen und sozialstrukturelle Positionierungen in der modernen Gesellschaft
verflüssigen. Eine Netzwerktheorie macht, anders gesagt, überhaupt nur unter
der Bedingung Sinn, dass soziale Beziehungen nicht als gesellschaftsstrukturell
festgelegt, sondern als reflexiv herstellbar verstanden werden.

Die reflexive Herstellung von Netzwerken allerdings setzt die *Freigabe* sozialer Beziehungen aus durchgreifenden gesellschaftlichen Konditionierungen
(und damit Bedingungen funktionaler Differenzierung) voraus. Zugleich geht
diese Freistellung aus gesellschaftsstrukturell zugewiesenen Positionen und Teilnahmebedingungen an Kommunikation in der modernen Gesellschaft mit neuen
Konditionierungen und selektiven Spezifikationen von Kommunikationen einher. Diese Konditionierungen beruhen, das hat die differenzierungstheoretische
Tradition von Marx über Weber und Parsons zu Luhmann gezeigt, auf der sinn-
logischen Ausdifferenzierung und Autonomisierung gesellschaftlicher Teilberei-
che. „Soziale Beziehungen", das sah schon Max Weber, sind „*ihrem Sinngehalt
nach* aufeinander gegenseitig eingestellt" (Weber 1980: 13; Herv. MB/VT). Sie
geraten, so formuliert es Luhmann gesellschaftstheoretisch aus, mit der sinnlogi-
schen Ausdifferenzierung der Gesellschaft in den „Inklusionssog von Funktionssystemen" (Luhmann 1997: 738) und werden überdies auch durch Organisationen
und Interaktionen in je spezifischer Weise selektiv konditioniert.

Die Netzwerktheorie übersieht also, dass der Übergang von einer gesellschaftlichen Differenzierungsform zur anderen mit einem radikalen Wechsel der
Inklusionsmodi von Individuen einhergeht. Funktionale Differenzierung ist nur
möglich, wenn Individuen nicht mehr *eine* Position in *der* Sozialstruktur einneh-
men, die alle ihre sozialen Möglichkeiten konditioniert (Totalinklusion), sondern
auf der Grundlage der „Freisetzung" von Individuen aus ständischen Bindungen
(und damit Bedingungen der Exklusion) nunmehr unter je eingeschränkten Ge-

sichtspunkten an den ausdifferenzierten Kontexten der Kommunikation teilnehmen (partiale Inklusionen).

Damit ist zugleich gesagt, dass sich in der modernen Gesellschaft von den
jeweiligen Systemkontexten her entscheidet, unter welchem spezifischen Gesichtspunkt Individuen als Adressen für Kommunikation in Anspruch genommen
werden und für den Fortgang der jeweiligen Kommunikation für relevant (Inklusion) oder irrelevant (Exklusion) gehalten werden (Luhmann 1995a: 241). Die
Systeme – Funktionssysteme, Organisationen und Interaktionen – regeln dabei
jeweils sinnhaft selektiv und selbstbezüglich, welche Themen sie aufgreifen, und
sie regeln entsprechend, welche Positionen sie Personen in der Kommunikation verleihen (Luhmann 1997: 738f). Weil solche Positionen, die erwartbar machen, was
erwartet werden kann, mit den Sinnbezügen der Systeme wechseln, sind sie nicht
beliebig von einem Systemkontext in einen anderen übertragbar: So vermag eine
Führungsposition in Wissenschaft oder Kunst keine privilegierte Stellung auch
im Recht oder Gesundheitssystem zu begründen.[7]

Die Schaltstelle, an der sich netzwerk- und systemtheoretische Beschreibungen deutlich trennen, bildet also die Frage, ob die soziale/gesellschaftliche Teilnahme von Individuen primär über sozialstrukturelle Positionen und Bindungen
(Netzwerk) oder primär über kommunikative Sinnbezüge (System) geregelt ist.
Und der Unterschied ist folgenreich: So bedeutet gesellschaftliche Ausdifferenzierung, dass Systeme sich über sinnhaft je spezifische Problemstellungen konstituieren, für die sie sodann Personen (sowie auch Organisationen) als Adressen suchen
und als Zurechnungspunkte für sinnhaft spezifische Mitteilungen ansteuern. Einen
solchen sinnlogisch begründeten *Primat der sachlichen Problemstellungen*, der
sodann relevante Adressen auf den Bildschirm des Systems bringt, unterstellt die
sozialtheoretische Netzwerktheorie nicht.[8] Sie nimmt vielmehr – im sozialtheoretischen Verzicht auf Argumente der Sinndifferenzierung – einen *Primat der
sozialen Adressen* an.

Die Trennung der beiden Theorien an der Frage der Teilnahme von Individu-
en sagt nicht, dass die eine Theorie nicht für die Weiterentwicklung der anderen
informativ sein könnte. An die Einsicht, dass Netzwerke einem Primat der Adressen folgen, kann – jedenfalls im empirischen Sinne – auch in der Systemtheorie angeschlossen werden. Das heißt dann: Ein Primat der Adressen gilt für die
Bildung von Netzwerken, nicht aber für die Bildung der primären Systeme – also
Funktions- und Organisationssysteme – in der modernen Gesellschaft. Anders
als diese Systeme, mit ihrem Primat der Problemstellung für die Suche nach Ad-

---

[7] Das heißt nicht, dass Übertragungen dieser Art nicht empirisch vorkommen können, sondern vielmehr, dass darin dann für die Soziologie besondere Herausforderungen der Erklärung bestehen.
[8] Und dann doch implizit bzw. formal: Strong Ties (gleicher Sinnkontext), Weak Ties (heterogene
Sinnkontexte)

ressen, bilden sich Netzwerke über die Ansteuerung von Adressen. Auf ihren Primat stützt sich die Entdeckung von Problemlösungen und Problemstellungen sowie alle weitere Suche nach Optionen und Stabilisierung von Steigerungsmöglichkeiten. Die gesellschaftstheoretische Annahme des Primats der funktionalen Systemdifferenzierung ist durch die empirisch verstandene Beobachtung, dass die Bildung von Funktions- und Organisationssystemen (Problemstellungen/ Adressen) und Netzwerken (Adressen/Problemstellungen) sich komplementär vollzieht, jedenfalls nicht notwendig in Frage gestellt. Allerdings ist das komplementäre Verhältnis von Funktionssystemen und Organisationen einerseits und Netzwerken andererseits dann als asymmetrisch zu verstehen: Soweit die Struktur der modernen Gesellschaft primär auf funktionaler Differenzierung beruht, sind Netzwerkbildungen – wie zu zeigen sein wird – Formen *sekundärer* Systembildung.

Netzwerkbildungen setzen an Beobachtungen der Kombinierbarkeit von Adressen an und konstituieren sich unter dem Gesichtspunkt der über Adressen zugänglich werdenden Optionen und Möglichkeiten. Den Primat der funktionalen Systemdifferenzierung für die Teilnahme an Kommunikation und entsprechende Adressenbildung vorausgesetzt, beruhen diese Möglichkeiten auf Inklusionen und Exklusionen in ausdifferenzierte Systemkontexte der Gesellschaft, ihre Funktionssysteme und Organisationen. Die Komplementarität von System und Netzwerk weist bereits darauf hin, dass das treibende Motiv für Netzwerkbildungen in den Potentialen zu sehen ist, die mit der Verknüpfung von heterogenen, in unterschiedlichen Sinn- und Systemkontexten generierten Möglichkeiten verbunden sind und zugänglich werden können.

3 Netzwerkbildung systemtheoretisch

Netzwerke kommen über reflexive Adressenbeobachtungen zustande, sind aber keine bloßen „Adressenzusammenhänge" (Stichweh 2000b). Um dies sichtbar zu machen, ist genauer zu klären, was unter Adressen zu verstehen ist, welche Art von Adressen für Netzwerkbildung in Frage kommen und auf welche Weise sich über ihre Kombination Netzwerke bilden und stabilisieren können.

3.1 Soziale Adressen

Eine soziale Adresse ist ein in der Kommunikation für Kommunikation erzeugtes Zurechnungsartefakt, ein mehr oder weniger ausgearbeitetes Profil aus Eigenschaften und Verhaltensweisen, mit dem personalisierte Andere in der Kommunikation identifiziert und ausgestattet werden und mit dem die Kommu-

nikation als Unterstellung operiert (vgl. Luhmann 1995b; Fuchs 1997). An Eigennamen, die soziale Adressen elementar auszeichnen, lagern sich dabei in der
Kommunikation eine Vielzahl weiterer Unterscheidungen an, die sie zu „komplexen Adressen" (Stichweh 2000b) machen. Dazu gehören zum einen jene Komponenten, die alltagssprachlich als Adresse zusammengefasst werden und im
Sinnhorizont der *Erreichbarkeit* auf Zugänge zu Personen und Organisationen
hinweisen: wenigstens eine Anschrift, meistens eine Telefonnummer und zunehmend eine E-Mail-Adresse. Kontur gewinnen soziale Adressen aber erst durch
ihr *individuelles Profil der Inklusion und Exklusion*, das auf Geschichten und
Karrieren der Teilnahme an differenzierten Systemkontexten zurück- und damit
zugleich auf Horizonte der Relevanz für weitere Kommunikationen vorausweist.

Der gesellschaftlichen Differenzierungsform entsprechend sind Adressen
zum einen „polykontextural" konstituiert (vgl. Fuchs 1997); sie eröffnen Möglichkeiten im Rahmen ihrer Profile und schließen anderes zugleich aus. Sie werden zum anderen nicht einheitlich, sondern stets selektiv und kontextabhängig
erinnert und aktualisiert. Mit dieser Kontextabhängigkeit sind (anders als in der
Netzwerktheorie) Sinnhorizonte der Kommunikation und damit systemspezifisch konstituierte Unterscheidungen und Zurechnungsformen gemeint.

Soziale Adressen sind zunächst ein ubiquitärer Sachverhalt. Sie kommen
immer dann ins Spiel, wenn kommunikativer Sinn einheitlich auf einen Absender
oder Empfänger, also auf jemanden zugerechnet wird, den die Kommunikation
als Mitteilungsinstanz auffassen kann (vgl. Fuchs 1997; Stichweh 2000b). Dafür kommen nicht nur Individuen als Personen, sondern auch Organisationen in
Frage.[9] Weil Adressenbildung sich an die Notwendigkeit von Zurechnungen in
der Kommunikation heftet, produziert die Kommunikation laufend und unvermeidlich Adressen. Soziale Adressen sind, anders gesagt, mit der Teilnahme an
Kommunikationen – und damit mit systemspezifischen Modi der Inklusion – un-
auflösbar verknüpft. Denn wenn kommuniziert wird, wird Inklusion vollzogen,
und wenn Inklusion vollzogen wird, disponiert die Kommunikation über Adressen. Das Umgekehrte gilt aber nicht ohne weiteres. Denn die Kommunikation
kann Adressen auch zum Thema machen, ohne den thematisierten „Jemand" in
die Kommunikation einzubeziehen. Im Effekt können Adressen dann in Raum
und Zeit ganz unvorhersehbar aktualisiert werden. Das zeigt ein einfaches Beispiel: „Danke für den Hinweis. Ich werde mal bei ihr anfragen, ob sie mir in
dieser Angelegenheit weiterhelfen kann. Haben Sie ihre E-Mail-Adresse?"

---

[9] Nicht dagegen Funktionssysteme und Interaktionssysteme. Man kann weder „die" Wirtschaft
noch „die" Politik ansprechen. Und der Versuch, ein Interaktionssystem anzusprechen, führt dazu,
dass man an der Interaktion teilnimmt (oder ignoriert wird).

3.2 Adressbücher und mobilisierbare Adressen

In der reflexiven Disposition der Kommunikation über Adressen, die schon das einfache Beispiel zeigt, kann man den Ausgangspunkt für Netzwerkbildungen entdecken. Eine Adresse wird im Hinblick auf spezifische Optionen beobachtet, die über ihre selektive Adressierung zugänglich werden kann. Netzwerke gewinnen ihre spezifischen Potentiale über die reflexive Beobachtung der Möglichkeiten, die sich über systemspezifisch moderierte Inklusions- und Exklusionsmodi an Adressen anlagern und in der Kommunikation – füreinander – repräsentieren. Von den primären Systemen unterscheiden sich Netzwerke aber erst dadurch, dass sie *Heterogenes* – also in unterschiedlichen Kontexten von Sinn erzeugte Möglichkeiten – partikular aufeinander beziehen. Dies sieht man deutlicher, wenn man zwei Formen von Adressbüchern und ihre Relevanz für Netzwerkbildungen unterscheidet.

Kategorial angelegte Adressbücher (directories) bedienen in der Kommunikation den Gesichtspunkt der medialen Erreichbarkeit, machen die Hinsichten der sozialen Adressabilität aber nur minimal sichtbar. Mit einem örtlichen Telefonbuch kann wenig anfangen, wer nicht schon weiß, wen er in welcher Angelegenheit anrufen will. Nicht jeder ist in jeder Hinsicht adressabel. Auch „Gelbe Seiten" sind kategorial angelegt. Sie sortieren Adressen unter spezifischeren Gesichtspunkten der Adressabilität, die nicht zuletzt auf die funktionalen Sinnunterscheidungen der gesellschaftlichen Differenzierungsstruktur verweisen (Produzent, Arzt, Anwalt etc.). Die jeweiligen Spezifikationen signalisieren dabei zugleich, dass in jeweils anderen Hinsichten nicht mit Adressabilität zu rechnen ist.

Von kategorialen Adressenverzeichnissen sind *individuelle* Adressbücher zu unterscheiden. Gemeint sind Adressen, die bei einer Adresse und nur für diese gesammelt werden, seien es Individuen oder Organisationen. Es handelt sich dabei um Unikate, weil jede festgehaltene Adresse auf eine Geschichte des Kontakts und auf einen bestimmten Systemkontext verweist und ihr ein spezifisches Profil der Adressabilität verleiht. Individuelle Adressbücher enthalten dabei einerseits *mobilisierbare*, für Netzwerkbildung relevante Adressen, darüber hinaus aber auch solche, die lediglich funktional aktivierbar sind. Dies unterscheidet die im individuellen Adressbuch verzeichnete Adresse der Ärztin von derjenigen der Bekannten, die zugleich Ärztin ist und damit potentiell auch unter dem Gesichtspunkt von Kommunikationsmöglichkeiten ansprechbar ist, die im Rahmen professioneller Rollenasymmetrien und organisierter Formen der Krankenbehandlung nicht erwartet werden können. Dass die Differenz funktionaler und mobilisierbarer Adressen dem schriftlichen Substrat eines Adressbuchs nicht anzusehen ist, macht sichtbar, dass dieser Unterschied in der Kommunikation selbst gelingen muss, wenn Adressen aktualisiert werden.

Nicht kategoriale, sondern individuelle Adressbücher sind Ausgangspunkt und Grundlage für Netzwerkbildung. Damit ist zugleich gesagt, dass der bloße Verweis von Adressen auf Adressen nicht schon als Netzwerk bezeichnet werden kann. Die moderne Gesellschaft weist zwar eine steigende Erreichbarkeit und eine enorme Komplexität von Adressenordnungen auf.[10] Solche „Adressenzusammenhänge" (Stichweh 2000b) machen aber – weder in der Version des Verweises von wissenschaftlichen Zitationen auf andere wissenschaftliche Zitationen noch in der Form der Nennbarkeit von 1000 und noch viel mehr Personen als Bekannten – ein Netzwerk aus. Selbst wenn nur minimalistische Anforderungen an einen soziologischen Netzwerkbegriff gestellt werden, um empirisch auch noch sehr flüchtige Netzwerkformen erfassen zu können, müssen bloße Adressenzusammenhänge, individuelle Adressbücher und Netzwerke auseinandergehalten werden. Netzwerke sind keine bloßen Verweise von technischen, kategorialen oder individuellen Adressen auf andere Adressen.

3.3 Netzwerkkonstitution und -stabilisierung

Der für Netzwerkbildung mobilisierbare Pool individueller Adressen zeichnet sich durch diffuse, im Voraus nicht bestimmte Horizonte des Möglichen aus. Zwar begrenzt das polykontextural konstituierte Inklusionsprofil jeder Adresse Möglichkeiten, im Rahmen des Profils können aber immer auch unvorhersehbare Optionen entdeckt und aktualisiert werden. Man entdeckt, dass die alte Studienkollegin in jener Stadt wohnt, in der man eine Wohnung benötigt; und dem Professor fällt ein, dass er seinen Bruder ansprechen kann, um seinem Studenten ein Praktikum in einer Fernsehanstalt zu vermitteln.

Der Zugang zu den entdeckten Möglichkeiten und das Anlaufen von Netzwerken ist prekär. Kann man die Studienkollegin fragen, ob sie bei der Wohnungssuche behilflich ist – und das nach vielen Jahren? Der Grund für die prekäre Ausgangslage ist, dass wechselseitige Gefälligkeiten zunächst an den Kontext gebunden sind, der sie definiert: Studienkolleginnen helfen sich im Studium, vermitteln aber nicht ohne weiteres Wohnungen. Das Ansinnen des Zugangs zu den an einer Adresse entdeckten *kontextübergreifenden* Möglichkeiten ist sozial nicht ohne weiteres gedeckt, weil die beiden Möglichkeiten sachlich nichts mit-

---

[10] Diese ist unter dem Stichwort der „small world" (Milgram 1967; Watts 1999) zum Gegenstand umfangreicher Forschungen geworden. In diesen Forschungen wird in experimentellen Studien die Erreichbarkeit von Adressen (Target Person) durch Vermittlung über bekannte Adressen untersucht. „Small world" verweist dabei darauf, dass es nur sehr weniger „intermediaries" bedarf, um über Bekanntschaftsverbindungen beliebige Adressen im globalen Raum erfolgreich zu erreichen und adressieren.

einander zu tun haben. In der antizipierbaren Ablehnung der Sinnzumutung und der Beobachtung als „illegitimes" Ansinnen der Verknüpfung heterogener Möglichkeiten liegt das Risiko einer solchen Kommunikation.

Sofern das Risiko einer solchen Zumutung nicht nur eingegangen, sondern auch bewältigt wird, können im Rahmen der Profile von Adressen weitere Möglichkeiten entdeckt und wechselseitig aneinander herangetragen werden. Generell kann angenommen werden, dass die an einmal absorbierte Unsicherheit anschließenden Selbstverstärkungseffekte der Kommunikation (vgl. Japp 1992) dazu beitragen, dass sich die Unwahrscheinlichkeit der Entstehung von Netzwerken in eine Wahrscheinlichkeit ihrer Erhaltung transformieren kann. Genauer ist aber zu fragen, wie soziale, sachliche und zeitliche Dimensionen zur Selbststabilisierung des Netzwerkes beitragen.

Stellt die Heterogenität und Ansprechbarkeit der Adressen zunächst eine besondere Schwelle für den Take-off und die Etablierung eines Netzwerkes dar, wird diese Schwelle mit ihrer Überwindung jedoch zur spezifischen Basis und zum Motor der Stabilisierung des Netzwerkes. Dabei findet das Problem, einen Modus der Kompensation für die von den Teilnehmern sich wechselseitig zugänglich gemachten heterogenen Leistungen wie Hilfen, Kontakte, Zugänge, Beratungen o. ä. vorzusehen, seine Lösung in der *Zeit*dimension: Die Kompensation für jeweils entgegengenommene Leistungen erfolgt unvermeidlich zu einem späteren Zeitpunkt, und jede erbrachte Leistung begründet einen „Kredit" auf eine noch nicht spezifizierte Gegenleistung in der Zukunft (Gouldner 1960). Der notwendig unspezifizierte Charakter solcher Gegenleistungen und ihr nicht vorab bestimmbares Ausmaß – es handelt sich eben um keinen Äquivalententausch – begründen die mitlaufende kontinuierliche Entstehung eines Überhangs, einer „immer übrig bleibenden Verpflichtung" (Luhmann 1997: 653) im Anschluss an jede solche Gegenleistung. Mit anderen Worten: Die Polykontexturalität dieses Arrangements bildet die Grundlage für die Herausbildung einer generalisierten Reziprozitätserwartung. Operational gesehen ermöglicht diese Erwartung die Fortsetzung und Stabilisierung der einmal angelaufenen Netzwerkbildung und vermag damit zugleich seine Geltung und hohe Flexibilität in verschiedenen Kontexten sicherzustellen (ebd.).

Damit ist bereits angedeutet, dass es zur Erfassung der Entstehung und Selbststabilisierung von Netzwerken nicht ausreicht, generalisierte Reziprozität als konstitutives Prinzip von Netzwerken zu bestimmen (so aber Powell 1990, Mahnkopf 1994). Zwar erlaubt erst die Form der generalisierten Reziprozität (Gouldner 1960) die operationale Stabilisierung und Fortschreibung von Netzwerken, dies allerdings auf der Grundlage der „Kombination von zeitlicher und sozialer Asymmetrie" (Luhmann 1997: 652). Anders gesagt und wie gezeigt, geht der Reziprozitätserwartung die *soziale* Netzwerkkonstitution im zuvor dargelegten Sinne einer Schwellenüberschreitung voraus, an die die Stabilisierung

und operationale Fortschreibung in der *Zeit* auf der Grundlage von Reziprozität
dann anschließt.

Gerade weil die soziale Konstitution von Netzwerken unter modernen Ver-
hältnissen auf der Grundlage der Verknüpfung heterogener Adressen beruht,
unterliegt die Fortschreibung dieser Reziprozität erheblichen Anforderungen.
Reziprozität kann sich unter diesen gesellschaftlichen Bedingungen nicht auf
vorregulierte oder extern gesetzte Anhaltspunkte stützen.[11] Netzwerke in der
modernen Gesellschaft, die sich auf die Freigabe von sozialen Adressen stützen
und partikular an sozialen Gelegenheiten anlaufen,[12] müssen in allen ihren Sinndimensionen – also sozial, sachlich und zeitlich – für sich selbst sorgen, d.h. auf
der Basis von Reziprozität „Konditionierungen gewinnen, die sich im Zeitlauf
festhalten lassen" (ebd.: 653).

Die Kommunikation reziproker Leistungserwartungen bezeichnet den operativen Modus von Netzwerken: die Erbringung von Leistungen im Hinblick auf
zukünftige andere, noch unbestimmte weitere Leistungen. *Sachlich* kann das von
Hilfen und Unterstützungsleistungen in Nachbarschaftsnetzwerken bis hin zu organisatorisch initiierten Innovationsnetzwerken (Kowol/Krohn 1995) reichen. In
beiden Fällen wird über den unwahrscheinlichen Austausch heterogener Einzel-
leistungen ein emergentes Leistungsresultat möglich, seien es in einem Fall neue
Produkte oder Technologien oder im anderen Fall Wohlfahrtssteigerungen, die
weder über den Markt noch den Staat vermittelt sind. Damit ist aber noch nicht
geklärt, wie dieser Modus seine eigene Anschlussfähigkeit und damit die Fortsetzung der Netzwerkkommunikation sicherstellt.

3.4 *Expansionstendenz und Einschränkungsbedarf*

Netzwerke entstehen, wie gezeigt, durch das Überschreiten der Schwelle ihrer
Konstitution. Sie ermöglichen Unwahrscheinliches dadurch, dass sie sachlich
Inkommensurables vermittelt über Adressenverknüpfung miteinander kombinieren. Daran finden sie ihre Entstehungsgelegenheit. Die Kommunikationsform der
Reziprozität beinhaltet ihrerseits nun aber kein Kriterium der sachlichen Einschränkung (Gouldner 1960: 175). Sie ist in dem Sinne unspezifisch, dass ihr,
einmal etabliert, eine Tendenz innewohnt, auf alles überzugreifen. Netzwerke

---

[11] So sind Reziprozitätserwartungen in segmentär differenzierten Gesellschaften in der Differenzierungsform verankert, sie entsprechen der Gleichheit der Teilsysteme (Familien, Stämme etc.),
innerhalb derer die sozialen Möglichkeiten des Einzelnen auf der Grundlage von Geschlecht und
Generation definiert sind. Reziprozität begründet hier auch keine Netzwerke, die gerade Adressen-
freigabe voraussetzen – daher aber auch hinsichtlich ihrer sozialen Zusammensetzung offen sind.
[12] Sie tragen nicht die Differenzierungsform, sondern bilden sich sekundär daran.

unterliegen daher zunächst einer sachlichen und dann auch sozialen Expansionstendenz, denn der formale Mechanismus der Reziprozität sieht im Prinzip keine Stoppregel vor: Je intensiver die Netzwerkkommunikation, um so unspezifischer die Gelegenheiten der Entstehung entsprechender wechselseitiger Leistungserwartungen.[13] Dies begründet ein sachliches ebenso wie ein soziales Risiko der Überlastung. Man kann daher vermuten, dass zahlreiche Netzwerke schon kurz nach ihrem Anlaufen auch bereits wieder zerfallen, weil die potentiellen Teilnehmer vor den Expansionszumutungen eines Netzwerkes zurückschrecken und kontinuierliche Netzwerkinklusion also misslingt.[14] Denn der Modus der Inklusion der Teilnehmer in Netzwerkkommunikation besteht basal in der Erwartung der Teilnahme an reziproker Leistungserbringung mit Bezug auf einen mehr oder weniger umschriebenen Kreis von Adressen.

Wie gelingt dann sachliche und soziale Einschränkung und damit die Bewältigung des sachlichen und sozialen Überlastungsrisikos durch Hypertrophie? Netzwerke können Gesichtspunkte der (Selbst-)Einschränkung offenbar an den partikularen Gelegenheiten ihrer Entstehung gewinnen, indem sie diese als mögliche Kriterien verwenden. Das sieht man einerseits bereits an der Schwierigkeit von Neulingen, in sozial exklusiv bewährten Netzwerken Fuß zu fassen, andererseits an der Selbstverständlichkeit, mit der Netzwerke mit Namen belegt werden, die auf ihren sachlichen Leistungs- oder Problembezug aufmerksam machen: z. B. Innovationsnetzwerke, regionale Wirtschaftsförderungsnetzwerke, Migrationsnetzwerke, Nachbarschaftsnetzwerke, Frauennetzwerke. Der partikular konstituierte sachliche Sinngehalt, von dem Netzwerkbildung ihren Ausgang nimmt, wird zum Orientierungsgesichtspunkt für die sachliche Reichweite des Netzwerkes. Davon ausgehend können zugleich Kriterien dafür gewonnen werden, welche Adressen als potentielle Teilnehmer des Netzwerkes in Frage kommen. Einer solchen initialen Selbststrukturierung gelingt es gegebenenfalls, potentielle Teilnehmer für die Fortschreibung eines anlaufenden Netzwerkes mittels der Kombination von sozialer und zeitlicher Asymmetrie zu engagieren.

In *Nachbarschaftsnetzwerken* werden typischerweise Probleme, die spezifisch der alltäglichen Lebensführung in privaten Haushalten zugerechnet werden, zum Orientierungsgesichtspunkt für Erwartungen, die im Rahmen der Reziprozitätsregel kommuniziert und aufgebaut werden können. Es geht etwa um die Überwindung zwischenzeitlicher Mängellagen im Hinblick auf Nahrungs- und

---

[13] Man denke in diesem Zusammenhang etwa an das netzwerkrelevante Ermöglichungspotential ausgedehnter Kneipenabende im Rahmen wissenschaftlicher Tagungen oder die Bedeutung fehlender Zäune zwischen eng benachbarten Grundstücken.

[14] Auch daran erkennt man den Unterschied zur Bedeutung von Reziprozitätserwartungen in vormodernen Gesellschaftsstrukturen: Die Ablehnung einer „Gabe" ebenso wie die sofortige Kompensation einer Leistung durch eine Gegenleistung und damit die Vermeidung der Entstehung oder Fortschreibung von Reziprozitätserwartungen stehen als soziale Möglichkeiten zur Verfügung.

andere Haushaltsartikel, um Probleme der kommunikativen Erreichbarkeit, der Beaufsichtigung und Versorgung von Kindern und Alten, der eingeschränkten Mobilität, der Sicherheit oder der Reproduktion baulicher und technischer Infrastrukturen. Nachbarschaftsnetzwerke bilden diesbezüglich über ihre eigene Geschichte eine unterschiedlich dichte und weitreichende Intensität aus, die durch Wiederholung stabilisiert wird und dann zugleich als Einschränkung dienen kann. In der Sozialdimension stützen sie sich primär auf räumliche und zeitliche Zugehörigkeits- und Erreichbarkeitskriterien und schränken auf diese Weise die soziale Reichweite ein.[15]

In *Wissenschaftsnetzwerken* sowie in den meisten Formen von *Organisationsnetzwerken* dient erkennbar der jeweilige Ausgangspunkt ihrer Entstehung sowohl als Kriterium für die sachliche Reichweite der Reziprozität wie auch der Inklusion von Adressen. In Wissenschaftlernetzwerken schließt ihr funktionaler Ausgangspunkt im Allgemeinen nicht ein, sich wechselseitig in alltäglichen Problemen der Lebensführung behilflich zu sein, beschränkt also die sachlichen Expansionsmöglichkeiten des Netzwerkes. Entsprechend vermag das Vermögen, solche Beiträge leisten zu können, auch keine Teilnahme am Netzwerk zu begründen. An Organisationsnetzwerken erkennt man ihre spezifische sachliche und soziale Orientierung und Selektivität an den für sie typischen Namensgebungen wie Zulieferer- oder Innovationsnetzwerk.

Im Vergleich wird insbesondere an *illegalen Migrationsnetzwerken* deutlich, dass Netzwerke gleichwohl zu hoher sachlicher Expansion in der Lage sind: Sie vermitteln Chancen des Transports, der Kommunikation, des Wohnens, der Erwerbsarbeit, der Gesundheit, des Rechts, der Macht[16] sowie vielfältige Hilfen in der alltäglichen Lebensführung (vgl. Müller-Mahn 2000). Diese Netzwerke legen den Reziprozitätsmechanismus auf der Grundlage ihres Ausgangsproblems, der Migration, in der Sachdimension expansiv aus.[17] Dies begründet zugleich den hohen, tendenziell die gesamte Lebensführung betreffenden und gleichsam totalitären Zumutungsgehalt solcher Netzwerke. Sie tendieren dazu, ihre Teilnehmer in unvorhersehbarer Weise in zahlreichen sachlichen Hinsichten in Anspruch zu nehmen, und damit zugleich auch zu sozialer Expansion. Dabei be-

---

[15] Dies erweist sich z. B. beim Wegzug aus Nachbarschaften: Kann man – und wenn ja, wie lange – noch typische Leistungen des Netzwerkes in Anspruch nehmen, z. B. wenn die Waschmaschine ausfällt, oder ist man trotz fortbestehender räumlicher Vorteile nun auf funktionale Alternativen (Waschsalon) verwiesen?

[16] Erkennbar etwa an „Banden", die im Zweifelsfalle geschuldete Lohnzahlungen auf informellen Arbeitsmärkten eintreiben.

[17] Versteht man Migration als Form der geographischen Mobilität zur Realisierung von Inklusionschancen (Bommes 1999), dann wird verständlich, dass die Leistung dieser Migrationsnetzwerke darin besteht, solche Chancen zu vermitteln, und sie daher zu einer sachlich entsprechend umfassenden und expansiven Auslegung tendieren.

grenzt nicht zuletzt der Status als illegaler Migrant die Rückzugsmöglichkeiten, da die Möglichkeit der Inanspruchnahme von Leistungen in Organisationen der Funktionssysteme vielfach auf Netzwerke angewiesen ist und damit die Einbindung in entsprechende Erwartungen fortschreibt, weil Ausweichmöglichkeiten versperrt sind.[18]

In der Kombination der partikularen Konstitutionsbedingungen der sachlichen Sinndimensionen von Netzwerken mit formaler Reziprozität als ihrer spezifischen kommunikativen Reproduktionsform, die keinen Halt in der sozialen Positionierung der Teilnehmer und daran gebundener Erwartungen findet, liegt zugleich ein weiterer potentieller Einschränkungsmechanismus begründet. Denn Reziprozität ist damit auf Bewährung in der Zeit- und in der Sozialdimension angewiesen. Zeitlich erfährt jede erbrachte Leistung ihre Gegenleistung erst in der Zukunft, und dies beschränkt schon die Möglichkeit der expansiven Kommunikation weitergehender Leistungserwartungen: Ein gewisses Ausmaß an Redundanz ist wahrscheinlich als Voraussetzung für Varianz im Sinne der Steigerung der Leistungsfähigkeit von Netzwerken.

Die Erbringung der Gegenleistung in der Zukunft bedeutet zugleich soziale Bewährung. Diese bildet die Grundlage für die Entstehung von Vertrauen und ermöglicht die Beobachtung von Adressen unter dem Gesichtspunkt ihrer Vertrauenswürdigkeit. Auch hier gilt: Wachstum im Sinne der Zunahme und Varianz der Adressen erlaubt Steigerungen der kombinatorischen Möglichkeiten, ist aber verknüpft mit dem Risiko der Schwächung des Vertrauensmechanismus bezüglich sozialer Verpflichtungen und des Horizonts der zeitlichen Einlösung von Vorleistungen sowie der Spezifität des netzwerkeigenen Leistungsspektrums. Schließung und Begrenzung der Netzwerkteilnahme erhöht also die wechselseitige Bindung und Exklusivität der Teilnahme, beschränkt aber die Möglichkeiten für zukünftige Kombinationsgewinne (vgl. Granovetter 1973).

Netzwerke stützen sich also in ihrer Strukturentwicklung auf Redundanz. Sie erlaubt es, die Steigerung ihrer Leistungsfähigkeit und damit ihren Variationsspielraum in sozialer und sachlicher Hinsicht zugleich auszutesten und zu beschränken. Anders formuliert: Für Netzwerke liegen in diesem grundlegenden reflexiven Bezug auf die Sach- und Sozialdimension Potentiale ihrer dynamischen Stabilisierung durch die Ermöglichung von Wachstum und sozialer Selbstergänzung auf der Grundlage von Begrenzung und sozialer Schließung.

---

[18] Wenig überraschend geht aus Interviews mit Migranten immer wieder hervor, dass sie bei Eröffnung von Alternativen und dem Erlangen eines Rechtsstatus sich möglichst aus solchen Netzwerkeinbindungen und ihrem weitreichenden Verpflichtungscharakter zu lösen versuchen (Alt 1999, 2003, Anderson 2003). Die Grundlage dafür ist nicht zuletzt die Möglichkeit der Übernahme von formalen Funktions- oder Leistungsrollen, deren Zugang aber vielfach die Erlangung eines legalen Status voraussetzt. Vgl. dazu die Fallstudie von Müller-Mahn (2000).

Die Strukturbildung in Netzwerken ist Ergebnis ihrer Ausbalancierung von Varianz und Redundanz. Ihr sachlicher Ausgangspunkt bedarf zeitlicher und sozialer Konfirmierung als Grundlage für die Anreicherung der Leistungsfähigkeit hinsichtlich des Zugangs zu unwahrscheinlichen Möglichkeiten. Ihr Ausgangspunkt begründet insofern ihre Pfadabhängigkeit bei der Realisierung ihres Potentials, das in der Ausgestaltung des Steigerungsverhältnisses zwischen Redundanz und Varietät in der Zeit mehr oder weniger zur Geltung gebracht wird. Dabei besteht der Anreiz zur Netzwerkbildung, wie gezeigt, in der Herstellung unwahrscheinlicher Kombinationen von Möglichkeiten. Ihr Resultat sind daher hochspezifische Leistungen für ihre Mitglieder, die aus der Kombinatorik dieser Möglichkeiten unter den Strukturbedingungen der Netzwerkbildung und ihrer Stabilisierung in dem beschriebenen Sinne hervorgehen. Netzwerke sind daher unabdingbar partikular: Sie entstehen an partikularen Gelegenheiten, schließen an diese auf der Basis generalisierter Reziprozität ihre innere Strukturbildung und die damit verbundenen Formen der Stabilisierung an und entwickeln auf dieser Grundlage ihr spezifisches und nicht generalisierbares Leistungspotential. Denn obwohl im Prozess der Netzwerkbildung eine „Versachlichung" zustande kommt und damit sachliche Kriterien und Problembezüge erzeugt und stabilisiert werden können, die den Netzwerken häufig dann auch ihren Namen geben, kann die Schwelle zu einer Universalisierung/Generalisierung aufgrund der partikularen Konstitution und Selbstverankerung von Netzwerken nicht überschritten werden.[19]

Netzwerke gewinnen an den Adressenmerkmalen bestimmter Personen *sozialen*, an den darüber vermittelten hochgradig spezifischen Leistungen *sachlichen* sowie an den sich zwischen ihnen herstellenden und bestätigenden Reziprozitätsverhältnissen *zeitlichen* Halt. Dabei sind mit dem Operations- und dem Inklusionsmodus von Netzwerken die formalen kommunikativen Bedingungen dafür benannt, dass Netzwerke überhaupt beobachtet werden können. Auf dieser Grundlage können sie in nahezu beliebigen gesellschaftlichen Kontexten entstehen – und sich auch wieder auflösen. Wenn einige Netzwerke dauerhafter als andere sind, so liegt dies nicht in ihrem reziproken Operationsmodus (der sie alle kennzeichnet) allein begründet, sondern eben darin, dass die partikularen Ausgangsbedingungen in der dargelegten Weise reflexiv zur Strukturbildung genutzt werden und damit die Anschlussfähigkeit der Netzwerkkommunikation gesichert werden kann.

Zusammengefasst lässt sich dies so formulieren: Konstitutiv für Netzwerke ist die Ermöglichung der Verknüpfung der über Adressen zugänglichen hetero-

---

[19] Selbst dann nicht, wenn „selbsttragende" Netzwerkstrukturen entstehen, die sich ihrer sachlichen Einschränkung gemäß durch strukturähnliche Adressen ergänzen. Vgl. Müller-Mahn (2000), Tacke (2000).

genen und darum sachlich ganz unverbundenen Leistungen durch Reziprozität und die Hervorbringung eines netzwerkspezifischen Leistungsspektrums. Die Verknüpfung des Heterogenen findet also über den partikularen Anlass hinaus keinen Halt in sich selbst, sondern konstitutiv erst in der anlaufenden Reziprozität – die aber ihrerseits haltlos ist: sachlich, sofern ihr ein vorgegebenes Kriterium der Beschränkung fehlt; sozial, sofern sie in keiner institutionalisierten sozialen Position oder Rolle verankert und dadurch gedeckt ist, sondern einzig durch die „Gelegenheit". Darin wird – über die Bedingung der Freigabe der sozialen Adressen hinaus – die Modernität von Netzwerken sichtbar: Sie finden Halt weder in Status und Rollen, noch in der gesellschaftlichen Differenzierungsform.

So gesehen gelingt die Stabilisierung von Netzwerken offensichtlich durch die Verknüpfung mehrerer partikularer Selektionen durch Reziprozität, die diese gewissermaßen in ein Verhältnis der wechselseitigen Abstützung bringt und dadurch selbsttragende Strukturbildung ermöglicht. Das begründet die Bedeutung der Ausbalancierung des Verhältnisses von Redundanz und Varietät in Netzwerken. Man kann in einem solchen Abstützungsarrangement nicht alles gleichzeitig variieren: Sachliche Steigerung muss sich sozial und zeitlich bewähren; soziale Variation muss sich sachlich und zeitlich bewähren; und schließlich muss sich zeitliche Variation sozial und sachlich bewähren. Vor diesem Hintergrund erschließt sich dann auch, dass alle Strukturen des Netzwerkes – seine Teilnehmer, seine Obligationen, sein spezifisches Leistungsspektrum, seine Zeitverhältnisse – seine eigenen Hervorbringungen sind.[20]

3.5 Formen der Selbstsimplifikation

Soziale Netzwerke kommunizieren Reziprozitätserwartungen primär mitlaufend und implizit; sie stützen sich aber auch auf explizite Selbstbeschreibungen, mit denen unterschiedliche Möglichkeiten der Selbstsimplifikation ihrer selbst erzeugten Strukturen verbunden sind. Eine Form der Selbstsimplifikation sind Namensgebungen, die neben ihrer Verwendung im Netzwerk häufig auch der öffentlichen Selbstdarstellung dienen.

Eine Namensgebung wie „Netzwerk Frauenforschung NRW" verweist dabei erkennbar auf zwei Sachbezüge gleichzeitig: Wissenschaft und Politik. Die Referenz auf „Frauen" oszilliert dabei einerseits zwischen der Politikdimension (Gleichstellung, in einem Bundesland) und der Wissenschaftsdimension (Gender-Forschung), ihr entspricht andererseits die Inklusionsdimension des Netzwerkes

---

[20] Was dem Argument keinen Schaden zufügt, dass Netzwerke ihre Leistungen aus anderen Systemen beziehen – denn ihre Bedeutung und Relevanz im Horizont des verfügbaren Leistungsspektrums ist eine netzwerkeigene Hervorbringung.

(Männer sind nicht vorgesehen). Der öffentlichen Selbstdarstellung nach besteht das Netzwerk aus „Netzwerkprofessorinnen" – mit ansprechbarer universitärer Adresse.[21] Mit der Selbstdarstellung sind aber weder die faktischen Bedingungen der Reziprozität im Netzwerk noch die Voraussetzungen des politischen Erfolgs schon beschrieben. Vorausgesetzt sind, der Platzierung zwischen Wissenschaft und Politik gemäß, auch mobilisierbare Netzwerkadressen in Organisationen der Politik, die über ansprechbare Ressourcen verfügen und im zeitlich, sachlich und sozial eingeschränkten Modus der Kommunikation von Reziprozität am Netzwerk teilnehmen. Sie tauchen als Adressen im deklarierten Netzwerk jedoch nicht auf – mit Ausnahme des Verweises auf eine ehemalige Ministerin, die in der Selbstdarstellung erkennbar den Gesichtspunkt eines Gründungsmythos bedient. Schon dies zeigt, dass die Bedingungen der Darstellung und der Herstellung von Netzwerken mehr oder weniger auseinander fallen können. Die öffentliche Selbstdarstellung als „Netzwerk Frauenforschung" schließt an einen funktionalen (wissenschaftliche Forschung) und einen universalistischen Gesichtspunkt (Frauengleichstellung) an, die der Darstellung Legitimität verleihen, die Darstellung hält dagegen die Tatsache latent, dass sowohl die generelle reziprozitätsgestützte Operationsbedingung wie auch speziell das Prinzip der Selbstergänzung sowie der statusbezogenen Exklusivität der Teilnahme auch dieses Netzwerk zu einer im Kern partikularistischen Strukturbildung machen.

Eine Selbstdarstellung, in der „Männer" bestimmte Leistungen in einem „Netzwerk" kombinieren, kann mit vergleichbarer Resonanz und Legitimität in politischen und öffentlichen Organisationen dagegen nicht rechnen. Die entsprechende Unwahrscheinlichkeit einer solchen öffentlichen Selbstdarstellung besagt aber nicht, dass die Herstellung von erkennbar am askriptiven Merkmal „männlich" gebildeten Netzwerken misslingt. Empirisch sind sie durchaus auffindbar. Interessant ist im Vergleich aber erst, dass in solchen Netzwerken der Adressengesichtspunkt Geschlecht kommunikativ nicht zum Thema und erklärten Ausschlusskriterium werden muss. Vielmehr kann die geschlechtsbezogen selektive Inklusion in das Netzwerk auf der kommunikationsentbundenen Referenz auf Körper beruhen (Sport, Sauna) und darüber das kommunikative „Nein" vermieden bzw. invisibilisiert werden (Stichweh 2004: 355 ff.). Analog bleibt dann z. B. der Kommunikation entzogen, ob der regelmäßige universitäre „Professorenfußball" über seine darstellbare Funktion des wiederkehrenden Freizeitsports unter Kollegen hinaus auch der Herstellung und Pflege eines geschlechtshomogenen korporativen Netzwerkes dient, das seine – damit im

---

[21] Diese Einschränkung auf professoralen Status der Teilnehmerinnen unterstreicht den Gesichtspunkt öffentlicher und politischer Profilierung – der Selbstdarstellung. Nachwuchswissenschaftlerinnen, darunter Mitarbeiterinnen von „Netzwerkprofessorinnen", werden auf ein sekundäres Netzwerk verwiesen.

doppelten Sinne –„körperlich" abgestützten sozialen Bindungen im organisatorischen Entscheidungsprozess selektiv zur Geltung bringt.

Netzwerke simplifizieren ihre Voraussetzungen aber auch durch netzwerkspezifische Mythen, etwa indem sie sich auf sich selbst als „Bruderschaften" oder „Freundschaftsbande" beziehen oder sich auf Verwandtschaft oder Ethnizität als primäre Bindungen berufen. Auch in diesen Fällen können die sekundären Formen der reflexiven Stabilisierung den Möglichkeitshorizont und die Flexibilität des Netzwerkes erweitern oder einschränken,[22] indem sie es mit Strukturen der Darstellung ihrer Grenzen in sachlicher, sozialer oder räumlicher Hinsicht ausstatten. Dies wird auch in Netzwerkforschungen häufig übersehen.

In der Migrationsforschung z. B. wird die Aufgabe einer genaueren Bestimmung dessen, was Netzwerke sind, vielfach dadurch umgangen, dass diese als ethnische oder Verwandtschaftsnetzwerke bezeichnet werden. Die Forschung übernimmt damit die Selbstsimplifikationen von Netzwerken – als wenn mit diesen schon alles Entscheidende gesagt wäre. Die Bedeutung des Netzwerkbegriffs in der modernen Weltgesellschaft liegt aber darin, dass er in Aussicht stellt, eine Struktur sozialer Beziehungen zu erfassen, die aus Bedingungen räumlicher Nähe und der sozialen Anschaulichkeit von Interaktionen tendenziell entbunden sind. Soziale Netzwerke gewinnen, wie gezeigt, ihre Entstehungs- und Reproduktionsgelegenheiten erst an sozialen Systemen; sie setzen also die sozialen Strukturkontexte, an denen sie entstehen, voraus. Dies ermöglicht die räumliche Dekontextualisierung und potentiell globale Operationsweise von in ihrer Größe selbst begrenzten Netzwerken (Stichweh 2000c). Indem sie Adressen miteinander verknüpfen, kombinieren Netzwerke die sachlichen Möglichkeiten, die den in die Netzwerke einbezogenen Individuen zur Verfügung stehen. Der Bezug auf Raum (Nachbarschaft, regionale Herkunft) und soziale Nähe (im Sinne von Verwandtschaft und ethnischer Gemeinschaftsbildung) erlaubt die Stabilisierung von Netzwerken durch Simplifikation. Damit sind theoretisch und empirisch genetische sowie strukturelle Fragen jedoch nicht zu verwechseln. Netzwerke mögen sich primär vermittelt über Vergemeinschaftungsmechanismen wie Familie und Verwandtschaft sowie räumliche Indexierungen wie Stadtteil oder Herkunft konstituieren und ausbreiten: Leistungen im Zusammenhang der Realisierung eines Migrationsprojektes können erwartet werden aufgrund verwandtschaftlicher, ethnischer oder lokaler Zugehörigkeit. Reziprozität findet dann initiativ gewissermaßen externen Halt in der (vormaligen) Einbindung von Migranten in

---

[22] Ethnische Zugehörigkeit beschränkt dann soziale Zugänglichkeit, erlaubt damit aber ggf. zugleich die Expansion der Leistungserwartungen gegenüber den Mitgliedern. Zugleich kann damit je nach den sozialen Positionen, die den Mitgliedern einer Ethnie in verschiedenen Funktionssystemen und ihren Organisationen zugänglich sind, auch eine Beschränkung des Leistungsspektrums eines Netzwerkes verbunden sein.

sozialstrukturell verankerte Reziprozitätsverhältnisse (Thomas/Znaniecki 1958, Schiffauer 1987). Mit der Entstehung und Fortsetzung solcher Netzwerke wird nun aber bedeutsam, dass dieser externe Halt in ihrer Fortsetzung durch im Netzwerk selbst erzeugten Halt für Reziprozität substituiert werden muss. Denn der moralische Verpflichtungsgehalt von Reziprozität, der z.B. in der *peasant society* dem Ausgleich von zwischenzeitlichen Mängellagen zwischen Gleichen dient und hierin seine Basis hat, bricht sich potentiell an der für Netzwerke charakteristischen Kombination von heterogenen Adressen, die ihr spezifisches Leistungsspektrum erst ermöglicht. Und dies gilt insbesondere in Migrationsnetzwerken, denn die Teilnehmer machen sich hier gegebenenfalls wechselseitig Transport, Arbeitsstellen, Wohnraum, Durchsetzungsmacht, Recht, Ausbildung, Verbreitungsmedien, Trost, medizinische Behandlung oder Hilfe zugänglich. An die Stelle des extern in den vormaligen Lebensverhältnissen verankerten moralischen Verpflichtungsgehalts tritt also die im Fortgang eines Netzwerkes selbst erzeugte Reziprozitätsverpflichtung auf der Basis heterogener Leistungen, mit deren Nichterfüllung aber der weitere Einbezug in das Leistungsspektrum eines Netzwerkes aufgrund des Zerfalls von Vertrauen unwahrscheinlicher wird. Die Verwandten und Herkunftsgleichen können dann zunehmend „lästig" und mit mehr und mehr Schwellen der Kommunikation von Leistungserwartungen konfrontiert werden bzw. sich auch mehr und mehr „beschämt" daraus zurückziehen. Mit anderen Worten: Das genetische Anlaufen von Netzwerken auf der Basis von Verwandtschaft, regionaler oder ethnischer Zugehörigkeit bzw. anderen Formen der Vergemeinschaftung ändert strukturell nichts daran, dass Netzwerke mit ihrer Selbstplatzierung in Strukturkontexte funktionaler Differenzierung für ihren sachlichen, sozialen und zeitlichen Halt selbst sorgen und damit ihre Startbedingungen mit ihrem Fortgang umbauen müssen.

3.6 Grenzziehung und Systembildung

Konsequent zu Ende gedacht zwingen die vorangegangenen Argumente dazu, Netzwerke als soziale Systeme im strengen Sinne aufzufassen. Dagegen scheint ein Argument zu sprechen, das in der allgemeinen Nerzwerkdiskussion bezüglich der Eigenart und Stärke von Netzwerken neben ihrer Ubiquität[23] wiederkehrend vorgebracht wird: ihre Fluidität und Flexibilität. Diese Merkmale sind aber erst auf der Grundlage der zuvor dargelegten Charakterisierung der Eigenart der Strukturbildung in Netzwerken fassbar. Denn sie macht einsichtig, wie Sta-

---

[23] Ihre Ubiquität ist mit dem hier vorgelegten Netzwerkkonzept leicht einsehbar: Sie stützen sich in ihrer Entstehung auf einen allgemeinen Mechanismus, der universell an einer Vielzahl partikularer Gelegenheiten in der modernen Gesellschaft ansetzen kann.

bilisierung gelingen kann und dadurch zugleich pfadabhängige Flexibilität und Fluidität in sachlicher, sozialer und zeitlicher Hinsicht möglich wird. Im Kern besteht ein Netzwerk aus nichts anderem als rekursiver reziproker Leistungskommunikation. Seine Fluidität resultiert daraus, dass in dieser Kommunikation keine weitreichenden expliziten Festlegungen getroffen werden können, denn dies zerstörte die strukturelle Grundlage der Leistungsfähigkeit des Netzwerkes, nämlich die Funktionsweise von Reziprozität: In sachlicher Hinsicht kann nicht dauerhaft explizit festgelegt werden: dies und nicht das; in sozialer Hinsicht kann nicht dauerhaft explizit festgelegt werden: diese und nicht jener; und in zeitlicher Hinsicht kann nicht dauerhaft explizit festgelegt werden: dann und nicht früher oder später.[24]

Das Arrangement der wechselseitigen Verschränkung der sachlichen, sozialen und zeitlichen Strukturen und die damit verbundene Stabilität und Flexibilität muss sich im Vollzug des Netzwerkes als seine eigene Hervorbringung bewähren. Die Grenzen von Netzwerken erscheinen daher in sachlicher und sozialer Hinsicht als fließend. Denn in der Tat können Netzwerke ausgehend von ihrem partikularen Abstoßpunkt alles und jeden in ihren Sog ziehen, sofern sie in das sich reproduzierende strukturelle Arrangement als potentielle Leistung oder Adresse passen. Die Grenzen von Netzwerken erscheinen in sachlicher und sozialer Hinsicht mehr oder weniger fließend, weil prinzipiell die ganze sachliche und soziale Welt unter dem Gesichtspunkt ihres Beitrags zum Netzwerk, der Steigerung seines Leistungsspektrums auf der Basis von Reziprozität zum Thema der Netzwerkkommunikation werden kann. Dieser fließende Charakter von Grenzen darf aber nicht mit Unbestimmtheit verwechselt werden. Faktisch betrifft dieser fließende Charakter der Grenzen immer nur die Ausschnitte der Welt, die je spezifischen Netzwerken auf der Grundlage ihres strukturellen Arrangements als ihre relevanten Umwelten gelten. Die Fluidität von Grenzen bedeutet also nicht die Abwesenheit von Grenzen: Ein Netzwerk schreibt sich in die soziale Welt durch den Vollzug seiner Reziprozitätskommunikation ein, die auf der Grundlage selbst erzeugter Strukturen im Vollzug festlegt, wer und was dazugehört. Das kann erheblichen Schwankungen unterliegen und dennoch nicht beliebig werden. Denn auch wenn es in Netzwerken dafür keine stabilen Kriterien gibt, ist letztes Kriterium die Möglichkeit der Fortsetzung der Netzwerkkommunikation selbst. Wo sie aufhört, ein Netzwerk sich also auflöst, ist die Einrichtung von Grenzen in

---

[24] Das gilt auch dann, wenn Netzwerke ihren sachlichen Ausgangspunkt zur Expansionsbeschränkung in sachlicher Hinsicht benutzen. Denn dann steht zwar relativ fest, dass in Wissenschaftlernetzwerken keine allgemeinen Lebenshilfen erbracht werden – aber dies erlaubt umgekehrt keine positive Vorabfestlegung des Leistungsspektrums, dieses bleibt in dem mit der Netzwerkkommunikation abgesteckten Horizont offen. Ebenso legt ein Frauennetzwerk zwar fest, dass sozial die Teilnahme von Männern unwahrscheinlich ist, aber damit sind noch nicht die Adressen derjenigen Frauen festgelegt, die für Einbezug in Frage kommen.

dem Sinne misslungen, dass keine Adressen und keine Leistungsbereitstellungen mehr mobilisiert werden können, weil die sachlichen Horizonte verschwimmen und kein Vertrauen mehr zu hinreichend identifizierbaren Adressen in der Zeit aufgebaut werden kann – das partikulare und sich im Vollzug bewährende strukturelle Arrangement eines Netzwerkes also zerfällt. Dabei können Netzwerke zerfallen – und doch wieder reaktiviert werden. Operational gesehen ist das aber nicht überraschend, denn Netzwerke hören auf und laufen wieder an, sofern die entsprechende Kommunikation von reziproken Leistungserwartungen gelingt, das heißt sie muss anschlussfähig sein und Grenzziehung in den genannten Hinsichten ermöglichen.[25]

Schließlich lassen sich einige Schwierigkeiten, Netzwerke als soziale Systeme zu fassen, durch den Vergleich mit anderen Systemen in der modernen Gesellschaft weiter aufklären und beheben. Netzwerke finden ihren Halt nicht, wie Funktionssysteme, in der Sachdimension, nicht wie stratifikatorische Systeme in der Sozialdimension, und sie stützen sich auch nicht konstitutiv wie Interaktionssysteme auf Anwesenheit und die Reflexivität der Wahrnehmung. Aufschlussreich ist aber der Vergleich mit formalen Organisationen: Ähnlich wie diese auf der rekursiven Verknüpfung von Entscheidungen beruhen, bilden Netzwerke ihre Strukturen durch die rekursive Verknüpfung von Reziprozitätserwartungen. Aber anders als Organisationen, die im Prinzip alles wieder zum Gegenstand von Entscheidung machen können, bleiben Netzwerke mit ihrer weiteren Strukturbildung unabdingbar an ihren partikularen Ausgangspunkt, die Verknüpfung von heterogenen Adressen und die darüber vermittelten Leistungen, gebunden. Entscheidungen können zum Gegenstand von Entscheidungen werden, und insofern steht in Organisationen formal alles zur Disposition von Entscheidungen. Es ist demgegenüber nicht gut zu sehen, wie in Netzwerken Reziprozität auf sich selbst anwendbar wäre. Und selbst wenn dies möglich wäre, ist nicht zu sehen, wie dies den partikularen Ausgangspunkt als Basis für die weitere Strukturbildung zu modifizieren oder aufzuheben vermöchte. Netzwerke können sich also nicht in gleicher Weise auf Formalität gründen wie Organisationen, sondern sie gründen sich in eigentümlicher Weise auf die Verschränkung von Universalismus und Partikularismus: auf die Möglichkeit der Kombination von Adressen auf der Grundlage ihrer *universellen* Freigabe unter Bedingungen funktionaler Differenzierung; jede spezifische Kombination und der resultierende Leistungsgehalt ist aber unabdingbar *partikular*. Darin liegt unter Bedingungen funktionaler Differenzierung die potentielle Zerbrechlichkeit von Netzwerken begründet: Sie finden ausschließlich Halt in sich selbst, in der Partikularität der Verknüpfung und Ineinanderverschachtelung der je nur für sie geltenden sozialen, sachlichen und zeit-

---

[25] Dies klärt die Rede von der Reaktivierung auf: Die Kommunikation muss wissen, wie es geht.

lichen Strukturen. Das macht Netzwerke gewissermaßen beliebig und universell zugleich: Sie tauchen überall auf. Sie sind ephemer: Sie tauchen auf, verschwinden und reaktivieren sich wieder. Das macht es so schwierig, diese universell verwendbare Möglichkeit der Netzwerkentstehung in der funktional differenzierten Gesellschaft zu fassen sowie zu begreifen, dass auch das schnelle Auftauchen und Verschwinden von Systemen – ähnlich wie ihre Flexibilität und Fluidität – kein Argument dagegen ist, dass es sich überhaupt um soziale Systeme handelt.[26]

4   Schluss

Es bleibt zum Schluss zu vermerken, dass die hier vorgenommene Bestimmung der Systembildung von Netzwerken und des Modus ihrer Strukturbildung keine Antwort auf die Frage gibt, an welchen Strukturen der modernen Gesellschaft Netzwerkbildungen eigentlich ihre Gelegenheiten finden und was sie als sekundäre Strukturbildungen in der modernen Gesellschaft eigentlich – über das je spezifische Leistungsspektrum jedes einzelnen Netzwerkes hinaus – leisten. Denn sie scheinen gewissermaßen in strukturelle Leerstellen einzufallen, die die moderne Gesellschaft durchziehen. Anders kann ihre Ubiquität kaum erklärt werden: Sie sind eben *sekundäre* Systembildungen.[27] Als eigenständige Analyseaufgabe lässt sich dies aber angemessen erst auf der Basis des hier entwickelten Netzwerkkonzeptes ins Auge fassen. Mit dem vorgelegten begrifflichen Vorschlag ist für die Autoren in diesem Sinne ein Forschungsprogramm bezeichnet.

Literatur

Alt, Jörg (1999): Illegal in Deutschland. Forschungsprojekt zur Lebenssituation „illegaler" Migranten in Leipzig. Karlsruhe: von Loeper
Alt, Jörg (2003): Leben in der Schattenwelt. Problemkomplex „illegale" Migration. Neue Erkenntnisse zur Lebenssituation „illegaler" Migranten aus München und anderen Orten Deutschlands. Karlsruhe: von Loeper
Anderson, Philip (1998): In a Twilight World: Undocumented Migrants in the United Kingdom. London: Jesuit Refugee Service

---

[26] Das allein ist im Übrigen auch nicht ernsthaft dagegen eingewendet worden, dass Konflikte soziale Systeme sind. Sie tauchen auf und verschwinden nach mehr oder weniger langer Dauer wieder, die vom Gelingen ihrer Stabilisierung durch Ausnutzen der Strukturbildungsmöglichkeiten ihrer ebenfalls partikularen Entstehungsmöglichkeit abhängt.
[27] Das lässt sich beispielhaft verdeutlichen. So erlauben Netzwerke im Kontext von Organisationen, zum Beispiel bei der Vergabe von Stellen, die Absorption eines unvermeidlichen Unentscheidbarkeitsproblems (vgl. Bommes 1996; Bommes/Tacke 2005).

Anderson, Philip (2003): „... Dass Sie uns nicht vergessen". Menschen in der Illegalität in München. München: Stadtrat München

Bommes, Michael (1996): Ausbildung in Großbetrieben. Einige Gründe, warum ausländische Jugendliche weniger Berücksichtigung finden. In: Kersten, Ralph/Kiesel, Doron/ Sargut, Sener (Hrsg.), Ausbilden statt Ausgrenzen. Jugendliche ausländischer Herkunft in Schule, Ausbildung und Beruf. Frankfurt a. M.: Haag und Herchen, 31–44

Bommes, Michael (1999): Migration und nationaler Wohlfahrtsstaat: ein differenzierungstheoretischer Entwurf. Opladen: Westdeutscher Verlag

Bommes, Michael/Tacke, Veronika (2005): Systems and Networks: Competing Theories or Complementary Social Structures? In: Seidl, David/Becker, Kai Helge (Hrsg.), Niklas Luhmann and Organization Studies. Philadelphia/Amsterdam: John Benjamins

Burt, Ronald S. (1982): Towards a Structural Theory of Action. Network Models of Social Structure, Perceptions, and Action. New York et al.: Academic Press

Fuchs, Peter (1997): Adressabilität als Grundbegriff der soziologischen Systemtheorie. In: Soziale Systeme. Zeitschrift für soziologische Theorie, 3, 1, 57–79

Gouldner, A. (1960): The Norm of Reciprocity. A Preliminary Statement. In: American Sociological Review, 25, 2, 171–178

Grabher, Gernot (1993): The Embedded Firm. On the Socio-Economics of Industrial Networks. New York: Routledge

Granovetter, Marc (1973): The Strength of Weak Ties. In: American Journal of Sociology, 78, 6, 1360–1380

Granovetter, Marc (1985): Economic Action and Social Structure: The Problem of Embeddedness. In: American Journal of Sociology, 91, 3, 481–510

Hessinger, Philipp/Eichhorn, Friedhelm/Feldhoff, Jürgen/Schmidt, Gert (2000): Fokus und Balance. Aufbau und Wachstum industrieller Netzwerke. Opladen: Westdeutscher Verlag

Japp, Klaus P. (1992): Selbstverstärkungseffekte riskanter Entscheidungen. Zum Verhältnis von Rationalität und Risiko. In: Zeitschrift für Soziologie, 21, 31–48

Kenis, Partrick/Schneider, Volker (1996): Organisation und Netzwerk. Institutionelle Steuerung in Wirtschaft und Politik. Frankfurt a. M., New York: Campus

Kowol, Uli/Krohn, Wolfgang (1995): Innovationsnetzwerke. Ein Modell der Technikgenese. In: Halfmann, Jost/Bechmann, Gotthard/Rammert, Werner (Hrsg.), Theoriebausteine der Techniksoziologie. Jahrbuch „Technik und Gesellschaft" 8. Frankfurt a. M., New York: Campus, 749–760

Luhmann, Niklas (1980): Gesellschaftliche Struktur und semantische Tradition. In: ders., Gesellschaftsstruktur und Semantik. Studien zur Wissenssoziologie der modernen Gesellschaft. Bd. 1. Frankfurt am Main: Suhrkamp, 9–71

Luhmann, Niklas (1995a): Inklusion und Exklusion. In: ders., Soziologische Aufklärung 6. Die Soziologie und der Mensch. Opladen: Westdeutscher Verlag, 237–264

Luhmann, Niklas (1995b): Die Form Person. In: ders., Soziologische Aufklärung 6. Die Soziologie und der Mensch. Opladen: Westdeutscher Verlag, 142–154

Luhmann, Niklas (1997): Die Gesellschaft der Gesellschaft, 2 Bde. Frankfurt a. M.: Suhrkamp

Mahnkopf, Birgit (1994): Markt, Hierarchie und soziale Beziehungen. Zur Bedeutung reziproker Marktgesellschaften. In: Beckenbach, Nils/van Treeck, Werner (Hrsg.), Um-
brüche gesellschaftlicher Arbeit. Soziale Welt. Sonderband 9. Göttingen: Schwartz,
65–84

Mayntz, Renate (1993): Policy-Netzwerke und die Logik von Verhandlungssystemen. In:
Héritier, Adrienne (Hrsg.), Policy-Analyse. Kritik und Neuorientierung. PVS-Sonder-
heft 24. Opladen: Westdeutscher Verlag, 39–56

Meier, Frank/Krücken, Georg (2003): Wir sind alle überzeugte Netzwerktäter". In: Soziale
Welt, 54, 71–92

Milgram, Stanley (1967): The Small World Problem. In: Psychology Today, 1, 61–67

Monse, Kurt (1992): Zwischenbetriebliche Vernetzung in institutioneller Perspektive. In:
Malsch, Thomas/Mill, Ulrich (Hrsg.), ArBYTE. Modernisierung der Industriesoziologie? Berlin: Ed. Sigma, 295–314

Müller-Mahn, Detlef (2000): Ein Ägyptisches Dorf in Paris. Eine empirische Fallstudie zur
Süd-Nord-Migration am Beispiel Ägyptischer ‚Sans-Papiers‘ in Frankreich. IMIS-
Beiträge 15 (Dezember 2000). Universität Osnabrück

Powell, Walter W. (1990): Neither Market nor Hierarchy. Network Forms of Organization.
In: Research in Organizational Behaviour, 12, 295–336

Schiffauer, Werner (1987): Die Bauern von Subay. Das Leben in einem türkischen Dorf.
Stuttgart: Klett-Cotta

Stichweh, Rudolf (2000a): Semantik und Sozialstruktur: Zur Logik einer systemtheoretischen Unterscheidung. In: Soziale Systeme, 6, 2, 237–251

Stichweh, Rudolf (2000b): Adresse und Lokalisierung in einem globalen Kommunikationssystem. In: ders., Die Weltgesellschaft. Soziologische Analysen. Frankfurt: Suhrkamp, 220–231

Stichweh, Rudolf (2000c): Zur Genese der Weltgesellschaft: Innovationen und Mechanismen. In: ders., Die Weltgesellschaft. Soziologische Analysen. Frankfurt: Suhrkamp,
245–267

Stichweh, Rudolf (2004): Zum Verhältnis von Differenzierungstheorie und Ungleich-
heitsforschung am Beispiel der Systemtheorie der Exklusion. In: Schwinn, Thomas
(Hrsg.), Differenzierung und soziale Ungleichheit. Die zwei Soziologien und ihre
Verknüpfung. Frankfurt a. M.: Humanities online, 353–367

Sydow, Jörg/Windeler, Arnold (Hrsg.) (1994): Management interorganisationaler Beziehungen. Opladen: Westdeutscher Verlag

Tacke, Veronika (2000): Netzwerk und Adresse. Soziale Systeme. In: Zeitschrift für Soziologische Theorie, 6, 2, 291–320

Tacke, Veronika (2001) (Hrsg.), Organisation und gesellschaftliche Differenzierung. Wiesbaden: Westdeutscher Verlag

Teubner, Gunther (1992): Die vielköpfige Hydra: Netzwerke als kollektive Akteure höherer
Ordnung. in: Krohn, Wolfgang/Küppers, Günther (Hrsg.), Emergenz: Die Entstehung
von Ordnung, Organisation und Bedeutung. Frankfurt a. M.: Suhrkamp, 189–216

Teubner, Gunther (2002): Hybrid Laws: Constitutionalizing Private Governance Networks.
In: Kagan, Robert/Winston, Kenneth (Hrsg.), Legality and Community. Berkeley:
Berkeley Public Policy Press, 311–331

Thomas, William I./Znaniecki, Florian (1958): The Polish Peasant in Europe and America. (zuerst 1918/1921) New York: Dover

Thorelli, Hans B. (1986): Networks. Between Markets and Hierarchies. In: Strategic Management Journal, 7, 1, 37–51

Trezzini, Bruno (1998): Konzepte und Methoden der sozialwissenschaftlichen Netzwerkanalyse: Ein aktueller Überblick. In: Zeitschrift für Soziologie, 27, 5, 378–394

Watts, Duncan J. (1999): Networks, Dynamics, and the Small World Phenomenon. In: American Journal of Sociology, 105, 2, 493–527

Weber, Max (1980): Wirtschaft und Gesellschaft, 5. Aufl. Tübingen: Mohr

Weyer, Johannes (2000): Soziale Netzwerke als Mikro-Makro-Scharnier. Fragen an die soziologische Theorie. In: Weyer, Johannes (Hrsg.), Soziale Netzwerke. Konzepte und Methoden der sozialwissenschaftlichen Netzwerkforschung. München: Oldenbourg, 237–254

Williamson, Oliver E. (1996): Vergleichende ökonomische Organisationsforschung. Die Analyse diskreter Strukturalternativen. In: Kenis, Patrick/Schneider, Volker (Hrsg.), Organisation und Netzwerk. Institutionelle Steuerung in Wirtschaft und Politik. Frankfurt, New York: Campus, 167–212

Die Differenzierung von Netzwerk, Interaktion und Gesellschaft

Boris Holzer

1 Einleitung

Von einem sozialen Netzwerk spricht man, wenn Personen selektiv miteinander in Beziehung stehen.[1] Da nur in sehr kleinen Gruppen jeder mit jedem verknüpft sein kann, sind Netzwerke schon ab einer niedrigen Schwelle sozialer Komplexität ein Grundtatbestand des Sozialen. Doch *welche* Personen *wie* vernetzt werden, welche Beziehungen also möglich und reproduzierbar sind, wird bestimmt von gesellschaftlichen Bedingungen der Teilnahme an Kommunikation, zum Beispiel davon, wie Personen in die Gesellschaft und ihre Teilsysteme inkludiert werden. Natürlich spielen auch die Kommunikationstechnologien eine wichtige Rolle: Die Schrift und vor allem die moderne Telekommunikation ermöglichen soziale Beziehungen mehr oder weniger unabhängig von räumlicher Nähe und körperlicher Anwesenheit – und erweitern damit die Reichweite und die Zahl möglicher Kontakte. Das bedeutet, dass soziale Beziehungen nicht mehr von Anwesenheit und Interaktion abhängen, sondern zum Beispiel auch in der Kommunikation unter Abwesenden reproduziert oder sogar hergestellt werden können. Je mehr Kommunikationspartner faktisch erreichbar sind, desto größer ist die Zahl möglicher Beziehungen. Damit steigt auch die *Selektivität* der Netzwerke. Je mehr Personen (und andere soziale Einheiten) für Kommunikation in Frage kommen, also als soziale „Adressen" fungieren können, desto deutlicher tritt der Sachverhalt hervor, dass immer nur ein Bruchteil von ihnen *tatsächlich* miteinander in Kontakt tritt oder gar dauerhafte soziale Beziehungen unterhält. Die Gesellschaft als Ganzes kann dann nicht mehr die Form *eines* Netzwerks annehmen. Vielmehr ist jede Netzwerkbildung selektiv und umfasst allenfalls einen Teil der denkbaren Kontakte.[2]

---

[1] Obwohl der Begriff „soziale Netzwerke" häufig auch für Beziehungen zwischen Organisationen verwendet wird, beschränke ich mich in diesem Beitrag auf interpersonale Netzwerke. Sofern Aussagen sowohl Personen als auch Organisationen betreffen, verwende ich den Begriff der kommunikativen „Adresse" (vgl. Fuchs 1997; Tacke 2000).

[2] Einen Grenzfall mag die *small world* der Bekanntschaften darstellen (Milgram 1967; Watts 2003). Doch bei diesem Netzwerk handelt es sich erstens um ein durch wissenschaftliche Experimente

Damit sind zwei Typen sozialer Systeme angesprochen, von denen Netzwerke sich offenbar unterscheiden: einerseits von Interaktion, d. h. von Formen des „Kontaktes unter Anwesenden", andererseits von Gesellschaft als der „Gesamtheit der Berücksichtigung aller möglichen Kontakte" (Luhmann 1984a: 263, 33).[3] Netzwerke sind nicht zwangsläufig *Interaktionen*, da sie auch Kommunikation unter Abwesenden in Anspruch nehmen können. Sie sind aber auch nicht gleichzusetzen mit *Gesellschaft*, da sie stets nur einen Teil der möglichen Kontakte einschließen. Ausgehend von diesen Unterscheidungen kann man fragen, ob Netzwerke als eine eigene Form sozialer Ordnungsbildung im Laufe der gesellschaftlichen Evolution deutlicher hervortreten. Für das Verhältnis von Interaktion und Gesellschaft lässt sich eine entsprechende Steigerung in Form einer zunehmenden *Differenzierung* von Interaktion und Gesellschaft beobachten: Wir können uns archaische Gesellschaften als *face-to-face societies* vorstellen, weil sie sich mangels Schrift und Telekommunikation nur in der Kommunikation unter Anwesenden reproduzieren können; für die moderne Gesellschaft gilt dies nicht, und sie kann deshalb auch nicht mehr als Interaktion vorgestellt und repräsentiert werden (Luhmann 1987). Es liegt nahe zu fragen, ob im Verhältnis von Gesellschaft und Netzwerk – und analog dazu im Verhältnis von Netzwerk und Interaktion – eine ähnliche Entwicklung zu konstatieren ist. Wie ich im Folgenden zu zeigen versuche, eröffnet diese Fragestellung nicht nur eine bessere Einordnung von Netzwerken in die Theorie sozialer Systeme, sondern sie präzisiert auch deren evolutionären Stellenwert: Netzwerke wären demnach nicht etwa als vormoderne, gleichsam archaische Sozialform aufzufassen, sondern durchaus als modern. Erst vor dem Hintergrund von – und in Differenz zu – funktionaler Differenzierung erlangen Netzwerke ihre Bedeutung als eigenständige Formen sozialer Selektivität.

Um diese These zu prüfen, resümiere ich zunächst kurz einige Überlegungen zum Zusammenhang von gesellschaftlicher Differenzierung und Netzwerken (1). Vor diesem Hintergrund diskutiere ich in weiteren Schritten das Verhältnis von Netzwerken und Interaktion (2) und anschließend den Stellenwert von Netzwerken in der funktional differenzierten Gesellschaft (3). Dabei wird zu zeigen sein, dass Netzwerke einerseits – ab einem bestimmten Stadium gesellschaftlicher Evolution – nicht auf Interaktion reduziert werden können und andererseits auch nicht (mehr) mit der Gesellschaft als Ganzer deckungsgleich sind. Insbesondere

---

erzeugtes Konstrukt, bei dem fraglich ist, ob es auch operativ genutzt wird. Und zweitens umfasst die *small world* nicht alle Kontakte, sondern ist ein selektives Muster der Bekannten von Bekannten.
[3] Sie sind im Übrigen auch nicht mit Organisation gleichzusetzen, um auch den dritten Typus sozialer Systeme zu erwähnen (vgl. Luhmann 1975b): Zwar gibt es Netzwerke in Organisationen, doch diese zeichnen sich gerade dadurch aus, besondere – in der Regel „informale" – Beziehungen zwischen bestimmten Mitgliedern zu sein.

aus der Differenz zu funktionalen Teilsystemen erschließen sich in der modernen Gesellschaft die spezifischen Merkmale von Netzwerken, nämlich die Ausnutzung der Multiplexität und Transitivität von Kontakten.

2 Netzwerke und gesellschaftliche Differenzierung

Wir müssen – wie einleitend bereits bemerkt – von der Tatsache ausgehen, dass selektive Verknüpfung ein Grundmerkmal sozialer Komplexität ist (Luhmann 1975a). Das gilt für einzelne Handlungen oder Kommunikationen, die aufeinander Bezug nehmen, aber auch für die Relationierung von (persönlichen) Kontakten. Schon ab einer recht niedrigen Größen- und Komplexitätsschwelle weisen Gesellschaften eine „Redundanz von Akteuren" auf: Nur ein Teil der Mitglieder kommt für direkte und wiederholte Interaktion in Betracht, der Rest allenfalls gelegentlich für Aufgaben, die spezielle Rekrutierung und Mobilisierung verlangen (Colson 1978). Soziale Netzwerke kommen deshalb nicht nur in der modernen Gesellschaft vor. Auch in Stammesgesellschaften gibt es Muster selektiver Kontakte.[4]

Entsprechend der auf Verwandtschaft basierenden segmentären Differenzierungsform bestimmen Familien- bzw. Clangrenzen auch die kommunikative Erreichbarkeit von Personen. Verwandtschaftsbeziehungen regeln, wer wofür ansprechbar ist und wem vertraut werden kann. Sie regeln somit den Zugang zu anderen Personen, zum Beispiel zur matrilinearen Herkunftsfamilie. Gerade für diese Beziehungen verwenden Ethnologen den Ausdruck „Netz" oder „Netzwerk", da sie die einzelnen Clans miteinander verbinden. Anhand dieser die Grenzen der eigenen Siedlung mitunter überschreitenden Beziehungen spannt sich der soziale Horizont auf: „Hence the native thinks of his matrilinear kinship bonds as linking him to such-and-such a person of a different clan, who is himself linked similarly to someone in yet another clan, and so on to the limits of his social horizon" (Fortes 1949: 291). In einer Gesellschaft, die weitgehend auf persönlichen, nämlich verwandtschaftlichen Beziehungen beruht, liegt es daher nicht nur nahe, die Gesellschaft als interaktionsabhängig zu begreifen, sondern die Gesellschaft insgesamt als *ein* Netzwerk von Verwandten. Die archaische Gesellschaft wäre also nicht nur eine *face-to-face society*, sondern auch eine Netzwerkgesellschaft. Interaktion, Gesellschaft und Netzwerk sind kaum unterscheidbar im Sinne unterschiedlicher Möglichkeiten der Aktivierung und Inklusion von Kontakten. Wer zur Gesellschaft gehört, hat auch Verwandte, und mit diesen kann man nur in Kontakt treten, wenn sie anwesend sind.

---

[4] Vgl. zu diesem Abschnitt teilweise ausführlicher Holzer 2008.

Der Übergang zu rangmäßig differenzierten Gesellschaften spiegelt sich auch – vielleicht sogar zuerst – darin wider, dass die Kontaktchancen zunehmend ungleich verteilt sind. Wenn die Zahl der Personen steigt (zum Beispiel durch Bevölkerungswachstum), gleichzeitig aber die individuelle Kontaktfähigkeit beschränkt bleibt, werden zwangsläufig einige Personen zu „Stars", die zwar besonders viele Beziehungen auf sich ziehen, gleichzeitig aber Wege finden müssen, diese mit einer beschränkten Interaktionskapazität zu vereinbaren (Colson 1978). Solche Positionen, deren Inhaber andere von Kontaktchancen exkludieren müssen, sind die Grundlage für weitergehende soziale Differenzierungen, wie zum Beispiel Patron-Klienten-Verhältnisse. Solche strukturellen Ungleichheiten, die sich noch nebenbei ergeben mögen, können in Form einer legitimen Ranghierarchie anerkannt werden, die dann – in *stratifizierten Gesellschaften* – zur Grundlage sozialer Ordnung schlechthin wird.

Die Ausdifferenzierung von Schichten bringt es mit sich, dass auch Kontaktchancen ungleich verteilt sind. Die Netzwerke der adeligen Oberschicht unterscheiden sich von jenen der überwiegend agrarisch lebenden Unterschicht. Für Letztere gilt aufgrund der starken Ortsgebundenheit Ähnliches wie für segmentäre Gesellschaften. Neben der Verwandtschaft hat hier der *Nachbar* eine große Bedeutung für reziproke Hilfe- und Unterstützungsleistungen – wobei die Motivation durch die Ähnlichkeit der Lebensverhältnisse gleich mitgeliefert wird. Ihre Auferlegtheit durch äußere Umstände unterscheidet diese Beziehungen aber von modernen persönlichen Kontakten (vgl. für das antike Griechenland Schmitz 2004). Es mag zu weit gehen, daraus gleich den Schluss zu ziehen, in der Unterschicht spielten persönliche Beziehungen überhaupt keine Rolle, wie Luhmann (1975c: 454) dies tut: „Angehörige der Unterschichten haben und brauchen im Verhältnis zueinander keine ‚Beziehungen'". Auf jeden Fall aber rekrutieren sich die Beziehungen oder „Netzwerke" der Unterschicht aus einem verhältnismäßig kleinen, räumlich begrenzten Pool möglicher Kontakte. Die Selektivität und damit der Strukturwert der Kontakte sind dementsprechend gering.

Der Kontrast zu den Oberschichten ist offensichtlich. Sie zeichnen sich dadurch aus, dass in ihnen hochselektive und vor allem überregionale Kontakte entwickelt und gepflegt werden, die sehr unterschiedlich motiviert sein können, zum Beispiel durch politische, familiäre oder wirtschaftliche Anlässe (Luhmann 1980: 74 f.). Den Oberschichten kommt in dieser Hinsicht eine ähnliche „Vorreiterrolle" zu wie im Fall der geselligen Interaktion, die zuerst in den Kreisen frühneuzeitlicher Oberschichten zu einer eigenen Sozialform entwickelt wurde. Das zeigt eindrucksvoll McLean (2007) in seiner Untersuchung der „Kunst des Netzwerks" im Florenz der Renaissance. Grundelemente von Netzwerken, wie beispielsweise die Mobilisierung der Kontakte von Kontakten für Empfehlungsschreiben oder die Kontaktpflege, wurden hier in einer Weise erprobt und perfektioniert, die auch die heutigen Formen dieser Praktiken noch informiert.

Wie Padgett/Ansell (1993) am Beispiel der verwandtschaftlichen, wirtschaftlichen und politischen Beziehungen der Medici im 15. Jahrhundert zeigen, gilt dies insbesondere für die *Kombination* unterschiedlicher gesellschaftlicher Kontexte oder Funktionsbereiche durch soziale Netzwerke.

Doch die Herauslösung aus lokalen Interaktionsverflechtungen, die in tribalen Gesellschaften vereinzelt, in Adelsgesellschaften systematisch nur in der Oberschicht erprobt wurde, wird erst in der *modernen, funktional differenzierten* Gesellschaft deutlich gesteigert. Nunmehr kommt jeder für die Kommunikation mit jedem in Betracht: Die moderne (Welt-)Gesellschaft ist – im Gegensatz zu früheren Gesellschaften – gekennzeichnet durch *universelle Adressabilität*, und das heißt, dass jede(r) prinzipiell Adressat (und Quelle) von Kommunikation werden kann (vgl. Fuchs 1997). Die moderne Gesellschaft bietet jedoch nicht nur eine große Zahl potentieller Kontakte, sondern auch eine hohe Diversität möglicher Beziehungen – kurz: höhere soziale Komplexität. Es gibt mehr (und zunehmend spezialisierte und esoterische) Anlässe für Kommunikation auf der Basis eines mehrdimensionalen Kontaktnetzes. Vorschlägen von Tenbruck (1972) und Watts (1999) folgend, kann man die Zusammenhänge zwischen den genannten Gesellschaftsformen und Netzwerktopologien wie folgt veranschaulichen (siehe Abb. 1):

Abbildung 1   Vernetzung und Gesellschaftsformen (vgl. Tenbruck 1972: 60; Watts 1999: 500 f.)

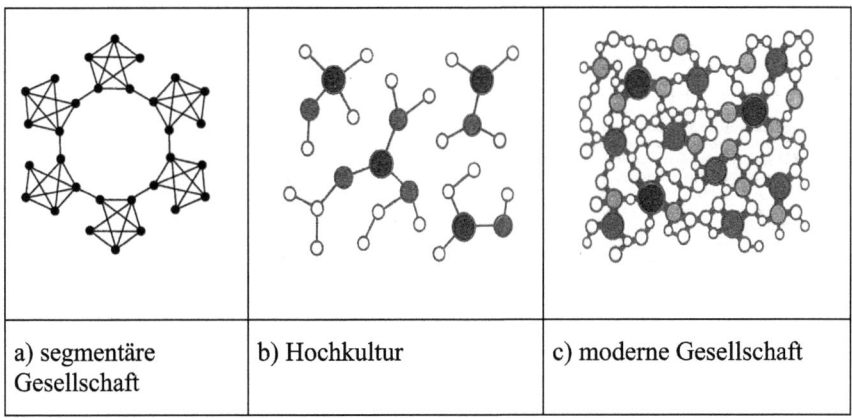

| a) segmentäre Gesellschaft | b) Hochkultur | c) moderne Gesellschaft |

Die Abbildung illustriert die Annahme, dass die Segmente einfacher Gesellschaften intern zwar dicht, untereinander aber nur dünn vernetzt sind. Innerhalb einzelner Clans beispielsweise macht es die geringe Größe mehr oder weniger überflüssig, selektive Kontaktmuster zu etablieren. Zwischen ihnen führen

Handels- und Verwandtschaftskontakte zu einer – wenn auch spärlichen – Vernetzung. Watts (1999) bezeichnet eine diesen Bedingungen entsprechende Netzwerktopologie als das „Caveman"-Modell (Abb. 1a). Hochkulturen zeichnen sich dagegen durch ein stärker zentralisiertes Beziehungsnetz aus. Man kann dies personal interpretieren (als gut vernetzte „Stars" oder Patrone) oder räumlich (wenn sich Vernetzungschancen beispielsweise in städtischen Zentren ballen). In beiden Fällen kann man sich Zentren als Knotenpunkte oder *hubs* vorstellen, von denen aus unterschiedlichste Sinnprovinzen, aber eben auch periphere Regionen am einfachsten erreichbar sind. In der modernen Gesellschaft führen sachlogisch differenzierte Kommunikationsanlässe dazu, dass Adressen *mehrfach* erreichbar sind. Sie gehören gleichzeitig zu verschiedenen Netzwerken und können, unter bestimmten Voraussetzungen, auch dazu genutzt werden, Informationen und Ressourcen aus einem gesellschaftlichen Teilbereich in einen anderen zu übertragen.

Wir können demnach festhalten, dass Netzwerke mit dem Wechsel der Differenzierungsformen an Informationskraft gewinnen, weil sie immer selektiver werden: In der segmentären Gesellschaft gibt es ein dominantes Netzwerk, dessen Inklusionsprinzip Verwandtschaft ist – und davon abgeleitete Bekanntschaften und Freundschaften; es ist mit der Gesellschaft mehr oder weniger deckungsgleich und hat zudem eine geringe räumlich Reichweite. In der stratifizierten Gesellschaft ist es vor allem die Oberschicht, die selektive Kontakte auch über größere Distanzen sucht und pflegt und die zudem bereits unterschiedliche Netzwerke (zum Beispiel familiär, wirtschaftlich oder politisch orientierte) miteinander kombiniert. Erst in der modernen Gesellschaft jedoch verknüpfen Netzwerke regelmäßig Adressen aus unterschiedlichen Funktionsbereichen, und dies vor dem Hintergrund einer immens großen Zahl möglicher Kontakte. Nicht nur höhere Komplexität, sondern auch steigende Unabhängigkeit vom Raum scheint also ein Kennzeichen moderner Netzwerke zu sein – ein Aspekt, den man auch als Differenzierung von Netzwerk und Interaktion beschreiben kann.

3   Die Differenzierung von Netzwerk und Interaktion

Kontakte über den Kreis regelmäßig persönlich angetroffener Personen hinaus können nur aufrechterhalten werden, wenn verlässliche Möglichkeiten der Kommunikation unter *Verzicht* auf Anwesenheit vorhanden sind. Die Trennung der Kommunikationsmöglichkeiten von physischer Kopräsenz, die Lübbe (1996) als zentrales Merkmal der modernen Kommunikationsinfrastruktur hervorgehoben hat, verselbständigt Netzwerke gegenüber der Face-to-Face-Interaktion. Solange sich Beziehungen gleichsam wie von selbst und nebenbei aus Anlass von Interaktion ergeben und nur durch diese reproduziert werden, kommen sie nicht als eigenständige Sozialsysteme zur Geltung.[5] Wer sich ohnehin jeden Tag auf der Straße oder im Wirtshaus trifft, der benötigt auch keine „Netzwerke".

Wenn aber umgekehrt die physische Nähe kein Kriterium mehr ist für die Einbindung in Kommunikationssysteme, so bedeutet auch physische Ferne von anderen nicht mehr automatisch kommunikative Irrelevanz (Meyrowitz 1998: 189). Je mehr sich Kommunikation von der Interaktion emanzipiert, desto mehr entkoppeln sich die Kommunikationschancen, die soziale Beziehungen begründen, von der Kopräsenz: Die Kontaktaufnahme mit weit entfernten Menschen ist dann oft einfacher als mit den eigenen Nachbarn. Diese Entlastung von Kopräsenz ist eine entscheidende Vorbedingung für die Differenzierung sozialer Beziehungsformen nach Frequenz und Intensität, aber auch nach dem Maß an unvermeidbarer Öffentlichkeit. Solange alle gesellschaftliche Kommunikation in Interaktionen erfolgen muss, begrenzen die damit verbundenen Aufmerksamkeits- und Mobilisierungserfordernisse nicht nur die Zahl, sondern auch die Variationsbreite möglicher Kontakte. Kommunikationsmedien wie Schrift und Buchdruck, aber natürlich auch die Telekommunikation, ermöglichen es dagegen, „sich aus Interaktionssystemen zurückzuziehen und trotzdem mit weitreichenden Folgen gesellschaftlich zu kommunizieren" (Luhmann 1984a: 581).

Luhmann beschreibt diese Dynamik unter den Vorzeichen einer Differenzierung zwischen *Interaktion* und *Gesellschaft* und hat dabei vor allem die Möglichkeiten der modernen Massenkommunikation vor Augen (Luhmann 1984b; 1987). Bei Giddens hat das „disembedding", das Herauslösen sozialer Beziehungen aus diffusen und interaktionsnahen Kontexten, einen ähnlichen Stellenwert (Giddens 1990: 21–29). In der Netzwerktheorie gibt es ähnliche Vorstellungen: Zwischen hochverdichteten Clustern enger sozialer Beziehungen finden sich *shortcuts* (Watts 1999: 14; Barabási 2002: 41 ff.) oder *weak ties* (Granovetter 1973), die ansonsten isolierte Netzwerkregionen miteinander verbinden. Nach Granovetter (1973) beruht die Brückenfunktion schwacher Bindungen zwischen sozialen Kreisen gerade darauf, dass sie A mit B und C verbinden können, *ohne* dass daraus notwendigerweise eine direkte Verbindung zwischen B und C folgt. *Strong ties* sind dagegen „transitiv", d. h. eine Verbindung zwischen A und B und A und C impliziert auch eine Verbindung zwischen B und C – und zwar deshalb, weil eine starke Bindung es schon allein aufgrund der Kontakthäufigkeit extrem unwahrscheinlich macht, dass A sie mit B und C erfüllen kann, ohne dass zugleich ein Kontakt zwischen den beiden gestiftet wird. Wenn aber nur Interaktion zur Verfügung steht, ist das Entstehen dichter Beziehungsnetzwerke unvermeidlich: Sobald A, B und C in Situationen gemeinsamer Kopräsenz verwickelt werden, lässt sich nur schwer verhindern, dass Beziehungen zwischen allen

---

[5] Ich schließe hier und im Folgenden an den Vorschlag von Schmidt (2007) an, soziale Beziehungen als soziale Systeme zu begreifen.

dreien in Zukunft erwartet und genutzt werden können. Unter der Bedingung derart transitiver, starker Bindungen tendieren persönliche Netzwerke also zur *Entdifferenzierung*: Eine Separierung verschiedener Publika oder Freundeskreise ist dann kaum möglich.

Um Kapazitäten für unwahrscheinlichere Kontakte freizusetzen, muss die enge Kopplung zwischen kommunikativer Relevanz und der Interaktionsordnung aufgelöst werden. Erst dies ermöglicht eine „Dekontextualisierung" sozialer Beziehungen (Stichweh 2000: 17 f., 258 f.). Wenn die Trennung verschiedener Interaktions- und Kommunikationskontexte institutionalisiert ist, kann es normal werden, persönliche Beziehungen mit *für andere* Unbekannten zu unterhalten. Diese Publikumstrennung ist ein Grund, warum ein Großteil der Netzwerkpraxis sich der Beobachtung von Dritten entzieht. Der Einblick in Netzwerke beschränkt sich meist auf die dyadischen Beziehungen, in die man selbst involviert ist (in der Terminologie der Netzwerkanalyse: die „ego-zentrierten" Netzwerke). Schon die Frage nach reflexiven Kontakten, also danach, welche Beziehungen zwischen den eigenen Kontakten bestehen, lässt sich oft nicht beantworten. Nicht nur aus der Perspektive von Funktionssystemen, sondern auch aus der Perspektive der Vernetzten selbst bleiben ihre Operationen jenseits der eigenen Beziehungen deshalb opak bzw. „arkan" (siehe Werron in diesem Band).

Je mehr sich Kommunikation von den Voraussetzungen und Restriktionen der Interaktionsordnung emanzipiert, desto klarer unterscheiden sich Netzwerke von Interaktionen. Netzwerke können Kommunikation unter Anwesenden in Anspruch nehmen und sich beispielsweise in Form von „Interaktionszusammenhängen" reproduzieren (vgl. Kieserling 1999: 221 ff.). Doch schon jede einzelne soziale Beziehung ist mehr als eine Kette von Interaktionen. Sie ist zumindest eine „Interaktion, die ihr eigenes Ende überdauert" (Schmidt 2007: 519). Genauer betrachtet ist sie auch keine Interaktion, da eine soziale Beziehung auch über lange Strecken unter Verzicht auf Interaktion kontinuiert werden kann (man denke nur an Liebesbriefe) bzw. im Grenzfall sogar gänzlich ohne Kopräsenz auskommt (je nachdem, wie man zum Beispiel Brieffreundschaften und die Beziehungen auf *social networking platforms* einstuft).[6] Die Vervielfältigung von Möglichkeiten, unter Abwesenden, aber dennoch persönlich zu kommunizieren, schafft daher die Voraussetzungen für eine zunehmende Differenzierung von Interaktion und Netzwerk.

---

[6] Vgl. zum Thema Netzwerke und Internet Beher et al. in diesem Band.

4 Netzwerke und funktionale Differenzierung

Ein ausreichend großer Pool erreichbarer Kontakte und die soziale Lizenz, neue Kontakte relativ unabhängig von schon bestehenden einzugehen, sind notwendige Bedingungen dafür, dass Netzwerke sich nicht auf das geographische Nahfeld beschränken und in hohem Maße individualisiert werden. Dies sind freilich keine hinreichenden Bedingungen. Zusätzlich zur Aufhebung von Kontaktbeschränkungen müssen die Beziehungen selbst hinreichend *differenziert* sein, damit nicht nur ein undifferenziertes Netzwerk aller mit allen entsteht. Ansonsten würde die „Redundanz von Akteuren" nur zu einer Differenzierung von „Stars" und „Losern" führen, die sich dadurch unterscheiden, wie viele potentielle Kontakte sie *nicht* realisieren. Erst mit zunehmender Differenzierung der Themen und Rollen steigt die Chance, dass sich unter den heterogenen Elementen neue Verbindungs- und Gruppierungsmöglichkeiten ergeben (Simmel 1958 [1908]: 527 ff.). Dies kann sich zum Beispiel auf die Ausdifferenzierung sozialer Positionen beziehen, die dann untereinander verstärkte Affinitäten pflegen. Die Bedeutung räumlicher Nähe für die Kontaktaufnahme sinkt in dem Maße, in dem Differenzierung „das Band mit den Nächsten (lockert), um dafür ein neues – reales und ideales – zu den Entfernteren zu spinnen" (1958: 530). Anders ausgedrückt: Soziale Differenzierung erlaubt und erzwingt es, zahlreiche unter den möglichen, mitunter sogar naheliegenden Kontakten auszuschließen, um dadurch andere erst zu ermöglichen (Colson 1978: 161).

Aus kommunikationstheoretischer Perspektive heißt das: Die Themen *sachlich* orientierter Kommunikation mögen es erfordern, sich nach passenden *sozialen* Adressen umzusehen. Gerade die Spezialisierung von Kommunikation innerhalb von Funktionssystemen führt dazu, dass oft ferne Kontakte *gesucht* werden müssen, um thematisch naheliegende Kontakte zu finden: „A scholar of Ugric languages wishing to discuss his latest paper on the structure of conditional clauses cannot go next door: like the lonely whales of Antarctica searching for a mate, he must seek a suitable partner for his task widely through the seas of society" (Barth 1978: 168). Man kann in dieser Hinsicht von durch Funktionssysteme aufgespannten „globalen Relevanzräumen" sprechen, welche die Suche nach ähnlich interessierten oder kompetenten Adressaten motivieren und anleiten (Stichweh 2004). Zwischen der funktionalen Spezialisierung von Kommunikation und der Reichweite von Kontaktnetzen besteht also ein Steigerungszusammenhang: Der Inklusionsmodus der modernen Gesellschaft führt durch die Universalisierung kommunikativer Adressierbarkeit und der damit einhergehenden Multiplizierung möglicher Kontakte zu einer gegenüber der vormodernen Gesellschaft gesteigerten *Redundanz* von Adressen. Doch andererseits zwingt gerade die funktionale *Spezifikation* von Adressen dazu, diese aus der Perspektive sehr spezifischer

Themen zu beobachten – und dadurch den Auswahlbereich, wie im Beispiel des einsamen Finno-Ugristen, fallweise wiederum stark einzuschränken.

Die moderne Gesellschaft generalisiert zum einen die kommunikative Relevanz von Personen (und Organisationen) und vergrößert zum anderen durch neue Kommunikationstechnologien die Chancen ihrer Erreichbarkeit. Doch die Komplexität der Gesellschaft erhöht sich nicht nur mit der *Zahl* möglicher Kommunikationspartner (und dem folglich exponentiell wachsenden Relationierungspotential), sondern auch durch die Multiplikation *verschiedener* Beziehungen. Der zentrale Unterschied der modernen zu anderen Gesellschaftsformen besteht in der *Mehrfachinklusion* von Adressen. In einer funktional differenzierten Gesellschaft werden Personen und Organisationen gleichzeitig in verschiedenen, *sachlogisch* definierten Sinnprovinzen zu Quellen und Zielen von Kommunikation. Man ist als Wähler registriert, führt ein Bankkonto, kann als Staatsbürger Rechte in Anspruch nehmen usw. – kurz gesagt: Personen sind in verschiedene Funktionsbereiche inkludiert und werden dadurch in vielfältiger Hinsicht „adressierbar". Durch die Simultan-Inklusion in unterschiedliche Funktionssysteme wird ein und dieselbe Adresse in mehreren „Kontexturen" anschlussfähig – sie wird zu einer „polykontexturalen Adresse" (Fuchs 1997). Jede Adresse ist damit ein Anlaufpunkt für die Verknüpfung bzw. „reflexive Kombination" (Tacke 2000: 293) verschiedener Sinnprovinzen. Voraussetzung dafür ist, dass Netzwerke zwei Arten der Adressenkombinatorik miteinander verschränken: die Generalisierung von Kommunikationschancen zum *einen* über verschiedene Funktionskontexte, zum *anderen* über eine Mehrzahl von Adressen, so dass zum Beispiel für A die Beziehung zwischen ihm und B dadurch an Bedeutung gewinnt, dass B auch eine Beziehung zu C unterhält. Es geht also um die Kombination der Merkmale Polykontexturalität – bzw. in der netzwerktheoretischen Terminologie: Multiplexität – und Transitivität.

Im Kontext funktionaler Differenzierung vervielfältigen sich die Möglichkeiten der Vernetzung. Es ist nun zum Beispiel denkbar, dass sich „Netze" *innerhalb* eines Funktionssystems bilden und sich auf den Pool der auf Rollen zugeschnittenen Adressen, zum Beispiel auf die Namen wissenschaftlicher Autoren, beschränken, ohne dass im engeren Sinne persönliche „Netz*werke*" und die mit ihnen assoziierte Verfügbarkeit von Personen entstehen.[7] Rollenspezifische Kommunikationsanlässe können – neben Alternativen, wie zum Beispiel zufälliger Begegnung oder der Vermittlung durch einen Dritten – aber auch den Ausgangspunkt für eine *Expansion* des Kommunikationsrepertoires, also für die Entstehung sozialer Netzwerke im engeren Sinne bilden. Die sachlich spezifizier-

---

[7] Ich lehne mich in der Terminologie an den Vorschlag von Weber (2001) an, zwischen Netzen und Netzwerken zu unterscheiden im Sinne eines reinen Verknüpfungspotentials einerseits und der strukturierten Relationierung von Verknüpfungen andererseits.

te Motivation der Kontaktsuche bestimmt ebenso wenig wie der Rahmen einer
ersten Begegnung, ob die Beziehung selbst funktional *spezifisch* bleibt oder zu
einer *diffuseren* persönlichen Beziehung wird. Letzteres wird nicht immer der
Fall sein. So bleibt der Kontakt mit anderen Fachspezialisten, zum Beispiel auf
Konferenzen, oft auf den Rollenaspekt beschränkt. Spezifizierte Rollenerwartungen erlauben es schließlich, unpersönlich auch dann zu kommunizieren, wenn
es sich um mehr als eine rein episodische Begegnung handelt. Es sei dahingestellt, ob sich Netzwerke aus „reinen" Rollenbeziehungen oder gar episodischen
Kommunikationskontakten zusammensetzen können.[8] Gesellschaftstheoretisch
interessanter sind sicherlich jene Fälle, in denen Netzwerke sich *nicht* zwanglos
in das Schema funktionaler Differenzierung fügen. Auch empirisch erscheint es
plausibler anzunehmen, dass Netzwerke genau darin ihren Reproduktionsanlass
finden, dass „persönliche" Beziehungen von Rollen *unterschieden* werden können (Tacke 2007: 172).

Das wichtigste Merkmal von Netzwerken könnte man also genau darin sehen, dass sie die Beschränkungen sachlich spezifizierter Erwartungen unterlaufen. Indem Personen an mehreren gesellschaftlichen Teilsystemen partizipieren
können, interferieren in ihnen unterschiedliche Kommunikationszusammenhänge und Funktionsbereiche. Jede Adresse bündelt in einer Person (oder auch
Organisation) ein- und ausgehende Verbindungen in unterschiedlichen Funktionsbereichen und kann so auch genutzt werden, um zwischen diesen zu vermitteln. Netzwerke bedeuten einen reflexiven Umgang mit Kontakten: Jede Adresse
kann als Verweis auf weitere Adressen anderer und in anderen Systemen dienen und in dieser Hinsicht „angesteuert" werden; über Adressen werden also
Kontaktmöglichkeiten reflexiv verknüpft, so dass neue Kontaktmöglichkeiten
entstehen. Es kommt dann zu einer mehr oder weniger systematischen Verwaltung von Kontakten, die das in mobilisierbaren Adressen steckende Sozialkapital
organisieren und zugänglich machen (Tacke 2000). Die Konstitution einer sozialen Adresse macht diese prinzipiell kommunikativ *erreichbar*. Dabei geht es
nicht nur um die triviale Tatsache, dass eine Adresse benutzt werden kann – zum
Beispiel, um einen Telefonanruf zu tätigen oder einen Brief zu schreiben. Mit
einer Adresse als *Knoten* in einem Netzwerk sind vielmehr auch Erwartungen
darüber verknüpft, inwieweit Erreichbarkeit in *Zugang* transformiert werden
kann (vgl. Aderhold 2004: 195 ff.). Zugang zu *Personen* impliziert hierbei nicht
unbedingt „whole-person relationships" (Scott 1972), aber zumindest *multiplexe*

---

[8] So offensichtlich Stichweh (2005a: 174), wenn er „funktional spezifizierte Vernetzungsstruktu-
ren in globalen Funktionssystemen" als *small worlds* im Sinne der Netzwerktheorie beschreibt.
Trotz „Millionen oder auch Milliarden von Inklusionsadressen", so an anderer Stelle, könnte es
sein, „dass es sich bei jedem dieser Subsysteme um eine small world handelt" (Stichweh 2005b: 181).
Im Anschluss an die vorangegangene Fußnote würde man hier eher von „Netzen" sprechen.

Beziehungen im Sinne der Netzwerktheorie, d. h. über einzelne Rollenkontexte hinausgehende Kommunikationsmöglichkeiten. Netzwerke vergrößern damit die Chancen auf eine „niedrigschwellige Kontaktaufnahme [...], auf die man keinen Anspruch hat" (Nassehi 2008: 77). Bereits die Inklusion ins Netzwerk selbst ist gewissermaßen eine „Gefälligkeit" (Werron, in diesem Band), da man sie nicht einklagen kann. Sie hängt nicht von formalen Kriterien ab, die „ohne Ansehen der Person" zu prüfen wären, sondern von persönlicher Bekanntschaft, die den Zugang eröffnet. Luhmann spricht von „konditionierter Vertrauenswürdigkeit" (Luhmann 2000: 408) – man könnte auch sagen: Vertrauen, das sich auf das (persönliche) Vertrauen anderer stützt. Hier liegt ein Unterscheidungsmerkmal zwischen dem, was man generell als partikularistische Beziehungen bezeichnen könnte, und Netzwerken im engeren Sinne: die *Transitivität* der Netzwerkkontakte. Die besondere operative Qualität von Netzwerken wird (nicht nur in der Wissenschaft) häufig darin gesehen, dass sie nicht Dyaden, sondern Triaden prozessiert: Man ist darauf angewiesen, dass man „jemanden kennt, der jemanden kennt" (Luhmann 1995: 251). Nicht die Freunde, sondern die Freunde der Freunde sind das eigentliche Substrat des Netzwerkens (vgl. Boissevain 1974).

Es stellt sich allerdings die Frage, wann Zwischenstationen im Netzwerk überhaupt aktiviert werden, um entfernte Kontakte zu erreichen. Es gibt Fälle, in denen dies wahrscheinlich ist. Zum Beispiel könnte man einen Vermittler in die Kontaktaufnahme mit einer besonders prominenten Adresse einschalten wollen, um so die Wahrscheinlichkeit zu erhöhen, dass das eigene Anliegen überhaupt gehört wird. Der Mechanismus, der das Netzwerk der Zwischenkontakte gewissermaßen als Medium benutzt, um die Erfolgswahrscheinlichkeit von Kommunikation zu erhöhen, ist jedoch einerseits fast universell einsetzbar, andererseits der beständigen Konkurrenz mit „anderen" Kommunikationsmedien ausgesetzt. Wer, um nur ein Beispiel zu nennen, über ausreichend Geld verfügt, kann auf Netzwerke dort verzichten, wo knappe Güter gekauft werden können. Gegenüber der Funktionsspezifik der symbolisch generalisierten Kommunikationsmedien steht die Ausnutzung der Multiplexität von Netzwerken zudem im Ruch der Illegitimität. Sie kann gegenüber dem Universalismus der Funktionssysteme keine adäquate Ausdrucksform finden und bleibt deshalb meist „arkan" (Werron in diesem Band). Allenfalls wenn Netzwerke sich als *single-stranded* geben und so (scheinbar) in den Dienst sachlogischer und universalistischer Interessen stellen, können sie sich auch öffentlich darstellen.[9] Die spezifische Kombinatorik der Netzwerke,

---

[9] Angesichts der Offenheit, mit der beispielsweise „Frauennetzwerke" oder „NGO-Netzwerke" sich selbst annoncieren, wäre zu überlegen, ob Universalismus gar nicht notwendig ist, sondern bereits Kompensationsinteressen ausreichen, um Netzwerke zu legitimieren. Während die *„old boy"-* und *„power elite"-* Netzwerke das Licht der Öffentlichkeit scheuen, sind die auf deren „Ma-

die Multiplexität und Transitivität verbindet, wird durch die moderne Gesellschaft erst ermöglicht, aber gleichzeitig in ihrer Entfaltung behindert bzw. in Bahnen gelenkt, die eine prominente, öffentliche Selbstbeschreibung verhindern. Es zeigt sich also, dass zwischen Netzwerkbildung und funktionaler Differenzierung ein Zusammenhang besteht. Allerdings wäre dieser fehlgedeutet, wenn man von der an Teilsystemen orientierten Vernetzung von Kontakten auf eine funktionale Differenzierung der dadurch entstehenden Netzwerke schließen würde. Netzwerke basieren auf einer anderen Logik der Verknüpfung, die nicht dem Primat einer Funktion, sondern dem „Primat der Adressen" folgt (Tacke 2000; siehe auch Bommes/Tacke 2006). Sie benutzen die sachliche Dimension von Sinn allenfalls als Ausgangspunkt für eine an der Sozialdimension, d. h. an der Unterscheidung von Ego und Alter, orientierten Verknüpfung von Kontakten. Sie unterscheiden sich deshalb nicht nur dadurch von der Gesellschaft als Gesamtheit der berücksichtigungsfähigen Kontakte, dass sie eben nicht alle Kontakte einschließen. Vielmehr fallen sie in der *modernen* Gesellschaft dadurch auf, dass sie sich vom Universalismus der Funktionssysteme unterscheiden. In einer stratifizierten Gesellschaft erscheint die partikularistische Inklusion von Personen *nicht* als ein besonderes Merkmal von Netzwerken, sie ist Grundlage der Gesellschaft schlechthin. In der modernen, funktional differenzierten Gesellschaft hingegen beruht gerade darauf die Differenzierung von Netzwerken und Gesellschaft.

5 Schluss

Ziel dieses Beitrags war es, die These einer zunehmenden Differenzierung von Netzwerk und Interaktion einerseits und von Netzwerk und Gesellschaft andererseits zu prüfen. Netzwerke können nicht auf Kontakte unter Anwesenden reduziert werden, aber auch nicht auf die sachlich codierte Kommunikation in Teilsystemen. Gleichzeitig sind Netzwerke auch nicht einfach „die" Gesellschaft, da kein Netzwerk alle berücksichtigungsfähigen Kontakte einschließen kann. Der besondere Konstitutionsmodus von Netzwerken unterscheidet sich also nicht nur von jenem der Face-to-Face-Interaktion, sondern auch von jenem der Gesellschaft. Diese Überlegungen führen zu der Vermutung, dass Netzwerke in dem Maße prominenter werden, in dem jeder als Adressat von Kommunikation in Frage kommt und Schrift und Telekommunikation die Möglichkeit bieten, prinzipiell auch jeden zu erreichen – also in der modernen Gesellschaft. Man muss deshalb

---

chenschaften" reagierenden Strukturen offensichtlich präsentabel. Man könnte natürlich auch schlicht bezweifeln, dass es sich bei den genannten Phänomenen um Netzwerke im hier diskutierten Sinne handelt.

aber nicht unterstellen, dass es Netzwerke *nur* in der modernen, funktional differenzierten Gesellschaft gebe. Vielmehr finden wir erst in der modernen Gesellschaft die Bedingungen vor, unter denen Netzwerke sich gegenüber Gesellschaft und Interaktion profilieren können. Vor dem Hintergrund funktionaler Differenzierung und der direkten Inklusion in Funktionssysteme verändert sich der Sinn und Anwendungsbereich sozialer Netzwerke. Anders ausgedrückt: Die moderne Gesellschaft schafft gerade dadurch die Voraussetzungen für eine besondere Prominenz von Netzwerken, dass sie eben *kein* Netzwerk ist – bzw. genauer: dadurch, dass sie *mehr* ist als ein Netzwerk oder eine Menge von Netzwerken.

Literatur

Aderhold, Jens (2004): Form und Funktion sozialer Netzwerke in Wirtschaft und Gesellschaft. Beziehungsgeflechte als Vermittler zwischen Erreichbarkeit und Zugänglichkeit. Wiesbaden: VS Verlag

Barabási, Albert-László (2002): Linked. The New Science of Networks. Cambridge, MA: Perseus

Barth, Fredrik (1978): Scale and Network in Urban Western Society. In: Ders. (Hrsg.), Scale and Social Organization. Oslo: Universitetsforlaget, 163–183

Boissevain, Jeremy (1974): Friends of Friends. Networks, Manipulators and Coalitions. Oxford: Basil Blackwell

Bommes, Michael/Tacke, Veronika (2006): Das Allgemeine und das Besondere des Netzwerkes. In: Hollstein, Betina/Straus, Florian (Hrsg.), Qualitative Netzwerkanalyse. Konzepte, Methoden, Anwendungen. Wiesbaden: VS Verlag, 37–62 (Wiederabdruck in diesem Band)

Colson, Elizabeth (1978): A Redundancy of Actors. In: Barth, Fredrik (Hrsg.), Scale and Social Organization. Oslo: Universitetsforlaget, 150–162

Fortes, Meyer (1949): The Web of Kinship among the Tallensi. London: Oxford University Press

Fuchs, Peter (1997): Adressabilität als Grundbegriff der soziologischen Systemtheorie. In: Soziale Systeme 3, 1, 57–80

Giddens, Anthony (1990): Consequences of Modernity. Cambridge: Polity Press

Granovetter, Mark (1973): The Strength of Weak Ties. In: American Journal of Sociology 78, 6, 1360–1380

Holzer, Boris (2008): Netzwerke und Systeme. Zum Verhältnis von Vernetzung und Differenzierung. In: Stegbauer, Christian (Hrsg.), Netzwerkanalyse und Netzwerktheorie. Ein neues Paradigma in den Sozialwissenschaften. Wiesbaden: VS Verlag, 155–164

Kieserling, André (1999): Kommunikation unter Anwesenden. Studien über Interaktionssysteme. Frankfurt a. M.: Suhrkamp

Lübbe, Hermann (1996): Netzverdichtung. Zur Philosophie industriegesellschaftlicher Entwicklungen. In: Zeitschrift für philosophische Forschung 50, 1-2, 133–150

Luhmann, Niklas (1975a): Komplexität. In: Soziologische Aufklärung, Bd. 2. Opladen: Westdeutscher Verlag, 204–220

Luhmann, Niklas (1975b): Interaktion, Organisation, Gesellschaft. In: Soziologische Aufklärung, Bd. 2. Opladen: Westdeutscher Verlag, 9–20

Luhmann, Niklas (1975c): Theorie der Gesellschaft. Bielefeld: unveröffentl. Manuskript

Luhmann, Niklas (1980): Interaktion in Oberschichten. Zur Transformation ihrer Semantik im 17. und 18. Jahrhundert. In: Gesellschaftsstruktur und Semantik, Bd. 1. Frankfurt a. M.: Suhrkamp, 72–161

Luhmann, Niklas (1984a): Soziale Systeme. Grundriß einer allgemeinen Theorie. Frankfurt a. M.: Suhrkamp

Luhmann, Niklas (1984b): Die Differenzierung von Interaktion und Gesellschaft. Probleme der sozialen Solidarität. In: Kopp, Robert (Hrsg.), Solidarität in der Welt der achtziger Jahre: Leistungsgesellschaft und Sozialstaat. Basel/Frankfurt: Helbing & Lichtenhahn, 79–96

Luhmann, Niklas (1987): The Evolutionary Differentiation between Society and Interaction. In: Alexander, Jeffrey C./Giesen, Bernhard/Münch, Richard/Smelser, Neil J. (Hrsg.), The Micro-Macro Link. Berkeley: University of California Press, 112–134

Luhmann, Niklas (1995): Inklusion und Exklusion. In: Soziologische Aufklärung 6. Die Soziologie und der Mensch. Opladen: Westdeutscher Verlag, 237–264

Luhmann, Niklas (2000): Organisation und Entscheidung. Opladen: Westdeutscher Verlag

McLean, Paul D. (2007): The Art of the Network: Strategic Interaction and Patronage in Renaissance Florence. Durham/London: Duke University Press

Meyrowitz, Joshua (1998): Das generalisierte Anderswo. In: Beck, Ulrich (Hrsg.), Perspektiven der Weltgesellschaft. Frankfurt a. M.: Suhrkamp, 176–191

Milgram, Stanley (1967): The Small-World Problem. In: Psychology Today 1, 1, 60–67

Nassehi, Armin (2008): Soziologie: Zehn einführende Vorlesungen. Wiesbaden: VS Verlag

Padgett, John F./Ansell, Christopher K. (1993): Robust Action and the Rise of the Medici, 1400–1434. In: American Journal of Sociology 98, 6, 1259–1319

Schmidt, Johannes F. K. (2007): Soziale Beziehung als systemtheoretischer Begriff? In: Soziale Systeme 13, 1/2, 516–527

Schmitz, Winfried (2004): Nachbarschaft und Dorfgemeinschaft im archaischen und klassischen Griechenland. Berlin: Akademie Verlag

Scott, James C. (1972): The Erosion of Patron-Client Bonds and Social Change in Rural Southeast Asia. In: Journal of Asian Studies 32, 1, 5–37

Simmel, Georg (1958 [1908]): Soziologie. Untersuchungen über die Formen der Vergesellschaftung. Leipzig: Duncker & Humblot

Stichweh, Rudolf (2000): Die Weltgesellschaft. Soziologische Analysen. Frankfurt a. M.: Suhrkamp

Stichweh, Rudolf (2004): Kulturelle Produktion in der Weltgesellschaft. In: Kruschkova, Kassimira/Lipp, Nele (Hrsg.), Tanz anderswo: intra- und interkulturell (Jahrbuch Tanzforschung, Bd. 14). Münster: Lit Verlag, 189–204

Stichweh, Rudolf (2005a): Erzeugung und Neutralisierung von Ungleichheit durch Funktionssysteme. In: Inklusion und Exklusion. Studien zur Gesellschaftstheorie. Bielefeld: transcript, 163–177

Stichweh, Rudolf (2005b): Setzt die „Weltgesellschaft" auf „Weltkommunikation"? In: Jäckel, Michael/Haase, Frank (Hrsg.), In medias res. Herausforderung Informationsgesellschaft. München: kopaed, 171–186

Tacke, Veronika (2000): Netzwerk und Adresse. In: Soziale Systeme 6, 2, 291–320

Tacke, Veronika (2007): Netzwerk und Geschlecht – im Kontext. In: Weinbach, Christine (Hrsg.), Geschlechtliche Ungleichheit in systemtheoretischer Perspektive. Wiesbaden: VS Verlag, 165–189

Tenbruck, Friedrich H. (1972): Gesellschaft und Gesellschaften: Gesellschaftstypen. In: Bellebaum, Alfred (Hrsg.), Die moderne Gesellschaft. Freiburg: Herder, 54–71

Watts, Duncan J. (1999): Small Worlds. The Dynamics of Networks between Order and Randomness. Princeton: Princeton University Press

Watts, Duncan J. (2003): Six Degrees. The Science of a Connected Age. New York: W.W. Norton & Company

Weber, Stefan (2001): Medien – Systeme – Netze. Elemente einer Theorie der Cyber-Netzwerke. Bielefeld: transcript

Das Netzwerkkonzept in der historischen Forschung. Ein kurzer Überblick

Peter Hertner

1 Einleitung

In der sozialwissenschaftlichen Forschung wird auf das Netzwerk als analytisches Werkzeug bekanntlich schon seit den 1970er Jahren in steigendem Maße zurückgegriffen.[1] Drei Jahrzehnte später dürfte sein Nutzen weitgehend unumstritten sein. In der historischen Forschung hat sich das Konzept des Netzwerks dagegen erst relativ spät, und auf breiterer Basis erst während der letzten zehn Jahre, durchgesetzt. Das mag damit zusammenhängen, dass in den 1970er und auch noch in den 1980er Jahren „Strukturgeschichte" – nicht zuletzt aus der Bielefelder Werkstatt – im Vordergrund des Interesses stand. Die Makroperspektive beherrschte in diesem Umfeld weitgehend die Analyse sozialer, wirtschaftlicher, zum Teil auch politischer Strukturen und Konjunkturen. Da schienen Netzwerke, deren Anfänge nicht zuletzt in der ethnologischen Forschung zu finden sind, nur von vergleichsweise begrenztem Interesse zu sein.

Als Historiker und Historikerinnen zunehmend ihren Blickwinkel änderten und den Mikrobereich in ihre Untersuchungen einbezogen, zeigte sich allmählich, dass sich auch für ihre Forschungen Netzwerke als viel versprechende analytische Konzepte anboten, denn auf diese Weise ließen sich Beziehungen und Motive bei zu untersuchenden Personen und Personengruppen, damit aber auch bei sozialen, wirtschaftlichen und politischen Strukturen in historischer Perspektive deutlicher herausarbeiten und zugleich dynamisieren. Wenn eine Soziologin wie Betina Hollstein (2006: 11) „die besondere Attraktivität des Netzwerkkonzepts" darin sieht, „dass es zwischen Mikro- und Makroebene angesiedelt ist und als relationaler Ansatz einen genuin soziologischen Ansatzpunkt bietet, um den Mechanismen sozialer Integration und den Bedingungen und Folgen von Modernisierungsprozessen auf die Spur zu kommen", dann fühlen sich inzwischen nicht wenige Historiker und Historikerinnen von einer solchen Herangehenswei-

---

[1] J. Clyde Mitchell (1974: 279) stellt fest, dass „the notion of ‚social networks' was first introduced by Barnes in 1954" in einer Untersuchung über „Class and committees in a Norwegian island parish" (zitiert ebd.: 297). Laurel Smith-Doerr und Walter W. Powell (2005: 379) insistieren, dass „the attention to networks of association […] began in earnest in the 1970s".

se ebenfalls angesprochen. Da Netzwerke in allen Bereichen der Gesellschaft eine Rolle spielen, also „ubiquitär" sind, wie Michael Bommes und Veronika Tacke (2006: 37) unterstreichen, wird die historische Forschung für alle von ihr behandelten Zeitabschnitte an ihnen nicht vorbeikommen, es sei denn, sie könnte nachweisen, dass derartige „sekundäre Systembildungen" (ebd.: 59) nur in fortgeschrittenen Industriegesellschaften anzutreffen sind. Da dies nicht der Fall ist, wird man auch unter den Bedingungen der Antike oder des europäischen Mittelalters auf Netzwerkbildungen stoßen, wie noch zu zeigen sein wird.

In ihrer allgemeinsten Form sind Netzwerke, so wie sie J. Clyde Mitchell (1969: 1) definiert, „a complex set of inter-relationships in a social system", wobei klar ist, dass hier der Akzent auf *sozialen* Systemen ruht. Für eine innovative historische Forschung wäre das Netzwerkkonzept, wie weiter unten noch erläutert wird, auch auf andere Systeme, zum Beispiel wirtschaftliche, politische oder kulturelle, auszudehnen. Da die Zugehörigkeit zu einem Netzwerk *per definitionem* entschieden werden muss, spielt die Vorauswahl der zu wählenden Ebene eine entscheidende Rolle. Besonders nahe liegend dürfte der Rückgriff auf die Netzwerkanalyse auf der Mikroebene sein, nämlich auf der Ebene von Kleingruppen wie in erster Linie Familien einerseits und Unternehmen – kleinen wie größeren – andererseits. Ertragreich kann die Untersuchung von Netzwerken aber auch auf einer Mesoebene, die Verbände oder Parteien umfasst, ausfallen. Die Makroebene, die im politischen Bereich zum Beispiel ein klassisches Netzwerk wie das Bismarcksche Bündnissystem der 1870er und 1880er Jahre betreffen könnte, würde dagegen wahrscheinlich nur eine begrenzte Zahl von Fallstudien liefern können. Mit Nitin Nohria (1992: 4) kann man es aus organisationstheoretischer Sicht auch so ausdrücken: „The premise that organizations are networks of recurring relationships applies to organizations at any level of analysis – small and large groups, subunits of organizations, regions, industries, national economies, and even the organization of the world system". Im Übrigen wird man beim Rückgriff auf historische – wie auf in der Gegenwart angesiedelte – Fallbeispiele unschwer feststellen können, dass individuelle Teilnehmer an Netzwerken fast immer in mehreren Netzwerken präsent waren. Es fand also, wie es schon Georg Simmel in seiner „Soziologie" formuliert hat, „die Kreuzung sozialer Kreise" statt, wobei der Begriff des Netzwerkes bei Simmel allerdings noch nicht auftaucht.[2]

Nachdem sich die Netzwerkanalyse inzwischen zur Analyse aller nur denkbaren Felder menschlicher Interaktion etabliert hat, besteht heute außerhalb der strikt auf das Instrument Netzwerk bezogenen soziologischen Forschung vor al-

---

[2] Mit „Die Kreuzung sozialer Kreise" ist Kapitel 6 überschrieben in: Simmel (1992: 456). – Vgl. zur Bedeutung Simmels für die strukturelle Soziologie Mizruchi (1994: 329 f.), zum Verhältnis Simmels zur Historischen Anthropologie unserer Tage Nolte (1998).

lem das Problem der Banalisierung dieses Ansatzes. Carola Lipp (2003: 50) hat dies treffend auf den Punkt gebracht, wenn sie feststellt: „Überall wo mehr als zwei Menschen regelmäßig kommunizieren oder sich mehr als zwei Personen organisieren, wird in der geisteswissenschaftlichen Forschung inzwischen von Netzwerken gesprochen, ohne dass die Frage nach Netzwerken forschungstechnisch operationalisiert und empirisch systematisch erforscht würde."[3]

2 Methodische und konzeptionelle Fragen

Eine unmittelbar einleuchtende Besonderheit historischer Netzwerkstudien beruht auf den speziellen Bedingungen, unter denen überhaupt Netzwerke in historischer Perspektive analysiert werden können: Sie werden nämlich alle *ex post* rekonstruiert. Das bedeutet, dass Sachverhalte, die länger als höchstens fünf bis sechs Jahrzehnte zurückliegen, nicht mehr durch Interviews der ursprünglich Beteiligten – also im Wege der *oral history* – erfragt werden können. In solchen Fällen sind die noch vorhandenen Quellen – schriftliche oder gegenständliche wie zum Beispiel Denkmäler – heranzuziehen. Weil diese Quellen fast nie lückenlos überliefert sind, werden die so gewonnenen Ergebnisse fast immer fragmentarisch bleiben. Netzwerke lassen sich so meist nur unvollständig erfassen, über die Motivationen der Beteiligten kann in der Regel nur Partielles ausgesagt werden, zum Teil sind nur Spekulationen möglich. Weitgehende Vollständigkeit ist nur dann zu erzielen, wenn für einen nicht zu knappen Zeitraum zum Beispiel demographische Daten für eine nicht zu kleine und gleichzeitig nicht zu unübersichtliche Gesamtheit von Individuen möglichst umfassend überliefert sind. Zu- und Wegzüge von Individuen müssten sich dabei in engen Grenzen gehalten haben. Charles Wetherell (1998) hat dies in der Fallstudie eines Gutes im heutigen Lettland für die Jahre 1833 bis 1850 für etwa anderthalb Tausend Personen versucht, um das Ausmaß verwandtschaftlicher Beziehungen bei diesen bäuerlichen Untertanen herauszufinden. Das untersuchte Gut Pinkenhof „was a relatively isolated, rural community with a largely immobile population [...]" (ebd.: 136). Im Ergebnis gelingt Wetherell der Nachweis, dass die demographischen Bedingungen, die durch eine relativ hohe Sterblichkeit und – bei relativ hohem Heiratsalter – nicht übermäßig hohe Natalität gekennzeichnet waren, verwandtschaftliche Beziehungen bei zunehmendem Alter der untersuchten Individuen immer seltener machten. Als weiteres Resultat dieser spezifischen historischen sozialen

---

[3] Als Beispiel sei hier nur ein – im Übrigen sehr informativer – Aufsatz von Wolfgang Michalka genannt, der den Titel „Vernetzt auf unterschiedlichen Ebenen: Walther Rathenau als Krisenmanager und Visionär ‚kommender Dinge'" (Michalka 2006) trägt, das Konzept der Vernetzung aber an keiner Stelle explizit ins Spiel bringt.

Netzwerkanalyse kommt noch hinzu: „The decreasing tendency to live with others of the same sex and age probably worked against forming friendships with other coresident adults over the life course and produced a profound isolation among the elderly" (ebd.: 142). Diese zweite Schlussfolgerung ist wegen der hier nicht möglichen Interviews allerdings hypothetisch und zeigt deutlich genug die Grenzen einer solchen historischen Analyse auf.

Angesichts dieser unvollkommenen Informationen, mit denen man es bei der großen Mehrzahl der historischen Fallstudien von Netzwerken zu tun hat, bietet sich in den meisten Fällen die *qualitative* Netzwerkanalyse als gangbare Methode an, und dies aus folgenden Gründen[4]: (1) Bei unvollkommener Information – insbesondere weil am Anfang der Untersuchung häufig noch nicht alle Quellen aufgearbeitet sind und alle möglichen Fragestellungen noch nicht in Erwägung gezogen werden konnten – ist das qualitative Verfahren im Gegensatz zu einer quantitativ standardisierten Erhebung vergleichsweise fast immer offener und weiteren Fragen und Ergebnissen eher zugänglich. (2) Qualitative Verfahren bieten nicht nur „den Vorteil, die Mehrdimensionalität von Netzwerkbeziehungen deutlicher zu berücksichtigen" (Baumgarten/Lahusen 2006: 184). Bei unvollkommener Quellenlage, die es nur erlaubt, Teile von Netzwerken zu rekonstruieren, dürfte man sogar nur mit Hilfe qualitativer Analysen ein einigermaßen interpretierbares Gesamtbild entwerfen können. (3) Motive und daraus folgende Strategien einzelner historischer Netzwerkakteure lassen sich einigermaßen differenziert nur durch qualitative Verfahren erschließen. Ob es auch bei qualitativen Analysen historischer Netzwerke konkret gelingt, die jeweiligen Netze in „die Wahrnehmungs-, Bewertungs- und Deutungsmuster der jeweiligen Akteure einzubetten" (ebd.: 194), wird von der jeweils existierenden Quellenlage abhängen.

Für den Historiker oder die Historikerin wird es also darauf ankommen, die spezifischen Eigenschaften qualitativer Netzwerkanalyse, nämlich die Möglichkeit, egozentrierte und mehrdimensionale Vorstellungen durch qualitative Interviews zu erschließen (Straus 2006: 483 f.), durch den Rückgriff auf historische Quellen sozusagen zu ersetzen. Im Übrigen ist auch die qualitative soziologische Netzwerkforschung nicht ausschließlich auf Interviews und Netzwerkkarten angewiesen, wenn wir Helga Pelizäus-Hoffmeister (2006: 441) folgen. Sie unterstreicht, „dass […] auch schriftlich verfasste autobiographische Dokumente als Datenbasis geeignet sind, wenn subjektive Interpretationen des eigenen Netzwerks erfasst werden sollen. Unter Berücksichtigung quellenkritischer Aspekte können so auch Briefe, Tagebücher und Autobiographien zur Auswertung herangezogen werden". Dabei unterscheidet sie klar zwischen „Deutungen sozialer Netzwerke" und „tatsächlich vorhandenen sozialen Netzwerken". Beides

---

[4] Vgl. dazu die Überlegungen von Baumgarten/Lahusen (2006: 183 ff.).

könne durch Interviews erhoben und zugleich miteinander konfrontiert werden (ebd.: 443 f.). Mit der folgenden Aussage schlägt sie dann deutlich eine Brücke zur historischen Analyse: „Durch die Berücksichtigung schriftlicher Datenformen können auch Personen mit in die Untersuchung einbezogen werden, die durch Interviews nicht erreichbar sind. Besonders hilfreich und wichtig wird diese Möglichkeit dann, wenn subjektive Konstruktionen der Vergangenheit erfasst werden sollen" (ebd.: 461).

Untersuchungen, die auf Methoden der quantitativen Netzwerkanalyse zurückgreifen, wird man vor allem auf dem Gebiet der historischen Demographie finden, denn gerade in diesem Teilbereich lassen sich die zu isolierenden Variablen radikal reduzieren, beispielsweise auf das Geburtsjahr, auf die Kinderzahl, auf die Anzahl der illegitimen Geburten, auf das Heiratsalter und andere mehr. Ein gelungenes Beispiel hat uns der französische Sozialhistoriker Cyril Grange (2005) vorgelegt, der vor einigen Jahren die intrakonfessionellen Heiratskreise der jüdischen Haute Bourgeoisie in Paris zwischen 1770 und 1950 untersucht hat und dabei nachweisen konnte, dass das Konnubium zwischen diesen Familien, von denen nicht wenige aus Mitteleuropa zugezogen waren, vor allem in der zweiten Hälfte des 19. Jahrhunderts besonders ausgeprägt war, während sich zuvor die Heiratskreise eher mit den Gruppen gleicher regionaler Herkunft der jeweiligen jüdischen Familien deckten. Während Grange mit zeitgenössischen Verzeichnissen arbeitet, in denen die Pariser Haute Bourgeoisie – nach heute meist nicht mehr eindeutig nachzuvollziehenden Kriterien – aufgelistet wurde, hat Philipp Sarasin (1997: 91 ff.) in seiner bemerkenswerten Studie über das Basler Bürgertum im 19. und frühen 20. Jahrhundert quantitative und qualitative Elemente verschmolzen. Dabei unterscheidet er eine von ihm in Anlehnung an den älteren Begriff so genannte Gruppe des „Patriziats" – das allerdings seine politische Vormachtstellung in Basel 1848 bzw. 1875 eingebüßt hatte – von einer von ihm so bezeichneten „Neuen Elite", die meist nach Basel zugezogen war und deren Zugehörigkeit zum Großbürgertum durch ihr relativ hohes Einkommen determiniert war. Das „altbürgerliche Patriziat" unterschied sich nach Sarasin „von den Bürgern der Neuen Elite nicht nur durch [seinen] verhältnismäßig größeren Reichtum, sondern vor allem durch ein dichtes Netz von Verwandten in der selben sozialen Schicht" (ebd.: 117). Während Sarasin bei der Analyse von Einkommen bzw. Steuerdaten einerseits, von Heiratskreisen andererseits quantitatives Quellenmaterial erhebt und auswertet, geht er einen Schritt weiter und leitet aus diesen Daten qualitative Aussagen über eine kulturelle „Hegemonie" des Basler Großbürgertums im Sinne von Antonio Gramsci ab (ebd.: 118 f.). Quantitative und qualitative Ergebnisse bindet er über den Begriff des „Verwandtschaftsnetzes" zusammen (ebd.: 102).

Im Vergleich zur Analyse sozialer, politischer, auch kultureller Netzwerke hat sich das Netzwerkkonzept im ökonomischen Bereich in enger Verbindung

zu Ansätzen der Institutionenökonomie entwickelt. Dort war bekanntlich in
den 1970er Jahren das Theorem von Ronald H. Coase, das er bereits 1937 in
einem Aufsatz in der Zeitschrift *Economica* veröffentlicht hatte, wieder aus-
gegraben worden. Coase hatte dem Unternehmen als hierarchischer Institution
den Markt als „eine Sphäre prinzipiell gleichrangiger Vertragspartner" (Pies
2001: 4) gegenübergestellt und zugleich konstatiert, dass die Entscheidung, ob
eine Transaktion dezentral über den Markt oder zentral über ein Unternehmen vorgenommen werden soll, von der Höhe der Transaktionskosten und der
Häufigkeit der Transaktionen abhänge. Oliver E. Williamson (1975) versuchte,
dieses Konzept dann 1975 in *Markets and Hierarchies* stärker zu operationa-
lisieren, hielt sich prinzipiell aber an diese Zweiteilung. Indessen hatte es 1972
G. B. Richardson schon unternommen, das Terrain zwischen den beiden Extremen, der Unternehmung auf der einen und dem Markt auf der anderen Seite, zu
sondieren. Dabei war er zu dem Schluss gekommen, dass Koordinierung im
ökonomischen Bereich auf drei Arten zustande kommen kann, nämlich „by *di-
rection*, by *co-operation* or through *market transaction*" (Richardson 1972: 890).
Das Wort *network* fällt hier noch nicht, wohl aber werden verschiedene Aktivitäten im Rahmen der *inter-firm co-operation* beschrieben, die man heute unter
dem Stichwort Netzwerkaktivitäten einordnen würde.[5] Bei einem Vergleich der
Koordinierung in Hierarchien und Netzwerken, der diese Ansätze in gewisser
Weise wieder ins Spiel bringt, betont Fritz W. Scharpf (1993: 157) zwei Jahrzehnte später zunächst einmal die große Bedeutung des Vertrauens („trust") bei
der Koordination über Netzwerke „in the absence of hierarchical sanctions and
of legally protected ‚property rights'". Bei der Koordination durch Netzwerke
werden Scharpf zufolge Kollektivakteure in Netzwerken ihre Interessen besser
vertreten können als in hierarchischen Strukturen, da in Netzwerken in den we-
nigsten Fällen Konflikte bis zum bitteren Ende ausgefochten werden: „Network
structures are likely to have a conservative bias" (ebd.: 159).

3 Das Netzwerkkonzept in geschichtswissenschaftlichen Forschungen

Nach diesem kurzen Ausflug in definitorische und konzeptionelle Gefilde sollen
nun einige Beispiele der mehr oder weniger expliziten Anwendung von Netz-
werkkonzepten in historischen Untersuchungen näher betrachtet werden. Wir
werden rasch feststellen, dass Fälle aus der politischen und aus der Sozialgeschichte weit weniger häufig vorkommen als Beispiele aus der Wirtschaftsge-
schichte, und dort insbesondere aus der Unternehmensgeschichte. Warum das so

---

[5] Ein Hinweis auf Richardsons Aufsatz, der von Williamson zunächst ignoriert wurde, findet sich
zum Beispiel in dem glänzend formulierten Übersichtsbeitrag von S. R. H. Jones (1997: 19 f.).

ist und wie das Netzwerkkonzept von Historikern angewendet wurde, soll dann im Anschluss geklärt werden. Vollständigkeit wird sich in keinem Fall erzielen lassen, dazu ist das Konzept inzwischen auch in der Geschichtswissenschaft zu verbreitet und als Instrument zu beliebt geworden.

Zu Beginn sei nur kurz darauf hingewiesen, dass hier nicht nur Beispiele aus der mittelalterlichen, frühneuzeitlichen und neueren Geschichte vorgestellt werden sollen, sondern dass auch in der antiken Geschichte inzwischen vom Netzwerkkonzept Gebrauch gemacht wird, wie es der Fall des *Mediterranean Historical Review* mit seinem Juniheft des Jahres 2007 zeigt, das dem Thema „Networks in the Ancient Mediterranean" gewidmet ist. Unter anderem sind in diesem Heft mehrere Aufsätze zur Rolle von Netzwerken bei der Verbreitung religiöser Kulte, zum Beispiel der Demeter Eleusina, oder bei der Verbreitung neuer Glaubensrichtungen enthalten. Weitere Aufsätze sind dem Beitrag von Netzwerken bei den Wanderungen griechischer Kolonisten oder bei der Ausbreitung von Handels- und Wissensnetzwerken durch die Phönizier gewidmet.

In ein- bis anderthalb Jahrtausende später werden wir versetzt mit einem Beitrag von Ulf Christian Ewert und Stephan Selzer über „Netzwerkorganisation im Fernhandel des Mittelalters: Wettbewerbsvorteil oder Wachstumshemmnis?", der in einem überaus informativen Sammelband, herausgegeben von Hartmut Berghoff und Jörg Sydow, zum Thema „Unternehmerische Netzwerke. Eine historische Organisationsform mit Zukunft?" (2007) veröffentlicht wurde. Im Mittelpunkt der Darstellung von Ewert und Selzer steht die Rolle von Netzwerken im Handel der niederdeutschen Hanse vom 13. bis zum 16. Jahrhundert, wo Kapitalmangel und, für die damalige Zeit, enorme Entfernungen es den beteiligten Kaufleuten nahe legten, untereinander Netzwerke als spezielle Form der Kooperation zu bilden. Dabei schlossen sich Kooperation und zugleich Konkurrenz auch bei den gleichen Personen nicht zwangsläufig aus. „Innerhalb der Netzwerkorganisation wurden die wirtschaftlichen Aktivitäten der Hansekaufleute nichthierarchisch durch Kultur, Vertrauen und Reputation koordiniert" (ebd.: 53), wobei auf diese Begriffe weiter unten noch näher eingegangen werden soll. Es gelingt Ewert und Selzer in diesem Beitrag auch zu zeigen, dass, nachdem die Hansekaufleute über Jahrhunderte hinweg von ihren losen interregionalen Netzwerken profitiert hatten, sie ab dem 15. und besonders ab dem 16. Jahrhundert durch ihre Konkurrenten aus den Niederlanden und aus England, die neue Organisationsformen mit größerem Kapitaleinsatz in Anwendung brachten, beim Handel in Ostsee und Nordsee allmählich zurückgedrängt wurden.

In das frühe 15. Jahrhundert, das man für Mitteleuropa noch zum Spätmittelalter zählen würde, das aber in Italien bereits die Frührenaissance verkörpert, führt uns ein Aufsatz – erschienen im American Journal of Sociology, also nicht in einer historischen Zeitschrift – von John F. Padgett und Christopher K. Ansell über den Beitrag von Elitenetzwerken zum Aufstieg der Medici in Florenz (1993).

Die These der beiden Autoren ist es, dass „Medicean political control was produced by means of network disjunctures within the elite, which the Medici alone spanned" (ebd.: 1259). Es waren also die Medici, die, folgt man Padgett und Ansell, es verstanden, die Unvollkommenheit des Florentiner Elitenetzwerks zum eigenen Machterwerb auszunutzen. Ihre Schlussfolgerung: „Studying ‚social embeddedness', we claim, means not the denial of agency, or even groups, but rather an appreciation for the localized, ambiguous, and contradictory character of these lives. Heterogeneity of localized actions, networks, and identities explains both why aggregation is predictable only in hindsight and how political power is born" (ebd.: 1310).

Brillant und für einen Beitrag zum Thema Netzwerke aus historischer Perspektive erstaunlich früh erschienen ist der Beitrag von Wolfgang Reinhard über „Freunde und Kreaturen. ‚Verflechtung' als Konzept zur Erforschung historischer Führungsgruppen: Römische Oligarchie um 1600" (Reinhard 1979). Im Gegensatz zu fast allen anderen historischen Netzwerkdarstellungen setzt sich Reinhard im ersten Teil dieser kleinen Monographie intensiv mit dem „sozialwissenschaftlichen Konzept" der „Verflechtung" auseinander, das er ausdrücklich gegenüber dem Begriff „network" bevorzugt, denn „die angebotene wörtliche Übersetzung ‚Netzwerk' halte ich für keine besondere Errungenschaft der Wissenschaftssprache" (ebd.: 19).[6] Nachdem er auf einigen Seiten Eigenschaften und modellartige Darstellungsformen von Netzwerken vorgestellt hat, kommt Reinhard zu dem Schluss: „Bei näherem Zusehen ergibt sich rasch eine enge Affinität zwischen dem sozialwissenschaftlichen Verflechtungsmodell und bewährten Verfahren der historischen Forschung". Als Beispiel nennt er unter anderem, „Wer sich als Mediaevist mit Herrschaft als Personenverband befasst, betreibt häufig nichts anderes als Verflechtungsanalyse, wenn auch ohne die Schärfe standardisierter Begriffe" (ebd.: 32). Zwar sei „‚network' [...] von Haus aus ein schichtenunspezifischer Begriff. [...] Doch je weiter wir in der Geschichte zurückgehen, desto mehr begrenzt sich der Kreis möglicher Forschungsgegenstände auf die Angehörigen der Oberschichten. Dies ist eben weniger eine Frage des Erkenntnisinteresses als der Quellenlage" (ebd.: 34). Vor dem Hintergrund des frühneuzeitlichen Rom und der päpstlichen Kurie kommt Reinhard zu dem Schluss, zur Bildung von „networks" könne man sich in jenem Zusammenhang auf „vier Gattungen persönlicher Beziehungen" beschränken, nämlich auf „Ver-

---

[6] Zweieinhalb Jahrzehnte später akzeptiert Reinhard in seiner Synthese über „Lebensformen Europas. Eine historische Kulturanthropologie" (2004) zwar den Begriff „Netzwerke", aber so ganz kann er sich damit immer noch nicht anfreunden: „Dank historisch-anthropologischer Fragestellungen ist er [der Netzwerkbegriff, P. H.] inzwischen nicht nur wissenschaftlich akzeptabel, sondern ausgesprochen modisch geworden. Wer mitreden will, muss heute bei jeder Gelegenheit von Netzwerken reden" (ebd.: 272).

wandtschaft", „Landsmannschaft", „Freundschaft" und „Patronage" (ebd.: 35).
Da in Rom durch den Zölibat des Klerus Erblichkeit von politisch-kirchlichen
Stellen ebenso wie die dauerhafte Verfügung über hoheitliche Finanzmittel ausgeschlossen werden konnte, war „eigentlich die Erneuerung der Führungsgruppen bei jedem Herrscherwechsel zu erwarten" (ebd.: 46). Netzwerke im Zeichen
des allgemein akzeptierten „Nepotismus" dienten in diesem Zusammenhang der
langfristigen statusorientierten und finanziellen Absicherung der Familien, die
die meisten Kardinäle und gelegentlich auch einen Papst stellten. Insofern seien
die oben bereits zitierten „Leitlinien eines ‚network' der vier Beziehungen Verwandtschaft, Landsmannschaft, Freundschaft, Patronage" in den meisten Fällen
ausschlaggebend für „die Rekrutierung der kurialen Führungsgruppe" gewesen
und über Jahrhunderte hinweg auch geblieben[7] (ebd.: 60).

Aber nicht nur das Treibhausklima der römischen Kurie – oder, in nicht ganz
so eindrucksvoller Weise, das Milieu weltlicher Fürstenhöfe der Frühneuzeit –
haben die Orientierung an Netzwerken befördert. Wie bereits am Beispiel der
Hanse gezeigt, sind es vor allem Handelsbeziehungen, die das Interesse der historischen Forschung auf das Instrumentarium der Netzwerkanalyse hingeführt haben. Dies umso mehr, als zum Beispiel Margrit Schulte-Beerbühl und Jörg Vögele
in der Einleitung zu dem von ihnen herausgegebenen Sammelband „Spinning the
commercial web. International trade, merchants, and commercial cities, c. 1640–
1939" (2004) feststellen, dass die Hinwendung zum Netzwerk als analytischem
Instrument vor allem auch bedingt sei „in view of the restricted applicability
of the new-institutional approach" (ebd.: 14)[8], der mit seinem Schwerpunkt auf
den Transaktionskosten interorganisationale Beziehungen, wie es Netzwerke typischerweise sind, eher vernachlässige. Die von Reinhard, wie oben zitiert, unter
anderem genannten Schlüsselfaktoren „Verwandtschaft" und „Landsmannschaft"
spielen auch im Band „Spinning the commercial web" bei der Netzwerkbildung
in mehreren Beiträgen dort eine entscheidende Rolle, wo es um die Auswanderung von Kaufleuten aus Oberitalien nach Süddeutschland (Reves 2004) und
die Tätigkeit von Hausierern, besonders aus französischen Alpentälern, in mittel-
europäischen Städten im 17. und 18. Jahrhundert geht (Fontaine 2004). In beiden
Fällen waren es Familienbande und gemeinsame regionale Herkunft, die das Vertrauen und damit auch funktionierende Kreditbeziehungen garantierten. Neben

---

[7] Die darauf bezogene konkrete Fallstudie hatte Wolfgang Reinhard bereits 1974 mit den beiden
Bänden über „Papstfinanz und Nepotismus unter Paul V. (1605–1621). Studien und Quellen zur
Struktur und zu quantitativen Aspekten des päpstlichen Herrschaftssystems (Päpste und Papsttum,
Bd. 6), 2 Teilbände, Stuttgart" geliefert (hierzu bes. Teil 1, 24 ff.).
[8] Der Behauptung von Schulte-Beerbühl und Vögele (ebd.: 16), dass „apart from studies on the
economic development of Modern Asia or in historical geography, historical research on networks
has hardly started", lässt sich bei einem Blick auf die Veröffentlichungen der letzten Jahre so kaum
zustimmen.

einer Reihe weiterer informativer Beiträge zur historischen Existenz von Netzwerken im Handel enthält der Band „Spinning the commercial web" auch einen
bemerkenswerten Aufsatz von Jon Stobart zum Thema „Webs of information,
bonds of trust: the networks of early eighteenth-century Chester merchants", in
dem Stobart zeigt, dass Vertrauen und Information auf lokaler, regionaler und
interregionaler Basis nicht nur, wie gezeigt, familienbezogene Ursachen hatten,
sondern dass auch „involvement in public life, and networking through civic
authority" einen wichtigen Platz bei der Ausbildung von Netzwerkbeziehungen
hatten, dass letzten Endes sich bei jedem dieser Kaufleute aus Chester sogar mehrere Netzwerke („an extensive and complex set of social, political and economic
networks which helped to structure their own business contacts") überlagerten
(Stobart 2004: 220, 227) – auch diese Feststellung dürfte für Soziologen, die sich
mit Netzwerken beschäftigen, keine Überraschung darstellen.

In einer 2006 erschienenen Monographie hat Daniela Luigia Caglioti eine
Gruppe von nicht mehr als höchstens vier Dutzend welschschweizerischer,
deutschschweizerischer und deutscher protestantischer Familien für den Zeitraum des „langen" 19. Jahrhunderts, also von etwa 1800 bis 1914, untersucht,
die in Neapel und dessen Hinterland Handel, Bankgeschäfte und vor allem
Baumwollspinnereien und -webereien betrieben. In ihrer bestens dokumen-
tierten Untersuchung weist Caglioti nach, dass diese Gruppe ihre politischen,
sozialen und religiösen Kontakte mit ihrer süditalienischen Umwelt auf ein Mi-
nimum beschränkte, dort also geradezu eine Parallelgesellschaft bildete, dafür
aber einen engen und über drei bis vier Generationen hinweg stabilen Kontakt
mit den jeweiligen Heimatorten und Herkunftsregionen in der Schweiz und in
Deutschland aufrechterhielt, der sich vielleicht am deutlichsten in der Wahl der
jeweiligen, fast durchweg protestantischen Heiratspartner ausdrückte. Dazu
kam die Einbindung in ein internationales geschäftliches Netzwerk, in das vor
allem auch Partner aus England, dem Zentrum der weltweiten Baumwollindus-
trie, einbezogen wurden. In der scharfen Abgrenzung der jeweiligen Netzwerke des Konnubiums und des Kommerziums gelingt es Caglioti, die operative
Nützlichkeit des Netzwerkbegriffes gerade in diesem konkreten Zusammenhang
besonders deutlich zu machen.

Aus diesem westeuropäischen Rahmen fällt ein Beitrag von Karen Barkey
und Ronan van Rossem (1997) heraus, der sich mit bäuerlichen Beschwerden im
westlichen Anatolien während des 17. Jahrhunderts beschäftigt. Die beiden Autoren zeigen, dass im Gegensatz zum frühneuzeitlichen Westeuropa im Osmani-
schen Reich Richter auf provinzieller Ebene relativ unabhängig von politischem
Einfluss auf Beschwerden der Landbevölkerung reagierten. In nicht wenigen Fällen wurde Recht zu Gunsten der Bauern gesprochen. Unter dem Druck einer von
der Regierung in Istanbul geförderten internationalen Öffnung der Märkte hatten
sich diese Bauern auf dörflicher Ebene – zum Teil schlossen sich auch mehrere

Dörfer zusammen – in Netzwerken organisiert. Die Unterlagen von 190 Gerichtsfällen aus einem regionalen Archiv in Westanatolien aus den Jahren 1650–54 wurden von den beiden Verfassern analysiert. Netzwerke der bäuerlichen Unzufriedenheit richteten sich demzufolge vor allem gegen landlose Außenseiter und gegen die Absicht der Regierung, Agrargüter (wie Baumwolle oder Sesam), die international gehandelt wurden, steuerlich bevorzugt zu behandeln.

Dass während der Industriellen Revolution in Großbritannien die frühen industriellen Unternehmer ihre Erfolge nicht zuletzt Netzwerken verdankten, die, wie schon bei den Kaufleuten des Mittelalters und der Frühneuzeit, wichtige Informationen zu Beschaffung, Absatz und Innovationen vermittelten, aber auch Vertrauen bildeten, ohne welches Kredite unter den Bedingungen eines noch rudimentären Bankensystems nicht zu haben waren, gehört zum Standardwissen. R. Pearson und D. Richardson (2001) haben vor einigen Jahren in einem Beitrag außerdem gezeigt, dass sich beispielsweise in Lancashire die relativ kleinen Familienunternehmen in der Textilindustrie während der ersten Jahrzehnte des 19. Jahrhunderts zusammenschlossen, um kapitalintensive Versicherungsgesellschaften – vor allem in der Feuerversicherung, die sie selbst häufig in Anspruch nehmen mussten – zu gründen. Die dabei gebildeten Netzwerke überschnitten sich mit politischen, sozialen und philanthropischen, denen viele der Gründer gleichzeitig angehörten.

Freilich wird man der Tatsache Rechnung tragen müssen, dass Netzwerke neben positiven auch weniger willkommene Ergebnisse hervorrufen können. Dazu gehören „Netzwerke der Organisierten Kriminalität", die Thomas Welskopp „am Beispiel der amerikanischen Alkoholsyndikate der Prohibitionszeit" untersucht hat (Welskopp 2007), ebenso wie die von Jürgen Nautz recherchierten „Netzwerkstrukturen im Frauenhandel der Habsburger Monarchie im 19. und frühen 20. Jahrhundert" (Nautz 2007). Vergleichbares ist natürlich auch für unsere unmittelbare Gegenwart von Ökonomen nachgewiesen worden: So stellt James E. Rauch in einer Übersicht über die Literatur zum Thema „Business and social networks in international trade" (2001) fest, dass transnationale Netzwerke durch zunehmende internationale Wanderungsbewegungen und steigende Direktinvestitionen wachsen, indem nationale Netzwerke die jeweiligen Grenzen überspringen. Der internationale Handel, aber auch die Gewinnsituation der einzelnen Netzwerkteilnehmer werde gestärkt „by alleviating problems of contract enforcement and providing information about trading opportunities" (ebd.: 1200). Es gebe allerdings das Problem, dass auf diese Weise Netzwerkteilnehmer, deren weniger positive Eigenschaften Außenstehenden unbekannt seien, an internationalen Geschäften beteiligt würden. Im Übrigen könnten Netzwerke durch ihre bloße Existenz Außenseiter ausschließen, eine Entwicklung, die sich Berghoff und Sydow (2007: 24) zufolge vor allem bei „dicht geknüpfte[n], exklusive[n] Personalnetzwerke[n]" zeigen kann und die auf längere Sicht solche „starke[n] Netzwerke [...] zur Quelle mentaler Insularität und ökonomischer Retardierung" mutieren lassen könne. Negative Folgen von Netzwerkbildung zu Lasten Dritter kennzeichnen auch klassische Kartellabsprachen, die in den USA seit den 1890er Jahren verboten waren, in Deutschland – und dann in der Bundesrepublik – im Prinzip aber erst seit 1957. Spätestens seit den 1950er Jahren lassen sich in der amerikanischen elektrotechnischen Industrie Preisabsprachen bei Kraftwerksschaltungen, Transformatoren und Dampfturbinen nachweisen, die in illegalen Netzwerken vom Management der produzierenden Firmen in konspirativer Manier ausgehandelt wurden. Eine lose Netzwerkstruktur war in diesen Fällen besonders geeignet, klare hierarchische Verantwortungslinien zu verwischen. Die Quellen für die Untersuchung dieser Fälle, die in einem Aufsatz von Wayne E. Baker und Robert A. Faulkner (1993) ausgewertet wurden, fanden sich in den Berichten des Antitrust-Ausschusses des amerikanischen Senats. Es ist kaum anzunehmen, dass die betroffenen Firmen den beiden Autoren ihre Archive geöffnet hätten.

Ein geradezu klassisches Thema, zunächst der Unternehmenssoziologie und später dann auch der Unternehmensgeschichte, stellt die Verflechtung formeller Netzwerke von Unternehmen, wie vor allem der Aufsichts- oder Verwaltungsräte nach kontinentaleuropäischem Recht oder der Direktorsposten – der „interlocking directorates" – nach angelsächsischem Recht, dar. Über das „American corporate network"[9], das „British corporate network 1904–76"[10] bis zu Vergleichen zwischen den „corporate networks" in den USA und in Deutschland (Windolf 2002) sind, zurückgehend auf die Pionierstudie von Adolf Berle und Gardiner Means[11] aus dem Jahr 1932, eine ganze Reihe von Untersuchungen angestellt worden. Für Netzwerkanalysen schien dies ein ideales Feld zu sein, weil hier quantitative und qualitative Aspekte zusammenfielen (Fennema/Schijf 1990). Wie vor allem im System der kontinentaleuropäischen Universalbanken seit der Mitte des 19. Jahrhunderts Netzwerke zwischen Banken und Unternehmen konstruiert wurden, forderte Theoretiker wie Hilferding und praktische Analytiker immer wieder heraus. Historiker und Historikerinnen wie Wellhöner/Wixforth (1990), Wixforth/Ziegler (1995) und Fohlin (1999) haben jedoch nachgewiesen, dass von einer Beherrschung der deutschen Industrie durch die Berliner Großbanken vor 1914 und in der Zwischenkriegszeit nicht so ohne weiteres ausgegangen werden kann, dass dieses Verhältnis sich vielmehr im Zeitablauf änderte und stärker auf Gegenseitigkeit angelegt war, als bloße Zahlenbeispiele ver-

---

[9] So der Titel der bekannten Darstellung von Mark S. Mizruchi (1982), die den Zeitraum zwischen 1904 und 1974 abdeckt.

[10] So der Untertitel des von John Scott und Catherine Griff unter dem Titel Directors of industry (1984) herausgegebenen Bandes.

[11] The modern corporation and private property, 1932 [Neuauflage New York 1967].

muten lassen. Freilich wird man weitere Erkenntnisse wahrscheinlich nur durch gründliche prosopographische Studien gewinnen können und sich zunächst aus praktischen Gründen auf die relativ übersichtliche Gruppe der „Netzwerkspe-zialisten", die mehrere, zum Teil auch zahlreiche Aufsichtsratsmandate gleich-zeitig wahrnahmen, beschränken.[12] Nur durch eine sorgfältige Ausleuchtung des individuellen Hintergrundes, des „Sozialkapitals" im Sinne von Bourdieu (Chauviré/Fontaine 2003: 13 f.) und des jeweiligen „Eingebettetseins" im Sinne von Granovetter (1985) lassen sich zusätzliche Informationen über Ursachen des individuellen Aufstiegs und Gründe für das Verbleiben der Aufsteiger in dieser Netzwerkelite gewinnen.

Bei einem vergleichenden Blick auf die Netzwerkeliten zweier Länder der Peripherie wie Mexiko und Brasilien im späten 19. und frühen 20. Jahrhundert, in denen Netzwerke zum Teil fehlende staatliche Strukturen ersetzten, lassen sich darüber hinaus Schlussfolgerungen über die politischen Konsequenzen solcher im Prinzip vergleichbarer, aber strukturell doch ganz verschiedener Unterneh-mernetzwerke ziehen (Musacchio/Read 2007). Unternehmen im Aufbau, wie neu gegründete Universalbanken, waren auf solche unternehmerischen Netzwerke, aber auch auf politische Netze in hohem Maße angewiesen, wollten sie geschäft-lich – und das bedeutete auch: territorial – expandieren. Formelle Netzwerke, basierend auf Verwaltungsratsposten, überschnitten sich dabei regelmäßig mit informellen Netzen, die für die „richtige" soziale und politische Verortung sorg-ten (Hertner 2008). Beide, formelle wie informelle, Netzwerke bedingten sich gegenseitig. Um es mit David Knoke und Naomi Kaufman zu sagen: „Formal channels of communication frequently are ineffective or inefficient in getting things done, so parallel informal structures are inevitable. [...] These emergent systems of activity crosscut formal lines of authority and communication, crea-ting new structural relationships that account for decisions, outputs, failures, and transformations that cannot be explained solely by reference to formal designs" (Knoke/Kaufman 1990: 93). Ohne die Rückendeckung durch ein informelles Be-ziehungssystem waren zum Beispiel Gründung und Aufbau einer Bank – und Banken stehen seit jeher im Schnittpunkt kapitalistischer Systeme – schlicht nicht möglich. Historische Fallstudien sind in der Lage – mit dem entsprechen-den zeitlichen Abstand und unter der Bedingung der Zugänglichkeit der dafür erforderlichen, in der Regel als besonders „sensibel" empfundenen Quellen –, das Ineinanderwirken beider Typen von Netzwerken zu rekonstruieren.[13]

---

[12] Vgl. dazu die einleitenden Überlegungen in Martin Münzel 2006: 45 ff.

[13] Vgl. dazu u. a. White (1992). White zitiert als Beispiel für den Versuch der Lösung von Agency-Problemen und Kontrolle im Allgemeinen durch den Aufbau von „formal networks" unter anderem den deutschen Historiker Otto Hintze und dessen Analyse des Aufbaus einer zentralistisch orien-

Neben solchen Netzwerken mit überwiegend wirtschaftlichen Bezügen hat die historische Forschung ihr Augenmerk auch auf Netzwerke mit letztlich politischen Zielsetzungen gerichtet. Ein Musterbeispiel ist der Beitrag von Charles Tilly und Lesley J. Wood über „Contentious connections in Great Britain, 1828–34" (2003). Er beschäftigt sich mit britischen Sozialbewegungen, die ihre Anfänge im ausgehenden 18. Jahrhundert hatten, einen Höhepunkt aber in den späten 1820er und frühen 1830er Jahren erlebten. Dabei ging es um so unterschiedliche Anliegen wie die Abschaffung der Sklaverei, die Reform der parlamentarischen Repräsentation oder die Gleichberechtigung von Katholiken und Dissenters im britischen konfessionellen und politischen System. Häufig gewalttätigen Bewegungen des 18. Jahrhunderts folgten meist friedliche „contentious gatherings", wie die Zusammenkünfte der Unzufriedenen genannt wurden, in den beiden Jahrzehnten nach den napoleonischen Kriegen. Je nach dem überwiegend agrarisch, industriell oder urban geprägten Charakter der untersuchten Grafschaft waren auch die Sozialbewegungen unterschiedlich strukturiert und schlugen verschiedene Strategien ein. Auch die Beziehungen zwischen lokalen und nationalen Protestformen gingen vor allem auf solche Unterschiede zurück. Die Netzwerke, die sich dabei herausbildeten, überschnitten sich in vielen Fällen. Das heißt, ein und dasselbe Individuum konnte verschiedenen Bewegungen angehören. Die einzelnen Netzwerke waren im Übrigen von sehr unterschiedlicher sozialer Homogenität (ebd.: 161). Soziologen und Politikwissenschaftler haben derartige Sachverhalte an aktuellen Beispielen bereits häufig nachgewiesen[14], die historische Forschung liefert sozusagen „nur" die chronologische Tiefe nach.

Ein weiteres Beispiel, bei dem sich soziologische, politologische und zeithistorische Fragestellungen überschneiden, sind Studien über die Rolle von netzwerkspezifischen Strategien innerhalb der verschiedenen Institutionen der Europäischen Union. So zeigt sich beispielsweise in einem konkreten Fall, dass vor allem kleinere Mitgliedstaaten ihre Position durch intensives „networking" verbessern können und dass sich infolgedessen in den Arbeitsgruppen des Ministerrats geographische Gruppierungen herausbilden konnten, so zwischen nordeuropäischen Staaten auf der einen und südeuropäischen auf der anderen Seite oder in der jüngeren Vergangenheit zwischen westeuropäischen Staaten einerseits und osteuropäischen auf der anderen Seite (Naurin 2007). Dass Netzwerke schon in der Frühzeit der europäischen Einigung und im „transatlantischen Dialog" eine wichtige Rolle spielten, zeigt ein von Michael Gehler, Wolfram Kaiser und Brigitte Leucht herausgegebener und kürzlich erschienener Band über „Netzwerke im

---

tierten Bürokratie im absolutistischen Staat (ebd.: 101). Unter „formal network" versteht White „network generation and use in and around formal organization" (ebd.: 93).

[14] Vgl. z. B. die Literaturangaben in Mario Diani (2003). Vgl. für die „multiple affiliations" zu verschiedenen Netzwerken Della Porta/Diani 1999: 119 ff.

europäischen Mehrebenensystem. Von 1945 bis zur Gegenwart" (2009). Von den durchweg substantiellen Beiträgen in diesem Sammelband seien hier nur die Beiträge von Tanja A. Börzel (2009), Volker Berghahn (2009) und Christian H. C. A. Henning (2009) erwähnt. Börzel kommt in ihrer Schlussbetrachtung, nicht zuletzt vor dem Hintergrund der zeithistorischen Beiträge in diesem Band, zu dem – an sich nicht sehr überraschenden – Ergebnis, „dass informelle Politik schon immer ein entscheidender Bestandteil der europäischen Integration gewesen ist und die Herausbildung der EU als Regierungssystem wesentlich geprägt hat. Solche Überlegungen rücken auch die gegenwärtige Debatte über Netzwerke als ‚neue' Form des Regierens ins rechte Licht, indem sie aufzeigen, dass Netzwerke nicht erst seit heute die Geschichte Europas beeinflussen" (Börzel 2009: 38).

4 Schluss

Am Ende dieser kurzen Darstellung angekommen, wird man die eingangs gemachte Feststellung nochmals unterstreichen können, dass das Konzept des Netzwerks in den letzten anderthalb Jahrzehnten wachsenden Zuspruch in der historischen Forschung gefunden hat. Wir können es vielleicht vergleichen mit der Neuen Institutionenökonomie, die in der Volkswirtschaftslehre seit gut zwanzig Jahren Fuß gefasst hat und die, wie wir gesehen haben, zumindest für die wirtschaftsgeschichtliche Seite der Netzwerkanalyse nicht ohne Bedeutung geblieben ist. Was die Institutionenökonomie betrifft, so hat S. R. H. Jones, der oben schon zitiert wurde, dazu Treffendes gesagt, das sich – mit den notwendigen Differenzierungen – auch auf das Netzwerkkonzept übertragen lässt:

> „The new institutional theory of the firm has undoubtedly provided business historians with a welcome set of tools with which to ‚shuffle the facts of history into meaningful patterns'. It has been applied to the emergence of early chartered companies, the factory system, the organisation of large corporations, the growth of multinationals and questions of franchising and monopoly. Yet while insights have been gained the new theory is subject to a number of limitations. Amongst the more serious are a failure to identify transaction costs in an operationally satisfactory way, an inadequate treatment of innovatory or evolutionary processes, and a disregard for the importance of strategy when selecting organisational modes."(Jones 1997: 10)

Berghoff and Sydow wird man zustimmen müssen, wenn sie, was nun die Netzwerkanalyse betrifft, in dieselbe Richtung zielen und vor einer „Überschätzung der Effizienz und Effektivität von Netzwerken" warnen. Sie plädieren mit Recht dafür, die „Kontext- und Pfadabhängigkeiten" stärker zu berücksichtigen und damit auch der historischen Perspektive zu größerer Beachtung zu verhelfen (Berghoff/Sydow 2007: 11, 38).

Dennoch, die hier aufgeführten Beispiele aus der historischen Literatur zeigen, soweit sie auf das Netzwerkkonzept zurückgegriffen haben, dass durch dessen Einsatz zuvor ohne explizite Fragestellung zusammengetragenes Quellenmaterial „meaningful patterns", also „sinnvolle Gestalt", annehmen kann, dass zunächst empirisch erarbeitete und eher intuitiv erfasste Beziehungen vor dieser Folie in ein methodisches Gehäuse gepackt werden können, und dass dies nicht zuletzt den Dialog mit den „systematischen" Sozialwissenschaften ermöglicht. Dem Verfasser dieses Beitrages erscheint es wichtig, dass unter vielen anderen Aspekten besonders auch die Dichotomie formeller und informeller Netzwerke, deren häufige Überlagerungen und Überschneidungen Beachtung verdienen, denn deren gegenseitige Beeinflussung könnte auch für die historische Analyse neue und weiterführende Einsichten vermitteln.

Literatur

Baker, Wayne E./Faulkner, Robert A. (1993): The Social Organization of Conspiracy. Illegal Networks in the Heavy Electrical Equipment Industry. In: The American Sociological Review 58. 837–860

Barkey, Karen/Van Rossem, Ronan (1997): Networks of Contention. Villages and Regional Structure in the Seventeenth-Century Ottoman Empire. In: The American Journal of Sociology 102. 5 (March). 1345–1382

Baumgarten, Britta/Lahusen, Christian (2006): Politiknetzwerke. Vorteile und Grundzüge einer qualitativen Analysestrategie. In: Hollstein, Betina/Straus, Florian (Hrsg.): Qualitative Netzwerkanalyse. Konzepte, Methoden, Anwendungen, Wiesbaden: VS Verlag. 177–197

Berghahn, Volker (2009): Dialoge in transatlantischen Netzwerken während des Kalten Krieges. Industriegesellschaft und Sozialwissenschaft. In: Gehler/Kaiser/Leucht (2009). 39–51

Berghoff, Hartmut/Sydow, Jörg (2007): Unternehmerische Netzwerke – theoretische Konzepte und historische Erfahrungen. In: Dies. (Hrsg.): Unternehmerische Netzwerke. Eine historische Organisationsform mit Zukunft? Stuttgart: Kohlhammer. 9–43

Berle, Adolf/Means, Gardiner (1967) [1932]: The Modern Corporation and Private Property. New York: Harcourt, Brace & World

Börzel, Tanja A. (2009): Informelle Politik in Europa. Regieren in oder durch Netzwerke? In: Gehler/Kaiser/Leucht (2009). 27–38

Bommes, Michael/Tacke, Veronika (2006): Das Allgemeine und das Besondere des Netzwerkes. In: Hollstein, Betina/Straus, Florian (Hrsg.): Qualitative Netzwerkanalyse. Wiesbaden: VS Verlag. 37–62 (Wiederabdruck in diesem Band)

Caglioti, Daniela Luigia (2006): Vite parallele. Una minoranza protestante nell'Italia dell'Ottocento. Bologna: Il Mulino

Chauviré, Christiane/Fontaine, Olivier (2003): Le vocabulaire de Bourdieu. Paris: Ellipses

Coase, Ronald H. (1937): The Nature of the Firm. In: Economica 4. 386–405

Della Porta, Donatella/Diani, Mario (1999): Social Movements. An Introduction. Oxford: Blackwell

Diani, Mario (2003): Introduction. Social Movements, Contentious Actions, and Social Networks: „From Metaphor to Substance"? In: Diani, Mario/McAdam, Doug (Hrsg.), Social Movements and Networks. Relational Approaches to Collective Action. Oxford: Oxford University Press. 1–18

Ewert, Ulf Christian/Selzer, Stephan (2007): Netzwerkorganisation im Fernhandel des Mittelalters. Wettbewerbsvorteil oder Wachstumshemmnis? In: Berghoff, Hartmut/Sydow, Jörg (2007) (Hrsg.), Unternehmerische Netzwerke, Stuttgart: Kohlhammer. 45–70

Fennema, Meindert/Schijf, Huibert (1990): Analysing Interlocking Directorates. Theory and Methods. In: Scott, John (Hrsg.): The Sociology of Elites, Bd. 3. Aldershot: Elgar. 297–332

Fohlin, Caroline (1999): The Rise of Interlocking Directorates in Imperial Germany. In: The Economic History Review (2nd ser) 52. 307–333

Fontaine, Laurence (2004): The Organisation and Evolutions of Traders' and Peddlars' Networks in Europe. In: Schulte-Beerbühl/Vögele (2004): 113–128

Gehler, Michael/Kaiser, Wolfram/Leucht, Brigitte (2009): Netzwerke im europäischen Mehrebenensystem. Von 1945 bis zur Gegenwart. Wien/Köln/Weimar: Böhlau

Grange, Cyril (2005): Les réseaux matrimoniaux intra-confessionels de la haute bourgeoisie juive à Paris à la fin du XIXe siècle. In: Annales de Démographie historique I. 131–156

Granovetter, Mark (1985): Economic Action and Social Structure. The Problem of Embeddedness. In: The American Journal of Sociology 91. 3. 481–510

Henning, Christian H.C.A (2009): Politiknetzwerke und politischer Einfluss in der EU-Agrarpolitik. Ein Vergleich der EU-15 und EU-27. In: Gehler/Kaiser/Leucht (2009): 233–352

Hertner, Peter (2008): Europäische und nationale Netzwerke. Vorstand und Verwaltungsrat der *Banca Commerciale Italiana*, 1894–1915. In: Christina Benninghaus, Christina et al. (Hrsg.): Unterwegs in Europa. Beiträge zu einer vergleichenden Sozial- und Kulturgeschichte. Festschrift für Heinz-Gerhard Haupt. Frankfurt a.M./New York: Campus. 343–356

Hollstein, Betina (2006): Qualitative Methoden und Netzwerkanalyse – ein Widerspruch? In: dies./Straus, Florian (Hrsg.), Qualitative Netzwerkanalyse. Konzepte, Methoden, Anwendung. Wiesbaden: VS Verlag. 11–35

Jones, S.R.H. (1997): Transactions Cost and the Theory of the Firm. The Scope and Limitations of the New Institutional Approach. In: Business History 39. 4. 9–25

Knoke, David (zus. mit Naomi J. Kaufman) (1990): Organizational Power. In: Knoke, David (Hrsg.): Political Networks. The Structural Perspective. Cambridge: Cambridge University Press. 85–117

Lipp, Carola (2003): Struktur, Interaktion, räumliche Muster. Netzwerkanalyse als analytische Methode und Darstellungsmittel sozialer Komplexität. In: Komplexe Welt: Kulturelle Ordnungssysteme als Orientierung (33. Kongress der Deutschen Gesellschaft für Volkskunde). Münster: Waxmann. 49–63

Mediterranean Historical Review (Tel Aviv University) (2007) 1

Michalka, Wolfgang (2006): Vernetzt auf unterschiedlichen Ebenen. Walther Rathenau als Krisenmanager und Visionär „kommender Dinge". In: Brachmann, Botho/Knüppel, Helmut/Leonhard, Joachim-Felix/Schoeps, Julius H. (Hrsg.), Die Kunst des Vernetzens. Festschrift für Wolfgang Hempel. Berlin: Verlag für Berlin-Brandenburg, 235–249

Mitchell, J. Clyde (1969): The Concept and Use of Social Networks. In: Ders. (Hrsg.): Social Networks in Urban Situations. Analyses of Personal Relationships in Central African Towns. Manchester: Manchester University Press. 1–50

Mitchell, J. Clyde (1974): Social Networks. In: Annual Review of Anthropology 3. 279–299

Mizruchi, Mark S. (1982): The American Corporate Network, 1904–1974. Beverly Hills/London: Sage

Mizruchi, Mark S. (1994): Social Network Analysis. Recent Achievements and Current Controversies. In: Acta Sociologica 37. 329–343

Münzel, Martin (2006): Die jüdischen Mitglieder der deutschen Wirtschaftselite 1927–1955. Verdrängung – Emigration – Rückkehr. Paderborn: Schöningh

Musacchio, Aldo/Read, Ian (2007): Bankers, Industrialists, and their Cliques. Elite Networks in Mexico and Brazil during Early Industrialization. In: Enterprise and Society 8. 4. 842–880

Naurin, Daniel (2007): Network Capital and Cooperation Patterns in the Working Groups of the Council of the EU (European University Institute Working Papers, RSCAS 2007/14), San Domenico di Fiesole (Florenz)

Nautz, Jürgen (2007): Netzwerkstrukturen im Frauenhandel der Habsburger Monarchie im 19. und frühen 20. Jahrhundert. In: Berghoff, Hartmut/Sydow, Jörg (2007) (Hrsg.), Unternehmerische Netzwerke, Stuttgart: Kohlhammer. 271–289

Nohria, Nitin (1992): Is a Network Perspective a Useful Way of Studying Organizations? In: Nohria, Nitin/Eccles, Robert G.: (Hrsg.), Networks and Organizations. Structure, Form, and Action. Boston, MA: Harvard Business School Press, 1–22

Nolte, Paul (1998): Georg Simmels Historische Anthropologie der Moderne. Rekonstruktion eines Forschungsprogramms. In: Geschichte und Gesellschaft 24. 225–247

Padgett, John F./Ansell, Christopher K. (1993): Robust Action and the Rise of the Medici. In: The American Journal of Sociology 98. 6. 1259–1319

Pearson, R./Richardson, D. (2001): Business Networking in the Industrial Revolution. In: The Economic History Review 2nd ser 54. 657–679

Pelizäus-Hoffmeister, Helga (2006): Zur Bedeutung sozialer Netzwerke für die Konstruktion biographischer Sicherheit. In: Hollstein, Betina/Straus (Hrsg.), Qualitative Netzwerkanalyse. Konzepte, Methoden, Anwendungen. Wiesbaden: VS Verlag. 441–464

Pies, Ingo (2001): Theoretische Grundlagen demokratischer Wirtschafts- und Gesellschaftspolitik. Der Beitrag Oliver Williamsons. In: Ders./Leschke, Martin (Hrsg.): Oliver Williamsons Organisationsökonomik. Tübingen: Mohr Siebeck. 1–27

Rauch, James E. (2001): Business and Social Networks in International Trade. In: Journal of Economic Literature 39. 1177–1203

Reinhard, Wolfgang (1974): Papstfinanz und Nepotismus unter Paul V. (1605–1621). Studien und Quellen zur Struktur und zu quantitativen Aspekten des päpstlichen Herrschaftssystems (Päpste und Papsttum, Bd. 6), 2 Teilbde. Stuttgart: Hiersemann

Reinhard, Wolfgang (1979): Freunde und Kreaturen. „Verflechtung" als Konzept zur Erforschung historischer Führungsgruppen: Römische Oligarchie um 1600. München: Vögel Verlag

Reinhard, Wolfgang (2004): Lebensformen Europas. Eine historische Kulturanthropologie. München: C. H. Beck

Reves, Christiane (2004): Italian Merchants of the Eighteenth Century in Frankfurt and Mainz: Circumstances Contributing to their Socio-Economic Ascent. In: Schulte-Beerbühl/Vögele (2004). 99–111

Richardson, G. B. (1972): The Organisation of Industry. In: The Economic Journal 82. 883–896

Sarasin, Philipp (1997): Stadt der Bürger. Bürgerliche Macht und städtische Gesellschaft. Basel 1846–1914, 2. Aufl., Göttingen: Vandenhoeck & Ruprecht

Scharpf, Fritz W. (1993): Coordination in Hierarchies and Networks. In: Ders. (Hrsg.): Games in Hierarchies and Networks. Analytical and Empirical Approaches to the Study of Governance Institutions. Frankfurt a. M./Boulder, CO: Campus. 125–165

Schulte-Beerbühl, Margrit/Vögele, Jörg (2004) (Hrsg.): Spinning the Commercial Web. International Trade, Merchants, and Commercial Cities, c.1640–1939. Frankfurt a. M./Berlin/Bern: Peter Lang

Scott, John/Griff, Catherine (1984) (Hrsg.): Directors of Industry. The British Corporate Network 1904–76. Cambridge: Polity Press

Simmel, Georg (1992): Soziologie. Untersuchungen über die Formen der Vergesellschaftung (G. Simmel-Gesamtausgabe, Bd. 11). Frankfurt a. M.: Suhrkamp

Smith-Doerr, Laurel/Powell, Walter W. (2005): Networks and Economic Life. In: Smelser, Neil J./Swedberg, Richard (Hrsg.), The Handbook of Economic Sociology, 2. Aufl. Princeton/Oxford/New York: Princeton University Press, 379–402

Stobart, Jon (2004): Webs of Information, Bonds of Trust: The Networks of Early Eighteenth-Century Chester Merchants. In: Schulte-Beerbühl/Vögele (2004). 217–236

Straus, Florian (2006): Entwicklungslabor qualitative Netzwerkforschung. In: Hollstein, Betina/Straus, Florian (Hrsg.), Qualitative Netzwerkanalyse. Konzepte, Methoden, Anwendungen. Wiesbaden: VS Verlag. 481–494

Tilly, Charles/Wood, Lesley J. (2003): Contentious Connections in Great Britain, 1828–34. In: Diani, Mario/McAdam, Doug (Hrsg.), Social Movements and Networks. Relational Approaches to Collective Action. Oxford: Oxford University Press, 147–172

Wellhöner, Volker/Wixforth, Harald (1990): Unternehmensfinanzierung durch Banken – ein Hebel zur Etablierung der Bankenherrschaft? Ein Beitrag zum Verhältnis von Banken und Schwerindustrie in Deutschland während des Kaiserreichs und der Weimarer Republik. In: Petzina, Dietmar (Hrsg.), Zur Geschichte der Unternehmensfinanzierung. Berlin: Duncker & Humblot. 11–33

Welskopp, Thomas (2007): „Die im Dunkeln sieht man nicht". Systematische Überlegungen zu Netzwerken der Organisierten Kriminalität am Beispiel der amerikanischen Alkoholsyndikate der Prohibitionszeit. In: Berghoff/Sydow (2007). 291–317

Wetherell, Charles (1998): Historical Social Network Analysis. In: International Review of Social History 43. (Supplement) 125–144

White, Harrison C. (1992): Agency as Control in Formal Networks. In: Nohria, Nitin/ Eccles, Robert G. (Hrsg.), Networks and Organizations. Structure, Form, and Action. Boston, MA: Harvard Business School Press. 92–117

Williamson, Oliver E. (1975): Markets and Hierarchies: Analysis and Antitrust Implications. A Study in the Economics of Internal Organization. New York: Free Press

Windolf, Paul (2002): Corporate Networks in Europe and the United States. Oxford: Oxford University Press

Wixforth, Harald/Ziegler, Dieter (1995): Bankenmacht. Universal Banking and German Industry in Historical Perspective. In: Cassis, Youssef/Feldman, Gerald D./Olsson, Ulf (Hrsg.): The Evolution of Financial Institutions and Markets in Twentieth-Century Europe. Aldershot: Scolar Press. 249–272

II

Netzwerke in Funktionskontexten der Gesellschaft

Soziale Netzwerkbildungen in Funktionssystemen der Gesellschaft. Vergleichende Perspektiven

Veronika Tacke[1]

1 Einleitung

Die Forschung über soziale Netzwerke ist gesellschaftstheoretisch bislang nahezu abstinent geblieben. Neben einem allgemeinen Begriff des sozialen Netzwerkes (Burt 1982; Granovetter 1985) und formalen Konzepten und Methoden der Netzwerkanalyse (im Überblick: Jansen 2006; Stegbauer 2008) lassen sich zwar Beiträge finden, die Netzwerkphänomene gleichsam von der Gesellschaft her thematisieren. Aber entweder bleiben sie dabei in ihrer Reichweite eigentümlich begrenzt, oder sie überziehen die gesellschaftliche Bedeutung des Netzwerkphänomens. Gemeint sind auf der einen Seite die in den 1990er Jahren beginnenden Diskussionen über „Unternehmensnetzwerke" und „Policy-Netzwerke", die ihre Beobachtungen von vornherein jeweils auf einen einzelnen gesellschaftlichen Funktionskontext einschränken und dabei zugleich auch den Netzwerkbegriff selbst von der Gesellschaft her bestimmen, als Alternative zu Markt und Staat (im Überblick: Weyer 2000).[2] Auf der anderen Seite finden sich Zeitdiagnosen, die eine „Netzwerkgesellschaft" heraufziehen sehen (Castells 2001; vgl. auch Baecker 2007). Dem Genre gemäß typisch ist, dass sie überall Netzwerke ausmachen, ohne aber das Phänomen selbst genauer zu beschreiben und im Verhältnis zu anderen Strukturen von Gesellschaft zu begründen.

Eine Theorie, von der ihrem Anspruch gemäß sowohl das Potential zur Bestimmung eines allgemeinen Begriffs sozialer Netzwerke wie auch zur Rekonstruktion des Zusammenhangs ‚Gesellschaft und Netzwerk' zu erwarten wäre, liegt mit der soziologischen Systemtheorie Niklas Luhmanns und ihrer Ausarbeitung als Theorie gesellschaftlicher Differenzierung vor. Abgesehen von Ansatzpunkten bei Niklas Luhmann selbst (im Überblick: Bommes/Tacke 2007), liegen im Rahmen der Systemtheorie eine Reihe Beiträge zu Netzwerkphänomenen vor (vgl. im Überblick Holzer 2006; Fuhse 2010). Wir schließen diesbezüglich im

---

[1] Ich danke David Kraft und Michael Bommes für kritische Anregungen zum vorliegenden Text.

[2] Werden Netzwerkkonzepte von der Gesellschaft – ihren Teilsystemen – her gedacht und eingeführt, werden lediglich Netzwerktypen entworfen, aber es wird kein allgemeiner Begriff des sozialen Netzwerkes gewonnen.

Weiteren an eigene Vorarbeiten zu einem systemtheoretisch allgemeinen Begriff des sozialen Netzwerkes an.[3] Wenngleich dieser bereits Bedingungen gesell-schaftlicher Differenzierung theoretisch in Rechnung stellt (siehe 2), lässt sich aus einem allgemeinen Begriff jedoch nicht ableiten, wie Strukturen funktionaler Differenzierung im Einzelnen mit Potentialen und Formen der Netzwerkbildung zusammenhängen. Nicht die Frage, ob sich Netzwerke mit Bezug auf Struk-turbedingungen funktionaler Differenzierung bestimmen, sondern wie sie dies im Einzelnen tun, ist klärungsbedürftig. Offen ist dies nicht zuletzt mit Bezug auf die Ausdifferenzierung der modernen Gesellschaft in eine Reihe von Funk-tionssystemen. Der vorliegende Text greift dieses Desiderat auf, indem er fragt, ob – und wenn ja, in welchem Sinne – sich ‚funktionssystemtypische' soziale Netzwerkbildungen beschreiben lassen.

Eine ebenso naheliegende wie zutreffende Beobachtung besagt, dass sozia-le Netzwerke „*innerhalb* von Funktionssystemen oder *quer zu deren Grenzen* entstehen" können (Holzer 2008: 155, Herv. im Orig.), so etwa als Wissenschaft-lernetzwerke einerseits oder als Migrationsnetzwerke andererseits. Diese Unter-scheidung eröffnet anschlussfähige Gesichtspunkte, erweist sich insgesamt aber als zu kompakt. Das Problem dieser Kompaktheit lässt sich in einer Analogie zu Organisationen erkennen, die zunächst Anschlüsse für unser Argument eröff-net, aber zugleich auch problematisch erscheint. Auch Organisationen können sich offenkundig ‚innerhalb' (z. B. Unternehmen, Parteien etc.) und ‚quer' (z. B. Universitäten) zu den Grenzen von Funktionssystemen bilden. Soweit dies zu-trifft, können Organisationen grundsätzlich nicht als das Produkt funktionsspe-zifischer Vorgaben aufgefasst werden. Sie bilden sich vielmehr selbstselektiv, d. h. autonom (Luhmann 1975), allerdings im Rekurs auf Strukturen von Gesellschaft und unter Verwendung des Beobachtungsschemas funktionaler Differenzierung (Tacke 2001a). Eine Konsequenz, die nicht nur für Organisationen zu ziehen ist, sondern die entsprechend auch für den Fall sozialer Netzwerke übernommen wer-den kann, lautet, ihr Verhältnis zu Funktionssystemen der Gesellschaft als „lose Kopplung" (Orton/Weick 1990), d. h. durch Bestimmtheiten *und* Unbestimmthei-ten, zu beschreiben (Lieckweg/Wehrsig 2001; Tacke 2001b). Ebenso wie Organi-sationen können soziale Netzwerke sich weder außerhalb der Gesellschaft bilden noch im Unbestimmten reproduzieren. Sie finden vielmehr in der Gesellschaft und mithin dann in den Funktionssystemen notwendige Einschränkungen für die sinnhafte Selbstbestimmung ihrer Möglichkeiten.

Die Analogiebildung zwischen sozialen Netzwerken und Organisationen offenbart allerdings zugleich Schwächen. Insbesondere wenn Gleiches auch für Organisationen gilt, ist mit der Unterscheidung ‚innerhalb'/‚quer' noch gar nichts

---

[3] Vgl. Tacke 2000, Bommes/Tacke 2005, 2006 (auch in diesem Band), 2007; Tacke 2005, 2008, 2009.

Spezifisches über soziale Netzwerke im Verhältnis zur Gesellschaft gesagt. Vielmehr verdeckt die Analogie, dass soziale Netzwerke unter Bedingungen funktionaler Differenzierung strukturell nicht in gleicher Weise mit gesellschaftlicher Unterstützung rechnen können wie formale Organisationen. Allgemein ist dies bereits auf der Ebene der Sicherung von Motiven für Teilnahmen erkennbar. So ist im Falle von Organisationen mit der Institutionalisierung von Arbeitsmärkten gesellschaftlich (qua Ausdifferenzierung der Wirtschaft) dafür gesorgt, dass diese immer wieder und im Prinzip weltweit damit rechnen können, Individuen zu finden, die – gegen Geld – bereit sind, an Organisationen teilzunehmen und sich den generalisierten Erwartungen an Mitglieder zu unterwerfen (Bommes/Tacke 2001). Soziale Netzwerke finden in der modernen Gesellschaft keine vergleichbar generalisierte Abstützungsstruktur für die Motivierung von Teilnahmen. Im Gegenteil entzieht die Gesellschaft sozialen Netzwerken sogar Motive, indem sie deren Legitimität im Horizont der eigentlich vorgesehenen Möglichkeiten von Teilnahmen an Gesellschaft fraglich erscheinen lässt. Soziale Netzwerke unterlaufen das Prinzip der Rollentrennung und nutzen Rollenverbindungen, um ihren Teilnehmern Zugänge zu Systemleistungen zu verschaffen. Sie beruhen nicht auf einem universalistischen, sondern einem partikularistischen Modus der Inklusion, der sich nicht auf explizite und einklagbare Kriterien der Teilnahme stützt, sondern mit impliziten Formen des Einbezugs und der Kommunikation von Relevanz einhergeht (Tacke 2000, 2008).

Hinsichtlich der Frage nach Potentialen ihrer Herstellung und Reproduktion im Kontext von Funktionssystemen der Gesellschaft sind im Fehlen der gesellschaftlichen Absicherung von Teilnahmemotiven sowie einem mindestens latenten Zug der Illegitimität, der sozialen Netzwerken gesellschaftlich anhaftet, zentrale gesellschaftliche Gesichtspunkte der Einschränkung und Unwahrscheinlichkeit der Netzwerkbildung zu sehen. Allerdings eröffnen strukturelle Einschränkungen immer auch Optionen – wie insbesondere solche Exemplare der Netzwerkbildung deutlich machen, die Möglichkeiten ihrer Selbstbestimmung und Selbsterhaltung auf der Grundlage von spezifischen Einschränkungen der Legalität finden (z. B. Netzwerke des Drogenhandels, Korruptionsnetzwerke, Netzwerke illegaler Migration, Terrornetzwerke). Sie unterstreichen im Übrigen nicht nur, dass soziale Netzwerke sich autonom und selbstselektiv im Verhältnis zu Funktionssystemen der Gesellschaft bilden, sondern auch, dass „lose Kopplung" an Funktionssysteme der Gesellschaft jedenfalls nicht zwangsläufig auch eine Steigerung von Möglichkeiten in deren Sinne bedeuten muss.[4]

---

[4] Siehe zur Einschränkung von Funktionssystemen durch mafiöse Netzwerke Luhmann 1995a. Mit Bezug auf die lose Kopplung von Organisationen und Funktionssystemen unterstreichen Lieckweg und Wehrsig (2001) dagegen das Innovationspotential von Organisationen für Programmentwicklungen in den Funktionssystemen.

Diese allgemeinen Annahmen zugrunde legend, soll im Weiteren der (zweifellos selektiven) Frage nach Einschränkungs- und Ermöglichungsbedingungen der Netzwerkbildung ‚*innerhalb*' ausgewählter Funktionssysteme nachgegangen werden – und zwar am Fall von Wissenschaft, Kunst, Politik und Wirtschaft. Der These der Ausdifferenzierung der modernen Gesellschaft in Funktionssysteme folgend, wird dabei angenommen, dass sich die Potentiale und Formen der Netzwerkbildung im Rahmen dieser Systeme, also hinsichtlich ihrer jeweils spezifischen Ermöglichungs- und Einschränkungsbedingungen, unterscheiden. Die Frage, wo sich in den Systemen (und über die verschiedenen Systeme hinweg) ‚Einflugschneisen' für soziale Netzwerkbildungen ausmachen lassen könnten, soll nicht im direkten und naheliegenden Rekurs auf z. B. Strukturen der Binnendifferenzierung beantwortet werden, sondern grundlegender im Rekurs auf *Besonderheiten der funktionsspezifischen Kommunikation*. Denn von hier aus erschließt sich, welche Typen sozialer Adressen in welcher Weise für Teilnahmen in diesen Systemen vorgesehen sind und mit Bezug auf welche strukturellen Einschränkungen und Möglichkeiten sie zu ‚Gelenkstellen' für soziale Netzwerkbildungen werden können.

Der Text ist wie folgt aufgebaut: Nach einer kurzen Klärung des hier verwendeten Begriffs des sozialen Netzwerkes und seinen allgemeinen Implikationen hinsichtlich der losen Kopplung von Funktionssystemen und Netzwerken (2) wird für die vier ausgewählten Funktionskontexte nacheinander gefragt, inwieweit sich aus Besonderheiten funktionsspezifischer Kommunikationen unterschiedliche Einfallstore für soziale Netzwerkbildungen ergeben (3). Der Schlussteil widmet sich Erträgen und weiteren Forschungsbedarfen (4).

2   Soziale Netzwerke – im Kontext funktionaler Differenzierung

Wir gehen im Weiteren hier von einem Begriff des sozialen Netzwerkes aus, den wir an anderen Stellen mit Bezug auf differenzierungstheoretische Argumente eingeführt und im Rekurs auf Strukturbedingungen der modernen Gesellschaft begründet haben.[5] Soziale Netzwerke bilden sich demzufolge im Zuge der reflexiven Disposition der Kommunikation über „soziale Adressen" (Fuchs 1997). Sie mobilisieren und verknüpfen sachlich mehr oder weniger heterogene Mög-

---

[5] Siehe die Angaben in Fußnote 3. Während dabei in Tacke 2000 der „Clou" von sozialen Netzwerken in der modernen Gesellschaft noch darin gesehen wurde, „Systembildung zu vermeiden", wurde in Bommes/Tacke 2006 (und diesem Band) die These ausprobiert, dass auch soziale Netzwerke ein Fall sozialer Systembildung mit – wenn auch schwacher – Grenzziehung sind. Die begriffliche Unentschiedenheit hat erkennbar mit Merkmalen des Phänomens selbst sowie der spannungsreichen Differenz zu tun, die mit Netzwerken im Kontext funktionaler Differenzierung angesprochen ist. Vgl. zum Verhältnis von Differenzierung und Vernetzung Tacke 2009.

lichkeiten und Leistungen, die sie den polykontexturalen Profilen der Inklusion und Exklusion der einbezogenen sozialen Adressen abgewinnen und sich auf der Grundlage von Erwartungen der Reziprozität zugänglich machen.

Dieser Netzwerkbegriff ist – als allgemeiner Begriff – bereits in mehreren Hinsichten grundlegend mit Annahmen funktionaler Differenzierung abgestimmt, wobei das Verhältnis zu den damit bezeichneten Strukturen zugleich als „lose gekoppelt" im eingangs genannten Sinne aufzufassen ist.[6] Soziale Netzwerkbildungen stützen sich auf Strukturen der Differenzierung, weil sie an der – qua Ausdifferenzierung erzeugten – Polykontexturalität der Inklusions- und Exklusionsprofile von Individuen ansetzen, sich hinsichtlich der Zugänge zu Leistungen aber nicht an das damit ‚eigentlich' verbundene Prinzip der Rollentrennung halten (Bommes/Tacke 2006), vielmehr in den eigenen anderen Rollen der Teilnehmer eine über diese Vorgaben hinausgehende *„Zusatzperpektive"* (Tacke 2009) entdecken. Soziale Netzwerke im hier bezeichneten Sinne sind damit nicht mit den – Rollentrennungen respektierenden – Kontaktstrukturen und „Adressenordnungen" (Stichweh 2000a) zu verwechseln, die Funktionssysteme und andere Sozialsysteme qua Selektivität der Kommunikation laufend und unvermeidlich miterzeugen.

Der kontextübergreifende Zugriff auf andere Rollen und Zugänge von Teilnehmern, der für soziale Netzwerke kennzeichnend ist, ist in der Kommunikation grundsätzlich möglich, im Rahmen funktional ausdifferenzierter Strukturen aber eben nicht vorgesehen und tendenziell illegitim. Soweit er dennoch vorkommt, ist er damit hoch voraussetzungsvoll (Tacke 2000). Mit Bedingungen funktionaler Differenzierung abgestimmt ist der Begriff des sozialen Netzwerkes insofern auch hinsichtlich der zugrunde liegenden Annahme einer hohen *Unwahrscheinlichkeit* der Herstellung und Erhaltung sozialer Netzwerke. Diese Unwahrscheinlichkeit wird im Übrigen durch den Umstand unterstrichen, dass soziale Netzwerke sich auf Reziprozitätserwartungen stützen. Denn soweit Reziprozität gesamtgesellschaftlich als ruiniert zu gelten hat, können soziale Netzwerke in dieser Hinsicht nur für sich selbst sorgen. Das heißt, reproduzieren und erhalten können sie sich im Kontext funktionaler Ausdifferenzierung nur auf der Grundlage *selbst erzeugter* Reziprozitäten (Bommes/Tacke 2006).

Liegt damit einerseits ein systemtheoretischer Begriff sozialer Netzwerke vor, der Voraussetzungen funktionaler Differenzierung reflektiert und zugleich die Eigenständigkeit ihrer Bildung und Reproduktion – und damit lose Kopplung – unterstreicht, lässt sich aus dem allgemeinen Begriff andererseits noch

---

[6] Siehe für eine – ebenfalls allgemein gefasste – Darstellung von Strukturtypiken der Netzwerkbildung im Vergleich gesellschaftlicher Differenzierungsformen (einfache Gesellschaften, stratifizierte Gesellschaften, moderne Gesellschaft) Holzer 2008 sowie den Beitrag von Holzer in diesem Band.

keineswegs ableiten, *wie* Strukturen funktionaler Differenzierung im Einzelnen mit Potentialen und Formen der Netzwerkbildung zusammenhängen. Diese Frage wird im Weiteren im Vergleich von Funktionssystemen zu beantworten gesucht. Selektiv wird das Problem damit auf *bestimmte* Typen der Netzwerkbildung bezogen, wobei ‚bestimmt' nicht lediglich besagen soll, dass daneben noch beliebige andere Typen möglich sind, sondern vielmehr, dass – im Rahmen der losen Kopplung an Funktionssysteme – auch stärker unbestimmte Formen vorkommen können. Sofern „lose Kopplung" (Orton/Weick 1990) Verhältnisse der Bestimmtheit *und* Unbestimmtheit bezeichnet, vermag die Selbsthervorbringung von Netzwerken also im Einzelfall stärker über die Seite der Bestimmtheit oder stärker über die Seite der Unbestimmtheit laufen. In beiden Fällen hat dies allerdings Konsequenzen. Auch betont unbestimmte Netzwerke können sich nicht von gesellschaftlichen Strukturbedingungen unabhängig machen, müssen vielmehr damit rechnen, sich in der Unbestimmtheit ihrer Möglichkeiten und Leistungshorizonte buchstäblich zu verlieren. Wo und sofern sie gelingen, operieren auch sie unter gesellschaftlichen Strukturvoraussetzungen.[7] Betont bestimmte Netzwerke finden dagegen in jenen Funktionssystemen Strukturbedingungen vor, die sie für ihre Selbsteinschränkung und Reproduktion verwenden können. Gerade im Rahmen oder Horizont funktionsspezifischer Strukturen müssen Ansinnen der sozialen Netzwerkbildung allerdings damit rechnen, dass diese Systeme eigentlich andere Formen und Strukturen des Zugangs zu Leistungen vorsehen. In beiden Fällen gilt also, dass die Selbstfortsetzung von Netzwerken nur in der Gesellschaft und unter ihren Kommunikationsbedingungen gelingen kann und dabei auch davon abhängt, ob die Teilnahme zu überzeugen vermag – eben immer im Vergleich zu anderen Möglichkeiten von Teilnahmen, die die Gesellschaft bietet oder nicht bietet und als legitim oder illegitim qualifiziert. Überzeugen mögen Netzwerkansinnen dann etwa, wo sie im Vergleich zu Alternativen nicht nur „cheap" (Mayhew 1968), sondern ‚recht und billig' erscheinen, wo sie Zusatzperspektiven zu differenzierten Strukturen eröffnen oder wo Zugänge zu Möglichkeiten anderenfalls unverfügbar oder verstellt sind. Aufgrund der Differenzierungsstruktur der Gesellschaft – man kann auch sagen: aufgrund von deren Bestimmungspotential für Kommunikationen – ist für soziale Netzwerke, so gesehen, nicht die Übernahme funktionsspezifischer Rollenvorgaben und programmatischer Prämissen typisch (wie im Falle von Organisationen), vielmehr entstehen sie typischer-

---

[7] Man denke sowohl an Nachbarschaftsnetzwerke, die im Kontext ausgebauter Strukturen funktionaler Differenzierung kaum noch strukturelle Grundlagen für Stabilität finden, aber auch an Fälle des Versagens von Strukturen funktionaler Differenzierung, die Netzwerken substitutive Bedeutung verleihen. Siehe die Beiträge von Bommes zu Migration und von Japp zu *failing states* in diesem Band.

weise an den mit solchen Rollenvorgaben und Programmen verbundenen Einschränkungen oder Knappheiten.

Nimmt man diese Überlegungen zusammen, dann zeichnen sich abstrakt zwei Varianten ab, in denen soziale Netzwerke sich im Kontext funktionaler Differenzierung erfolgreich bestimmen können: Sie bestimmen sich in Ergänzung und Erweiterung von Strukturmöglichkeiten funktionsspezifischer Kommunikation, oder sie bestimmen sich als Alternative und funktionales Äquivalent zu funktionsspezifischen Strukturen, etwa dort, wo solche Strukturen versagen oder die Möglichkeit ihrer Umgehung ‚überzeugt'. Die Frage, an welchen besonderen Einschränkungen sich Netzwerke in unterschiedlichen Funktionskontexten der Gesellschaft herausbilden, ist Gegenstand der folgenden Abschnitte.

3   Soziale Netzwerke im Kontext von Wissenschaft, Kunst, Politik und Wirtschaft

Welche Strukturen von Funktionssystemen bilden die je funktionsspezifischen Ausgangspunkte und ‚Gelenkstellen' für soziale Netzwerkbildungen? Empirisch scheint zunächst evident, auf der Ebene von Strukturen der Binnendifferenzierung anzusetzen und damit anzunehmen, dass die funktionseinschlägigen sozialen Netzwerkbildungen etwa entlang der segmentären Differenzierung der Politik in Nationalstaaten oder der Kunst in Kunstarten (Musik, Literatur, Bildende Kunst) ihre je besondere Form gewinnen. Diese Annahme ist plausibel, zumal nicht nur Differenzierung selbst, sondern auch jede Wiederholung von Differenzierung im System kommunikative „Selektivitätsverstärkung" (Luhmann 1970: 275 f.) und zugleich „Interdependenzunterbrechung" (Luhmann 1997: 845) bedeutet. Binnendifferenzierungen wirken damit strukturierend auch auf Kontakte und Wahrscheinlichkeiten von Bekanntschaft – und damit auch auf Voraussetzungen sozialer Netzwerkbildung.[8]

Fraglich ist allerdings, ob sich die Funktionstypik von sozialen Netzwerkbildungen auf der Ebene von Binnendifferenzierungen erschließen lässt. Dagegen spricht – in methodischer Vergleichsperspektive – bereits, dass sich in einem der hier berücksichtigten Fälle, der Wirtschaft, im strengen Sinne keine Subsysteme bilden (Luhmann 1988: 72). Umgekehrt würden vergleichbare Formen der z. B.

---

[8] Das gilt zunächst unabhängig davon, ob die Formen der Netzwerkbildung dann eher der Selektivitätsverstärkung folgen (‚innerhalb') oder ihren Sinn an Interdependenzunterbrechungen (‚quer') entfalten. Mit jeder Spezialisierung wachsen nicht nur Bekanntschaften, sondern in natürlicher Weise auch ‚quer' dazu verlaufende Kommunikationen und Kontakte. Und gerade die „weak ties" (Granovetter 1973), also Verbindungen über Sach- und Sinngrenzen hinweg, können erfolgversprechende Zugänge versprechen.

segmentären Binnendifferenzierung möglicherweise vorschnell Unterschiede in den je *funktionsspezifischen* Andockstellen für soziale Netzwerkbildungen übersehen lassen. Wir behalten den Gesichtspunkt der Binnendifferenzierung im Blick, legen das Argument aber ‚tiefer' und probieren die These aus, dass sich an den *Besonderheiten funktionsspezifischer Kommunikationen* erweist, wo soziale Netzwerke spezifische Anschlusspotentiale in oder besser: an den jeweiligen Funktionssystemen der Gesellschaft finden. Ausgehend von Besonderheiten der funktionsspezifischen Kommunikation kann dann auch berücksichtigt werden, welche *sozialen Adressen* das jeweilige System für systemspezifische Kommunikationen in welchen Arrangements vorsieht – und mit welchen Effekten für soziale Netzwerkbildungen. Über den Gesichtspunkt der Inklusion von Individuen in funktionsspezifisch eingeschränkte *(Leistungs-)Rollen* hinaus wird dabei auch bedeutsam, ob und in welcher Art und Weise *Organisationen* an der funktionsspezifischen Kommunikation teilnehmen, als soziale Adressen für sie in Frage kommen bzw. als Strukturen des Zugangs zu funktionsspezifischen Möglichkeiten relevant werden.

Mit der Auswahl von Wissenschaft, Kunst, Politik und Wirtschaft sind (auch diesbezüglich) bereits Vorüberlegungen verbunden: So wird zum einen ein Funktionssystem einbezogen, in dem die funktionsspezifische Kommunikation mit Besonderheiten auf der Ebene der Inklusion in *Leistungsrollen* des Systems verbunden ist (Wissenschaft), zum anderen ein Funktionssystem, in dem die funktionsspezifische Kommunikation sich in besonderer Weise auf *Organisationen* stützt (Politik). Die beiden übrigen Funktionssysteme fungieren mit Blick auf diesen Unterschied als Vergleichsfälle. Während sich im groben Blick Ähnlichkeiten zwischen Wissenschaft und Kunst einerseits und Politik und Wirtschaft andererseits aufdrängen, wollen wir sichtbar machen und damit bestätigen, dass die ‚Einflugschneisen' für die Selbstbestimmung von sozialen Netzwerken zwar mit dem Zuschnitt der relevanten sozialen Adressen korrelieren, sie aber nicht auf diesen Unterschied, sondern letztlich auf die Typik der funktionsspezifischen Kommunikation selbst zurückverweisen.

3.1   Wissenschaft

Sucht man in der Literatur zur Wissenschaftsforschung nach Netzwerken (siehe den Beitrag von Besio in diesem Band), ist bemerkenswert, dass diese sich als personale Netzwerke unter Wissenschaftlern darstellen und zugleich damit als soziale Strukturen der Wissenschaft selbst zu bestimmen scheinen. Fachliche Spezialisierung scheint in der einen oder anderen Weise als Grundlage und Kriterium für die Teilnahme an Netzwerken zu dienen, und unter den Teilnehmern scheint in erheblichem Umfang genuin wissenschaftlich kommuniziert zu werden. Dieser Eindruck dürfte in Teilen Effekt einer Verwechslung sein, die aus der Möglichkeit und Gebräuchlichkeit formaler Analysen von wissenschaftlichen Gemeinschaften, Forschergruppen und auch wissenschaftlichen Zitationen *als* Netzwerke resultiert. Allerdings ist der Umstand, dass in der Wissenschaftsforschung Netzwerkanalysen methodisch besonders naheliegen, kein Zufall, wenn man die Strukturbedingungen der funktionsspezifischen Kommunikation von Wissenschaft im Vergleich zu anderen Funktionssystemen betrachtet. Diese Strukturbesonderheiten erschließen einerseits die Bedeutung personalisierter Kommunikations- und Kontaktstrukturen in der Wissenschaft, andererseits aber ist auf deren Grundlage zu fragen, an welcher ‚Gelenkstelle' sich soziale Netzwerke dann von diesen abheben.[9]

Eine „Anomalie" des Funktionssystems Wissenschaft fällt im Vergleich vor allem an seinem Inklusionsmodus auf. Sie besteht darin, dass in die funktionsspezifischen Kommunikationen dieses Systems ausschließlich *Wissenschaftler* als Inhaber von *Leistungsrollen* einbezogen sind, bei lediglich „indirekter Inklusion" des Publikums (vgl. Stichweh 1988). Diese Besonderheit hängt mit einer Voraussetzung der kommunikativen Prätention zusammen, wissenschaftliches Wissen sei universales, für jeden Beobachter im Prinzip teilbares Wissen. Der Umstand, dass im Medium der Wahrheit Kommunikationsofferten (Alter) und ihre Abnahme (Ego) nicht auf Handeln (Mitteilung) zugerechnet werden können, vielmehr auf beiden Seiten eine Reduktion der Kommunikation auf Erleben (Information) vorausgesetzt ist, um die Zurechnung auf Umwelt zu ermöglichen, hat dabei weitreichende Folgen.

Zum einen können Rollenasymmetrien – zwischen denen, die Wahrheiten vorschlagen und denen, die sie kritisch würdigen – kaum ausgebaut werden. Die Rollen stehen vielmehr unter dem Vorbehalt jederzeitiger Umkehrbarkeit: Der Kritiker eines wissenschaftlichen Arguments kommt immer auch selbst dafür in Frage, Wahrheiten vorzuschlagen. Der Vorbehalt der Umkehrbarkeit der Rollen begründet zum einen das für Wissenschaft typische Inklusionsmodell kollegialer Gleichheit und hat zum anderen den Effekt, dass zwar „im Prinzip alle, faktisch aber nur wenige" (Luhmann 1990: 349) die Kompetenz haben, an der problem- und methodenabhängigen Kommunikation von Wissensansprüchen teilzunehmen. Weil die „Mitmachanforderungen" sehr hoch liegen (ebd.: 348), sind Rollen für „Rückäußerungen" des Publikums (Stichweh 1988: 275) nicht institutionalisiert. Wissenschaftler werden für den Vorschlag wissenschaftlicher Argumente

---

[9] Epistemische Gemeinschaften wären demnach dann keine Netzwerke. So hält Stichweh (2006: 7) fest, dass epistemische Gemeinschaften zwar der Möglichkeit nach auch als Netzwerk zu analysieren seien, von einem Netzwerk würden sie sich aber dadurch unterscheiden, „dass es netzwerkweite, einigermaßen vereinheitlichte normative und kognitive Standards gibt, die das Netzwerk in ein genuines Sozialsystem mit einer systemweiten System/Umwelt-Unterscheidung transformieren".

und die Rückäußerung in Anspruch genommen. Nur sie kommen als relevante Zurechnungsadressen für Wissenschaftskommunikation und Erwartungsbildungen hinsichtlich anschlussfähiger Kritik in Frage.[10] Folgen hat das allerdings nicht nur im Verhältnis zum Publikum (der Laie hat keine Chance), sondern die über Theorieprobleme und Methoden eingeschränkten Möglichkeiten zur kompetenten und relevanten Rückäußerung führen dazu, dass sich der Wissenschaftler auch im Verständnis anderer Disziplinen kaum von der übrigen Bevölkerung unterscheidet (Stichweh 1988: 280), faktisch also für die „Adressenordnungen" und personalisierten Kontaktstrukturen der Wissenschaft die Binnendifferenzierung stark selektiv wirkt.

Die Pointierung des Erlebnisbezugs von Wissenschaft hat zugleich in einer zweiten Hinsicht einen exklusiven Effekt hinsichtlich relevanter Adressen und Zurechnungspunkte der Wissenschaftskommunikation: Organisationen kommen, weil sie Systeme der Entscheidungskommunikation sind, nicht für auf Erleben reduziertes „Mitmachen" an Kommunikationen im Einzugsbereich des Codes wahr/unwahr in Frage. Denn sie pointieren Entscheidungsbezüge. Wenngleich sie für die Ermöglichung von Wissenschaftskommunikation zahlreiche unverzichtbare Beiträge leisten (worauf zurückzukommen sein wird), unterstreicht dies zunächst die Rolle personaler Kontaktstrukturen in der Wissenschaft. Auffällig ist zudem dann, dass die Universität als einschlägige wissenschaftliche Organisation ihr Personal, vor allem die Professoren, nicht primär unter Gesichtspunkten wissenschaftlicher Zusammenarbeit rekrutiert, sondern mit Blick auf Lehraufgaben. Zusammen mit der hohen subdisziplinären Spezialisierung der Forschung in Fachgebiete macht dies im Effekt unwahrscheinlich, dass das Personal sachthematisch einschlägige Diskussions- und Kooperationspartner in der gleichen Organisation vorfindet (Stichweh 1999). Die Universität als „cosmopolitan local institution" (Stichweh 2000b: 137) unterstützt in diesem Sinne noch, dass es personalisierte Kommunikationszusammenhänge sind, die auf den Anspruch weltweit gelingender Anschlussfähigkeit der Wissenschaftskommunikation eingestellt sind.[11]

Soweit für die Wissenschaft davon auszugehen ist, dass die funktionsspezifische Kommunikation in hohem Maße auf Personen in Leistungsrollen Bezug nimmt, kann als Ausgangspunkt für die Frage nach sozialen Netzwerkbildungen gelten, dass sie sich auf Bekanntschaften stützen, die sich im Zuge der sach-

---

[10] Im Rekurs auf die Frage der Inklusion und entsprechende Rollen überspringen wir den erklärungsbedürftigen Umstand, wieso die Wissenschaft überhaupt „namentlich" auf Wissenschaftler als „Autoren" wissenschaftlicher Leistungen Bezug nimmt.
[11] Und so stellt Mullins (1968: 795) dann auch in seiner Analyse der genuin wissenschaftlich umschriebenen Kommunikation unter Biologen fest: „Location, clearly is almost irrelevant to social networks based on informal communication among biological scientists".

thematisch spezialisierten Kommunikation von Wissenschaft, aber auch der damit verbundenen Teilnahmen an Organisationen (Universitäten, Forschungseinrichtungen, Gastinstituten, Wissenschaftsverbänden, Fördereinrichtungen, Anwenderorganisationen, Tagungen etc.) herausbilden. Solche Bekanntschaften können, müssen aber nicht zum Ausgangspunkt von sozialen Netzwerkbildungen werden. Man kann mit rollenbezogenen Gefälligkeiten, etwa in Bezug auf Reziprozitätserwartungen bei der Erstellung von Gutachten etc., rechnen und auch mit Schulenbildungen, samt Zitierkartellen (siehe Schneider/Kusche in diesem Band). Fraglich aber ist, ob sich daran – über Einzelgefälligkeiten hinaus – Ansinnen der sozialen Netzwerkbildung stabilisieren können.

Wo aber liegen dann solche Einschränkungen der funktionsspezifischen Kommunikation, die zu ermöglichenden Einflugschneisen für partikularistische Formen sozialer Netzwerkbildung werden – und wo und wie heben sie sich von der Sozialdimension von Wissenschaft und wissenschaftlichen Gemeinschaften ab?

Knapp sind in der Wissenschaft jedenfalls nicht Argumente, wohl aber Aufmerksamkeiten im Hinblick auf „die Auswahl dessen, was mit hoher Wahrscheinlichkeit mehr Beachtung verdient als anderes" (Luhmann 1990: 246). Noch nicht damit allein sind soziale Netzwerke angesprochen. Denn die Wissenschaft selbst hat für dieses Problem knapper Aufmerksamkeit einen Mechanismus etabliert – den der Reputation (ebd.: 244 ff.). Man kann vermuten, dass funktionsspezifische soziale Netzwerkbildungen mit Reputation, zumal sie als erstrebenswert gilt und Personen verliehen wird, korrelieren. Die Frage ist aber, wie.

Nicht plausibel wäre die voreilige Annahme, dass soziale Netzwerke an der Frage der Zuteilung von Reputation strukturellen Halt finden können. Denn wo sollte dieser Halt zu finden sein, wenn Reputation – jenseits enger Spezialisierungsgrenzen und ohne zentrale Entscheidungsinstanz – für besondere wissenschaftliche Leistungen zugeteilt und letztlich sachlich über die „Kontrolle von Publikationen kontrolliert" (ebd.: 249) wird?[12] Zu suchen ist die Einflugschneise für soziale Netzwerke vielmehr in Engpässen, die auf der Rückseite der Reputation entstehen. Zum genuinen Knappheitsproblem wird dort allerdings nicht nur, dass Aufmerksamkeiten für Argumente über Reputation funktional knappgehalten sind. Noch bedeutsamer scheint hier ein sekundäres Knappheitsproblem zu sein, das auf der Seite der Reputation nicht anfällt oder, besser gesagt, gleich mitgelöst wird. Gemeint ist, dass „erworbene Reputation besseren Zugang zu Mitteln, bessere Positionen, bessere Publikationsmöglichkeiten erschließt"

---

[12] Man könnte auf diese Idee kommen, weil die Plausibilität von Reputation davon abhängt, dass „die ‚Hand' unsichtbar bleibt, die sie verteilt" (Luhmann 1990: 248 f.) – und im Zusammenhang einer „taktischen Rationalität des Strebens nach Reputation und des Förderns bzw. Blockierens" (ebd.: 246) gerade an die strukturtypische „Arkanität" (Werron, in diesem Band) von sozialen Netzwerken denken.

(ebd.: 251). Liegt zum einen im Zugang zu den Mitteln ein genuines Knappheitsproblem (mit Summenkonstanz) vor, verstärkt zum anderen und zugleich der mit
Reputation verbundene Matthäus-Effekt (Merton) in dieser Hinsicht dann auch
‚spürbar‘ die Knappheit auf ihrer Kehrseite.[13]

Soziale Netzwerkbildungen in der Wissenschaft setzen in diesem Sinne auf
der Rückseite des Reputationsmechanismus und an Knappheiten im „access to
resources necessary for scientific work" (Toren 1994: 726) an. Strukturell sind
sie dafür auf Zugänge zu und soziale Adressen in Organisationen angewiesen,
die diese Ressourcen kontrollieren. Sie finden im Gewinn von Einfluss auf diese
Zugänge attraktive Potentiale und Gelegenheiten für partikulare Mobilisierungen wissenschaftsrelevanter Ressourcen. Zwar sind weder die Kommunikation
von Wissenschaft noch auch wissenschaftliche Reputation durch Organisation
bestimmt, aber vor allem – hinsichtlich von Ressourcen und Zugängen zu diesen – sind Organisationen als Voraussetzungen von Teilnahmen und Aufmerksamkeiten in der Wissenschaft relevant.

Die enge Verleimung zwischen Kontaktstrukturen in wissenschaftlichen
Gemeinschaften und Ressourcenfragen ist damit nicht bestritten. Die Unterscheidung macht aber einen wichtigen Punkt sichtbar. Soziale Netzwerke, die um wis-
senschaftseinschlägige Zugänge und Möglichkeiten herum entstehen, können zu
Trägerstrukturen für Wissenschaft dadurch werden, dass sie das Anlaufen und
die Herausbildung von neuen Forschungsbereichen unterstützen (vgl. Mullins
1973, 1974). Gerade wenn und weil diese anfangs noch nicht in Universitäten,
Forschungsinstituten und weiteren wissenschaftsrelevanten Institutionen programmatisch und personell verankert sind, können sie in diesem Sinne wissenschaftlichen Gemeinschaften vorausgehen. Die sozialen Netzwerke lösen sich
dann – bestenfalls – mit und in der erfolgreichen Etablierung von Forschungs-
bieten in der Wissenschaft auf. Allerdings ist ebenfalls evident, dass soziale Netzwerke, soweit sie Ressourcen zu kontrollieren vermögen, sich mitunter sehr viel
länger halten können als die wissenschaftlichen Argumente, Spezialgebiete oder
Theorien, mit denen sie einst einen innovativen Beitrag zur Wissenschaft möglich
machten. In absterbenden Forschungsbereichen erhalten sich soziale Netzwerke
dann zunehmend *jenseits von Wissenschaft*. Es werden qua sozialem Netzwerk
zwar noch allerlei einschlägige Ressourcen (nicht zuletzt: Stellen) mobilisiert,
aber kaum mehr neue Argumente. Es werden kaum mehr Aufsätze in facheinsch-
schlägigen Zeitschriften (wohl aber Festschriften) publiziert und möglicherweise
Energien vor allem mobilisiert, um z.B. Schließungen von ehemals erfolgreichen
Wissenschaftseinrichtungen zu verhindern. Soziale Netzwerke wachsen so – mit
der Entwicklung von Wissenschaft – in die Rolle von Parasiten hinein.

---

[13] Für die Reputationsmenge gilt keine Summenkonstanz, „wenngleich Reputation aus funktionalen
Gründen knapp bleiben muss" (Luhmann 1990: 249).

Wenn die vorangehenden Überlegungen zutreffen, bilden sich funktions-
einschlägige soziale Netzwerke spezifisch dort, wo Ressourcen knapp und nicht
durch wissenschaftseigene Zuteilungsmechanismen (Reputation) zugänglich
sind. Überlegungen und Forschungen wären anzuschließen, wie im Einzelnen
Binnendifferenzierungen und weitere Strukturen der Wissenschaft intervenieren.
Zu erwarten ist, dass soziale Netzwerke sich eher in paradigmatisch fragmentierten (Sub-)Disziplinen einnisten als in Forschungskontexten mit fachlich klaren
Indizien für die Zuteilung von Wahrheitswerten (vgl. Heintz/Merz/Schumacher
2007). Und man kann überdies vermuten, dass soziale Netzwerke dort an Bedeutung gewinnen, wo wissenschaftliche Programme sich stark an politischen
Opportunitäten und/oder an organisatorischen Gelegenheiten orientieren.[14]

3.2   Kunst

Der Funktionskontext der Kunst soll im Vergleich zur Wissenschaft ergänzend
herangezogen werden.[15] Denn beide Funktionskontexte scheinen in ihren Strukturen allerlei Ähnlichkeiten aufzuweisen, nicht nur hinsichtlich der Bedeutung
von Leistungsrolleninhabern als namentlichen und reputationsfähigen ‚Autoren‘,
sondern auch in ihrer jeweils segmentären Binnendifferenzierung sowie dem
Vorkommen von funktionsspezifischen Gemeinschaften und sozialen Netzwerken.[16] Aber nicht nur legen Beschreibungen der Differenzierung der Kunst in

---

[14] In diesem Zusammenhang fällt auf, dass sich heute erhebliche Veränderungen hinsichtlich des
organisatorischen Durchgriffs von Universitäten auf funktionsspezifische Outputs beobachten lassen. Man kann vermuten, dass die ‚Organisationswerdung‘ (Brunsson/Sahlin-Andersson 2000) der
Universität auf ihrer Rückseite zugleich erhebliche Attraktivitäten für soziale Netzwerkbildungen
mit sich bringt. Aufgrund der besonderen Konstellation im Verhältnis von Wissenschaft (Erlebens-
bezug) und Organisation (Handlungs-/Entscheidungsbezug) gehört zu den möglichen Aussichten
einer solchen Entwicklung, dass die Wissenschaftskommunikation den Preis der wechselseitigen
Steigerung von hyperthropher Organisation und daran parasitierenden sozialen Netzwerken zahlt.
[15] Vgl. dazu u. a.: Luhmann 1995b, Becker 1976, White/White 1993, Gerhards 1997, Beckert/Rössel
2004.
[16] Vor allem in der Optik parsonianischer Analysen wurden Beziehungen unter Wissenschaftlern
und unter Künstlern als „cultural circles" zusammengefasst und sekundär nach den vier Funktionen
(AGIL) analysiert. Auf dieser sekundären Ebene werden auch „kulturelle Netzwerke" unterschieden,
allerdings qua Verkürzung beider auf den Aspekt der Vermarktung von Kultur – sei es auf Kunst-
oder Publikationsmärkten. „Circles which emphasize values, aesthetics, ideology, and religion gen-
erally have the form of ‚intellectual circles'. Those which emphasize expressive concerns such as
literature, art, and, music often take the form of a ‚movement circle', while those with cognitive
emphases have been called ‚invisible colleges' [Price 1964, Crane 1972]. Since the production of culture is also a market phenomenon in large-scale consumer society, there are also cultural networks
(if not circles) which emphasize utilitarian concerns, and these are ‚journeyman' and ‚brokerage'
nets" (Kadushin 1976: 773).

Kunstarten und -gattungen und die Thematisierung von Künstlergemeinschaften und sozialen Netzwerken (Thurn 1983) strukturelle Ähnlichkeiten zur Wissenschaft nahe, auch kommen in beiden Feldern formale Methoden der Netzwerkanalyse vor, die personale (und nicht organisatorische) Adressen fokussieren. Während ein Unterschied zwischen wissenschaftlichen und künstlerischen Gemeinschaften nicht unmittelbar ins Auge springt, führen Analogien auf der Ebene von formalen Netzwerkanalysen ungleich schneller vor Fragen: Können, um nur ein Beispiel zu nennen, „shared memberships" von Fotographen in Galerien (Giuffre 1999) überhaupt sinnvoll mit solchen von Wissenschaftlern in Forschungseinrichtungen (Mullins 1968: 795) verglichen werden? Selbst wenn diese in beiden Fällen als Indiz für persönliche Bekanntschaft – und in diesem Sinne für das Vorliegen einer Voraussetzung von sozialer Netzwerkbildung – gelten könnten, ‚hinkt' die Analogie, nicht zuletzt hinsichtlich der Frage, wie und aus welchem Anlass Wissenschaftler mit Wissenschaftlern und Künstler mit Künstlern kommunizieren.

Wo und wie entstehen also im Kunstsystem Einschränkungen und Engpässe, an denen soziale Netzwerke Möglichkeiten und Halt finden? Ausgehend hier wiederum von der Art und Weise, in der das System Teilnehmer einbezieht, entsteht Kunst jedenfalls nicht, wenn Künstler mit Künstlern kommunizieren. Die Ausdifferenzierung eines Funktionssystems für Kunst beruht darauf, dass Beobachtungen des Herstellens (Handlungszurechnung) und Beobachtungen des Betrachtens (Erlebenszurechnung) sequenziell prozessiert werden – und Kunstwerke Träger von Kommunikation nur werden, wenn und sofern dies geschieht (Luhmann 1995b: 253). Zwar liegen auch und nicht zuletzt in der Kunst die „Mitmachanforderungen" (siehe Wissenschaft) für das Publikum hoch, aber eine Umkehrbarkeit von Rollen – zwischen (herstellendem) Künstler und (erlebendem) Betrachter – hat sich hier nicht herausgebildet. Allein der Umstand, dass an der Kommunikation von Kunst nicht nur ein Publikum teilnimmt, sondern bereits in der Frage, was als Kunst anschlussfähig ist, allerlei „Mittler" (Hauser 1978) beteiligt sind, seien es Galeristen, Kuratoren, Sammler, Intendanten, Kritiker,[17] legt nahe, dass die Einflugschneise, an der soziale Netzwerkbildungen in der Kunst andocken, mit der Aufmerksamkeit der Mittler für die Resultate von ‚art work' zusammenhängt.

---

[17] Dabei geht es nicht nur um „practical keys toward business and professional survival" (White/ White 1993: xviii) und auch nicht nur um Fragen der „Qualität" und „Reputation" (Beckert/Rössel 2004), sondern um das genuine kommunikative *Erzeugen* von Kunstwerken: „Es sind zahlreiche Anstalten an den Vermittlungen beteiligt, durch welche die Werke überhaupt erst zugänglich werden, die ihnen einen Sinn geben, an den das Publikum anzuknüpfen vermag, und welche die mit ihrer Neuheit verbundene Fremdartigkeit beheben, ihren verwirrenden Eindruck beseitigen, sie mit dem Gewohnten und Vertrauten in Übereinstimmung bringen, und derart zwischen dem Antiquierten und dem sich Ankündigenden jene Kontinuität herstellen, ohne welche die Kunst ihre Geschichtlichkeit, Fortsetzbarkeit und Wiedergeburtsfähigkeit einbüßen würde" (Hauser 1978: 496).

Das kritische Nadelöhr für die Bildung von sozialen Netzwerken ist, ähnlich wie in der Wissenschaft, wohl auch in der Kunst in einem „Erfolge ermöglichenden Kontext" (Luhmann 1995b: 496) zu suchen; und auch in diesem Falle reduziert Reputation (ebd.: 263) Knappheit. Allerdings besteht der Engpass – analog zur Wissenschaft formuliert – nicht vorrangig im ‚access to resources necessary for art work',[18] sondern vielmehr darin, dass das System „mehr Möglichkeiten erzeugt, als es selbst zulassen kann" (ebd.: 495). Speziell scheint das kritische Nadelöhr dort zu suchen zu sein, wo das Kunstsystem Letztentscheidungen darüber offen lässt, welche Werke als Kunstwerke kommuniziert und im „kunstspezifische(n) Establishment mehr oder weniger gewichtiger Kenner" (ebd.: 495) Aufmerksamkeit finden – und im Übrigen dann nicht nur ausgestellt, sondern auch verkauft werden können (Beckert/Rössel 2004).[19]

Sofern das „kritische Geschäft", das an der Kunst kristallisiert, sich „parasitär" zum „Erfordernis der Einrichtung eines Rahmens im Rahmen des Kunstsystems" (Luhmann 1995b: 495) bildet, und es überdies wohl weniger die Künstler als vielmehr die Mittler sind, die über – sei es organisatorische, ökonomische oder massenmediale – Zugänge und Ressourcen verfügen, könnte im Übrigen zutreffen, dass die Künstler in den sozialen Netzwerken der Kunst nicht die erste, sondern die sprichwörtlich ‚zweite Geige' spielen. Mitunter mögen sie sich in den kunstspezifischen sozialen Netzwerken in der Rolle wiederfinden, mit ihren Kunstwerken gewissermaßen selbst Ressource zu sein, jedenfalls so behandelt und gehandelt zu werden.

Auch scheint im Kontext der Kunst eine – der Wissenschaft vergleichbare – enge Verleimung der ‚art networks' mit den ‚art communities' nicht vorzuliegen. Zwar gibt es zahlreiche Künstlergruppen (Thurn 1983), im Unterschied zur Wissenschaft kommt diesen Gruppen aber in der ‚programmschwachen' Kunst eine eher kompensatorische Funktion für „fehlenden Außenhalt" zu (Luhmann 1995b: 270f.). Weil das einzelne Kunstwerk Medium ist, kann im ausdifferenzierten Kunstsystem „weder die Tradition noch ein Patron noch der Markt und nicht einmal die Kunstakademien dem einzelnen Künstler genügend Hinweise für seine eigene Arbeit geben" (ebd.). Ein vergleichbares Problem gibt es in der Wissenschaftskommunikation nicht; hier sorgen hoch differenzierte Forschungsprogramme zusammen mit dem Publikationsmechanismus für auch sehr kleinteilige Anschlussmöglichkeiten in Form von wissenschaftlichen Argumenten.

---

[18] Jedenfalls nicht generell. Hier wären zweifellos dann Kunstarten – etwa Theater und bildende Kunst – genauer zu unterscheiden, auch hinsichtlich ihrer je spezifischen organisatorischen Kontextuierungen.

[19] Nicht nur geht Kunst nicht schon aus „artist-to-artist-connectivities" (Giuffre 1999) hervor, sondern plausibel ist es auch nicht, in „artist-gallery connections" (ebd.) exklusiv ökonomisch relevante Beziehungen zu sehen: „By and large, artists must be connected with galleries in order to sell their work. The artist-gallery connection is crucial; it may also be very unstable" (ebd.: 816).

Nicht zu bestreiten ist, dass Künstlergruppen Bekanntschaften herstellen und sie zum Ausgangspunkt und zur Brücke von Kontakten in die übrigen ‚art worlds' hinein attraktiv und bedeutsam werden. Aber auch wenn anzunehmen ist, dass in Künstlergruppen starke Motive bestehen, in den sozialen Netzwerken der Kunst als Adressen relevant zu werden, und die Plausibilität und Relevanz von sozialen Netzwerken auch in diesem Falle bei den ‚Schwächeren', d. h. den im System nicht schon mit hoher Aufmerksamkeit und Reputation Bedachten, größer ist als bei den ‚Stars', bestehen offenbar einschlägige Unterschiede.

3.3   Politik

Wie für andere Funktionssysteme der Gesellschaft auch, gilt für das (welt-)politische System, dass es weder selbst schon eine Organisation ist, noch dessen Funktion irgendwie einheitlich organisierbar wäre. Dennoch hat man es im Falle des Politiksystems mit einer besonderen Form der *Organisationsabhängigkeit* zu tun. Und sie hängt mit der gesellschaftlichen Funktion der Politik zusammen, kollektiv bindende Entscheidungen zu treffen und zu kommunizieren: „Der Staat (muss), wenn er überhaupt befähigt sein soll, kollektiv bindende Entscheidungen zu treffen, eine Organisation sein, was immer man ihm sonst noch an Merkmalen zuschreibt" (Luhmann 2000: 244). Nur durch Organisation gewinnt der Staat Kommunikationsfähigkeit für kollektiv bindende Entscheidungen.

Wir befinden uns damit (und aus Gründen der Abkürzung von Argumenten) bereits auf der Ebene der segmentären Binnendifferenzierung des weltpolitischen Systems in Nationalstaaten, also auf jener Ebene, auf der der Staat als Organisation die Gesamtverantwortung für ein Territorium und die Funktion kollektiv bindenden Entscheidens übernimmt. Indiziert ist damit zum einen aber kein ‚methodologischer Nationalismus'. Denn weder im Rahmen nationaler Politik noch auch in der übrigen weltpolitischen Kommunikation kann von dieser politischen Verantwortung von Staaten für bindendes Entscheiden abgesehen werden. Zum anderen verkürzen wir die Frage nach relevanten sozialen Adressen in der Politik auf diese Weise bereits auf die organisierte politische Entscheidungsfindung, sehen hier also – anders als die Politik selbst im Rahmen ihrer Entscheidungsfindung – vom Publikum der Wähler, das gelegentlich über Wahlen einbezogen wird, ebenso ab, wie von der laufenden Selbstbeobachtung der Politik im Spiegel der öffentlichen Meinung.

Das Problem, an dem die sozialen Netzwerkbildungen der Politik Halt finden, hängt ersichtlich mit dem laufenden politischen Entscheiden und dem Umstand zusammen, dass dem letztzuständigen Staat als „Zentralorganisation", die selbst aus zahlreichen Organisationseinheiten besteht, eine Vielzahl anderer politischer Organisationen gegenübersteht: Parteien, Wirtschafts-, Wohlfahrts-, Berufsver-

bände, Nichtregierungsorganisationen (NGOs) und Bewegungsorganisationen –
bis hin zur politischen Presse (vgl. Luhmann 2000: 143). Funktional gesehen
erbringen sie qua Mobilisierung von Themen und Interessen „Zulieferdienste"
und tragen dazu bei, „dass politische ‚issues' auf Entscheidungsmöglichkeiten
hin verdichtet" werden können (ebd.: 245).[20] Indem das System sich (über die
Binnendifferenzierung in Staaten hinaus) noch einmal im Schema von Zentrum
und Peripherie differenziert, werden „Einheit und Komplexität" ermöglicht, also
Möglichkeiten der Themen- und Interessenberücksichtigung gesteigert, ohne die
einheitliche Entscheidungsfähigkeit und damit die Funktion kollektiv bindenden
Entscheidens zu beeinträchtigen (ebd.).

Die funktionstypischen sozialen Netzwerke der Politik bilden sich mit Bezug
auf diese Differenzierung in Zentrum und Peripherie, allerdings nicht etwa schon
deshalb, weil diese Differenzierungsform auf „interorganisationelle Kommunikation" (ebd.: 246) angewiesen ist. Wegen des ‚inter' muss der Netzwerkbegriff
nicht in Anspruch genommen werden; dafür genügte es, auf die Kommunikationsfähigkeit von Organisationen zu rekurrieren. Die strukturspezifische Netzwerkbildung dockt vielmehr an dem Problem an, „dass das Zentrum aus der
Peripherie mit einer Fülle von inkonsistenten Entscheidungsanforderungen über-
schüttet wird" (ebd.: 247) – und es auch in der durch Organisation strukturierten
Ordnung „immer noch eine offene Frage (bleibt), welche Entscheidungslasten in
einer solchen Ordnung bewältigt werden können" (ebd.: 246).

Angesichts strukturspezifisch knapper und konkurrierender Zugänge (von
Themen und von Personal) zu den Zentren politischen Entscheidens bieten soziale Netzwerke in der Politik Möglichkeiten, die Kommunikation von Einfluss selektiv über den Rahmen von Organisationen hinaus zu steigern. Sie mobilisieren
in der einen Richtung, in Richtung Zentrum, (sekundäre) Motive für Themen, sie
werden in der anderen Richtung, in Richtung Peripherie, relevant, um Themen
und Entscheidungen auszuschließen und zu blockieren.

Eine wichtige strukturelle ‚Gelenkstelle' für soziale Netzwerkbildungen in
der Politik sind zweifellos politische Parteien, also diejenigen Organisationen, die
um die Regierungsmacht konkurrieren und zugleich als „dauerhafte organisatorische Grundlage" (ebd.: 249) der Möglichkeit der Codierung politischer Macht
im Schema von Regierung und Opposition gelten können. Mit ihren Programmen schränken Parteien die Beliebigkeit im Umgang mit den Codewerten jeweils
ein, eröffnen mit diesen Einschränkungen aber auch die Möglichkeit, „jede Pro-

---

[20] Und auch hier noch ist Organisation nötig, denn „wenn es in der Politik zu einer gestuften Verdichtung von Meinungen zu bestimmten Themen kommen soll, (ist) eine Aggregation kommunika-
tionsförmiger Einheiten in der Form von Organisationen unerläßlich" (Luhmann 2000: 242) – und
zwar „weil es anderenfalls an der Möglichkeit fehlt, sie im Namen eines sozialen Systems zu kommunizieren" (ebd.: 246).

grammpolitik im Lichte des Codes Regierung/Opposition zu lesen und von da her jeweils gegenläufig zu bewerten" (ebd.: 100).[21]

An der Unsicherheit der Bewertungen programmatischer Entscheidungen hinsichtlich der Regierungs- bzw. Oppositionsaussichten kristallisieren innerhalb der Mitgliederorganisationen parteipolitische „Zirkel" (Luhmann) und Gruppierungen, die man – analog den Zitierkartellen in der Wissenschaft – als Parasiten und daher dann als soziale Netzwerke beschreiben mag (siehe den Beitrag von Schneider und Kusche in diesem Band). Wenn Parteien allerdings Flaschenhälse im Zentrum/Peripherie-Gefüge der politischen Kommunikation sind, erscheint es nicht plausibel, die funktionstypischen Netzwerkbildungen exklusiv an parteiinternen Netzwerken und „Flügelbildungen" festzumachen. Das gilt schon deshalb, weil die sozialen Netzwerke in der Politik keineswegs exklusiv darauf bezogen sind, politische Entscheidungen sachthematisch auf den Weg zu bringen bzw. zu blockieren, sondern sie zugleich als Strukturen der sozialen Mobilisierung von „Posten und Pensionen" (ebd.: 75) fungieren. In Richtung Zentrum läuft die „Verdichtung des politischen Establishments" (ebd.: 317) bekanntlich zwar über Parteibücher; umgekehrt aber dürfte schon in der stets mitlaufenden Aussicht auf Regierungswechsel, Mandatsverluste, parteiinterne Programm- oder Richtungswechsel etc. ein Strukturgrund zu finden sein, dass die Adressenpflege der Inhaber politischer Leistungsrollen über die Parteien weit hinausgeht. Dafür bieten nicht nur die in alle Bereiche der Gesellschaft reichenden Kontaktstrukturen politischer Leistungsrollenträger eine vergleichsweise umfangreiche Grundlage; sondern speziell das politische Lobbying dürfte in hohem Maße anfällig für Gefälligkeiten sein und mithin „übrig bleibende Verpflichtungen" (Luhmann) erzeugen, an denen soziale Netzwerkbildungen anlaufen können.

Die Typik und Einflugschneise politischer Netzwerkbildung bezieht sich auf den Prozess der Herstellung politisch bindender Entscheidungen und damit auf Voraussetzungen der Nationalstaatlichkeit. Damit soll nicht gesagt sein, dass es zu Netzwerkbildungen im Kontext der Weltpolitik nicht käme: Einerseits wiederholen sich hier organisatorische Zentrum/Peripherie-Differenzierungen, andererseits ist die UNO keine „Weltregierung", und weder sind die weltweit 50.000 NGOs ein ‚Weltvolk', noch können die rund 3.000 formell bei der UNO akkreditierten NGOs als dessen Repräsentanten gelten. Bedingungen der Netzwerkbildung stellen sich im ‚global policy making' schon deshalb strukturspezi-

---

[21] Luhmann selbst hat in diesem Zusammenhang darauf hingewiesen, dass die Parteien keineswegs in allen Ländern „dauerhafte organisatorische Grundlagen" haben, also unabhängig von Konstellationen und Kandidaten anhand ihrer Programme und Mitglieder identifizierbar wären. Wenn er in diesem Zusammenhang von „weniger sichtbaren Formen der Präformierung politischer Entscheidungen" (Luhmann 2000: 249) spricht, ist offenbar auch hier von sozialen Netzwerken (wovon sonst?) die Rede.

fisch anders dar. Auch hier folgen Netzwerkbildungen zwar der Differenzierung Zentrum/Peripherie. Sie dienen einerseits – in Richtung Zentrum (UNO) – dem *agenda-setting* und zielen andererseits – in Richtung Peripherie (NGOs) – auf Themenselektion und Zugänge zu verteilter Expertise, und allgemein auch auf Legitimitätssicherung (Frantz/Martens 2006). Auch hat das globale politische Networking und Lobbying organisatorische Strukturgrundlagen. Es findet sie allerdings nicht, wie im nationalen Rahmen, in Parteien als ‚Flaschenhälsen' zum Zentrum der Macht, wohl aber in staatlich eingebetteten Strukturen auch der weltpolitischen Kommunikation – und entsprechenden sozialen Adressen (Regierungsvertreter, Diplomaten). Die weltpolitisch *unerlässliche* Rolle der kollektiven Kommunikationsfähigkeit von Staaten und die Notwendigkeit ihrer wechselseitigen politischen Anerkennung wirken daher an der Formbildung auch weltpolitisch einschlägiger sozialer Netzwerke in spezifischer Weise mit.[22]

3.4   Wirtschaft

Der Fall der Politik soll im Folgenden mit der Wirtschaft durch einen zweiten Funktionskontext ergänzt werden, in dem Organisationen eine evidente Rolle spielen. Zu klären bleibt aber, ob und wie deren Strukturbedeutung auch für funktionsspezifische soziale Netzwerkbildungen relevant wird. Die insgesamt umfangreiche Literatur zu Netzwerken im Kontext der Wirtschaft ist in der Frage der Bedeutung von Organisationen für Netzwerkbildungen nicht nur auffällig uneins, sondern insbesondere die gängigen soziologischen Zugriffsweisen auf Netzwerkphänomene im Kontext der Wirtschaft führen an der hier gestellten Frage nach funktionsspezifischen Einflugschneisen der Netzwerkbildung eigentümlich vorbei.

So ist, erstens, aus der Wirtschaftssoziologie jener Ansatz hervorgegangen, der jedes (wirtschaftliche) Handeln als in soziale Beziehungen „eingebettet" auffasst und in diesem Sinne durch Netzwerke beschreibt (Granovetter 1985; Powell 1990). Nicht nur wird in diesem Zugriff nicht zwischen personalen und organisatorischen Adressen unterschieden, vor allem wird in dieser Zugriffsweise der wirtschaftliche Gegenstand grundbegrifflich insgesamt in ein Netzwerk – eine „Adressenordnung" (Stichweh 2000a) – aufgelöst, mit der zwangsläufigen Folge, dass soziale Netzwerke nicht als eine besondere und kon-

---

[22] Die Bedingungen im Rahmen der EU wären hier gesondert zu betrachten. Siehe etwa Dagger/ Kambeck 2007 und darin speziell Gretschmann 2007, der von 8.500 bis 20.000 Lobbyisten in Brüssel spricht.

tingente Strukturbildung erfasst werden können.[23] In der Radikalität der Zugriffsweise, die darin besteht, das Netzwerkkonzept zum Grundbegriff einer allgemeinen Sozialtheorie zu erheben, verliert sich im Übrigen der spezifisch wirtschaftliche Bezug. Die hier gestellte Frage, an welchen genuin wirtschaftlichen Engpässen oder Unsicherheiten Netzwerke entstehen, lässt sich im Rahmen dieses Zugriffs nicht beantworten – selbst wenn er sich wirtschaftssoziologisch ausflaggt und zudem soziale Netzwerke im Kontext der Wirtschaft thematisiert.

Zweitens liegen zahlreiche Publikationen zu organisatorischen Netzwerken im Kontext der Wirtschaft vor (z. B. Zulieferernetzwerke, Joint Ventures, Hersteller-Anwender-Netzwerke, Strategische Allianzen; vgl. im Überblick Weyer 2000). Wie bereits im Falle der Politik ist dabei vorab kritisch zu fragen, ob für solche Formen ‚interorganisationeller Kommunikation‘ der Netzwerkbegriff überhaupt in Anspruch genommen werden muss; vielfach geht es um Verträge. Darüber hinausgehend wäre zu fragen, ob solche Netzwerke nicht genuin organisatorische Probleme lösen, also überhaupt an funktionsspezifische Strukturen so anschließen, dass von funktionstypischen Netzwerkbildungen gesprochen werden könnte.[24]

Die Frage nach der Rolle von Organisationen im Kontext der Netzwerkbildung stellt sich im Falle der Wirtschaft deutlicher und deutlich anders als im Falle der Politik. Denn die Wirtschaft vermag zwar Organisationen in ihre Operationsweise einzubeziehen, sie weist aber Organisationen keine ‚Zentralstellung‘ in der funktionsspezifischen Kommunikation zu, wie sie der organisierten Staatlichkeit im Zusammenhang der Herstellung kollektiv verbindlicher Entscheidungen aus funktionsspezifischen Gründen zukommt.[25] Zwar können Organisationen

---

[23] Einige Autoren, prominent Powell (1990), stützen sich zum einen auf den grundbegrifflichen Netzwerkansatz, behandeln zum anderen Netzwerke gleichwohl als kontingente Struktur („neither market nor hierarchy"). Das Ergebnis tendiert begrifflich aber wahlweise zur Tautologie oder zur Paradoxie. Soziale Netzwerke sind soziale Netzwerke – und soweit die einen „more social" als die anderen sind, sind die anderen irgendwie sozial und doch nicht sozial. Man kann zwar erkennen, dass hier der Unterschied versachlichter und persönlicher Beziehungen im Spiel ist, da dieser Unterschied aber im Netzwerkansatz grundbegrifflich (allgemein!) zum Verschwinden gebracht wird, kann er im Weiteren nicht mehr in konsistenter Weise revitalisiert werden, um soziale Netzwerke von anderen Formen des Sozialen abzuheben. Zwar könnte man im Einziehen dieser Differenz (oder im reflexiven Umgang mit ihr) eine empirisch relevante Besonderheit (moderner Formen) sozialer Netzwerke sehen, das aber setzt eben voraus, von einer solchen Differenz (theoretisch wie empirisch) zunächst auszugehen.

[24] Das gilt umso mehr, als gerade an Unternehmen ihre „Multireferenz" (Wehrsig/Tacke 1992) auffällt, also immer auch noch ganz andere Funktionssysteme im Spiel sind.

[25] Auch die Wirtschaft kann mit Bezug auf die Einheit des Geldmediums durch eine Differenzierung in Zentrum/Peripherie (mit Zentralbanken, Geschäftsbanken, Kundenbanken im Zentrum) beschrieben werden (Luhmann 1981: 46 ff.; Luhmann 2000: 250). Die gesuchte wirtschaftsspezifische Einflugschneise für soziale Netzwerkbildungen wird man hier aber nicht finden, schon weil es im

qua Entscheidungszurechnung selbst an Zahlungskommunikationen teilnehmen und dabei auch erhebliche wirtschaftliche Dispositionsfreiheiten akkumulieren,[26] aber zugleich ist die im Medium des Geldes operierende Zahlungskommunikation indifferent – eben auch gegenüber sozialen Adressen, die daran teilnehmen (seien es Personen, Organisationen oder Staaten). In der Frage nach wirtschaftlichen Netzwerkbildungen gibt es daher keinen Anlass, speziell von Organisationen auszugehen.

Soweit es um funktionsspezifische Netzwerkbildungen geht, liegt drittens nahe, jene genuin ökonomische Perspektive aufzugreifen, die in Netzwerken ein institutionelles Arrangement zur Abwicklung ökonomischer Transaktionen sieht und diese auf einem vertraglich gedachten Kontinuum zwischen „markets and hierarchies" ansiedelt und damit im Übrigen als kontingente Strukturbildung auffasst (Williamson 1996). Im Zentrum steht die Frage der relativen Vorteilhaftigkeit institutioneller Arrangements und damit ein Vergleich zwischen Optionen, der sein Kriterium in einem ökonomischen Kalkül findet: der Minimierung von jenen Kosten, die für die Vorbereitung und Abwicklung wirtschaftlicher Transaktionen – in Abhängigkeit von Transaktionsmerkmalen (asset specifity, Häufigkeit, Unsicherheit) – anfallen (Transaktionskosten).

Es ist diese Zugriffsweise, in der sich Ansatzpunkte zur Beantwortung der Frage nach spezifisch wirtschaftlichen Anschlussstellen für soziale Netzwerkbildung andeuten. Sie enthält allerdings ihrerseits Verkürzungen, die zu berücksichtigen sind.

Der ökonomischen Zugriffsweise auf das Problem kann hier insoweit gefolgt werden, als soziale Netzwerke sich als spezifisch wirtschaftlich nur dann verstehen lassen, wenn sie auf ökonomische Kalküle und damit zugleich auf das Knappheitsproblem der Wirtschaft bezogen sind. Beide Aspekte sind bemerkenswert. Der Hinweis auf Kalküle ist hier zunächst in dem Sinne bedeutsam, dass die Einflugschneise für soziale Netzwerke in der Wirtschaft offenkundig nicht in irgendwelchen hoch aggregierten und stabilen Strukturen zu suchen ist, sondern vielmehr in einer auf Strukturverzicht und allenfalls provisorischen Erwartungen beruhenden „ökonomischen Differenzpragmatik" (Baecker 1988: 85), die die wechselseitigen Beobachtungen im Spiegel des Marktes (White 1981: 543) anleitet.[27] Die ökonomische Differenzpragmatik kennt dabei nicht nur eine, sondern zahlreiche Differenzen (Preis/Leistung, Kosten/Nutzen, Routinen/Gelegenhei-

---

Hinblick auf die wirtschaftliche Funktion der Knappheitsvorsorge für die Spezifikationen des Zahlungscodes gleichgültig ist, ob für Kredite oder für anderes gezahlt oder nicht gezahlt wird.

[26] Erinnert sei im Vergleich an den Fall der Kommunikation von Wahrheitsansprüchen, die mit ihrer Zurechnung auf Erleben mit dem auf Handlungszurechnung beruhenden Entscheidungsmodus von Organisationen kollidiert.

[27] Die ‚Kalkülisierung' der Beschreibung verweist darauf, dass Erwartungen in der Wirtschaft „provisorisch" sind und auch Märkte entsprechend als „Strukturvorgaben des Strukturverzichts"

ten, etc.). Auch Netzwerkbildungen müssen dann nicht notwendig exklusiv am Kalkül der Transaktionskosten ansetzen. Sie können im Prinzip auch an andere ökonomische Kalküle anschließen, seien es sich eröffnende Gelegenheiten angesichts von Routinen, überzeugende Leistungen angesichts von Preisen oder in Aussicht stehender Nutzen angesichts von Kosten.

Vor dem Hintergrund der zuvor gewonnenen Einsicht, dass die Einfallstore für Netzwerkbildungen in Wissenschaft, Kunst und Politik mit Knappheits- und Unsicherheitsproblemen korrelieren, fällt im vorliegenden Fall zudem auf, dass die im Geldmedium operierende Wirtschaft mit ihrer Funktion der Zukunftsvorsorge ihr Grundproblem selbst bereits in der Regulierung von Knappheit hat. Dies legt einerseits nahe, dass soziale Netzwerke, die sich in und an der Wirtschaft bilden, im Prinzip auf den gleichen Kalkülen beruhen, die an der Herausbildung von Märkten beteiligt sind, wirf andererseits aber um so deutlicher die Frage auf, wie sich Netzwerke dann von anderen Bewältigungstechniken und Steigerungspotentialen im Kontext relationaler Knappheiten abheben?

Der entscheidende Gesichtspunkt ist in der Art und Weise zu finden, *wie* sich wirtschaftliche Kalküle auf soziale Adressen beziehen: Soziale Adressen können im Kontext preis- und kostenbezogener Beobachtungstechniken des Marktes als sekundär behandelt, also mit der „entbindenden" (Simmel) Indifferenz und Anonymität des Geldes belegt werden; sie können aber auch festgehalten und zur Grundlage für die Suche nach ökonomischen Problemstellungen und Steigerungsmöglichkeiten gemacht werden (vgl. Tacke 2000). Das Sammeln von Adressen und ihr Absuchen nach ökonomischen Möglichkeiten ist – schon vor aller Netzwerkbildung – in der Wirtschaft nicht ungewöhnlich. Im Gegenteil drückt sich eine „wachsende ökonomische Bedeutung von Adressen" (Stichweh 2000a: 229) im heute weithin bekannten Phänomen des Adressenhandels aus. Kurz gesagt, können Adressenlisten aufgrund einer mehr oder weniger spezifischen *kategorialen* Selektivität für die Käufer attraktiv sein.[28] Damit nicht zu verwechseln sind *individuelle* Adressbücher, in denen (neben allerlei funktionalen Adressen) Bekannte erfasst sind, die im Rückblick auf Geschichten des Kontakts mitunter auch sachlich überraschende und gegebenenfalls dann sozial mobilisierbare Möglichkeiten eröffnen können. Nicht kategoriale Adressenlisten, sondern individuelle Adressbücher sind die notwendige, wenn auch nicht hinreichende Grundlage sozialer Netzwerkbildungen (ausführlicher: Tacke 2000).

(Baecker 1988: 198) erscheinen. Gewiss sind nur Knappheiten, aber alle „Preise (sind) sowohl gewiß als auch ungewiß" (ebd.: 85).

[28] Und dazu hält Stichweh (2000a: 229) überdies explizit fest: „Dabei geht es in diesen Fällen interessanterweise nicht um Netzwerke, die wohlsortierte Adreßliste besteht in Kommunikationszusammenhängen dieses Typs gerade aus Leuten, die untereinander keine Verbindung aufweisen. Das einzige, was sie verbindet, ist *Kategorienzugehörigkeit*" (Herv. im Orig.).

Die strukturellen Einflugschneisen für Netzwerkbildungen in der Wirtschaft sind demnach dort zu suchen, wo kommunikative Gelegenheiten zur Individualisierung von Adressen und zur Personalisierung auch wirtschaftlich interessanter Kontakte bestehen. Zu denken ist an Strukturkontexte, die zum einen erlauben, die bloße und ,schnöde' Indifferenz des Geldes einzuschränken, um soziale Adressen ,für sich' relevant werden zu lassen, und die zugleich gegenüber latenten wirtschaftlichen Kalkülen der Kommunikation nicht prinzipiell abweisend sind. In den Blick geraten damit unzählige Kontexte der Kontaktanbahnung, und zwar keineswegs nur solche, die selbst schon mit wirtschaftlichen Transaktionen und typischerweise dann Organisationen verbunden sind. Zu denken ist vielmehr auch an Gelegenheiten, die sich im Rahmen der Teilnahme an Messen[29], bei Wirtschafts- und Fachkongressen, durch Mitgliedschaften in Industrie- und Handelsclubs, Beteiligungen an Wirtschaftsförderungs- oder Arbeitsmarktinitiativen der Politik bzw. politiknaher Organisationen ergeben sowie an Veranstaltungen von Wirtschaftsverbänden, Kammern, Kommunen, Stiftungen oder Unternehmen, die eigens arrangiert werden. Nicht zufällig ist neben der Messe-Organisation auch das Event-Management heute ein florierender Zweig wirtschaftlicher Betätigung. Zu denken ist aber auch an Geschichten des Kontakts, wie sie sich etwa aus Doppelmitgliedschaften (,interlocking directorates'), Stellenwechseln und Personaltransfers ergeben.

Vor diesem Hintergrund mag man dann einerseits auf die Frage nach Organisationen – als möglichen Adressen der funktionsspezifischen Kommunikation und als Bezugspunkte auch wirtschaftsspezifischer (Netzwerk-)Kalküle – zurückkommen und andererseits nachvollziehen, weshalb der wirtschaftssoziologische Ansatz der Netzwerkforschung nicht zwischen Personen und Organisationsmitgliedern als wirtschaftlichen Netzwerkadressen unterscheidet. Ohne dies auszuweisen, übernimmt er offenbar in seinen Begriff bereits eine Besonderheit, die den Netzwerken der Wirtschaft aus strukturspezifischen Gründen eigen ist. Sie bilden sich zwar partikular an sozialen Adressen, bleiben aber – wohl auch im Wissen aller Beteiligten – in ökonomische Kalküle „eingebettet" – und damit in jene Formen der Indifferenz, die der modernen Geldwirtschaft eigen sind.

---

[29] Laut Dachverband der deutschen Messewirtschaft (siehe www.AUMA.de) haben in 2009 in Deutschland 151 regionale Messen (mit knapp 50.000 Ausstellern und rund 5 Mio. Besuchern) sowie 135 überregionale Messen (mit über 150.000 Ausstellern und rund 9 Mio. Besuchern) stattgefunden. Diese Zahlen sprechen selbst nicht für Gelegenheiten zu persönlichen Kontakten. Aussagekräftiger wären Untersuchungen zu den Begleit- und Rahmenprogrammen solcher Veranstaltungen (Empfänge zur regionalen Messeeröffnung, regionale Veranstaltungen (z. B. „OWL-Abend") im Rahmen nationaler und internationaler Messen oder die ungezählten Treffen „am Rande der Messe".

4   Schluss

Im Rahmen eines Begriffs des sozialen Netzwerkes, der die Verknüpfung heterogener Leistungen und das Potential zur Überbrückung von Sinnkontexten
unterstreicht, liegt es nicht von vornherein nahe, soziale Netzwerke im Rekurs
auf einzelne Funktionskontexte der Gesellschaft zu beschreiben. Nicht nur bilden sich soziale Netzwerke auch ‚quer' zu Funktionssystemen der Gesellschaft,
sondern auch müsste jede Typologie sozialer Netzwerke, die funktionsspezifisch ansetzt, den grundlegend heterarchischen Herstellungsmodus von sozialen
Netzwerkbildungen verfehlen. Durchaus produktiv ist es gleichwohl, ausgehend
von den Funktionssystemen der Gesellschaft nach kontextspezifischen Ein-
schränkungs- und Ermöglichungsbedingungen für soziale Netzwerkbildungen
zu fragen. Denn mit Funktionssystemen der Gesellschaft ist nicht weniger als
die primäre Differenzierungsstruktur der modernen Gesellschaft angesprochen,
die als eine solche Kommunikationen qua Einschränkung dirigiert und zugleich
Möglichkeiten eröffnet. Zu den Erträgen einer solchen Problemstellung gehören
nicht nur allgemeine Einsichten, etwa zur losen Kopplung von Funktionssystemen und Netzwerken, sondern wir konnten darüber hinaus an vier ausgewählten Funktionssystemen im Vergleich exemplarisch vorführen, wie das entlang
strukturspezifischer Bedingungen im Einzelnen geschieht. Die Erträge solcher – zweifellos noch ergänzungsfähigen – Beschreibungen liegen im Übrigen
nicht nur auf der Seite der Netzwerkforschung selbst. Denn auch wenn gilt, dass
die sozialen Netzwerke sich von den Kommunikationsweisen und Eigenstrukturen der Funktionssysteme abheben, vermag die Analyse der strukturspezifischen
‚Einflugschneisen', an denen sie sich bilden, auch zum Wissen über diese Funktionssysteme der Gesellschaft beitragen.

Mindestens andeuten konnten wir auch, dass diese gesellschaftlichen Strukturen nicht nur jeweils sinnhafte Relevanzen im Verhältnis zu anderen Möglichkeiten sortieren, sondern sie auch Legitimitätsfragen kanalisieren, die mit dem
genuinen Partikularismus sozialer Netzwerkbildungen gerade im Kontext des
Universalismus der Funktionskontexte aufgeworfen sind. Schnelle Antworten
sind aber auch diesbezüglich nicht zu geben. So sind einerseits Netzwerkbildungen selbst einschlägiges Beispiel dafür, dass gesellschaftliche Strukturen weder
einzelne Kommunikationen noch auch weitere Strukturbildungsmöglichkeiten
prinzipiell festlegen (seien sie dann illegitim oder legitim, „arkan" oder „öffentlich", vgl. Werron in diesem Band), andererseits scheinen soziale Netzwerke
auch in den Funktionssystemen (je begrenzte) Möglichkeiten der (Selbst-)Le-
gitimierung und Darstellbarkeit finden zu können. Dies geschieht im Kontext
ökonomischer Kalküle etwa im Rekurs auf komparative Kostenvorteile der Netzwerkbildung, im Kontext politischer Entscheidungsproduktion und Steuerung
im Verweis auf Staatsversagen, oder im Kontext der Wissenschaft im Rekurs

der Selbstdarstellungen von Netzwerken auf Leistungsrollen des Systems (etwa als „Netzwerkprofessuren", vgl. Tacke 2008). In all diesen Fällen trägt im Übrigen der Rekurs auf Organisationen („Organisationsnetzwerke"), auch in der Form der Selbstausstattung von Netzwerken mit organisatorischen Strukturen (Human/Provan 2000), zu Legitimierungen bzw. zu „Entsorgungen" (Tacke 2005) von Legitimitätsproblemen bei.

Wir haben im vorliegenden Text eine Auswahl von solchen Funktionssystemen getroffen, für die sich in der Literatur umfangreiche Thematisierungen von Netzwerken finden (und die sich als Vergleichsfälle anboten). Vergleiche mit weiteren Funktionskontexten liegen nahe, einerseits mit und zwischen jenen, in denen es im Kern um interaktionsförmige professionelle Betreuung geht (besonders interessant könnte ein Vergleich von Erziehungs- und Gesundheitssystem[30] sein), andererseits das Rechtssystem mit seiner hochgradig formalisierten Struktur – die erwartbar besondere Probleme der Legitimierbarkeit sozialer Netzwerke aufwirft. Bemerkenswert ist vor diesem Hintergrund, dass das Rechtssystem selbst bisher weniger als ein Kontext partikularer Netzwerkbildungen thematisiert wird, sehr wohl aber als Beobachter von neuen Formen von Netzwerkbildung in der übrigen Gesellschaft (Ladeur in diesem Band; Boysen et al. 2007). Die auffällig schmale Literaturlage zu sozialen Netzwerken in den zuletzt genannten Kontexten (Kraft 2009) dürfte zwar zunächst einmal Strukturgründe in der Wissenschaft selbst haben, zu erwarten ist aber, dass sie auch ein Hinweis auf die eingeschränkten Strukturbedingungen der sozialen Netzwerkbildung in diesen Kontexten ist.

Das Programm einer gesellschaftstheoretisch informierten Netzwerkforschung steht offenbar erst am Anfang. Neben den ‚fehlenden' Funktionskontexten und dem Bedarf vertiefter Studien zu den hier skizzierten Exemplaren legen auch alle stärker ‚unbestimmten' und ‚quer' zu Differenzierungslinien der Gesellschaft sich bildenden sozialen Netzwerke, die wir hier nur am Rande mitgeführt haben, zahlreiche eigene Forschungen nahe. Bewährt hat sich jedenfalls, die Analyse sozialer Netzwerke an der Differenz von Netzwerk und Gesellschaft anzusetzen und damit eine Netzwerkforschung vorzuschlagen, die als soziologisch nicht zuletzt deshalb bezeichnet werden kann, weil sie gesellschaftliche Kontexte der sozialen Netzwerkbildung nicht unterschlägt, sondern in Rechnung stellt. Die Annahme der losen Kopplung kann dabei auch im Weiteren als eine Art forschungspraktischer Begleitschutz vor diagnostischen Übertreibungen des Typs „Netzwerkgesellschaft" dienen.

---

[30] Siehe zur Vernetzung im Gesundheitssystem Amelung et al. 2009.

Literatur

Amelung, Volker, E/Sydow, Jörg/Windeler, Arnold (Hrsg.) (2009): Vernetzung im Gesundheitswesen. Wettbewerb und Kooperation. Stuttgart: Kohlhammer

Baecker, Dirk (1988): Information und Risiko in der Marktwirtschaft. Frankfurt a. M.: Suhrkamp

Baecker, Dirk (2007): Studien zur nächsten Gesellschaft. Frankfurt a. M.: Suhrkamp

Becker, Howard S. (1976): Art World and Social Types. In: American Behavioral Scientist 19, 6: 703–718

Beckert, Jens/Rössel, Jörg (2004): Kunst und Preise. Reputation als Mechanismus der Reduktion von Ungewissheit am Kunstmarkt. In: Kölner Zeitschrift für Soziologie und Sozialpsychologie 56, 32–50

Bommes, Michael/Tacke, Veronika (2001): Arbeit als Inklusionsmedium moderner Organisationen. Eine differenzierungstheoretische Perspektive. In: Tacke, Veronika (Hrsg.): Organisation und gesellschaftliche Differenzierung. Wiesbaden: Westdeutscher Verlag, 61–83

Bommes, Michael/Tacke, Veronika (2005): Luhmann's Systems *Theory* and Network *Theory*. In: Seidl, David/Becker, Kai-Helge (Eds.), Niklas Luhmann and Organization Studies. Copenhagen: Liber & Copenhagen Business School Press, 282–304

Bommes, Michael/Tacke, Veronika (2006): Das Allgemeine und das Besondere des Netzwerkes. In: Hollstein, Betina/Strauss, Florian (Hrsg.), Qualitative Netzwerkanalyse. Konzepte, Methoden, Anwendungen. Wiesbaden: VS-Verlag, 37–62 (Wiederabdruck in diesem Band)

Bommes, Michael/Tacke, Veronika (2007): Netzwerke in der ,Gesellschaft der Gesellschaft'. Funktionen und Folgen einer doppelten Begriffsverwendung. In: Soziale Systeme. Zeitschrift für soziologische Theorie 13, Themenheft: Zehn Jahre danach. Niklas Luhmanns ,Die Gesellschaft der Gesellschaft', hrsg. von Dirk Baecker, Michael Hutter, Gaetano Romano und Rudolf Stichweh, 9–20

Boysen, Sigrid et al. (Hrsg.) (2007): Netzwerke. 47. Assistententagung Öffentliches Recht. Baden-Baden: Nomos

Brunsson, Nils/Sahlin-Andersson, Kerstin (2000): Constructing Organizations: The Example of Public Sector Reform. In: Organization Studies 21, 4: 721–746

Burt, Ronald S. (1982): Toward a Structural Theory of Action. New York: Academic Press

Castells, Manuel (2001): Bausteine einer Theorie der Netzwerkgesellschaft. In: Berliner Journal für Soziologie 11: 423–441

Dagger, Steffen/Kambeck, Michael (Hrsg.) (2007): Politikberatung und Lobbying in Brüssel. Wiesbaden: VS-Verlag

Frantz, Christiane/Martens, Kerstin (Hrsg.) (2006): Nichtregierungsorganisationen. Wiesbaden: VS-Verlag

Fuchs, Peter (1997): Adressabilität als Grundbegriff soziologischer Systemtheorie. In: Soziale Systeme. Zeitschrift für Soziologische Theorie 3, 1: 57–80

Fuhse, Jan (2010): Verbindungen und Grenzen. Der Netzwerkbegriff in der Systemtheorie. In: Weyer, Johannes (Hrsg.), Soziale Netzwerke. Konzepte und Methoden der sozialwissenschaftlichen Netzwerkforschung (2. Aufl.). München: Oldenbourg (zit. nach Ms.)

Gerhards, Jürgen (Hrsg.) (1997): Soziologie der Kunst. Produzenten, Vermittler und Rezipienten. Opladen: Westdeutscher Verlag

Giuffre, Katherine (1999): Sandpiles of Opportunity: Success in the Art World. In: Social Forces 77, 3: 815–832

Gouldner, Alwin W. (1960): The Norm of Reciprocity: A Preliminary Statement. In: American Sociological Review 25: 161–78

Granovetter, Mark (1973): The Strength of Weak Ties. In: American Journal of Sociology 78, 6: 1360–1380

Granovetter, Mark (1985): Economic Action and Social Structure: The Problem of Embeddedness. In: American Journal of Sociology 91, 3: 481–510

Gretschmann, Klaus (2007): Kommst Du mit der Lösung oder bist Du Teil des Problems? Politikberatung in und für Europa. In: Dagger, Steffen/Kambeck, Michael (Hrsg.), Politikberatung und Lobbying in Brüssel. Wiesbaden: VS-Verlag

Hauser, Arnold (1978): Soziologie der Kunst. 2. Auflage. Frankfurt a. M.: Büchergilde Gutenberg

Heintz, Bettina/Merz, Martina/Schumacher, Christiane (2007): Die Macht des Offensichtlichen. Voraussetzungen geschlechtlicher Personalisierung in der Wissenschaft. In: Zeitschrift für Soziologie 36, 4, 261–281

Holzer, Boris (2006): Netzwerke. Bielefeld: Transcript

Holzer, Boris (2008): Netzwerke und Systeme. Zum Verhältnis von Vernetzung und Differenzierung. In: Stegbauer, Christian (Hrsg.), Netzwerkanalyse und Netzwerktheorie. Ein neues Paradigma in den Sozialwissenschaften. Wiesbaden: VS-Verlag, 155–164

Human, Sherrie E./Provan, Keith G. (2000): Legitimacy building in the evolution of small-firm multilateral networks: a comparative study of success and demise. In: Administrative Science Quarterly 45, 2: 327–365

Jansen, Dorothea (2006): Einführung in die Netzwerkanalyse. Grundlagen, Methoden, Forschungsbeispiele, 3. überarbeitete Auflage. Wiesbaden: VS-Verlag

Kadushin, Charles (1976): Networks and Circles in the Production of Culture. In: American Social Scientist 19, 6: 769–784

Kraft, David (2009): Netzwerke im Kontext von funktionaler Differenzierung. Neue Möglichkeiten der Beobachtung. Eine Literaturrecherche. Diplomarbeit. Fakultät für Soziologie, Universität Bielefeld

Lieckweg, Tania/Wehrsig, Christof (2001): Zur komplementären Ausdifferenzierung von Organisationen und Funktionssystemen. Perspektiven einer Gesellschaftstheorie der Organisation. In: Tacke, Veronika (Hrsg.): Organisation und gesellschaftliche Differenzierung. Opladen: Westdeutscher Verlag, 39–60

Luhmann, Niklas (1970): Wirtschaft als soziales System. In: ders., Soziologische Aufklärung. Aufsätze zur Theorie sozialer Systeme. Bd. 2. Opladen: Westdeutscher Verlag, 256–290

Luhmann, Niklas (1975): Interaktion, Organisation, Gesellschaft. In: Soziologische Aufklärung. Aufsätze zur Theorie der Gesellschaft, Bd. 2. Opladen, 9–20

Luhmann, Niklas (1981): Organisationen im Wirtschaftssystem. In: ders., Soziologische Aufklärung Bd. 3, Soziales System, Gesellschaft, Organisation. Opladen: Westdeutscher Verlag, 390–414

Luhmann, Niklas (1988): Die Wirtschaft der Gesellschaft. Frankfurt a. M.: Suhrkamp

Luhmann, Niklas (1990): Die Wissenschaft der Gesellschaft. Frankfurt a. M.: Suhrkamp

Luhmann, Niklas (1995a): Kausalität im Süden. Soziale Systeme. Zeitschrift für Soziologische Theorie 1, 7–28

Luhmann, Niklas (1995b): Die Kunst der Gesellschaft. Frankfurt a. M.: Suhrkamp

Luhmann, Niklas (1997): Die Gesellschaft der Gesellschaft. 2 Bde. Frankfurt a. M.: Suhrkamp

Luhmann, Niklas (2000): Die Politik der Gesellschaft. Frankfurt a. M.: Suhrkamp

Mayhew, Leon (1968): Ascription in Modern Societies. In: Social Inquiry 38: 105–120

Mullins, Nicholas C. (1968): The Distribution of Social and Cultural Properties in Informal Communication Networks among Biological Scientists. In: American Sociological Review 33, 5: 786–797

Mullins, Nicholas C. (1973): Theories and Theory Groups in Contemporary American Sociology. New York et al.: Harper & Row

Mullins, Nicholas C. (1974): Die Entwicklung eines wissenschaftlichen Spezialgebietes. Die Phagen-Gruppe und die Ursprünge der Molekularbiologie. In: Weingart, Peter (Hrsg.), Wissenschaftssoziologie II. Determinanten Wissenschaftlicher Entwicklung. Stuttgart: Athenäum, 184–222

Orton, J. Douglas/Weick, Karl E. (1990): Loosely Coupled Systems: A Re-Conceptualisation. In: Academy of Management Review 15: 203–223

Powell, Walter W. (1990): Neither Market nor Hierarchy: Network Forms of Organization. In: Research in Organizational Behavior 12: 295–336

Stegbauer, Christian (Hrsg.) (2008): Netzwerkanalyse und Netzwerktheorie. Ein neues Paradigma in den Sozialwissenschaften. Wiesbaden: VS-Verlag

Stichweh, Rudolf (1988): Inklusion in Funktionssysteme der modernen Gesellschaft. In: Mayntz, Renate et al. (Hrsg.), Differenzierung und Verselbständigung. Zur Entwicklung gesellschaftlicher Teilsysteme. Frankfurt a. M./New York: Campus, 261–293

Stichweh, Rudolf (1999): Globalisierung von Wirtschaft und Wissenschaft: Produktion und Transfer wissenschaftlichen Wissens in zwei Funktionssystemen der Gesellschaft. In: Soziale Systeme. Zeitschrift für soziologische Theorie 5: 27–39

Stichweh, Rudolf (2000a): Adresse und Lokalität in einem globalen Kommunikationssystem. In: Die Weltgesellschaft. Soziologische Analysen. Frankfurt a. M.: Suhrkamp, 220–231

Stichweh, Rudolf (2000b): Globalisierung der Wissenschaft und die Rolle der Universität. In: Die Weltgesellschaft. Soziologische Analysen. Frankfurt a. M.: Suhrkamp, 130–145

Stichweh, Rudolf (2006): Transfer in Sozialsystemen. Theoretische Überlegungen. In: Linder, Nikolaus (Hrsg.), Tagungsband ‚Forum junge Rechtshistoriker'. München: Meidenbauer (zit. nach Ms.)

Tacke, Veronika (2000): Netzwerk und Adresse. In: Soziale Systeme. Zeitschrift für Soziologische Theorie 6, 2: 291–320

Tacke, Veronika (2001a): Funktionale Differenzierung als Schema der Beobachtung von Organisationen. Zum theoretischen Problem und empirischen Wert von Organisationstypologien. In: dies. (Hrsg.), Organisation und gesellschaftliche Differenzierung. Opladen: Westdeutscher Verlag, 141–169

Tacke, Veronika (2001b): Einleitung. In: dies. (Hrsg.), Organisation und gesellschaftliche Differenzierung. Opladen: Westdeutscher Verlag, 7–18

Tacke, Veronika (2005): Zur Herstellung und Darstellung sozialer Netzwerke. Unveröff. Antrittsvorlesung an der Fakultät für Soziologie der Universität Bielefeld

Tacke, Veronika (2008): Neutralisierung, Aktualisierung, Invisibilisierung. Zur Relevanz von Geschlecht in Systemen und Netzwerken. In: Wilz, Sylvia M. (Hrsg.), Geschlechterdifferenzen – Geschlechterdifferenzierungen. Ein Überblick über gesellschaftliche Entwicklungen und theoretische Positionen. Wiesbaden: VS-Verlag, 253–289

Tacke, Veronika (2009): Differenzierung und/oder Vernetzung. Über Spannungen, Annäherungspotentiale und systemtheoretische Fortsetzungsmöglichkeiten der Netzwerkdiskussion. In: Soziale Systeme. Zeitschrift für Soziologische Theorie 15, 243–270

Toren, Nina (1994): Professional-Support and Intellectual-Influence Networks of Russian Immigrant Scientists in Israel. In: Social Studies of Science 24, 4: 725–743

Thurn, Hans Peter (1983): Die Sozialität des Solitären. Gruppen und Netzwerke in der Bildenden Kunst. In: Neidhardt, Friedhelm (Hrsg.), Gruppensoziologie. Perspektiven und Materialien. Opaden, 287–318

Wehrsig, Christof/Tacke, Veronika (1992): Funktionen und Folgen informatisierter Organisationen. In: Malsch, Thomas/Mill, Ulrich (Hrsg.), ArBYTE. Modernisierung der Industriesoziologie? Berlin: Edition Sigma, 219–239

Weyer, Johannes (Hrsg.) (2000): Soziale Netzwerke. Konzepte und Methoden der sozialwissenschaftlichen Netzwerkforschung. München: Oldenbourg

White, Harrison C. (1981): Where do markets come from? In: American Journal of Sociology 87, 3: 517–547

White, Harrisson C./White, Cynthia A. (1993): Canvases and Careers. Institutional Change in the French Painting World. Chicago: University of Chicago Press

Williamson, Oliver E. (1996): Vergleichende ökonomische Organisationstheorie: Die Analyse diskreter Strukturalternativen. In: Kenis, Patrick/Schneider, Volker (Hrsg.), Organisation und Netzwerk. Institutionelle Steuerung in Wirtschaft und Politik. Frankfurt a. M.: Campus. 167–212

Netzwerke der Wissenschaft

Cristina Besio

1 Einleitung

Vernetzungen nehmen in der Wissenschaft eine zunehmende Bedeutung an. Empirische Studien über Koautorschaften zeigen, dass eine immer größere Anzahl an wissenschaftlichen Arbeiten von mehreren Forschern aus verschiedenen Forschungseinrichtungen und sogar aus verschiedenen Ländern firmiert wird. Nicht nur nimmt seit den 1990er Jahren die Forschungskooperation zwischen Wissenschaftlern zu, sondern auch die Verbindungen mit wissenschaftsexternen Instanzen, etwa mit öffentlichen Institutionen oder mit Industrievertretern, gewinnen an Relevanz. Während externe Instanzen seit jeher an der Finanzierung der Forschung beteiligt sind, scheinen sie heute sogar in genuinen Forschungstätigkeiten eine Rolle zu spielen.

Netzwerke sind aber kein neues Phänomen in der Wissenschaft, denn schon für die Philosophie der Antike konnte die Existenz von Beziehungsgeflechten zwischen Denkern nachgewiesen werden (Collins 2000). Insgesamt findet der Begriff in der Wissenschaftssoziologie also eine relativ häufige Anwendung. Während in vielen Studien allerdings nur sehr vage und unspezifisch auf Netzwerke Bezug genommen wird, stehen sie bei zwei Forschungsansätzen im Zentrum: Zum einen sind dies szientometrische Studien, die Kooperationscluster mittels struktureller Netzwerkanalyse untersuchen (Crane 1972; Luukkonen et al. 1992; Collins 2000; Tuire/Erno 2001; Duncan et al. 2002), zum anderen ist dies die Actor-Network-Theory (Callon 1986; 1989; Latour 1987; 1988), die das Entstehen und die Stabilisierung von heterogenen Netzwerken analysiert und dabei das Zusammenwirken von Wissenschaftlern, aber auch anderen sozialen Akteuren und sogar Techniken und Gegenständen untersucht.

Trotz der Unterschiede verwenden beide Forschungslinien Netzwerke, um Entstehung, Diffusion und/oder Strukturen wissenschaftlicher Erkenntnisse zu erklären. Weil es seit der konstruktivistischen Wissenschaftssoziologie nicht mehr möglich ist, die Wissenschaft als fortschreitende Annäherung an die Wirklichkeit oder an eine besondere wissenschaftliche Rationalität zu beschreiben, wird diese durch sogenannte soziale Faktoren erklärt. In diesem Kontext können Netzwerke herangezogen werden, um die Emergenz von allgemein geteilten Meinungen in der Wissenschaft darzulegen (vgl. Pinch 1990: 223). Der Bezug auf

Netzwerke hat den Vorteil, dass klar wird, dass die Entwicklung der Wissenschaft nicht von einzelnen genialen Personen abhängt, sondern mit sozialen Strukturen zu tun hat. Die konkrete Anwendung des Begriffes enttäuscht jedoch, weil sie es zum einen nicht schafft, die spezifische Dynamik der Netzwerke zu erfassen, und zum anderen nicht verdeutlicht, inwiefern diese die Wissenschaft beeinflussen. Oft erschöpfen sich die Studien in einer Beschreibung bestehender Beziehungen zwischen Wissenschaftlern und analysieren nicht die Austauschprozesse, die zwischen ihnen stattfinden. In vielen Fällen wird Netzwerken eine so große Relevanz zugewiesen, dass der Eindruck entsteht, dass Wissenschaft sich auf Netzwerkbildung reduziert. Die Wissenschaft scheint aus sich ständig neu entwickelnden und sich wieder auflösenden Vernetzungen zwischen Forschern und Denkern zu bestehen. Netzwerke werden als kein spezifisches Phänomen mehr aufgefasst, das sich innerhalb der Wissenschaft entfaltet, sondern diese zwei sozialen Gebilde – also Wissenschaft und wissenschaftliche Netzwerke – koinzidieren letztlich.

Ziel dieses Beitrags ist es, ausgehend von der Systemtheorie Niklas Luhmanns, die Besonderheit des Phänomens wissenschaftlicher Netzwerke zu erfassen und zu zeigen, wie diese die Wissenschaft beeinflussen. Zuerst wird untersucht, welche Möglichkeiten zur Beobachtung der Eigendynamik von Wissenschaftsnetzwerken entstehen, wenn diese als autonome soziale Systeme verstanden werden, die nicht nur charakteristische strukturelle Merkmale aufweisen, sondern vor allem eine spezifische Operationsweise. Diese kann in der Prozessierung von generalisierter Reziprozität ausgemacht werden. Im Rahmen der Systemtheorie können Netzwerke dann gleichzeitig als autonom und in der Gesellschaft eingebettet beobachtet werden. Das bedeutet für wissenschaftliche Netzwerke, dass sie in erster Linie auf die Komplexität und die Komplexitätsreduktionen des Wissenschaftssystems und seiner Organisationen angewiesen sind. Umgekehrt können andere soziale Systeme Netzwerke beobachten und sie als Anlass nehmen, ihre eigene Komplexität wiederum zu handhaben. Durch die Analyse dieser Wechselwirkung gewinnt man eine neue Perspektive auf die Relevanz von Netzwerken für die Wissenschaft, und es kann dargelegt werden, welche spezifischen Chancen und Risiken Netzwerke für die Produktion wissenschaftlichen Wissens mit sich bringen.

Im Folgenden wird zunächst gezeigt, warum die verfügbaren Studien zu Wissenschaftsnetzwerken weder die Eigendynamik von Netzwerken noch das Wechselverhältnis zwischen diesen und der Wissenschaft zufriedenstellend erklären können (2), um dann eine systemtheoretische Definition der operativen Eigenschaften von Netzwerken zu entwickeln (3). Darauf aufbauend wird beschrieben, wie Netzwerke andere Systeme voraussetzen (4) und wie sie davon ausgehend netzwerkspezifische Strukturen bilden (5). In einem letzten Schritt wird umgekehrt analysiert, wie Netzwerke von anderen Systemen vorausgesetzt werden (6) und für sie spezifische Chancen und Probleme erzeugen (7).

2   Netzwerke in der Wissenschaftssoziologie

Die Untersuchung von Wissenschafts- bzw. Wissenschaftlernetzwerken gehört zu denjenigen Analysen der Wissenschaft, die Charakteristiken der Beziehungen und der Kontakte zwischen Wissenschaftlern und neuerdings auch zwischen Wissenschaftlern und anderen sozialen Akteuren fokussieren. Dies gilt als ein zentraler Aspekt der sozialen Ordnung der Wissenschaft. Geläufige Begriffe sind dabei „wissenschaftliche Schulen", „Invisible Colleges", manchmal auch „Kooperationsgruppen", meistens „wissenschaftliche Gemeinschaften" (im Plural; für einen Überblick über die Erforschung von wissenschaftlichen Gemeinschaften siehe: Gläser 2006: 11–66) und eben „Wissenschaftlernetzwerke". Der Netzwerkbegriff ist in diesem Kontext besonders interessant, weil er bei der Erfassung sozialer Phänomene in der Wissenschaft, die nicht ausschließlich wissenschaftlichen Kategorien entsprechen, am weitesten zu gehen scheint: Netzwerke entstehen in erster Linie durch persönliche Bekanntschaften, bringen Gruppen und Machtdynamiken hervor und können auch Nicht-Wissenschaftler einbeziehen. Allerdings ist die Anwendung des Begriffs problematisch. Dies wird nachfolgend an zwei Ansätzen gezeigt, die sich explizit mit wissenschaftlichen Netzwerken beschäftigen: szientometrische Studien und Analysen im Rahmen der ANT.

Szientometrische Analysen von Netzwerken befassen sich im Grunde mit strukturellen Analysen der Netzwerkverhältnisse zwischen Wissenschaftlern. Diese Studien fassen Netzwerke als soziale Gebilde aus Knoten und Kanten auf. Die Knoten sind in diesem Fall Wissenschaftler und/oder wissenschaftliche Organisationen, die Kanten sind die Beziehungen zwischen diesen. Unterschiedliche Untersuchungen nehmen verschiedene Beziehungen ins Visier, darunter Koautorschaften (Luukkonen et al. 1992), Zitate von bestimmten Clustern von Autoren (Hummon/Carley 1993; Üsdiken/Pasadeos 1995; Tuire/Erno 2001), Forschungskooperationen (Tuire/Erno 2001), Lehrer-Schüler-Verhältnisse (Collins 2000; Duncan et al. 2002), Bekanntschaften oder informelle Kommunikationen (Crane 1972; Liberman/Wolf 1997). Das empirische Material sind in der Regel Veröffentlichungen, die durch qualitative Interviews ergänzt werden, in denen Fragen zu beruflichen Kontakten oder zur Kenntnis der Arbeit der Kollegen gestellt werden. Analysen dieser Art ermöglichen es, Merkmale von Netzwerken aufzuzeigen, etwa wie groß die Gruppen und wie dicht die Kontakte sind, ob Kohäsion auftritt, und ob es in Netzwerken zentrale Positionen und damit besondere Autoritäten gibt.

Ein prominentes frühes Werk, das eine solche Analyse anbietet, ist die Untersuchung von Diane Crane (1972) über „invisible colleges". Sie analysiert die informelle Kommunikation zwischen Wissenschaftlern, Kooperationen und Betreuungsverhältnissen sowie den Einfluss bei der Wahl von Forschungsproblemen oder bei der Wahl der Methoden. Ausgehend von diesen Kontakten zeigt sie, dass soziale Interaktionen die Diffusion von Ideen erleichtern und damit das kumulative Wachstum von Wissen in einem Forschungsfeld bewirken. Insbesondere betont die Studie die Zentralität von höchst produktiven Forschern, die es vermögen, Wissen informell zu verbreiten und die Themenwahl und die Definition von Standards in einem Feld stark zu beeinflussen.

Viele Studien dieser Art behandeln Netzwerke als die Struktur oder die Infrastruktur wissenschaftlicher Gemeinschaften und manchmal sogar wissenschaftlicher Disziplinen. Das Wissenschaftswachstum kann dann anhand der Komposition, der Entstehung und des Wandels dieser Gemeinschaften erklärt werden. So gilt beispielsweise für Collins, dass der Inhalt, der Abstraktionsgrad und die Reflexionsfähigkeit einer Philosophie damit zusammenhängen, über wie viele Generationen eine Kontinuität von Netzwerken beibehalten werden konnte (Collins 1989).

Diese Analysen haben das Verdienst zu zeigen, wie weitreichend die Bedeutung der Beziehungen zwischen Wissenschaftlern ist. Sie ermöglichen historische Vergleiche und das Feststellen von Trends zur intensivierten Vernetzung. Problematisch ist aber, dass, je nach Art der Beziehungen, die berücksichtigt werden, unterschiedliche Netzwerke beobachtet werden. Da die Analyse außerdem zwangsläufig auf einer begrenzten Anzahl von Veröffentlichungen und/oder Interviews beruht, umfasst sie, je nach Forschungsmethode, nur einen besonderen Ausschnitt der wissenschaftlichen Kommunikation. Mögliche Beziehungen zu Wissenschaftlern, die nicht interviewt wurden, können nicht berücksichtigt werden. Diese Lage macht es schwierig, die auf diese Weise beobachteten Netzwerke als Basis für die Entwicklung wissenschaftlicher Kenntnisse aufzufassen. Welche Netzwerke sind dann relevant, und welche können vernachlässigt werden? Es scheint, dass es wissenschaftliche Phänomene gibt, die nicht durch Netzwerke erklärbar sind. Aber welcher Art sind sie? Handelt es sich ausschließlich um kognitive Prozesse? Dies alles bleibt offen.

Auch können diese Studien schwerlich die Eigendynamik von Netzwerken in den Blick bekommen. Das hängt damit zusammen, dass sie Netzwerke und Wissenschaft nicht strikt voneinander unterscheiden. Damit berauben sie sich der Chance, Dynamiken der Netzwerke zu analysieren, die möglicherweise denjenigen der Wissenschaft zuwiderlaufen. Das liegt aber allgemeiner daran, dass Netzwerke statisch bzw. komparativ-statisch analysiert werden (Windeler 2005: 217–218). Es werden momenthafte Aufnahmen von ausgewählten Beziehungen dargestellt, und es wird nicht erklärt, wie sich Netzwerke in der Zeit reproduzieren.

Im Gegensatz dazu steht der Prozess des Entstehens von Netzwerken im Zentrum der ANT. Für die ANT sind Natur und Gesellschaft beide Resultat einer anderen Aktivität, die sie Netzwerkbildung nennt (Schulz-Schaeffer 2000: 198). Entsprechend gilt es empirisch zu beobachten, wie durch Vernetzungen Gegenstände, Techniken, aber auch Akteure und deren Interessen definiert werden. Es gibt keinen externen Bezug, vielmehr gestalten sich die Standpunkte der Akteure, indem diese sich aufeinander beziehen. Die ANT erklärt, wie durch den Mechanismus der Übersetzungen[1] ein Netzwerk von Aktanten zusammenkommt. So zeigt Bruno Latour (1988) am Beispiel der „Pasteurisierung Frankreichs", wie der Erfolg eines Forschungsansatzes davon abhängt, ob es den Wissenschaftlern gelingt, Allianzen herzustellen, bestehende Interessen zu verschieben, zu übersetzen und mit eigenen Interessen zu verknüpfen. Im Prozess der Netzwerkbildung entstehen Stabilitäten, und ab einem gewissen Punkt sind die Übersetzungen nicht mehr einfach zu ändern. Durch Übersetzungen wechselseitiger Verhaltensabstimmung wird Konvergenz trotz Heterogenität erzeugt.

Dieser Ansatz ermöglicht es, Prozesse der Netzwerkbildung genau zu verfolgen und insbesondere zu erklären, wie heterogene Ressourcen in Netzwerke eingebunden werden. Folglich wird deutlich, dass auch externe Instanzen eine Rolle in der Entwicklung der Wissenschaft spielen. Allerdings scheint in diesem Rahmen die Last der Erklärung, die Netzwerken zugewiesen wird, zu groß. Die ANT geht davon aus, dass alle Elemente und Beziehungen in einem Netzwerk Ergebnis und möglicher Gegenstand von Übersetzungen innerhalb dieses Netzwerkes sind. Dabei werden alle Vorannahmen vernachlässigt, die in die betrachteten Entwicklungsprozesse eingehen (Schulz-Schaeffer 2000). Insbesondere ist an dieser Stelle hervorzuheben, dass sie wissenschaftliches Wissen, Theorien und Methoden nicht berücksichtigt, die sich in Jahrzehnten etabliert haben und jeweils als Basis für die Definition neuer Problemstellungen in Netzwerken gelten.

Und obwohl in dieser Zugriffsweise die zentralen Aspekte der Relationalität und der Prozesshaftigkeit von Netzwerken berücksichtigt werden, gelingt es ihr nicht, deren genuine Eigendynamiken zu erklären. Verschiedene gesellschaftliche Logiken treffen aufeinander, aber welche Rolle sie jeweils spielen, ob sie austauschbar sind oder einander ergänzen, wird nicht zum Thema. Folglich kann nicht gezeigt werden, wodurch es Netzwerke vermögen, zwischen diesen Logiken zu vermitteln.

3 Wissenschaftsnetzwerke als spezifisches soziales Phänomen

In beiden zuvor behandelten Ansätzen erschwert das Fehlen einer starken soziologischen Definition von Wissenschaft die Analyse der Besonderheit von Netzwerken und der Wechselwirkungen zwischen Netzwerken und Wissenschaft.

---

[1] Übersetzungen sind (Um-)Definitionen der Identitäten, der Eigenschaften und der Verhaltensweisen irgendwelcher Entitäten, die darauf gerichtet sind, Verbindungen zwischen ihnen zu etablieren (vgl. Schulz-Schaeffer 2000: 189).

Anders ist die theoretische Lage, wenn man von der Systemtheorie Niklas Luhmanns ausgeht. Im Rahmen dieser Theorie werden wissenschaftliche Phänomene als Teil der Reproduktion des Systems Wissenschaft erklärt. Die Wissenschaft ist das System, das alle Kommunikationen, die im Medium Wahrheit operieren, umfasst (Luhmann 1990). Die operativen Einheiten der Wissenschaft sind Kommunikationen, die auf die Verteilung von Wahrheitswerten (wahr und falsch) auf Aussagen abzielen. Wissenschaftliche Kommunikation greift auf vorangegangene wissenschaftliche Kommunikation zurück und auf zukünftige wissenschaftliche Kommunikation vor. In diesem Prozess der autopoietischen Reproduktion wissenschaftlicher Aussagen verfestigen und stabilisieren sich durch Wiederholung Theorien und Methoden, die als Strukturen der Wissenschaft fungieren. Wenn diese Prozesse im Rückgriff auf wissenschaftsinterne Programme erklärt werden, dann kann der Netzwerkbegriff von einer erheblichen Erklärungslast befreit werden und steht zur Verfügung, um andere soziale Phänomene zu erfassen.

Netzwerkorientierte Analysen der Wissenschaft berücksichtigen entweder ausschließlich soziale Faktoren und fassen sie als soziale Vernetzungen auf, oder sie berücksichtigen zusätzlich sogenannte „kognitive Faktoren". Damit sind Aspekte der Objektivität, der Beobachtbarkeit empirischer Phänomene oder der inneren logischen Struktur von Theorien gemeint. Für die Systemtheorie machen nicht nur soziale Vernetzungen das Soziale der Wissenschaft aus, sondern auch die sogenannten „kognitiven Faktoren" selbst sind sozial. Kommunikationen, die Methoden anwenden, Aussagen durch Experimente überprüfen, sich an dem Gebot der Objektivität orientieren und generell auf die Unterscheidung zwischen wahr und falsch fokussieren, machen die Wissenschaft aus. Die Wissenschaft ist nicht deswegen in erster Linie sozial, weil persönliche Beziehungen relevant sind, sondern weil wissenschaftliche Wahrheit selbst sozial ist.

Konzepte, Theorien, Methoden und Disziplinen sind Strukturen der Wissenschaft in der Sachdimension. Das heißt, sie unterscheiden zwischen wissenschaftlichen und nicht-wissenschaftlichen Gegenständen und Beurteilungskriterien. Im Rahmen der Systemtheorie besteht aber auch die Möglichkeit, Wissenschaftlernetzwerke als Strukturen der Wissenschaft zu behandeln. Es handelt sich in diesem Fall um eine Strukturation in der sozialen Dimension. Durch die Eigenlogik der Wissenschaft werden nicht nur Theorien und Methoden definiert, sondern auch die Teilnahmebedingungen an der Wissensproduktion reguliert (Luhmann 1990: 346–354). Die Differenzierung des Wissenschaftssystems spezifiziert, was wissenschaftliche Bemühungen von anderen Beiträgen unterscheidet. Davon ausgehend können wissenschaftliche Netzwerke als längerfristige Beziehungsgeflechte zwischen Personen, die zur Entwicklung der Wissenschaft beitragen können, aufgefasst werden. Diese Strukturen korrespondieren mit den sachlichen Strukturen der Wissenschaft, etwa der Differenzierung in Disziplinen und Spezialisierungen. So kann man historisch zeigen, wie Disziplinen als sachliche Unterscheidungen und Gruppen von Wissenschaftlern als wissenschaftliche Gemeinschaften gemeinsam entstehen (so z. B. Stichweh 1994 für die Elektrizitätslehre).[2] Reicht dies, um die Kooperationsmuster der heutigen Wissenschaft zu erklären? Hängt die Selektion der Partner, mit denen man zusammenarbeitet oder die man auf Konferenzen einlädt, ausschließlich von wissenschaftlichen Strukturen ab? Kann dadurch erklärt werden, dass Wissenschaftler mit bestimmten Partnern der Industrie kooperieren? Handelt es sich bei Netzwerken um Kommunikationszusammenhänge, die ausschließlich auf wissenschaftlichen Kriterien beruhen? Bilden längerfristige Beziehungsgeflechte zwischen Forschern keine eigenen Relevanzen und Präferenzen jenseits der wissenschaftlichen Eigenlogik?

Um empirisch beobachtbare Phänomene der Vernetzung in der Wissenschaft hinreichend beschreiben zu können, müssen Netzwerke – so der Vorschlag dieses Beitrags – als spezielle soziale Phänomene aufgefasst werden, die nicht in der Wissenschaft „enthalten" sind, sondern sich vielmehr autonom entfalten. Was aber sind dann Netzwerke?

Die verfügbaren Studien zu Wissenschaftlernetzwerken beruhen entweder auf strukturellen Netzwerkanalysen oder auf der ANT. Wenn man Netzwerke als besondere soziale Gebilde auffassen will, kann man aber auch an eine weitere Forschungstradition anschließen: die Governance-Modelle (Williamson 1996; Powell 1996; für Innovationsnetzwerke: Kowol/Krohn 1995). Diese unterscheiden in der Regel zwischen Märkten, Organisationen und Netzwerken und definieren je spezifische Regulationsmechanismen. Typischerweise sind in Märkten Interaktionen durch Preise koordiniert, Organisationen werden durch Hierarchien koordiniert und Netzwerke durch flexiblere Mechanismen, wie z. B. Vertrauen. Diese Modelle sind ein guter Ausgangspunkt, weil sie zwischen Netzwerken und anderen sozialen Ebenen unterscheiden. Sie reichen aber nicht aus, um die Besonderheit wissenschaftlicher Netzwerke zu beschreiben. Obwohl sie betonen, dass Netzwerke weder mit Markt noch mit Hierarchie koinzidieren, entsteht zum einen der Eindruck, dass Netzwerke keine eigenartigen Governance-Mechanismen haben, sondern letztendlich etwas dazwischen sind. So scheinen Netzwerke abgeschwächte, lose gekoppelte Organisationen oder gut strukturierte Märkte zu sein. Zum anderen sind diese Modelle oft auf die Wirtschaft zugeschnitten.

---

[2] Dies könnte suggerieren, den Begriff „wissenschaftliche Gemeinschaften" für die innere Strukturierung der Wissenschaft zu reservieren und den Begriff des Netzwerks zu nutzen, um andere Formen der Bindung zwischen Wissenschaftlern zu erklären. Dies würde aber dem Sachverhalt nicht Rechnung tragen, dass auch Gemeinschaften unter Umständen zu autonomen Koordinationsformen werden können.

Die Systemtheorie bietet eine Möglichkeit, Netzwerke als besondere soziale Phänomene zu beschreiben, die jedoch nicht nur im Rahmen ökonomischer Beziehungen zustande kommen. Sie ermöglicht, Netzwerke nicht nur auf struktureller, sondern auch auf operativer Ebene als spezifisch zu definieren. Als Gesellschaftstheorie bietet dieser Ansatz zudem die Möglichkeit, Wechselwirkungen zwischen Netzwerken und anderen Systemebenen zu analysieren. Dies kann gelingen, wenn Netzwerke als autonome Systeme aufgefasst werden.

Bei Wissenschaftsnetzwerken handelt es sich strukturell um ein längerfristiges Beziehungsgeflecht zwischen Wissenschaftlern oder auch Organisationen, die an wissenschaftlicher Kommunikation beteiligt sind. Netzwerke können aber zu Systemen werden (Luhmann 2000: 408; zu Netzwerken als Systeme siehe: Bommes/Tacke 2006), wenn sie Kommunikationsketten bilden, die sich an einer generalisierten Reziprozität orientieren, d. h. wenn ein Strang von Kommunikationen erkennbar ist, der sich mit der Reproduktion von generalisierter Reziprozität innerhalb eines Beziehungsgeflechtes beschäftigt. Es handelt sich um Systeme, wenn Netzwerke auf ihrer eigenen Geschichte beruhen können und Eigenstrukturen bilden. Wenn sie etwa Regeln der Inklusion/Exklusion schaffen, relevante Ressourcen definieren oder normative Verpflichtungen stabilisieren – d. h., wenn sie selbst die Bedingungen für ihre Fortsetzung erzeugen. Generalisierte Reziprozität (Gouldner 1960) meint, dass Netzwerke ein Zutrauen entwickeln, dass das Netzwerk (das längerfristige Geflecht) in entscheidenden Fragen und Momenten hilfreich sein kann und wird. Dieses Zutrauen verstärkt sich dadurch, dass aufgrund von Gefälligkeiten, Hilfen, Zugängen usw. ein Kredit entsteht, dessen Einlösung in die Zukunft verschoben wird. Jede Operation im Netzwerk nimmt auf diese Verpflichtung rekursiv Bezug: und das schafft die operative Basis jedes Netzwerks. Die Grenzen des Systems Netzwerk werden auf diese Weise nicht durch dessen Mitglieder definiert, sondern durch die Autopoiesis der besonderen Kommunikationsform, die generalisierte Reziprozität prozessiert.[3] Innerhalb der Systemtheorie sind bereits Beiträge verfügbar, die das Moment der Reziprozität als für Netzwerke konstitutiv ansehen. So ist für Bommes/Tacke (2006) die Kommunikation reziproker Leistungserwartungen der operative Modus von Netzwerken als Systemen, und für Fischer-Lescano/ Teubner (2006: 57–65) ist generalisierte Reziprozität der grundlegende Mechanismus der Ordnungsbildung im Netzwerk.

---

[3] Da Systemgrenzen systemtheoretisch durch die Autopoiesis einer spezifischen Operation gezogen werden und nicht mit der Gesamtheit der beteiligten Akteure koinzidieren, ist der Einwand, dass Netzwerke von Kontakt zu Kontakt führen und deswegen nicht geschlossen sein können, nicht stichhaltig.

4 Wissenschaft, Organisationen, Interaktionen als Voraussetzungen für Netzwerke

Netzwerke koinzidieren nicht mit der Wissenschaft, die solche Kommunikationen reproduziert, die Wahrheitswerte auf Aussagen verteilen. Sie koinzidieren ebenso wenig mit Organisationen, die aus einem Zusammenhang von Entscheidungen bestehen. Sie erschöpfen sich auch nicht in Face-to-Face-Interaktionen, die auf der reflexiven Wahrnehmung der physischen Anwesenheit der Beteiligten beruhen. Sie setzen diese Systeme aber voraus, oder gehen, anders gesagt, von der Komplexität und Komplexitätsreduktion aus, die diese Systeme anbieten.

Wenn man von der funktionalen Differenzierung ausgeht, braucht man Netzwerke nicht, um die Stabilisierung von wissenschaftlichen Wahrheiten zu erklären. Die Wissenschaft ist nicht die Summe von verschiedenen Netzwerken. Im Gegenteil können Netzwerke von der Differenzierung der Wissenschaft profitieren. Dieses Argument wird innerhalb der systemtheoretischen Analyse von Netzwerken mit Rekurs auf den Begriff der Adresse stark betont (Tacke 2000; Bommes/Tacke 2006; Holzer 2006, 2008). Adressen werden als Zurechnungsartefakte definiert, die einen Namen, eine Anschrift, aber auch das Profil der Inklusion einer Person in verschiedene Funktionssysteme und Organisationen enthalten. D. h., sie bestehen aus einem Bündel von Erwartungen, die auf Leistungen, Rollen und Positionen in sozialen Systemen beruhen. In Wissenschaftsnetzwerken zählt, in welchen Disziplinen die Wissenschaftler tätig sind, welche Art von wissenschaftlichen Beiträgen sie anbieten und welche Positionen sie in Forschungseinrichtungen und akademischen Gremien innehaben. Netzwerke rekurrieren durch Adressen auf Strukturen von Funktionssystemen. Wissenschaftlernetzwerke profitieren aber auch von anderen Strukturen der Wissenschaft, die nicht auf der sozialen, sondern hauptsächlich auf der sachlichen Ebene zu verorten sind. Sie setzen nämlich Theorien, Methoden und disziplinäre Standards voraus. In ihrem inneren Austausch von Ressourcen können und müssen Netzwerke nicht jedes Mal von Neuem wissenschaftliche Erkenntnisse für sich erarbeiten, sondern sie nehmen etablierte Begrifflichkeiten zum Ausgangspunkt.

Wenn Netzwerke durch einen besonderen Operationstyp charakterisiert sind, können sie definitiv nicht mehr als eine abgeschwächte Form von Organisation behandelt werden. Organisationen sind Systeme, die aus Entscheidungen bestehen und die Entscheidungen, aus denen sie bestehen, durch Entscheidungen selbst anfertigen (Luhmann 2000: 61–69). Netzwerke hingegen reproduzieren sich über generalisierte Reziprozität. Moderne wissenschaftliche Netzwerke setzen aber nicht nur Funktionssysteme, sondern auch Organisationen voraus. Die Wissenschaft ist heute weitgehend organisiert. Forschung ist nicht mehr die Tätigkeit von Amateuren oder einsamen Gelehrten, sondern findet in Universitäten, Forschungsinstituten oder auch in F&E- Abteilungen von Firmen statt.

Darüber hinaus beeinflussen Organisationen wie Zeitschriften und Verlage Gestalt und Umfang von Veröffentlichungen. Auch wissenschaftliche Verbände sind als Instanzen nicht zu vergessen, die Informationen verteilen, Zeitschriften herausgeben, Konferenzen veranstalten usw. Netzwerke können davon ausgehen, dass bestimmte Organisationen in einzelnen Forschungsbereichen tätig sind, bestimmte Infrastrukturen haben, über finanzielle und personelle Ressourcen verfügen, usw. Sie können davon ausgehen, dass Forschungsprogramme, Projekte und Veröffentlichungsmöglichkeiten von Organisationen beschlossen und stabilisiert werden. Wie schon der Adressenbegriff besagt, können Netzwerke zudem auf Stellen und Rollen in Organisationen Bezug nehmen.

Schließlich sind Interaktionen, also Face-to-Face-Kontakte, für Netzwerke extrem wichtig. Wiederholte Interaktion führt zwangsläufig zu Möglichkeiten der Kontakterschließung (Holzer 2006: 105). Das wird für Netzwerke im Allgemeinen behauptet, und Wissenschaftsnetzwerke sind keine Ausnahme. So wird beobachtet, dass informelle Kommunikation am Rande von Konferenzen, Workshops oder Gremientreffen Anlass bietet, um reziproke Verhältnisse gegebenenfalls zu bestätigen und zu stärken (Kreiner/Schultz 1993; Liberman/Wolf 1997). Typische Netzwerkstrukturen wie Vertrauen können am besten in der Interaktion gedeihen. Aber erschöpfen sich Netzwerke in Interaktionen? Netzwerke scheinen eher übergreifend auf verschiedene Interaktionen Bezug zu nehmen. So sieht etwa Fuhse in Beziehungen die Grundbausteine von Netzwerken. Beziehungen entstehen aber in Interaktionen, und als sich fortschreibende Narrative überdauern sie diese (Fuhse 2009).

Netzwerke der Wissenschaft nutzen Eigenstrukturen der Wissenschaft, setzen organisatorische Unterscheidungen voraus und brauchen Interaktionen. Jedoch sind Netzwerke keine nachgelagerten Phänomene, die von anderen Systemen und ihrer Konstruktion von Adressen und Sachstrukturen determiniert werden. Ausgehend von Komplexitätsreduktionen, die andere Systeme leisten, etablieren Netzwerke nämlich eine spezifische Koordinationsform von Kommunikationen und damit besondere Strukturen (siehe 5.), die dann für andere Systeme zur Verfügung stehen. D. h., dass Funktionssysteme, Interaktionen und Organisationen wiederum in ihrer Umwelt Netzwerke beobachten können und diese für die Handhabung der eigenen Komplexität voraussetzen (siehe 6.).

Dieses wechselseitige Verhältnis kann theorietechnisch auch als strukturelle Kopplung beschrieben werden. Mit dem Begriff der strukturellen Kopplung kann man den Sachverhalt beschreiben, dass die Strukturen von zwei autonomen Systemen auf eine solche Weise angeordnet sein können, dass ein Ereignis in einem System die Informationsverarbeitung im anderen System in Gang setzt (Luhmann 2002: 124–127). Strukturelle Kopplung (Luhmann 1997: 92–120, 779–788) realisiert sich dadurch, dass bestimmte Ereignisse im spezifischen rekursiven Netz von zwei unterschiedlichen Systemen zur selben Zeit Anschluss

finden. Auf diese Weise hat man ereignishafte Übereinstimmung, aber nie die
Fusion von zwei Systemen. Der Begriff der strukturellen Kopplung besagt nicht,
dass die Systeme sich einander besser anpassen sollten oder sich überhaupt aktiv
auf eine bessere Art und Weise einander anpassen könnten, sondern beschreibt
in erster Linie den Sachverhalt, dass die Systeme, da sie ja operieren, schon an
ihre Umwelt angepasst sein müssen. Strukturelle Kopplung ist, mit anderen
Worten, eine Voraussetzung für die Möglichkeit der Reproduktion der Systeme (Luhmann 1997: 100; Luhmann 1990: 165–166). Bei struktureller Kopplung
erfolgt kein Strukturtransfer, das bedeutet, dass ein System die Komplexität eines anderen geschlossenen Systems nicht nach Belieben reduzieren kann. Was
geschieht, ist, dass in beiden Systemen Strukturen der Komplexitätsreduktion
erzeugt werden, „die durch die Art und Weise, wie sie ihr Problem lösen, Anhaltspunkte für die Lösung des Problems des anderen Systems liefern" (Baecker
2001: 318). So nehmen Netzwerke Bezug auf wissenschaftliche, organisatorische
und interaktive Bedingungen. Umgekehrt können aber auch die Wissenschaft,
Organisationen und Interaktionen, sofern ihre Strukturen es erlauben, die Operationsweise von Netzwerken beobachten und daraus den Eindruck festgelegter
Formen gewinnen, den sie ihrerseits für die Abfolge der eigenen Operationen
heranziehen können.

5   Merkmale von Wissenschaftsnetzwerken

Netzwerke können als Systeme definiert werden, die generalisierte Reziprozität
prozessieren. Um ihre Besonderheit zu erklären, soll aber auch gezeigt werden,
welche spezifischen Eigenstrukturen sie entwickeln. Netzwerke können sich auf
keine externen Anhaltspunkte verlassen, sondern sie müssen in sich selbst einen
Halt finden, d. h. sie müssen Formen entwickeln, um die Komplexität zu reduzieren, die durch reziproke Verhältnisse eröffnet wird (Bommes/Tacke 2006). Erst
nach einer Analyse solcher strukturellen Merkmale kann man sich fragen, welche spezifischen Irritationen von Netzwerken für andere Systeme ausgehen.
    Wissenschaftsnetzwerke können als Netzwerke definiert werden, die von
der Komplexität der Wissenschaft ausgehen. D. h., sie binden ihre Kommunikationen an die wissenschaftliche Funktion der Entwicklung von Wahrheiten
(sie binden sich nicht etwa an das Gebot, profitable Technologien zu entwickeln
oder den Nachwuchs zu fördern).[4] Dabei können die Beteiligten Wissenschaftler,
aber auch Politiker oder Unternehmer sein: Was sie zusammenbindet, ist eine

---

[4] Sowohl die Wissenschaft als auch wissenschaftliche Organisationen können aber auch auf andere
Netzwerke reagieren, die der hier eingeführten Definition zufolge nicht als wissenschaftliche Netzwerke bezeichnet werden können (etwa auf Innovationsnetzwerke).

Orientierung an der Herstellung wissenschaftlichen Wissens. Die Bindung an
das Funktionssystem erfolgt aber weniger in der Form einer Definition klarer
Ziele als vielmehr in der Umgrenzung einer Domäne, in der das Netzwerk wirkt
(zur Auswahl von Handlungsdomänen s. Windeler 2001: 251–252). Als feiner
sachlicher Bezug können dann verschiedene Strukturen der Wissenschaft gelten: besondere Theorien oder Theorieschulen, Methoden, Forschungsfelder, aber
auch Forschungsgegenstände und Themen. Kooperationen können auf kollegialer
Affinität, d. h. thematischer Ähnlichkeit, oder auf kollegialer Komplementarität
beruhen (Stichweh 2000: 111; Leahey/Reikowsky 2008).

An dieser Stelle soll eine Parallele zu Organisationen gezogen werden. Organisationen können ihre Ziele bzw. ihre Einheit an einem Funktionssystem (oder
mehreren) ausrichten (Hilliard 2005: 333–334). Auf diese Weise respezifizieren sie
Funktionen und tragen somit durch ihre Operationen zu deren Implementierung
bei. Das schließt aber nicht aus, dass Organisationen andere Logiken mit einbeziehen. Alle Organisationen müssen auf wirtschaftliche Kriterien Bezug nehmen,
weil sie Geld brauchen, um zu operieren; sie sind dazu angehalten, rechtliche Normen zu respektieren und gegebenenfalls intern umzusetzen; zunehmend müssen
sie PR-Abteilungen schaffen, die die Massenmedien beobachten und gezielt in
der Öffentlichkeit kommunizieren, usw. Außerdem gibt es Organisationen, die
explizit zwischen Funktionssystemen vermitteln. Mit Bezug auf Wissenschaft
gilt das etwa für Universitäten, für Institutionen der Forschungsfinanzierung und
für Ämter der Statistik (siehe zur strukturellen Kopplung von Funktionssystemen über Organisationen Lieckweg 2001). Bei Netzwerken hat man eine ähnlich gelagerte Situation. Netzwerke haben einen spezifischen Sachbezug, der oft
der Ausgangspunkt für die Entstehung des Netzwerkes war oder stark zu seiner
Stabilisierung beigetragen hat (Bommes/Tacke 2006). Dieser Bezug verhält sich
wie ein Pfad und beeinflusst die folgenden Operationen im Netzwerk. Netzwerke können aber auch andere Verweise erzeugen. So wie Organisationen durch
Multireferenz zwischen verschiedenen Funktionssystemen vermitteln (Wehrsig/
Tacke 1992: 229–231), so können auch Netzwerke eine ähnliche Rolle spielen. So
wie sich Universitäten auch mit finanziellen Belangen beschäftigen müssen, können auch in Wissenschaftsnetzwerken Finanziers in das Geflecht der reziproken
Verhältnisse einbezogen werden.

Wissenschaftlernetzwerke definieren eigene Relevanzen, Themen, Normen,
Beziehungen, Hierarchien und Ordnungsmuster. All das gibt eine innere Orientierung und markiert zugleich die Grenze nach außen. Insbesondere nehmen
Wissenschaftlernetzwerke, ausgehend von der Komplexität der Wissenschaft,
eine eigene Definition von relevanten Ressourcen (sachliche Dimension), von
Personen, die zu bestimmten Fragen einen Beitrag leisten können, und von Beziehungen (soziale Dimension) vor und stabilisieren diese in bestimmten Zeit-

strukturen (zeitliche Dimension) (vgl. Bommes/Tacke 2006).[5] Im Folgenden werden einige Eigenschaften der Strukturbildung in wissenschaftlichen Netzwerken beschrieben.

Sachliche Dimension

Wissenschaftsnetzwerke umgrenzen eine für sie relevante Domäne, aber, damit die Kommunikation generalisierter Reziprozität zustande kommen kann, müssen auch die relevanten Ressourcen definiert werden, die durch das Netzwerk zugänglich werden (Windeler 2001: 315–319). In Netzwerken handelt es sich nicht um einen Austausch von a priori festgelegten Gütern, sondern die Beziehungen nehmen erst mit der Zeit Konturen an (Knorr-Cetina 1982: 119–126; Callon 1986). Die Netzwerkforschung betont vielfach, dass eine der zentralen Ressourcen, die in Netzwerken ausgetauscht wird, Information ist. Das wird auch von Studien zu wissenschaftlichen Netzwerken bestätigt. Hier sind Informationen zu wissenschaftlichen Verfahren und Ergebnissen wichtig. Anders als in Unternehmen, die ihr Wissen unter Umständen geheim halten müssen, wenn sie daraus Profit ziehen wollen, gilt es in der Wissenschaft, Forschungsresultate zu veröffentlichen. Also welche Informationen bleiben dann noch übrig für das Geben und Nehmen in Netzwerken? Von Relevanz sind nicht kodifizierte Informationen, also das implizite Wissen, das etwa im Umgang mit Geräten besonders wichtig ist. Auch unveröffentlichte Working Papers und Informationen über neue und zukünftige Forschungen, Forschungspläne und Projekte können relevant sein (Crane 1972; Kreiner/Schultz 1993; Tuire/Erno 2001; Duncan et al. 2002). Sie helfen zu verstehen, welches die kommenden Themen, Moden und Trends sein könnten. Das alles bezieht sich auf wissenschaftliche Aspekte; in Netzwerken können aber auch Informationen, die eher auf organisatorische Dynamiken zurückzuführen sind, zirkulieren: Informationen über Veröffentli-

---

[5] Wenn man Netzwerke als spezielle soziale Gebilde mit eigenen Strukturen auffasst, gerät vor allem in den Blick, dass diese genau definieren, was ausgetauscht werden und zwischen welchen Leistungen vermittelt werden kann. Eine weitere Tradition der Netzwerkforschung beschäftigt sich dagegen mit der Frage, wie durch Netzwerke Handelnde im Kontakt zu anderen Handelnden sind. Interessant wird in diesem Rahmen, wie auch Akteure, die auf den ersten Blick nichts miteinander zu tun haben, durch Netzwerke vermittelt werden können. Basal dazu sind die Studien von Granovetter. Systemtheoretisch kann man Netzwerke dieser Art als Formen sozialer Ordnungsbildung auf der Ebene der Gesellschaft behandeln, die Kontakte zwischen verschiedenen Adressen selektiv verknüpfen. Dieses Verständnis von Netzwerken erklärt, wie Kontakte immer auf weitere Kontakte verweisen (Holzer 2006; 2008). Damit eignen sich solche Netzwerke besonders, um heterogene Leistungen zu verbinden. Mit einem solchen Begriff können etwa Phänomene erläutert werden, wie z. B., dass Arbeitskollegen auch Parteifunktionäre und Freunde sein können und auf diese Weise Kontakte eröffnen.

chungsmöglichkeiten, Stellen und Personen, die bestimmte Stellen innehaben. Informationen können auch auf Netzwerkdynamiken beruhen und etwa Personen betreffen, die weiterhelfen können. Auch Gossip (Kreiner/Schultz 1993: 193) und Geschichten zu einzelnen innerhalb des Netzwerkes relevanten Personen sind wertvolle Informationen, über die die Kommunikation generalisierter Reziprozität weitergeführt werden kann.

Nicht nur Informationen sind Ressourcen in wissenschaftlichen Netzwerken, sondern Netzwerke ermöglichen auch, konkret Geldmittel zu erschließen, Personal zu vermitteln sowie Infrastrukturen und Instrumente zugänglich zu machen. Netzwerke eröffnen (und schließen) Gelegenheiten für Forscher: Veröffentlichungsmöglichkeiten, Einladungen auf Konferenzen, Vertretungen, Stellen, Projektkooperationen usw. werden in Netzwerken (mit)gebildet.

Soziale Dimension

Netzwerke definieren nicht nur die austauschbaren Ressourcen. In Netzwerken wird auch kommuniziert und definiert, wer imstande ist, die benötigten Informationen usw. zu besorgen. Auch dabei wird von der Konstruktion von Leistungen in anderen Systemen profitiert, aber innerhalb des Netzwerkes werden neue Einheiten entworfen: Im Netzwerk der Medienforscher zählt die Fähigkeit, bestimmte Medienanalyseverfahren zu beherrschen und weniger, ob man einer Partei angehört. Das heißt, dass erst innerhalb des Netzwerkes definiert wird, welche Kombinationen von Eigenschaften der Personen überhaupt relevant sind. Darüber hinaus verleiht das Netzwerk Personen zusätzliche Eigenschaften: Es gibt Personen, die im Zentrum des Netzwerkes sind und deswegen als Kontaktstellen eine besondere Relevanz erlangen (z.B. Crane 1972; Tuire/Erno 2001; Gilsing et al. 2008). Manche Adressen gelten innerhalb des Netzwerkes als besonders wichtig, weil sie mehrere oder außergewöhnliche Kontakte verknüpfen. Das ist eine Fähigkeit, die nicht immer mit der wissenschaftlichen Qualität koinzidiert. Für das Feld der Erziehungswissenschaften in Finnland ist z.B. beobachtet worden, dass diejenigen Wissenschaftler, die im Mittelpunkt zahlreicher Kooperationen stehen, nicht die meistzitierten Wissenschaftler sind (Tuire/Erno 2001: 507). Nicht nur zentrale Positionen werden im Netzwerk definiert, sondern dauerhafte Kontakte erlauben es, darüber hinaus festzustellen, welche Partner vertrauenswürdig sind, welche Qualitätsstandards einzuhalten sind bzw. wer imstande ist, rechtzeitig zu liefern. All dies spricht sich herum und formt eine netzwerkspezifische Reputation, die nicht aus der wissenschaftlichen Reputation abgeleitet werden kann. Vertrauen stützt sich in Netzwerken auf erkennbare Interessenlagen und wiederholte Bewährung und ist folglich eine Konstruktion, die sich im Laufe der

Zeit innerhalb eines Netzwerkes verstärken kann und die Fortsetzung der reziproken Beziehungen erleichtert. Diese Überlegungen machen deutlich, dass der zentrale Mechanismus der generalisierten Reziprozität nicht bedeutet, dass alle Wissenschaftler gleiche Teilnahmemöglichkeiten haben, im Gegenteil definieren Netzwerke relevante Kompetenzen der Teilnehmer und legen damit eigene Kriterien der Inklusion bzw. des Ausschlusses fest. Zudem definieren Netzwerke spezifische Kommunikationswege. Obwohl Netzwerke oft nicht hierarchisch strukturiert sind, zirkuliert Information in ihnen nicht freizügig in alle Richtungen (Owen-Smith/Powell 2004). Auch in wissenschaftlichen Netzwerken bilden sich spezifische Kanäle, mehr oder weniger offene Wege der Weitergabe von Informationen und charakteristische Zugänge zu Ressourcen. Zentrale Akteure gelten als Autoritäten und sind oft im Zentrum des Informationsaustauschs anderer Teilnehmer. Aufgrund ihrer Position vermögen diese Akteure Themen und Standards im Feld zu definieren. Andere Faktoren kommen aber bei der Bildung von Informationskanälen hinzu, und einige Studien zu Koautorschaften zeigen etwa, dass Kooperationen zwischen Wissenschaftlern in bestimmten Clustern von Ländern wahrscheinlicher sind als in anderen (Luukkonen et al. 1992).

Zeitliche Dimension

Die zeitliche Dimension ist in der Netzwerkforschung nicht hinreichend berücksichtigt. Für Organisationen sind Fristen, Termine und Arbeitspläne zentral, aber was koordiniert Netzwerke auf der zeitlichen Ebene? Klar ist, dass Netzwerke eine spezifische Zukunftsbildung entwerfen. Generalisierte Reziprozität impliziert, dass Gegenleistungen in der Zukunft erbracht werden können und sollen. Dabei wird offengehalten, wann welche Beziehung im Netzwerk aktiviert werden kann. Andererseits liegt auf der Hand, dass die Häufigkeit der Interaktionen von Relevanz ist: Wenn der Kontakt lange nicht wieder aufgenommen wird, verblasst das Vertrauen.

Die Zeit kann in der Wissenschaft aber auch in einer anderen Weise zählen. Das Belohungssystem der Wissenschaft prämiert diejenigen, die zuerst Entdeckungen oder neue Erkenntnisse veröffentlichen, und es gibt keine Belohnung für die Zweiten. Das impliziert, dass es extrem wichtig ist, Informationen frühzeitig zu bekommen. Eine Information ist nicht nur wegen ihrer sachlichen Struktur wertvoll, sondern auch der Moment, in dem sie weitergegeben wird, kann entscheidend sein (Duncan et al. 2002: 398; Liberman/Wolf 1997: 274).

6   Netzwerke als Voraussetzungen für andere Systeme

Netzwerke setzen andere Systeme voraus und entfalten davon ausgehend ihre eigene Autopoiesis. Als Systeme in der Umwelt von anderen Systemen bieten Netzwerke wiederum besondere Festlegungen an. Sie können von anderen Systemen beobachtet, in Anspruch genommen und zur Reduktion jeweiliger Systemkomplexität verwendet werden.

Netzwerke können das Entstehen wissenschaftlicher Wahrheiten nicht erklären, allerdings können sie durchaus folgenreich für die Wissenschaft sein. Das hängt damit zusammen, dass dieses System durch einen Überschuss an Möglichkeiten, durch hohe Varianz und Unvorhersehbarkeit charakterisiert ist.[6] Die Eigenstrukturen des Systems sind nicht imstande, solche Komplexität zu handhaben: Sogar zwischen verschiedenen Theorien und Methoden muss man entscheiden. Externe Irritationen können aber in dieser Situation dazu verhelfen, bestimmte Wissenschaftsstrukturen anstelle von anderen zu aktivieren. Die Wissenschaft kann sich durch unterschiedliche Anlässe selbst irritieren: Ausgehend von gesellschaftlicher Kommunikation, von anderen Funktionssystemen in ihrer Umwelt, von Interaktionen, von Organisationen oder auch vom denkenden Bewusstsein.

Auch Netzwerke können Irritationen auslösen. So lassen sich Kontroversen nicht allein mit dem systemischen Anwenden des Wissenschaftscodes „wahr/unwahr" lösen. Es reicht nicht die Kraft des besseren Arguments, sondern oft ist auch der Zugang zu Ressourcen über Netzwerke entscheidend. Auch im normalen Forschungsbetrieb können Netzwerke als Selektionskriterien dienen. Z. B. ist es angesichts der Komplexität der heutigen Wissenschaft unmöglich, die vollständige Literatur in einem Fach zu berücksichtigen, und auch die Erfolgschancen von Forschungsthemen sind schwer einzuschätzen. An dieser Stelle fungieren Netzwerke als ein Instrument, um unter Veröffentlichungen (so schon Price 1963: 83–85) und wissenschaftsrelevanten Forschungsthemen auszuwählen und somit Forschungsvorhaben zu konkretisieren. Wissenschaftliche Netzwerke beeinflussen auch die wissenschaftliche Reputation. Diese baut zwar auf den Erfolg von wissenschaftlichen Beiträgen auf und entspricht insofern den sachlichen Unterscheidungen der Wissenschaft, kann jedoch durch andere Mechanismen verstärkt werden. Bei all diesen Beispielen wird klar, dass Netzwerke den wissenschaftlichen Code nicht beeinflussen: Sie können nicht zwischen wahr und unwahr unterscheiden. Sie können aber auf der Ebene der Programme der

---

[6] Strukturelle Kopplungen setzen voraus, dass Systeme intern Möglichkeitsüberschüsse erzeugen. Erst diese ermöglichen es einem System, sich auf Einschränkungen seiner Freiheiten einzulassen (Luhmann 1997: 101).

Wissenschaft eine Relevanz haben, indem sie unter mehreren wissenschaftlich vertretbaren Optionen einzelne vorziehen.

Für Wissenschaftsorganisationen können Netzwerke der Reduktion von Umweltkomplexität dienen. Systemtheoretische Beiträge betonen wiederholt diese Rolle von Netzwerken (Luhmann 2000: 407–413; Fischer-Lescano/Teubner 2006: 57–65; Kämper/Schmidt 2000). Vor allem in turbulenten Umwelten ist es für Unternehmen sinnvoll, den Markt nicht etwa anhand von wirtschaftlichen Indikatoren zu beobachten, sondern mittels anderer ausgewählter Organisationen in ihrer Umwelt. Durch Netzwerke können Organisationen auf bekannte Organisationen rekurrieren, um Sicherheit in der Unsicherheit zu schaffen. Netzwerke ermöglichen einen leichteren Zugang zu anderen Organisationen, ohne die Verhältnisse zu diesen Organisationen von vornherein formalisieren oder kontrollieren zu müssen. Mit Netzwerken werden gegenseitige Abhängigkeiten verstärkt, und dadurch können jeweils geeignete Beziehungen in Anspruch genommen werden, falls sie benötigt werden (Luhmann 2000: 409).

Für Wissenschaftsorganisationen bedeutet dies, dass sie nicht immer wieder vor Entscheidungen stehen, die sie nur im Hinblick auf die Beobachtung des Forschungsstandes treffen sollen, sondern sie können auf ein dauerhaftes Beziehungsgeflecht rekurrieren. Forschungsorganisationen können Entscheidungen von Netzwerken ausgehend treffen, die sie als Beobachtungsschemata nutzen. So sind etwa bei Entscheidungen, welches Institut mit einer Erhebung beauftragt werden soll, die bestehenden Kontakte wichtig. Über Netzwerke können wissenschaftliche Organisationen Ressourcen wie Gelder, Infrastrukturen, Kreativität, Reputation und die Fähigkeit, Projekte anzuwerben und zu veröffentlichen, beziehen. Je nach Position im Netzwerk haben sie Zugang zu zahlreichen und vielfältigen Informationen. Das eröffnet Chancen, die aber nur genutzt werden können, wenn die Organisationen genügend Kapazitäten haben, um organisationsexterne Ressourcen zu bearbeiten (Gilsing et al. 2008).

Inwieweit einzelne Organisationen von Netzwerken profitieren können, hängt von ihren eigenen Strukturen ab. Netzwerke haben die Form der verteilten Intelligenz. Durch Teilnahme an Netzwerken steht den Organisationen bei ihren Entscheidungen mehr Intelligenz zur Verfügung. Um sein eigenes Wissen mit dem Wissen anderer zu ergänzen, muss ein Netzwerkteilnehmer aber „intelligenter" sein als unverbunden arbeitende Organisationen. Es wird eine effiziente Form des Wissensmanagements nötig, um das Wissen anderer nutzen oder kritisieren zu können (Baecker 2000: 159).

Auch Interaktionen können Netzwerke in Anspruch nehmen. Systemtheoretisch können Interaktionen (Kieserling 1999) als flüchtige Systeme betrachtet werden, die sich von Strukturen anderer Systeme irritieren lassen. Sie würden überhaupt nicht zustande kommen, wenn sie Komplexitätsreduktionen, die auf der Ebene der Gesellschaft gebildet werden, nicht nutzen könnten. Aus der Perspektive der Interaktion sind aber die Anhaltspunkte, die die Gesellschaft anbietet, ungenügend. In einer Gesellschaft, die etwa keine geteilte Priorisierung von Werten und keine universellen Regeln für deren Anwendung aufweist, brauchen Interaktionen zusätzliche Reduktionen. So können Interaktionen zwischen Forschern in Labors oder auf Konferenzen etablierte Theorien und Methoden voraussetzen und diese als Thema einer Interaktion behandeln. In Organisationen können Interaktionen von den Rollen und der Verantwortung der Wissenschaftler ebenso profitieren wie von gemeinsamen Pausenzeiten und anderen organisatorisch veranlassten Treffen. So können auch dauerhafte Beziehungsgeflechte Orientierungspunkte anbieten und von verschiedenen Interaktionen in Anspruch genommen werden.

7   Chancen und Risiken

Der Bezug auf Netzwerke eröffnet neue Möglichkeiten, aber er bringt auch neue Zwänge mit sich. Denn Netzwerke können sowohl kooperativ die Dynamik anderer Systeme unterstützen als diese auch empfindlich stören. Dies möchte ich hier am Unterschied zwischen Organisationen und Netzwerken hinsichtlich der Respezifikation der Wissenschaft verdeutlichen. Gesellschaftliche Funktionssysteme stellen hochgeneralisierte Sinnbezüge dar, die, wenn es überhaupt zu anschlussfähiger Kommunikation kommen soll, artikuliert werden müssen. Anders gesagt, Funktionssysteme produzieren einen Überschuss an Möglichkeiten, unter denen selegiert werden muss, damit das System seine Operationen fortsetzen kann. Bei dieser Selektion spielen Organisationen eine besondere Rolle. Allerdings können Funktionssysteme nicht vollständig organisiert werden, und es gibt auch keine zentrale Organisation, die alle anderen koordiniert. Das gilt für die Wirtschaft, die Politik und auch für die Wissenschaft. Dies bedeutet, dass gesellschaftliche Funktionen nicht pauschal an eine Organisation delegiert werden können, sondern eben respezifiziert werden müssen (Luhmann 1975: 18). Einzelne Organisationen können sich nur mit begrenzten Ausschnitten der Komplexität der Wissenschaft beschäftigen. Forschungsinstitute beschäftigen sich nur mit bestimmten Themen, und Universitäten müssen aufgrund ihrer thematischen Breite teilweise auf den Aufbau von hochspezialisierten Forschungsinfrastrukturen verzichten. So hat man es mit einer Vielzahl von Organisationen zu tun, die miteinander interagieren und auch konfligieren.

Die Respezifikation der Wissenschaft durch Organisationen hat große Vorteile: Organisationen können hochgradig künstliches Verhalten relativ dauerhaft reproduzieren (Luhmann 1975: 14) und somit auch lange Forschungsketten, die viele Mitarbeiter einbeziehen, wahrscheinlich machen. Das wäre etwa in Interaktionen nicht möglich. Da sie entscheiden können, sind Organisationen in der

Lage, Forschungsthemen und Strategien zu stabilisieren. Der Vorteil von Organisationen liegt darin, formale Strukturen festlegen zu können. Organisationen können auch entscheiden, dies nicht oder nur bis zu einem gewissen Grade zu tun. Damit verpassen sie aber die Chance, durch Entscheidungen über Strukturen Komplexität zu reduzieren. Organisationen haben aber auch Nachteile. Denn Entscheidungen verdeutlichen, dass eine Alternative gegen andere ausgewählt wurde (Luhmann 2000: 141–145). Das steigert die Möglichkeit der Ablehnung. Außerdem impliziert das Treffen von Entscheidungen die Übernahme von Verantwortung, was in Situationen hoher Unsicherheit Risiken beinhalten kann. Mit dieser Offenheit und Unsicherheit sind auch Spielräume für andere Formen der Respezifikation eröffnet.

Auch Netzwerke können als eine Form der Respezifikation der Funktion der Wissenschaft aufgefasst werden. Sie beruhen aber nicht auf einer Rekursivität von Entscheidungen. Vielmehr werden Verbindungen und Verpflichtungen etabliert, ohne offen und deutlich zu zeigen, dass man eine Entscheidung getroffen hat. Ihr Vorteil ist, dass sie keine klaren Ziele, Mitgliedschaften oder Fristen vorab festlegen müssen und können (Bommes/Tacke 2006). Das ist mit dem „zweckoffenen Charakter von Netzwerken" gemeint (Powell 1996: 250). Das bedeutet aber nicht, dass Netzwerkstrukturen nicht zwingend werden können. Die im Netzwerk erzeugte generalisierte Reziprozität macht manche Vorabstimmungen oder Zielvereinbarungen überflüssig, erzeugt dafür aber eigene Ansprüche: Wenn man sich nicht mehr auf im Vorhinein festgelegte sachliche Pläne beziehen kann, können wechselseitige Verpflichtungen sehr stark werden und dann auch zu Konflikten führen. So sind Netzwerke nicht immer flexibel, sondern sie werden gegebenenfalls konservativ und stabilisieren Themen und Zugehörigkeiten über Gebühr (Kowol/Krohn 1995). Als Folge können etwa ungewöhnliche Vorschläge von Wissenschaftlern, die dem Beziehungsgeflecht nicht angehören, diskreditiert werden.

Netzwerke und Organisationen stehen in der Wissenschaft auch in einem spezifischen Verhältnis zueinander. Historisch bildet die Wissenschaft zunächst netzwerkartige Strukturen. Ausgehend von der inneren Differenzierung der Wissenschaft in Disziplinen und Subdisziplinen entstehen Gemeinschaften, die den sozialen und sachlichen Raum der Wissenschaft organisieren (Stichweh 2000: 110). Heute sind aber auch wissenschaftliche Organisationen relevant. Beide Formen dienen der Implementierung der Wissenschaft, aber während Organisationen Entscheidungen – etwa in Bezug auf verfügbare Ressourcen – ermöglichen, stellen Netzwerke spezifische Reziprozitätsverhältnisse zur Verfügung.

Wissenschaftliche Kommunikationen können gleichzeitig organisations- und netzwerkrelevant sein. Das führt oft zu Konflikten. Problematisch ist etwa, dass bei Stellenbesetzungen die Auswahl von Personen nicht auf der Grundlage organisationsspezifischer Kriterien (wie etwa die Passung der Kompetenz) getroffen wird, sondern im Hinblick auf die Bedienung der kreditierten Reziprozitätsverhältnisse in Netzwerken. In diesem Fall können organisatorische und netzwerkspezifische Strukturen kollidieren, sie müssen es aber nicht (Tacke 2000). Denn Netzwerke und Organisationen können einander auch begünstigen. Das wird etwa am Beispiel der Universitäten deutlich. Universitäten umfassen nicht nur eine Disziplin, sondern viele Spezialgebiete. Als Folge können sie selten in einzelnen Spezialgebieten große Kompetenzpools ausbilden. Das impliziert, dass es schwierig wird, organisationsintern geeignete Ansprechpartner zu finden (Stichweh 2000). Universitäten profitieren deshalb von Netzwerken, weil die Forscher dadurch zu Ressourcen gelangen können, die ihnen ansonsten und allein auf der Basis ihrer Organisation nicht zur Verfügung stünden. Einerseits wachsen Netzwerke, indem sie organisationsabhängige Ressourcen ins Spiel bringen können, andererseits verstärken sich Universitäten, indem sie die Forscher dazu ermutigen, ihre Kontakte über die Grenzen der Organisation hinaus auszudehnen.

8   Schlussbemerkung

Die Systemtheorie bietet verschiedene Möglichkeiten an, um Netzwerke der Wissenschaft zu analysieren. Man kann Netzwerke zunächst als eine Semantik auffassen. Damit geraten die gesellschaftsweiten bzw. systemspezifischen Diskurse über Netzwerke und deren Vorteile in den Blick. Dass solche Diskurse sehr verbreitet sind, ist kaum zu übersehen – und nicht zuletzt für die Forschung gilt Vernetzung als Schlüsselfaktor, um Qualität und Innovation zu steigern. Analysen solcher Diskurse machen deutlich, was von Netzwerken erwartet wird, und bieten eine Grundlage an, um Erwartungen mit operativen bzw. strukturellen Leistungen von Netzwerken zu vergleichen.

Wissenschaftsnetzwerke können auch als Strukturen eines Funktionssystems verstanden werden, die dessen sachlichen Unterscheidungen entsprechen. So können etwa Verhältnisse zwischen Wissenschaftlern theoretische bzw. methodologische Unterscheidungen widerspiegeln und diese unterstützen. Darüber hinaus können Netzwerke als Struktur von Organisationen aufgefasst werden. So kann man zwischen Organisationen unterscheiden, die hierarchisch strukturiert sind und denjenigen, die eher dezentral und heterarchisch operieren. Japanische Unternehmen werden häufig als Beispiel für diesen zweiten Typ von Organisation herangezogen; in der Wissenschaft scheinen Universitäten als Forschungsorganisationen in vielen Fällen netzwerkförmig zu operieren.

Dieser Beitrag hat für den Fall der Wissenschaft dargestellt, welche Beobachtungsperspektiven sich eröffnen, wenn Netzwerke als Systeme mit eigener Dynamik beschrieben werden. Netzwerke als Systeme zu verstehen, betont ihre Differenz zu anderen Systemen (Wissenschaft, Organisationen und Interaktionen) und eröffnet einen Spielraum, um zu erklären, wie sie neue Sinnhorizonte entwickeln. Wissenschaftliche Netzwerke definieren zwar ihre Domäne in Anlehnung an die Wissenschaft, um dann aber konkret tätig werden zu können, gehen sie über diesen Horizont hinaus und stabilisieren ihre jeweils eigenen Ressourcen, Inklusionen, Positionen und Zeitverhältnisse.

Eine systemtheoretische Analyse von Netzwerken begnügt sich nicht mit der Untersuchung der Eigenstrukturen und Prozesse von Netzwerken, sondern vervielfältigt die Beobachtungsmöglichkeiten. Netzwerke operieren nie in einem leeren Raum, sondern immer gleichzeitig mit gesellschaftlicher, funktionsspezifischer, organisationaler und interaktiver Kommunikation. Interessant wird es dann zu fragen, wie Netzwerke auf die Dynamik anderer Kommunikationsformen Bezug nehmen. Wenn man Netzwerke als Systeme auffasst, kann man erklären, wie diese in einer eigentümlichen Weise von anderen Ausdifferenzierungen profitieren, wie sie die Komplexität anderer Systeme für sich selbst beobachten, transformieren und gegebenenfalls zwischen diesen vermitteln. Das eröffnet die Möglichkeit historischer Vergleiche sowie von Vergleichen zwischen Wissenschaftsnetzwerken und Netzwerken, die in anderen Systemen operieren. Umgekehrt kann man aber auch untersuchen, wie und unter welchen Umständen andere Systeme (seien dies Funktionssysteme, Organisationen oder Interaktionen) Netzwerke wiederum für die Lösung eigener Komplexitätsprobleme einsetzen und welche Probleme sie sich damit einhandeln.

Literatur

Baecker, Dirk (2000): Ausgangspunkte einer soziologischen Managementlehre. In: Soziale Systeme 6, 1, 137–168

Baecker, Dirk (2001): Kapital als strukturelle Kopplung. In: Soziale Systeme 7, 313–327

Bommes, Michael/Veronika Tacke (2006): Das Allgemeine und das Besondere des Netzwerkes. In: Betina Hollstein/Florian Straus (Hrsg.), Qualitative Netzwerkanalyse. Konzepte, Methoden, Anwendungen, Wiesbaden: VS Verlag für Sozialwissenschaften, 37–62 (Wiederabdruck in diesem Band)

Callon, Michel (1986): The Sociology of an Actor-Network: The Case of the Electric Vehicle. In: Michel Callon et al. (Hrsg.), Mapping the Dynamics of Science and Technology. Sociology of Science in the Real World, London: The MacMillan Press, 19–34

Callon, Michel (1989): La science et ses réseaux. Genèse et circulation des faits scientifiques, Paris: éd. La Découverte

Collins, Randall (1989): Toward a Theory of Intellectual Change: The Social Causes of Philosophies. In: Science, Technology & Human Values 14, 107–140

Collins, Randall (2000): The Sociology of Philosophies: A Précis. In: Philosophy of the Social Sciences 30, 157–201

Crane, Diana (1972): Invisible Colleges: Diffusion of Knowledge in Scientific Communities, Chicago, London: The University of Chicago Press

Duncan, W. Jack u. a. (2002): Community of scholars: An exploratory study of management laureates. In: Scientometrics 55, 395–409

Fischer-Lescano, Andreas/Gunther Teubner (2006): Regime-Kollisionen. Zur Fragmentierung des globalen Rechts, Frankfurt am Main: Suhrkamp Verlag

Fuhse, Jan A. (2009): The Meaning Structure of Social Networks. In: Sociological Theory 27, 51–73

Gilsing, Victor/Nooteboomb, Bart/Vanhaverbeke, Wim/Duystersd, Geert/van den Oord, Ad (2008): Network embeddedness and the exploration of novel technologies: Technological distance, betweenness centrality and density. In: Research Policy 37, 1717–1731

Gläser, Jochen (2006): Wissenschaftliche Produktionsgemeinschaften. Die soziale Ordnung der Forschung, Frankfurt/New York: Campus Verlag

Gouldner, Alvin W. (1960): The Norm of Reciprocity. A Preliminary Statement. In: American Sociological Review 25, 161–178

Hilliard, Darnell (2005): On Defining the Multinational Corporation: A Systems-Theoretical Perspective. In: David Seidl/Kai Helge Becker (Hrsg.), Niklas Luhmann and Organization Studies, Copenhagen and Malmö: CBS Press and Liber, 324–347

Holzer, Boris (2006): Netzwerke, Bielefeld: transcript

Holzer, Boris (2008): Netzwerke und Systeme. Zum Verhältnis von Vernetzung und Differenzierung. In: Christian Stegbauer (Hrsg.), Netzwerkanalyse und Netzwerktheorie. Ein neues Paradigma in den Sozialwissenschaften, Wiesbaden: VS Verlag für Sozialwissenschaften, 155–164

Hummon, Norman P., Carley, Kathleen (1993): Social networks as normal science. In: Social Networks 15, 71–106

Kämper, Eckhard/Schmidt, Johannes (2000): Netzwerke als strukturelle Kopplung. Systemtheoretische Überlegungen zum Netzwerkbegriff. In: Johannes Weyer (Hrsg.), Soziale Netzwerke: Konzepte und Methoden der sozialwissenschaftlichen Netzwerkforschung, München u. a.: Oldenbourg, 211–236

Kieserling, André (1999): Kommunikation unter Anwesenden. Studien über Interaktionssysteme, Frankfurt am Main: Suhrkamp

Knorr-Cetina, Karin (1982): Scientific Communities or Transepistemic Arenas of Research? A Critique of Quasi-Economic Models of Science. In: Social Studies of Science 12, 101–130

Kreiner, Kristian/Schultz, Majken (1993): Informal Collaboration in R & D. The formation of Networks Across Organizations. In: Organization Studies 14, 189–209

Kowol, Uli/Krohn, Wolfgang (1995): Innovationsnetzwerke. Ein Modell der Technikgenese. In: Jost Halfmann et al. (Hrsg.), Technik und Gesellschaft. Jahrbuch 8, Frankfurt am Main, New York: Campus Verlag, 77–105

Latour, Bruno (1987): Science in Action. How to follow scientists and engineers through society, Cambridge/Mass.: Harvard University Press

Latour, Bruno (1988): The Pasteurization of France, Cambridge/Mass.: Harvard University Press.

Leahey, Erin/Reikowsky, Ryan C. (2008): Research Specialization and Collaboration Patterns in Sociology. In: Social Studies of Science 38, 425–440

Liberman, Sofia/Wolf, Kurt Bernardo (1997): The flow of knowledge: Scientific contacts in formal meetings. In: Social Networks 19, 271–283

Lieckweg, Tania (2001): Strukturelle Kopplung von Funktionssystemen „über" Organisation. In: Soziale Systeme 7, 2, 267–298

Luhmann, Niklas (1975): Interaktion, Organisation, Gesellschaft. In: ders., Soziologische Aufklärung 2. Aufsätze zur Theorie der Gesellschaft, Opladen: Westdeutscher Verlag, 9–24

Luhmann, Niklas (1990): Die Wissenschaft der Gesellschaft, Frankfurt am Main: Suhrkamp

Luhmann, Niklas (1997): Die Gesellschaft der Gesellschaft, Frankfurt am Main: Suhrkamp

Luhmann, Niklas (2000): Organisation und Entscheidung. Opladen, Wiesbaden: Westdeutscher Verlag

Luhmann, Niklas (2002): Einführung in die Systemtheorie, hrsg. von Dirk Baecker, Heidelberg: Carl-Auer-Systeme Verlag

Luukkonen, Terttu et al. (1992): Understanding Patterns of International Scientific Collaboration. In: Science Technology Human Values 17, 101–126

Owen-Smith, Jason/Powell, Walter W. (2004): Knowledge Networks as Channels and Conduits: The Effects of Formal Structure in the Boston Biotechnology Community. In: Organization Science 15, 5–21

Pinch, Trevor (1990): The role of scientific communities in the development of science. In: Impact of Science on Society 159, 219–225

Powell, Walter W. (1996): Weder Markt noch Hierarchie: Netzwerkartige Organisationsformen. In: Patrick Kenis/Volker Schneider (Hrsg.), Organisation und Netzwerk. Institutionelle Steuerung in Wirtschaft und Politik, Frankfurt am Main, New York: Campus Verlag, 213–271

Price, Derek J. De Solla (1963): Little science, big science, New York: Columbia University Press

Schulz-Schaeffer, Ingo (2000): Akteur-Netzwerk-Theorie. Zur Koevolution von Gesellschaft, Natur und Technik. In: Johannes Weyer (Hrsg.), Soziale Netzwerke. Konzepte und Methoden der sozialwissenschaftlichen Netzwerkforschung, München u.a.: Oldenbourg, 187–209

Stichweh, Rudolf (1994): Technik, Naturwissenschaft und die Struktur wissenschaftlicher Gemeinschaften: Wissenschaftliche Instrumente und die Entwicklung der Elektrizitätslehre. In: ders., Wissenschaft, Universität, Professionen, Frankfurt am Main: Suhrkamp, 99–131

Stichweh, Rudolf (2000): Globalisierung der Wissenschaft und die Region Europa. In: ders., Die Weltgesellschaft: Soziologische Analysen, Frankfurt a. M.: Suhrkamp, 103–129

Tacke, Veronika (2000): Netzwerk und Adresse. In: Soziale Systeme 6, 291–320

Tuire, Palonen/Erno, Lehtinen (2001): Exploring invisible scientific communities: Studying networking relations within an educational research community. A Finnish case. In: Higher Education 42, 493–513

Üsdiken, Behlül/Pasadeos, Yorgo (1995): Organizational Analysis in North America and
    Europe: A Comparison of Co-citation Networks. In: Organization Studies 16: 503–526
Wehrsig, Christof/Tacke, Veronika (1992): Funktionen und Folgen informatisierter Orga-
    nisationen. In: Thomas Malsch/Ulrich Mill (Hrsg.), ArBYTE: Modernisierung der
    Industriesoziologie? Berlin: Ed. Sigma, 219–239
Williamson, Oliver E. (1996): Vergleichende ökonomische Organisationstheorie: Die Ana-
    lyse diskreter Strukturalternativen. In: Volker Schneider/Patrick Kenis (Hrsg.), Orga-
    nisation und Netzwerk. Institutionelle Steuerung in Wirtschaft und Politik, Frankfurt
    am Main, New York: Campus Verlag, 167–212
Windeler, Arnold (2001): Unternehmungsnetzwerke. Konstitution und Strukturation. Wies-
    baden: Westdeutscher Verlag
Windeler, Arnold (2005): Netzwerktheorien: Vor einer relationalen Wende? In: Joachim
    Zentes et al. (Hrsg.), Kooperationen, Allianzen und Netzwerke. Grundlagen – Ansät-
    ze – Perspektiven, Wiesbaden: Gabler, 211–233

Die Netzwerke des Rechts

Karl-Heinz Ladeur

1 Vorbemerkung: Die Netzwerke des Rechts und die Evolution der „Gesellschaft der Netzwerke"

Nach der „Gesellschaft der Individuen" (Elias 2007) die „Gesellschaft der Organisationen" (Ladeur 2006a: 111 f.), nach der „Gesellschaft der Organisationen" die „Gesellschaft der Netzwerke" (Castells 2001)! So ließe sich zunächst schlagwortartig die Selbsttransformation der Gesellschaft in den westlichen Ländern der letzten 150 Jahre beschreiben. Daran ließe sich auch eine Historisierung der Evolution des Rechts anschließen, die diesem Strukturwandel entspräche. So wenig diese Beschreibung die Verdrängung des einen Modells durch das folgende nahe legt, so wenig gilt diese Annahme auch für die Rechtsentwicklung: Es entsteht vielmehr ein komplexes „Mehrebenensystem", doch nicht nur das! Es geht in einer normativen Perspektive um die sekundäre bzw. tertiäre Remodellierung des Rechts der „Gesellschaft der Individuen", die zugleich nach komplexen „Kollisionsregeln" (Fischer-Lescano/Teubner 2006: 7 ff., 57 ff., 127 ff.; Joerges 2007: 719) verlangt, die die unterschiedlichen Rechtsstrukturen und -schichten aufeinander abstimmen und zugleich den Wiedereintritt (re-entry) von Regeln der ersten Stufe in eines der Regimes der folgenden Stufe erlauben. So gehört im Bereich des Staatsrechts das Parteienrecht nach Art. 21 GG dem Recht der „Gesellschaft der Organisationen" zu, während das freie Mandat des Abgeordneten eines der Regimes der „Gesellschaft der Individuen" ist, allerdings tritt es in der Remodellierung des Parteienrechts der „Gesellschaft der Organisationen" als Variante des Minderheitenschutzes in das Rechtsregime des Parteienstaates wieder ein (BVerfGE 20: 56; Grimm 1994: 429).

2 Das Rechtssystem der „Gesellschaft der Individuen"

2.1 Die kognitive und die personale Infrastruktur des Rechts

Das allgemeine Gesetz und die *„Konditionale Programmierung"* (Luhmann 1993: 195 ff.) bilden nur eine, allerdings zentrale Form der Ermöglichung der „Erwartungsbildung", die letztlich eine universelle Verhaltenskoordination unter

Unbekannten erlaubt. Es ist das besondere Merkmal des modernen Rechts der „Gesellschaft der Individuen", dass eine Ordnungsbildung unter Fremden (jenseits der lokalen Kontakte) entstehen kann. Dies setzt jenseits des Gesetzes i. e. S. (oder des generalisierten, Prinzipien hervorbringenden Richterrechts im Common Law) die Bildung von Personen als Zurechnungseinheiten (291 ff.) – nicht nur innerhalb des Rechts als „Stelle" – voraus, sondern auch die Fähigkeit zur „Selbstabstraktion" der Individuen als grundsätzlich verlässlich und berechenbar, ohne dass es auf die Bildung persönlicher Vertrauensverhältnisse ankäme (Raphael 2007: 36 ff.). Hier lässt sich ein erstes Fragezeichen setzen hinter eine allzu starke Akzentuierung der richterlichen Entscheidung innerhalb des modernen Rechtssystems und deren Erwartbarkeit (vgl. aber Luhmann 1993: 129 f., 151 f.), primär muss es nämlich darauf ankommen, dass die Individuen sich selbst als zurechenbare Personen verstehen und nicht nur aus Furcht vor der Niederlage vor Gericht rechtskonform handeln. Dies lässt sich unschwer daran erkennen, dass dann, wenn das Rechtssystem nicht die Selbstbeobachtung der handelnden Personen als zurechenbare „Stelle" im Rechtssystem stabilisiert, die Kompensation dieses Mangels durch das Justizsystem schnell an Grenzen stößt. Der Verfasser hat an anderer Stelle den Bruch des universalen mit dem lokalen Recht einerseits und die Steigerung des transsubjektiven Varietätspools der gesellschaftlichen Handlungsmöglichkeiten andererseits in einen Zusammenhang gestellt (Ladeur 2006b: 87). Das heißt, es besteht eine enge Verknüpfung zwischen Normativität, offener universaler Personalität und der Mobilisierung der *kognitiven* Infrastruktur der Gesellschaft; die Rechtsstruktur kann sich nur in der Koevolution dieser drei Komponenten der liberalen Ordnung stabilisieren. Was heißt das? Die (Rechts-)Person löst sich von den lokalen und regionalen „Gegebenheiten" und der unmittelbaren Reziprozität der Erwartungen durch Bekanntschaften und Vertrauen und steigert damit die Abstraktion der Selbst- und Fremdbeobachtung im „Spiegel der anderen" (A. Smith). Diese allgemeine Koordinationsbereitschaft ist ein entscheidendes Merkmal der Evolution des modernen bürgerlichen Rechts. Ähnliches gilt auch im Bereich des politischen Systems für die Meinungsfreiheit: Alle Individuen werden aufeinander beziehbar, sie entwickeln gemeinsame Themen und reproduzieren nicht mehr nur die „stummen" Traditionen (Blanning 2006: 149 ff.). Dass daraus eine Art kollektiver Vernunft entstehen soll, ist eine spätere normative Re-Interpretation (Habermas 1990). Die Akzentuierung der „Stabilisierung von Verhaltenserwartungen" (Luhmann 1993: 125 ff.) ist deshalb eine durchaus ambivalente Beschreibung der Funktion des Rechtssystems: Das moderne Recht steigert zugleich die Ungewissheit der Erwartungen, weil die neuen Rechts-Kommunikationen sehr viel voraussetzungsvoller werden als die früheren Transaktionen zwischen Bekannten im lokalen Bereich oder in überregionalen Gemeinschaften z. B. von Händlern (Stichwort: ältere lex mercatoria; vgl. dazu Fischer-Lescano/Teubner 2006: 66). Es handelt sich eher um einen emergenten Effekt, eine Selffulfilling

Prophecy denn um eine Leistung des Entscheidungssystems des Rechts. Die Steigerung der Ungewissheit wird vor allem dann deutlich, wenn man sich etwa im Zivilrecht von der Vorstellung gut (d. h. durch Tradition) definierter Vertragsgegenstände löst: In einem überregionalen Markt sind nicht zuletzt die Qualitätsvorstellungen nicht leicht aufeinander abzustimmen. Hier muss das Recht auf Konventionen verweisen, die durch die Transaktionen selbst erst hervorgebracht werden und nicht mehr durch Tradition befestigt sind. So verweist der Begriff des „Fehlers", der eine Haftung im modernen Kaufrecht auslöst, notwendigerweise auf gesellschaftliche Erwartungen, die von einer gemeinsamen, geteilten Erfahrung abhängen. Ähnliches gilt für die Schadenshaftung bei Fahrlässigkeit: Fahrlässigkeit ist die Außerachtlassung der „im Verkehr erforderlichen Sorgfalt" (vgl. dazu nur Brüggemeier 1999: 76). Damit verweist das Recht zunächst auf einen „Verkehr", d. h. eine Praxis des Verhaltens und der Erwartungen. Das Produkt dieser Koordination von Faktizität und Normativität könnte man mit *H. C. White* als „Kontroll-Regime" bezeichnen[1], d. h. der „Verkehr" ist zu verstehen als ein über eine Vielzahl von Beteiligten distribuiertes „Regime" der Erfahrung mit bestimmten Operationen, Messvorgängen, Lernprozessen, Schutzvorkehrungen etc. (vgl. auch Rheinberger 2005), in die auch eine normative Selbst- und Fremdbewertung von Verhaltensweisen als angemessen eingeschrieben ist. Nur im Grenzfall, der praktisch kaum vorkommen kann, könnte ein Gericht eine solche Praxis als normativ defizient, als dem Erforderlichkeitsmaßstab nicht genügend verwerfen. In erster Linie beobachtet das Gericht in einer solchen Konstellation die Praxis der Erfahrungsbildung und ihrer Stabilisierung in Konventionen und Verhaltensmustern.[2] In einem zweiten Schritt wird das Gericht versuchen, diese Standards zu explizieren und eine Variationsbreite des Zulässigen im Hinblick auf einen zu bewertenden Fall bestimmen, ohne aber den Charakter der gesellschaftlichen Selbstorganisation der Ordnungsmaßstäbe in Frage zu stellen.

2.2 Technische Risiken und die Normalitätsunterstellungen des Rechts

Dies spielt eine große Rolle auch in der Begrenzung der Haftung für technische Risiken: Erst die Einführung der Gefährdungshaftung für bestimmte technische Gefahren hat die Haftungsansprüche von der Notwendigkeit entlastet, den Begründer einer Gefahr mit dem Vorwurf einer „subjektiven Sorgfaltspflichtverletzung" zu konfrontieren, die in der Begründung der Gefahr als solche nicht mehr

---

[1] White 2008: 220 ff.; White et al. 2007: 543; vgl. dazu auch Baecker 2006: 128.
[2] Hier bleibt Niklas Luhmanns (1993: 90 f.) Konstruktion der „Tatsache", die das Recht aus den Operationen anderer *Systeme* übernimmt, unscharf. Die Annahme, dass nur das „rechtsrelevante Detail interessiert", geht an der Regelhaftigkeit der Erfahrungsbildung vorbei.

gesehen wurde (Ladeur 1993: 1302). Ähnliches gilt für das Öffentliche Recht: Das Paradigma des allgemeinen Gesetzes, das den Handlungsmöglichkeiten des Bürgers Schranken setzt, bilden im 19. Jahrhundert paradoxerweise vor allem die *Generalklausel* des Polizeirechts und die davon abgeleiteten ordnungsrechtlichen Normen. Auch dies sind Normen, die alles andere als bestimmte Verhaltenserwartungen formulieren. Im Gegenteil! Die beinahe wortgleich gebliebenen Normen, die unter dem Absolutismus die Präponderanz der „Polizeywissenschaft", des besonderen privilegierten staatlichen Wissens, die Ermächtigungsgrundlage für Eingriffe in die Gesellschaft waren (Bohlender 2001: 247), werden durch die Evolution der Rechtsprechung (auf der Grundlage des politischen und gesellschaftlichen Wandels in der liberalen Ordnung) umkodiert und dadurch grundlegend verändert: Nach dem berühmten Kreuzberg-Urteil des preußischen Oberverwaltungsgerichts (Preußisches OVG AS 9: 353) konnte als „polizeiliche Gefahr" nur noch die (schädliche) Abweichung von einem „normalen (!) Bestand" von Rechtsgütern angesehen werden. Jedes dieser Worte ist beziehungsreich: Wichtig ist aber vor allem die Vorstellung einer *Normalität*, die weitgehend von den Erfahrungen und Erwartungen der Bürger, d. h. des „Verkehrs" in dem oben genannten Sinne bestimmt wird und sich vom absolutistischen, staatsfixierten Wohlfahrtsdenken deutlich unterschied. Die „Schadensgrenze" (Urbinati 2002: 134, 168 f.), die allgemein das Verhältnis von bürgerlicher Freiheit und Staat determiniert und erst dadurch der Freiheit Konturen verleihen konnte, wird ebenfalls auf ein Normalitätsverständnis bezogen, das vor allem von der Gesellschaft selbst und ihren Erfahrungen beherrscht wird. Das Recht als Bestand von *expliziten* Normen benutzt einzelne Streitfälle nur dazu, die *impliziten* Normen der bürgerlichen Gesellschaft zu beobachten und von Fall zu Fall auf ihre Haltbarkeit, d. h. vor allem im Hinblick auf die Erfahrungen und die Notwendigkeit des Lernens zu prüfen, ggf. zu variieren und zu stabilisieren. Diese Selbstorganisation des Erfahrungsaustauschs in verschiedenen technischen und kommerziellen Feldern hat der Staat als Verwaltung seinerseits ausdrücklich gefördert, insbesondere im Interesse der Erweiterung des Lern- und Beobachtungsraumes über die regionalen Selbstbegrenzungen hinaus durch Anregung zur Bildung von „Vereinen" (TÜV, VDI etc.), in denen ein überregionaler Erfahrungsaustausch praktiziert worden ist (Strecke 2002; Wolf 1986). Dies gilt insbesondere für Probleme der technischen Sicherheit (welche Druckgefäße waren als „gefährlich" anzusehen? Welche Bauweisen, welche Baumaterialien waren akzeptabel?).

3   Das Rechtssystem der „Gesellschaft der Organisationen"

3.1   Der Wandel der kognitiven Infrastruktur: Die Dynamisierung des Expertenwissens

Das Ordnungsmodell der „Gesellschaft der Individuen", das auch Organisationen als Sonderfall des Individuums behandelt hat (z. B. Gesellschaftsrecht als Recht der „juristischen Person") ist durch das Recht der „Gesellschaft der Organisationen" einem Remodellierungsprozess unterworfen worden. Dieser Prozess des Wandels des Staates zum Sozialstaat als „gesellschaftlichem Staat" (Ridder 1960; kritisch Forsthoff 1971) vollzieht sich über einen längeren Zeitraum mit der Herausbildung von großen Unternehmen der Massenproduktion, von Verbänden, die gemeinsame Interessen an den Staat adressieren und systematisch gesellschaftliche Konventionen reformulieren (Standards, AGB), neue Institutionen der Risikobewältigung entwickeln (private und öffentliche Versicherungen). Er wird abgestützt durch staatliches, Verhalten steuerndes Regulierungsrecht, das auf die Fragmentierung der gesellschaftlichen Wissensgenerierung reagiert. Dazu trägt auch die Existenz der großen technischen Systeme bei (Elektrizität, Verkehr, Telefon; Hughes 1983), und schließlich die Entwicklung einer besonderen „Sphäre des Öffentlichen" (Rinken 1971; Preuß 1969).

Darauf soll hier nur in knapper Form eingegangen werden, weil auch dies nur die Folie sein kann, auf der der Übergang zum Recht der „Gesellschaft der Netzwerke" Konturen gewinnen kann. Charakteristisch für diese neue Rechtsschicht erscheint innerhalb des hier unterstellten Evolutionsmodells, dass das Wissen expliziert und seine Reproduktion stärker reflektiert sowie organisiert wird (Vec 2006). Damit verändert sich auch die kognitive Infrastruktur des Rechts. Das heißt, neue Strategien des Staates, die Herausbildung privater Organisationen und Verbände sowie korporatistische privat-öffentliche Formen der Kooperation steigern die Möglichkeiten innerhalb des Variationspools der Gesellschaft. Die spontane distribuierte gesellschaftliche Erfahrung, an der eine Vielzahl von Akteuren beteiligt ist, wird mehr und mehr infolge einer Dynamisierung der Wissensproduktion durch das Expertenwissen überlagert, das systematisch in Organisationen (nicht mehr spontan in der Gesellschaft) erzeugt wird. Dabei geht es insbesondere um ein technologisches Wissen, aber auch um das systematische Operieren mit statistischen „Gruppenwahrscheinlichkeiten" (Versicherungsmodelle; dazu Ewald 1993), die systematisch reflektiert werden, und um die Verwissenschaftlichung der Arbeitsteilung.

In der Rechtsform schlägt sich dies in einer Vielzahl von „Schutzgesetzen" des Arbeitsrechts, des Wettbewerbsrechts, des Verbraucherschutzes (Zumbansen 2000) sowie in einer Vielzahl von „Steuerungsgesetzen" nieder, die früher in Unterscheidung vom allgemeinen Gesetz „Maßnahmegesetze" (Hofmann 1995: 260;

Menger/Wehrhahn 1957) genannt wurden. Aber wie oben am Beispiel des allgemeinen Gesetzes gezeigt worden ist, lassen sich das Recht und eine Infrastruktur
aus kognitiven Regeln, Praktiken, Handlungsmustern, Erwartungen etc. nicht
trennen. Das allgemeine Gesetz ist weitgehend ein Mythos gewesen: Seine Allge-
meinheit wird nicht primär auf der Ebene der expliziten Normativität bestimmt,
sondern vielmehr über den Verweisungszusammenhang mit der „anonymen Souveränität der Konventionen" (Descombes 2004: 429 ff.), die in den gesellschaftlichen Selbstorganisationsprozessen hervorgebracht werden. Mit der Auflösung
der Stabilität des Verhältnisses von Gesetz und Erfahrung vollzieht sich der
Aufstieg von Zweckgesetzen[3], der deshalb auch genauer durch den Zusammenhang mit dem Aufstieg des organisierten und reflektierten Expertenwissens (Vec
2006; Théry 2001) charakterisiert werden kann. Insbesondere der Aufstieg des
technologischen Wissens und der organisierten Massenproduktion verändert den
Charakter des Rechts, dadurch entwickelt sich ein prägnanter Bezug des Rechts
auf strategische Handlungszusammenhänge und Handlungsketten organisierter
Akteure, die längerfristig tragfähige Handlungsmuster und Koordinationsformen
entwickeln. Im Zivilrecht lässt sich das am Beispiel der Haftung der Produzenten
belegen: Komplexe technische Produktionsprozesse (selbst bei relativ einfachen
Produkten) sind an einem einfachen Maßstab der Fahrlässigkeit nicht mehr sinnvoll auf die Zurechenbarkeit von z.B. gesundheitlichen Risiken zu beobachten
und zu bewerten. Nach den üblichen Wissens- und Beweisregeln müsste beinahe jeder Anspruch wegen Verletzung der Gesundheit durch den Gebrauch eines
Produkts an Beweisproblemen scheitern. Dies war früher anders, weil einfache
Produktionsprozesse von außen, ggf. unter Zuhilfenahme von Sachverständigen,
relativ leicht beobachtbar waren; übrig blieben „Zufälle" (vgl. zu diesem Grenz-
begriff Meder 1993), die keine Haftung auslösen. Unter den veränderten Pro-
duktionsbedingungen hat sich eine Ausdifferenzierung der Haftung entwickelt,
zunächst durch die Rechtsprechung, dann durch Gesetz (Produkthaftungsgesetz),
das die Intransparenz der organisierten und spezialisierten Produktion für die
allgemeine Erfahrung insbesondere durch Beweislastumkehr berücksichtigt
(Brüggemeier 1999: 231 ff.). Daneben hatte die Rechtsprechung die komplexeren Informationsverarbeitungsprozesse in modernen Produktionsverfahren z.B.
durch Warnpflichten erweitert (BGHZ 116: 60 – Milupa), denen die Annahme
zugrunde liegt, dass Unternehmen systematisch strukturierte Strategien der Wissens*generierung* entwickeln müssen, um dem Fahrlässigkeitsmaßstab zu genü-
gen. Das heißt: Hier lässt sich beobachten, dass die normative Komponente der

---

[3] In Niklas Luhmanns Terminologie handelt es sich um eine Variante der „Zweckprogrammie-
rung" statt der „konditionalen Programmierung" (1993: 195 ff., 198 f.), obwohl beides nicht iden-
tisch sein muss: das „Maßnahmegesetz" kann seinem Wortlaut nach auch das Wenn-dann-Muster
reproduzieren.

Bewertung ihres „Verkehrs" eine reflexive Dimension enthält und Pflichten zur
Erzeugung von Informationen formuliert werden, weil angesichts der Fragmentierung der Produktionsprozesse und des Produktionswissens nicht mehr davon
ausgegangen werden kann, dass eine geteilte gemeinsame Erfahrung der Bewältigung von Risiken entstehen kann. Hier entwickelt sich eine Spaltung des praktischen Wissens in einen dynamischen organisierten Teil und einen Teil, der nach
wie vor von der Spontaneität der distribuierten Erfahrung bestimmt wird. (Es
liegt auf der Hand, dass ein Kleinbetrieb keine systematische Beobachtung des
Marktes im Hinblick auf Risiken des Gebrauchs der erzeugten Produkte betreiben kann.) Im öffentlichen Recht kann vor allem das Sozialrecht genannt werden,
das für typische „soziale Lagen" finanzielle Leistungen und andere „Hilfen" gewährt und damit stillschweigend das Konzept der Subjektivität selbst verändert
(Kingreen 2003; Glazer 1990; Ladeur 2007a).

Eine exemplarische Variante des technologisch bestimmten Rechtswandels
der „Gesellschaft der Organisationen" bildet das Umweltrecht, soweit es insbesondere technologische Standards zur Spezifizierung eines „Vorsorgekonzepts"
setzt (Stoll 2003: 71 ff.; Godard 1997). Hier hat sich ebenfalls eine strategische
Komponente durchgesetzt, die das Recht auf die systematische Generierung
neuen Wissens einstellt, da das spontan entstehende Erfahrungswissen für die
Bewältigung neuer Umweltrisiken nicht ausreicht. Dieses organisationsbezogene
reflexive Recht muss strategisch insofern mit der Möglichkeit der Selbstrevision
rechnen, da innerhalb und zwischen Organisationen ebenfalls auf die Entstehung
von Informationen eingewirkt werden kann. Die Verknüpfung von Recht und kognitiver Infrastruktur wird aufgespalten: Auf der einen Seite wird über die Formel des „Standes der Technik" (der Wissenschaft) das „fortschrittliche" Wissen
rezipiert (Vieweg 1982; Knoll/Heinze 2004: 212), während daneben im Hinblick
auf die Schadensgrenze nach wie vor das distribuierte Erfahrungswissen von
ausschlaggebender Bedeutung ist.

3.2 Das gruppenbasierte Recht

Eine weitere, auf die Reproduktion der politischen Öffentlichkeit bezogene Variante dieses Rechtstyps bildet das Rundfunkrecht, das nach dem deutschen Modell darauf abzielt, mit den Mitteln des öffentlichen Rechts Rundfunk in einer
vom Staat bereitgestellten Form (öffentlich-rechtliche Anstalt) zu ermöglichen,
die einen von den Gruppen geprägten Raum des Öffentlichen (wieder) herstellen
soll (Hoffmann-Riem 2000: 273 ff.; Ladeur 2000: 442). Das Rundfunkrecht muss
eine „positive Ordnung" gewährleisten, die die Vielfalt der Meinungen durch ein
strukturiertes Verfahren ermöglicht und nicht auf die Emergenz eines „Markt-
platzes der Meinungen" vertrauen darf (BVerfGE 12: 205, 262 f.) – ob und wie-

weit dieses Modell auch heute noch funktioniert, ist eine berechtigte Frage, die sich aber eben erst zu einer Zeit stellt, in der das Paradigma der „Gesellschaft der Organisationen" seine Leistungsfähigkeit mindestens partiell eingebüßt hat. Sicher ist aber, dass das Modell eine Zeitlang durchaus der Eigenrationalität des Öffentlichen zwischen der „Privatrechtsgesellschaft" und dem Staat einen strukturierten Raum gegeben hat.

In Bezug auf die Rechte des Einzelnen lässt sich ebenfalls eine wichtige Veränderung beobachten: Das Individuum wird im Recht der „Gesellschaft der Organisationen" (und Gruppen) in weitaus höherem Maße als in der Vergangenheit durch eine bestimmte Gruppenzugehörigkeit oder einen funktional zugeschriebenen Status (Verbraucher, Arbeitnehmer, Sozialstaatsklient) bestimmt. Dies gilt für die Stellung als Arbeitnehmer, als Mieter, Verbraucher, als Träger sozialer Ansprüche gegenüber öffentlichen Versicherungen oder den Trägern der Sozialhilfe etc. Diese Statusverhältnisse sind weitgehend durch das Arbeitsverhältnis vermittelt oder stehen in einem akzessorischen Verhältnis zu diesem Status (Verbraucher, Mieter). Daneben entwickelt sich ein Recht, das in der Vergangenheit als „Fürsorgerecht" eher dem Polizeirecht zuzuordnen war, weil es nicht von den subjektiven Rechten des Einzelnen beherrscht war, sondern von der Aufrechterhaltung der „öffentlichen Ordnung" (KG Berlin, ZblJugR 1929: 336), das Sozial- und Jugendhilferecht. Diese Rechtsmaterien gehen nicht mehr vom Universalismus des liberalen Ordnungsmodells aus, insbesondere der Selffulfilling Prophecy der Selbsteinweisung der Individuen in die Stelle der abstrakten, sich selbst im „Spiegel der anderen" beobachtenden und korrigierenden Person. Stattdessen werden Individuen in Abhängigkeit von insbesondere durch Gruppenzugehörigkeit bestimmten Situationen wahrgenommen und zum Subjekt einer idealtypischen Gruppenstandards entsprechenden Hilfe. Dies ist ein Evolutionsschritt, der unmerklich von den an funktionalen Erfordernissen orientierten gesellschaftlichen Erwartungen entlastet. Solange aber die Integrationsleistung des Normalarbeitsvertrages einerseits und des klassischen liberalen Rechts andererseits auch in der sekundären Modellierung durch das Recht der „Gesellschaft der Organisationen" erhalten bleibt, kann dieses sozial reflexive, auf die Stellung der Personen innerhalb bestimmter Gruppenzugehörigkeiten bezogene Recht seine Leistung erbringen. Es wird aber noch zu zeigen sein, dass das „strategische Recht", das nicht mehr mit bestimmten normativen Modellannahmen („die Person") rechnet, sondern mit faktischen Bedingungen der Erfüllung dieser funktionalen Anforderungen der Gesellschaften durch die Individuen, in einen destruktiven Zirkel geraten kann. Denn damit werden zugleich die Voraussetzungen des Funktionierens des Rechtssystems zum Gegenstand einer Art von „relationalem Vertrag" zwischen Individuum und Staat erhoben.

Damit wird dem Individuum nicht mehr die abstrakte Identifikation mit „den anderen", sondern ein strategisches Verhalten gegenüber den Regeln der kollektiven Ordnung ermöglicht oder sogar nahe gelegt, das den Zwang zur Selbst- und Fremdbeobachtung im Spiegel der Gesellschaft unterläuft. Zugleich wird aber auch hier ein neuer Wissenstypus Bestandteil der kognitiven Infrastruktur der Gesellschaft der Organisationen: Gemeint ist das psychologische und sozial-arbeiterische Expertenwissen, welches das allgemeine Ordnungs- und Regel-wissen ergänzt, das in abgewandelter Form über die Gruppenzugehörigkeit (als Arbeitnehmer, als Angestellter, als Mieter etc.) internalisiert wird (Théry 2001). Eine andere Variante des Rechts der „Gesellschaft der Organisationen" ist das raum- und fachbezogene Planungsrecht, das seit den 70er Jahren eine differen-zierte eigenständige Dogmatik der Prozeduralisierung und gestalten Abwä-gung entwickelt hat (Wahl 2006: 45 ff.; Hoppe/Bönker/Grotefels 2004: § 5): Es ist bezogen auf die großen „Fachprojekte", den Flughafenbau, die Verkehrswe-geplanung oder die Gestaltung größerer differenzierter Räume, die vor allem für die räumliche Infrastrukturentwicklung von Bedeutung sind und darauf beruhen, dass gemeinsame Interessen von Wirtschaftsunternehmen räumlich mit anderen Interessen, Verkehr, Wohnen, Natur koordiniert werden müssen. Vor allem das ältere Bauplanungsrecht hatte sich demgegenüber sehr viel stärker an baulichen Konventionen (Fluchtlinien, Abstandsregeln etc.) orientiert.

4   Das Rechtssystem der „Gesellschaft der Netzwerke"

4.1   Die Transformation der Wissensordnung

Der Begriff des „Netzwerks" wird auch von Niklas Luhmann mehrfach in Bezug genommen. Ausdrücklich werden „Netzwerke" genannt, die man als dysfunktio-nal bezeichnen könnte, die also die Zwänge der Ausdifferenzierung durch Phäno-mene der Korruption i. w. S. unterlaufen (Luhmann 1997: 806, 810 f.). An anderer Stelle werden sie als Äquivalente für organisationale Erzeugung von Vertrauen oder als Formen der Verknüpfung zwischen Organisationen genannt (Behörden/ politische Parteien; Luhmann 2000: 408). In der „Sachdimension" (jenseits des Vertrauens) wird für rechtliches Entscheiden auch von einem „Gewebe" von Ent-scheidungsgesichtspunkten gesprochen (Luhmann 1993: 367; vgl. auch Augsberg 2007: 479 zum „Gespinst des Rechts"). Auch dies ließe sich als „Netzwerk" lesen, das eine Vielzahl von Anknüpfungsgesichtspunkten mitführt.[4]

---

[4] Vgl. dazu auch Stichweh 2008: 329, 340, wo der Netzwerkbegriff ebenfalls sehr weit gefasst wird, andererseits aber die „Heterogenität der Netzwerkknoten" akzentuiert wird, die über ver-schiedene „Relationierungsmuster" lose oder fest verknüpft sind und als eine Art Residualgröße zur Generierung von Innovationen fungieren. Auch dieser Netzwerkbegriff bleibt aber letztlich sehr allgemein, wenngleich die auch an anderer Stelle betonte „Diversität" der Optionsräume als Wider-

Hier soll ein anderer Akzent gesetzt werden, ohne dass damit diese Variante der Vernetzung als dauerhafte Begleiterscheinung der Ausdifferenzierung von Systemen verworfen würde: Es soll hier eine postmoderne Variante der Bildung hybrider Netzwerke akzentuiert werden, die man als tertiäre Remodellierung der Wissenserzeugung und ihrer rechtlichen Beobachtung bezeichnen könnte. Sie sind durch die Tendenz zur Überschreitung von Grenzen durch heterarchische Verknüpfungen charakterisiert (zwischen Markt und Organisation), die Beseitigung hierarchischer Ordnung (Telekommunikation) oder die Aufhebung vertraglich fixierter Rollen („Netzverträge").

Der Evolutionsschritt zum Recht der „Gesellschaft der Netzwerke" in dem hier verstandenen Sinn lässt sich dadurch charakterisieren, dass die traditionellen Grenzbegriffe des Rechts sowie auch ihre Remodellierung durch das Recht der „Gesellschaft der Organisationen" an Unterscheidungskraft einbüßen. Vor allem der Aufstieg von Information und Wissen zur zentralen wirtschaftlichen Ressource verändert auch das orientierungs- und ordnungsbildende Modell des Eigentums. Das Sacheigentum wird zum Grenzfall des Eigentums, während das „geistige Eigentum" mit seiner großen Flexibilität für die Bestimmung von Ausschluss- und Zuordnungseffekten des Eigentums das Paradigma des Eigentums insgesamt wird (Ladeur/Vesting 2008). Dieses ist von vornherein auf den Zugang durch andere angelegt (Rifkin 2000). Der Ausschlusseffekt des Eigentums (Verfügungsrecht des Eigentümers) ist eher Bedingung der Möglichkeit der Erfüllung und Dimensionierung des Zugangs für andere geworden. Auch das „geistige Eigentum" selbst wird durch den mit dem Aufstieg des Wissens einhergehenden Funktionswandel des Eigentums umgestaltet, da die Vielzahl der Verknüpfungsmöglichkeiten selbst nach neuen Formen des Managements von Wissen verlangen. Das „geistige Eigentum" hat seine Substanz immer weniger in abgrenzbaren und an „Eigentümer" zurechenbaren Verfahren und „Objekten", es wird vielmehr immer stärker fragmentiert in einzelne Verfahrenselemente, die durch eine Kombinatorik in einem Produktionsprozess erst Sinn erhalten: Für einen bestimmten Fertigungsprozess benötigt man nicht mehr ein Patent für einen bestimmten Gegenstand (ein in ein Auto eingebautes Teil), sondern eine Vielzahl von Patenten, die an multifunktionalen Komponenten bestehen und die unterschiedliche Anschlussmöglichkeiten in Produktionsprozessen definieren (Heller/Eisenberg 1998: 698). Besonders deutlich ist dies in der Bio- und Computertechnologie, wo die Grenze zur (ausgeschlossenen) Patentierbarkeit von technologischen „Ideen" und „Sprachformen" fließend wird: Im Bereich der Hochtechnologie wird es immer schwieriger, abzuschätzen, ob und wie weit ein Patent legitimerweise Innovation schützt und wie weit es Innovationen durch

---

lager gegen das Einrasten in bestimmte sich selbst verstärkende Entwicklungstrajektorien auch in Netzwerken lokalisiert wird.

Dritte blockieren kann. Das heißt, die Grenze zwischen allgemeinem, nicht privat aneignungsfähigem Wissen, das allenfalls gegen bestimmte Formen der Nachahmung („sklavische Nachahmung") durch Wettbewerbsrecht geschützt ist, und besonderem, für Einzelne in Gestalt von Patenten, Urheberrechten aneignungsfähigem Wissen verliert ihre Konturen. Diese Trennung von allgemeinem und besonderem Wissen, das für die Evolution des Rechts und seiner kognitiven Infrastruktur von besonderer Bedeutung gewesen ist, führt auch zur Herausbildung neuer Formen der hybriden Kombination von Wissenskomponenten in der Entwicklung hochtechnologischer Produkte: Während in der Vergangenheit das allgemeine Wissen frei verfügbar war und in der Form der Erfahrungsbildung oder des allgemeinen technischen Wissens ohne Verstoß gegen das „geistige Eigentum" nutzbar war und patentiertes „besonderes" Wissen davon getrennt blieb, lässt sich die hierarchische Stufung von Wissenstypen in den neuen Technologien nicht mehr ohne weiteres beobachten. Anwendungsorientierte Wissenschaft und Technologien werden immer schneller in der Produktentwicklung miteinander kombiniert. Dies führt zur Entwicklung neuer projektartiger Verknüpfungen zwischen Produktionsprozessen, die wiederum auf die Formen der Wissensentwicklung zurückwirken. Außerdem wird die Verknüpfbarkeit von Wissen durch Computerisierung erleichtert, auch dadurch werden bisherige rechtlich abgestützte Grenzen (des Zugriffs auf Wissen) durch neue hybride Verknüpfungsmodelle überwunden. Es bilden sich neue „Kontroll-Regimes" heraus (White 2008: 220 ff.), die Wissen anders strukturieren und nutzen, als dies mit herkömmlichen Patenten denkbar war.

4.2 Das „verflüssigte" Individuum

Dieser Entwicklung entspricht auch ein Paradigma der personalen „Identitätsbildung" in der sich entfaltenden „Gesellschaft der Netzwerke". Das Individuum der „Gesellschaft der Netzwerke" muss sozusagen aktiv „Selbstmanagement" betreiben (Ehrenberg 1999; Groys 2008: 7 ff.), es muss sich selbst nach wechselnden Voraussetzungen und mit unterschiedlichen Versatzstücken „sampeln" und „ausprobieren" (Bonz 2007: 243, 250). Während die „Gesellschaft der Individuen" relativ dauerhafte Formen der Individualität hervorgebracht hat, ist die Gesellschaft der Organisationen von standardisierten massenhaften Gruppenidentitäten geprägt. Demgegenüber ist das Individuum der „Gesellschaft der Netzwerke" ein volatiles, von schnell wechselnden Konstellationen bestimmtes „hybrides Projekt". Damit geht der Aufstieg neuer, ihrerseits „hybrider" Rechte auf „Anerkennung" von Identitätsbedürfnissen einher (Recht auf Datenschutz, Persönlichkeitsrechte etc.), die gerade wegen ihres reflexiven Charakters als Rechte auf Selbstbestimmung schwer einzugrenzen sind. Sie haben – anders als die früheren

Rechte – ihren Gegenstand nicht mehr in einem auf das Handlungspotential des Individuums eindeutig beziehbaren Gegenstand, sondern sind darauf angelegt, dem Individuum konturlose Ansprüche auf Abstimmung von Interessen und Rechten nach dem Verhältnismäßigkeitsprinzip zuzuweisen.

In den neuen „social media network"-Plattformen (vgl. Beher u. a. in diesem Band) und elektronischen Märkten des Internets bilden sich neue, wiederum als hybrid zu bezeichnende Beziehungsnetzwerke heraus (Zarsky 2008: 741), die, über „Avatare" vermittelt, die Elemente individueller und Massenkommunikation miteinander kombinieren (Cardon 2008: 96, 102; Taipale 2003: 1; 2004: 190 f., für die staatliche Sicherheitspolitik). Dies wirft wiederum neue Fragen nach den Grenzen der grenzenlosen Kommunikation auf, die kaum noch stabil ex ante zu bestimmen sind.

Der Wandel des Rechts der „Gesellschaft der Netzwerke" hat auch weit reichende Rückwirkungen auf die Methoden der Rechtskonstruktion und -anwendung. Während die Methoden des liberalen Rechts vom Blick auf das Gesetz und vom Willen zur Interpretation des Gesetzes bestimmt waren, entwickelt sich in der „Gesellschaft der Organisationen" die Methode der „Konkretisierung" des Rechts an Interessenten*konstellationen* und variablen Gerechtigkeitsüberlegungen (Esser 1972; Müller 1966; Hesse 1995: 25 f.). Demgegenüber ist das Recht der „Gesellschaft der Netzwerke" von einem Aufstieg der Abwägung von Fall zu Fall bestimmt (vgl. etwa BVerfGE 101: 361, 392; Alexy 1996: 83, 516; kritisch Jaume 2000: 343, 353 f.). Das Gesetz tritt in den Hintergrund, das Verlangen nach Anerkennung von variablen Identitätsansprüchen und das gesteigerte Bedürfnis nach „Gerechtigkeit" führen zum Aufstieg des „Verhältnismäßigkeitsprinzips", das sich an der Abstimmung offener Rechte und Interessen in unterschiedlichen Fallkonstellationen orientiert. Damit geht auch der Verfall der einheitsbildenden Formen der „Öffentlichkeit" einher. Es entstehen neue „Rechte" auf Aneignung von Versatzstücken aus dem Leben „Prominenter" und umgekehrt auf Schutz von Prominenz als „Eigentum" (Ladeur 2007c). Damit ist zunächst ein allgemeiner Rahmen gesteckt, innerhalb dessen das Recht der „Gesellschaft der Netzwerke" sich beschreiben lässt.

4.3 Paradigmenwechsel im Vertragsrecht: Der Aufstieg der „Netzverträge"

Ein Beispiel für das Wirtschaftsrecht der Gesellschaft der Netzwerke bilden die explizit sogenannten Netzverträge (Teubner 2004: 109 f.), ein Vertragstyp, der eine hybride Form zwischen Austauschvertrag und Organisation durch Gesellschaftsvertrag (i. w. S.) hervorbringt: Solche Netzwerke werden z. B. im Verhältnis zwischen Franchisegebern und -nehmern oder Vertragshändlernetzen und Automobilherstellern beobachtet. (Ein ähnliches Phänomen zeigt sich auch in der seit längerem zu beobachtenden Expansion der (Grund-)Rechte, die zu weiteren Kollisionen führt und damit die „Abwägung" als Form des Ausgleichs nahezulegen scheint.) Was ist das Neue daran? Nach außen treten die Beteiligten unter einer Marke auf, nach innen handelt es sich aber nicht um eine einheitliche Gesellschaft oder eine andere Form der Organisationsbildung, die im Unterschied zum Austauschvertrag hierarchische Weisungsverhältnisse vorsieht. Es fragt sich in einer solchen Konstellation, ob und welche Elemente aus dem Bereich des Gesellschaftsrechts und des Rechts des Austauschvertrages zu einem atypischen Vertrag zusammengefasst werden können (dies wäre für sich genommen alles andere als ungewöhnlich), wobei je nach Konstellation das eine oder das andere Element formbildend würde. Nach G. Teubner zeichnen sich – die Konstruktion ist umstritten – Netzverträge dadurch aus, dass sie wiederum hybride, eben Netzeffekte erzeugen, die *zwischen* den einzelnen Vertragsbeteiligten entstehen, also z. B. im Falle der Vertragshändler von Automobilherstellern. Ob diese auch untereinander ggf. Rechte auf Schadensersatz haben, wenn ein überwirkender Schaden bei einem Netzwerkunternehmen auf der gleichen Hierarchieebene entsteht, ist streitig. Einen „gemeinsamen Zweck" gibt es grundsätzlich nur innerhalb des Gesellschaftsverhältnisses, deshalb ist hier die Frage zu stellen, ob es so etwas wie einen „Netzzweck" geben kann, der Pflichten innerhalb des Netzwerks erzeugen kann. Umstritten ist die Konstruktion insgesamt, da bisher nur in den klassischen Grenzbegriffen gedacht worden ist. Sie ist aber – in rechtstheoretischer Perspektive gesehen – ein Beispiel dafür, was als Netzwerkeffekt charakterisiert werden kann. Insbesondere im Falle des Franchising zeigt sich auch die Bedeutung der „Information" (i. w. S.), das heißt, hier der Wert einer Marke: Der Franchisegeber teilt dem Franchisenehmer zwangsläufig viel Informationen mit, die früher als Geschäftsgeheimnis zurückgehalten worden wären, heute aber gegenüber dem Wert der Marke von weitaus geringerem Wert sind. Die Imitationen der Produkte als solche, z. B. von McDonald's, ohne die Marke „McDonald's" werden auf dem Markt keine allzu großen Erfolgsaussichten haben.

Ein weiteres Beispiel für Netzwerkeffekte im Zivilrecht bilden die „Qualitätssicherungsverträge" (Ensthaler et al. 1996), in denen Zulieferer und zum Beispiel Automobilhersteller detaillierte Vereinbarungen treffen, die die Qualität der zu liefernden Teile betreffen. Hier stellte sich früher für den Hersteller die Alternative zwischen dem Abschluss eines Austauschvertrages (Kaufvertrag über die zu liefernden Teile) und der Integration des Zulieferers als Tochtergesellschaft in den Konzern (dann haben die Beziehungen zwischen Mutter- und Tochtergesellschaft keinen rechtlichen Charakter mehr, sondern den Charakter von Weisungen). Beim Austauschvertrag wird eine bestimmte Qualität der zu liefernden Teile vereinbart, während die Gestaltung des Produkts selbst Sache des Produzenten bleibt. Der Qualitätssicherungsvertrag ist eine für die „Gesellschaft der Netzwerke" charakteristische hybride Form, die es dem Abnehmer erlaubt, bis ins Detail der Produktlinien ausführliche Festlegungen zu treffen, ohne aber das Unternehmerrisiko insgesamt zu übernehmen. Sie ist auch eine Variante, die erst durch Computerisierung der Informationsverarbeitung ermöglicht worden ist: die für den Qualitätssicherungsvertrag typische tiefe Koordination der Produktions- und Informationsprozesse zwischen Zulieferbetrieb und Abnehmer ist nur möglich, wenn die Informationsverarbeitungsvorgänge computerisiert werden und deshalb ein detailliertes „Kontrollregime" ermöglichen.

Ein weiteres Beispiel für einen Netzvertrag sei nur kurz skizziert, nämlich der Filmvertrag (Caves 2003: 73; DeFillipi/Arthur 1998: 186), wie er sich in Hollywood entwickelt und verbreitet hat. In der Filmproduktion ist (ähnlich übrigens wie beim Abschluss von Hightechverträgen etwa in Silicon Valley (Patton/Kenney 2003) die Unterscheidung zwischen einer Produktionsfirma, Angestellten und selbständigen Kooperationspartnern immer weniger möglich. Die beteiligten Produktionseinheiten werden vielfach nur für den einen Film gebildet und genutzt. Nach der Beendigung des Projekts lösen sie sich wieder auf, um für das nächste Projekt möglicherweise in einer neuen Form wieder „gesampelt" zu werden. Ähnliches gilt für die Rolle der Filmschauspieler. Die großen Stars sind mehr und mehr mit einer hohen Beteiligung am Erfolg ausgestattet, während weniger bekannte Schauspieler nur einen winzigen Bruchteil dieses Honorars als Lohn erhalten, ohne aber Arbeitnehmer i. e. S. sein zu können (Goldberg 2005).

Diese Grenzen aufhebende Funktionsvermischung ist auch für die Vertragsgestaltung in Hightechunternehmen charakteristisch: Eine eindeutige Trennung zwischen den „Stellen" des Arbeitgebers und des Arbeitnehmers ist kaum mehr möglich. Das einzelne Projekt aggregiert bestimmte Leistungen auf der Grundlage von vagen Vereinbarungen, die erst prozesshaft konkretisiert und vor allem am Ergebnis orientiert sind. Für die rechtliche Zuordnung des Produkts, das am Ende der Kooperation steht, gilt Ähnliches. Auch hier gibt es vielfach keine klare Vereinbarung von Regeln darüber, wer zum Beispiel Inhaber eines Patents wird oder wie die in einem gemeinsamen Wissenspool generierten Informationen genutzt werden dürfen. Die offene und flexible Orientierung an der Herstellung eines „Produkts" strukturiert die Kooperation und kompensiert die Unsicherheit des rechtlichen Ordnungsrahmens und insbesondere die Unberechenbarkeit der Relationierungen in heterarchischen Netzwerken.[5] Daran lässt sich möglicherweise eine Vermutung zur Entwicklung der destruktiven Dynamik der Unsicherheit der Relationierung von Eigentümern, Managern und „Arbeitnehmern" in Investmentbanken anschließen: Bei manchen Unternehmen lagen die „Bonus-

---

[5] Die dynamische, unberechenbare Seite des „Netzwerks" wird mit Recht von Dirk Baecker betont (2006: 128) – dies kann aber nur für die neuen „postmodernen" Netzwerke gelten; vgl. auch zur internen Veränderung von Unternehmen durch den Einsatz von Informationstechnologien Foray 2004: 113.

Zahlungen" an die „Arbeitnehmer" in den Jahren vor dem Ausbruch der Krise höher als der Gesamtwert des Unternehmens im Jahre 2008. Das heißt, es ließe sich die Hypothese wagen, dass die Investmentbanker sich als „Lohn" für ihre „Arbeit" (Bonus) einen großen Teil des „Gewinns" ausgezahlt haben, der – wenn überhaupt – erst sehr viel später realisiert werden konnte. Das Risiko lag deshalb ganz bei den Eigentümern. Dies ließe sich als ein Fall des „Netzversagens" beschreiben: Die Volatilität des Wertes von „Finanzprodukten", die Diskrepanz der Zeiten der „Investition" und des Ertrages und deren Verknüpfung mit einer Vielzahl von sich überlagernden Kausalitäten sind in den nicht „netzwerkgerechten" Verträgen nicht angemessen verarbeitet worden.[6] Umgekehrt wird man davon ausgehen müssen, dass das Versagen eines solchen Netzwerks nur in sehr engen Grenzen zur Haftung (wegen unterlassener Information über Risiken) für einzelne Beteiligte führen wird, weil das Recht ein solches distribuiertes Risiko nicht bewältigen kann.[7]

4.4 Zwischenresümee: Die Verflüssigung der Grenzbegriffe

In einem Zwischenschritt lässt sich festhalten, dass ein neues Zivilrecht der Netzwerke entsteht, das vor allem durch die Aufhebung der Grenzen zwischen außen und innen, Austausch- und Gesellschaftsvertrag, Arbeits- und Werkvertrag, Selbständigkeit und Unselbständigkeit bestimmt wird. Grundlage ist der Aufstieg der „Information", des Wissens als Produktionsressource (vgl. zur Auswirkung auf die Konstruktion des Eigentums Ladeur/Vesting 2008: 123). Er ermöglicht sehr viel flexiblere und komplexere Rechtsformen, die früher nicht denkbar gewesen sind. Die Verfügung über Sacheigentum und die scharfe Trennung von Weisungs- und Ausführungsfunktionen sind im Angesicht der flexiblen projektartigen Kombinatorik von Wissen und Information dysfunktional für projektartige Produktionsprozesse geworden. Den neuen flexiblen Produktionsformen entsprechen flexible und komplexe Rechtsformen, die durch den computerisierten Austausch von Informationen erleichtert werden und die mehr und mehr auch die Produktion von „Information" (i. w. S.) selbst zum Gegenstand haben (Filmvertrag). Sie können als paradigmatisch für Netzverträge auch über diesen Bereich hinaus gelten. Hier tritt die Abstimmung der Erwartungen zwischen als getrennt unterstellten Personen und ihren Rechten (Eigentümer, Leistungsverpflichteter, Leistungsberechtigter etc.) zurück hinter eine – wie

---

[6] The Economist, 7.2.2009.
[7] Vgl. zum amerikanischen Recht Grundfest (2007) und (restriktiv) US Supreme Court zur „Mittäterhaftung" („scheme liability") bei komplexen Bankgeschäften, Stoneridge Investment Partners, LLC v. Scientific Atlanta, 552 US __ (2008) – vom 15.1.2008, noch unveröffentlicht.

man mit N. Luhmann (1975: 51; 1993: 91 ff.) sagen könnte – kognitive Form der
Koordination, während die normative Erwartungen ermöglichende Funktion
sich eher in der Vereinbarung allgemeiner Ziele und Vereinbarungen über die
Verteilung von Erträgen manifestiert. Hier besteht eine Ähnlichkeit zum Gesellschaftsvertrag, der sich aber ausdrücklich durch einen *„gemeinsamen Zweck"*
der Beteiligten von den Netzverträgen und ihren hybriden einzelnen Bestand-
teilen unterscheidet.

Es zeigt sich auch hier, dass die Funktion der Gewährleistung von Erwartungssicherheit durch Recht auch schon für die liberale Gesellschaft nicht überschätzt werden darf. Es ist oben angemerkt worden, dass der Austauschvertrag
nur dann seine Funktion erfüllen kann, wenn er in einer verlässlichen Infrastruktur der kognitiven und praktischen Regeln (die die Qualität von Produkten oder
die Berechenbarkeit des Verhaltens von Personen betreffen) eine Abstützung
findet. Die Abhängigkeit des Rechts von dieser kognitiven Infrastruktur wird
unter den veränderten Bedingungen der Gesellschaft der Netzwerke nur umso
deutlicher. In der Gesellschaft der Individuen ist die Infrastruktur in der Verlässlichkeit allgemeiner Erfahrungsregeln (in der Sachdimension) und der Bereitschaft zur Selbstbeobachtung im (allgemeinen) „Spiegel der anderen" (in der
personalen Dimension) verankert. In der „Gesellschaft der Netzwerke" stellt sich
diese Verknüpfung der allgemeinen Möglichkeiten der Erwartungsbildung und
eines besonderen Vertrages in einer projektartigen komplexeren Version her: Das
Netzwerk der Beteiligungen schafft seinerseits eine allgemeine Bindungsbereit-
schaft, die zugleich eng mit dem jeweiligen „Projekt" verknüpft ist. Allgemeine Voraussetzung und besonderer „Vertragsgegenstand" können jedoch, anders
als bei einem klassischen Austauschvertrag, nicht stabil voneinander getrennt
werden. Dies ist die für das Recht der Netzwerke charakteristische hybride Verschleifung von Allgemeinem und Besonderem im Vertrag selbst. Vertragsrecht
funktioniert nach dem alten wie nach dem neuen Recht nicht ohne Vertrauen.
Das Maß an rechtlich *institutionalisierten* Bindungen und Berechenbarkeit, das
für die Wirtschaft erforderlich ist, darf aber nicht überschätzt werden. Solange
damit gerechnet werden kann, dass die Mehrzahl der Projektpartner „kooperativ" ist, kann man mit der Unberechenbarkeit einer richterlichen Entscheidung
im Konfliktfall bei den hier skizzierten atypischen Verträgen oder Vertragsge-
genständen gut leben.

4.5 Die zunehmende Bedeutung der Setzung privater Standards

Auf dem Hintergrund der Hybridisierung der Rechtsbildung wird auch verständlich, warum der Beitrag von Standards und faktischen Normen (Vec 2006), die
für die Entwicklung komplexer Produkte (Computer, elektronische Kommunika-

tion) benötigt werden, nicht mehr dem Muster der „Gesellschaft der Individuen"
und ihrer Remodellierung durch das Paradigma der „Gesellschaft der Organisationen" folgen kann: Die Produktion und Übertragung von Daten benötigt
unter Bedingungen der Komplexität z. B. des sich herausbildenden „Netzwerks
der Netzwerke" (das Internet) eine Vielzahl von technischen Standards, die nicht
mehr dem traditionellen Muster eines einheitlichen technologischen Pfades folgen, sondern eine komplexe Architektur von Übertragungsformen und -kanälen
benötigen (Kahin/Keller 1997)[8]. Dies hat zur Folge, dass eine Vielzahl von Interessenten mit unterschiedlichen Strategien an der Formulierung von Standards
beteiligt sein kann oder muss. Je nach Art der Beteiligung kann sich die Gesamt-
konstellation verändern und eher technologisch offen oder ökonomisch pragma-
tisch ausfallen. Das heißt, auch die Formulierung von Normen nimmt mehr und
mehr projektartigen Charakter an, der von unterschiedlichen Interessenten und
ihren technologischen Wissensbeständen beherrscht wird, nicht aber mehr die
Trennung von allgemeinen Interessen an einer bestimmten Technologie und jeweils besonderen Interessen an ihrer Nutzung zulässt.

   Die starke Bedeutung der kognitiven Koordination und vor allem des sich
beschleunigenden Wandels der technologischen Wissensbasis[9] gegenüber der früheren Integration durch die geteilte Erfahrung schlägt sich darin nieder, dass die
kognitive Infrastruktur der Rechtsnormen immer stärker expliziert werden muss.
Dies führt wiederum zu einer wachsenden Normenproduktion in unterschiedlichen privat-öffentlichen, privaten, öffentlichen sowie normativen (i. e. S.) und
faktischen Bindungswirkungen, die mehr und mehr gegeneinander austauschbar
werden (Guéhenno 1999: 82). Daneben entstehen immer mehr fragmentierte „epistemische Gemeinschaften" (Gensollen 2003: 9; 2007: 173), die die gemeinsame
Wissensproduktion und -koordination trotz bestehenden Wettbewerbs in gemeinsamen „Ideenpools" konzentrieren, aus denen sich die Beteiligten selbst bedienen
können. Diese „epistemischen Gemeinschaften" können entweder noch relativ
weit von der technologischen Umsetzung entfernt entstehen oder in „Joint Ventures", die auf die Nutzung des Wissens für unterschiedliche Produktlinien der
beteiligten Unternehmen angelegt sind. Rechtlich geregelt sind vielfach nur die
Form der Beteiligung, die Grundlagen der Finanzierung sowie die Bedingungen
der „Entnahme" von Wissen für die jeweils eigene Produktion.

---

[8] „Code is law" – ist dafür eine populäre, aber oberflächliche Formel (Lessig 1999).
[9] Vgl. zur Bedeutung des „Wissens", das immer mitlaufen muss, aber eben nicht im Gegensatz zum
Nicht-Wissen (Ungewissheit) steht, Luhmann 1990: 122 f.; Vesting 2007: Rnr. 236 f.

*4.6 Die Herausbildung neuer „Kontroll-Regimes" in den Netzwerken des
Rechts*

In einer wiederum neuen Variante zeigt sich die Möglichkeit der Normbildung
auch durch Kommunikation unter einer Vielzahl von Individuen ohne längerfristige Kooperation im Phänomen des „Ratings" in den neuen „social media"
(eBay, spickmich.de; Zarsky 2008; Ladeur 2007b; 2008). Hier geht es um die
Generierung von Wissen, das über eine Vielzahl von Individuen verteilt ist und
in dieser Form nur durch Computerisierung nutzbar wird: Die Bewertung von
Verkäufern und Käufern durch Beteiligte kann eine wertvolle Informationsquelle
für die Teilnehmer an elektronischen Transaktionen sein, wie sie sich normalerweise nicht für den Einzelnen erschließen lässt. (Dies ist sonst eher bei dauerhaften Transaktionen innerhalb einer stabilen Gruppe oder durch den Aufbau von
Marken möglich.) Dazu bedarf es der Beachtung funktionaler Erfordernisse bei
der Formulierung rechtlicher Grenzen der Bewertung von Kunden und Verkäufern. Dies kann durch ein selbstorganisiertes Management und Ratingregeln (ggf.
auch durch private „cyber courts" abgestützt werden.). Auf Einzelheiten braucht
hier nicht eingegangen zu werden, wichtig ist es aber festzuhalten, dass auch hier
nicht ad hoc von Fall zu Fall die Zulässigkeit von Bewertungen durch Abwä-
gung vorgenommen werden kann, sondern dass es strategisch darauf ankommt,
die selbstorganisierte Entstehung von Regeln für die Bewertung von Leistungen
zu begünstigen, die insgesamt eine zuverlässige Produktion von Information gewährleistet, nicht aber z. B. bei „eBay"-Bewertungen die „Wahrheit" in jedem
Einzelfall. Ähnliches gilt für andere Ratingsysteme oder die Entwicklung von
Regeln über die Beteiligung an Internetdiskussionsforen, für die ebenfalls neue
netzgerechte (selbstorganisierte) Normen erforderlich werden.

Die Mobilisierung und Hybridisierung des Verhältnisses von kognitiven
und normativen Komponenten des Rechts kann weltweit als das hervorstechende
Merkmal des Rechts der „Gesellschaft der Netzwerke" bezeichnet werden. Dies
gilt auch im Hinblick auf die transnationale Entgrenzung des global werdenden
Rechts (vgl. nur Fischer-Lescano/Teubner 2006; zu einer demokratietheoreti-
schen Perspektive auf transnationale Netzwerke Viellechner 2007: 36). Während
das Verhältnis von normativer Struktur und kognitiver Infrastruktur auf der Basis der distribuierten Erfahrung in der „Gesellschaft der Individuen" relativ stabil
gewesen ist, ist es in der „Gesellschaft der Organisationen" durch das Hinzutre-
ten des Expertenwissens (vgl. Wolf 1986) und die Reflexivität der Normsetzung
dynamisiert worden. Dieses Verhältnis ist in der „Gesellschaft der Netzwerke"
noch weitaus komplexer und multiformer geworden, wie die genannten Beispiele
plausibel gemacht haben sollten. Vor allem der Aufstieg des Expertenwissens
ist nicht unproblematisch, da dessen Rolle nur schwer kontrollierbar ist. Dazu
bedarf es neuer „Kontrollregimes" (White 2008: 220 ff.), die Metaregeln für die

Beobachtung des Expertenwissens ex ante in prozeduralen Formen und ex post durch Evaluation und Nachbesserungspflichten transparenter machen könnten. Noch problematischer ist aber die zunehmende Verknüpfung von neuen Rechten auf „Identität" der Individuen mit einem Expertenwissen, das von allgemeinen Wissensbeständen und Erwartungen mehr oder weniger abgekoppelt ist (soziale Hilfe, Jugendhilfe etc.; zum Expertenwissen in der Sozialpolitik Théry 2001).

5 Insbesondere: Das Regulierungsrecht der „Gesellschaft der Netzwerke"

5.1 Das Recht der technologischen Netzwerke

Im Bereich des öffentlichen, staatsbezogenen Rechts hat sich der neue Rechtstypus der „Gesellschaft der Netzwerke" zunächst aus der Beobachtung der Evolution der technologischen Netzwerke selbst entwickelt: Das Telekommunikationsrecht ist zum Recht eines „Netzwerks der Netzwerke" geworden. Das heißt, die tradierten großen Netzwerke, zu denen auch die Telekommunikation vor der Digitalisierung und Privatisierung gehörte, waren beherrscht von einer mit der staatlichen Handlungsrationalität kompatiblen Logik der Universalität, der Gleichheit und der Einheit des Netzes. Das Wissen, das die Entwicklung der großen Netzwerke angetrieben hat, war das technische Ingenieurwissen (Hughes 1983). Die neue Telekommunikation ist auf eine geradezu paradigmatische, spektakuläre Weise plural und multiform geworden, das heißt, ihre Entwicklung folgt nicht mehr einer technologisch bestimmten Trajektorie, sondern sie ist von einer offenen Kombinatorik der Möglichkeiten bestimmt, die alle bisherigen Grenzen sprengt und die „Steuerung" nach vorgegebenen Zielen ausschließt. Hier hat sich ein neues Regulierungsrecht gebildet, dessen Bauformen u. a. von der Einsicht geprägt sind, dass der Staat nicht mehr von einem privilegierten Beobachterpunkt aus „das Gemeinwohl" definieren kann, sondern dass es nur noch um eine „Art Gemeinwohl" geht, das strategisch, in Abhängigkeit von den Bedingungen, die durch private Unternehmen gesetzt werden, unter Ungewissheit und unter dem Zwang zur Selbstrevision einzelner Kriterien (insbesondere Preise, Zusammenschaltung, u. ä.) definiert wird. Nicht aber kann die Selbstorganisation der Telekommunikation, die in einer komplexen Verknüpfung von technologischem und ökonomischem Wissen erfolgt, einem bestimmten Ordnungsmodell unterworfen werden (vgl. allg. nur Shapiro/Varian 1998).

Eine ähnliche Entwicklung hat sich im Recht der elektronischen Medien vollzogen: Selbst die Vorstellung, durch Gesetz eine „duale Rundfunkordnung" auf der Grundlage abgestufter „Vielfaltanforderungen" durch Recht zu strukturieren, hat sich weitgehend als eine Illusion herausgestellt, die an dem schnellen

Wandel und der Vervielfältigung der medialen Kommunikation gescheitert ist. Dies gilt umso mehr für die neueren „Mediendienste", die nur noch in einem sehr begrenzten Umfang der Kontrolle nach wenigen tradierten Kriterien unterliegen (Jugendschutz, Werberecht), die ihrerseits angesichts des schnellen Wandels der Erscheinungsformen schwieriger zu handhaben sind. Nur die immer noch bestehenden Engpässe bei den Senderessourcen erlauben noch eine beschränkte Moderatorenrolle des Staates bei deren Zuteilung und Nutzung. Netzwerkbezogenes Recht ist hier insgesamt weitgehend „moderierendes Recht", das die Kooperation unter Privaten ermöglicht (vgl. allg. nur Hoffmann-Riem 2000).

Ähnlich ist auch die Rolle des Staates in der Setzung von technischen Normen, deren Charakter sich mit der Dynamisierung der Telekommunikation verändert hat. Technische Normen basieren ihrerseits nicht mehr auf einer hierarchischen Netzstruktur, sondern haben eine „projektartige" Funktion – ähnlich wie die „epistemischen Gemeinschaften", die Wissen für Realisierung bestimmter technologischer Strategien generieren. Diese Rolle wird heute weitgehend von der EG übernommen (vgl. Schmidt/Werle 1998; Joerges/Ladeur/Vos 1997).[10] Dieses Beispiel zeigt, dass die technologische (kognitive) Infrastruktur des Rechts dynamisiert worden ist und das netzwerkbezogene Regulierungsrecht nur einzelne Kriterien strategisch beeinflusst, während im Übrigen das Wettbewerbsrecht für die Selbstkoordination der Akteure sorgt. Die Charakterisierung dieser Entwicklung des Telekommunikationsrechts als „Deregulierung" ist aber insofern missverständlich, als es sich praktisch nicht mehr um den gleichen Gegenstand wie früher handelt. Die digitale postmoderne Telekommunikation ist nicht als Gegenstand der Regulierung im Sinne des Verständnisses der 1970er Jahre vorstellbar. Es geht hier nicht um Effizienzgewinne durch Privatisierung wie etwa bei der Deregulierung des Bahnverkehrs, sondern um etwas völlig anderes, nämlich die strategische punktuelle Intervention in ein azentrisches „Netzwerk der Netzwerke" (Eli Noam). Charakteristisch für die Netzwirtschaft insgesamt ist aber ein nach wie vor bestehendes gesamthaftes „Netzinteresse" an der Verknüpfung aller privater Netze untereinander: Diese Netzwerke müssen untereinander kompatibel sein und füreinander durchlässig gehalten werden, insofern vertraut das Telekommunikationsrecht nicht auf das Eigeninteresse der Netzunternehmer. Das Regulierungsrecht ist auch über dieses Interesse hinaus das Recht, das vor allem die Kooperation der einzelnen Netzwerke, die Art der technologischen Verknüpfung, die Zusammenschaltung etc. trotz des fortbestehenden Wettbewerbs regelt. Diese Leistung ist an die Stelle der früheren Regulierung

---

[10] Nur hingewiesen sei auf die Entwicklung zu grenzüberschreitenden „Netzwerken" zwischen Staaten (Möllers 2005) sowie eine neue Kombinatorik aus öffentlichen und privaten Versatzstücken, die zu neuen Formen der Abstimmung von Staat und Gesellschaft führt; vgl. auch die Beiträge in Möllers/Voßkuhle 2007.

des hierarchischen, auf Einheit und Universalität angelegten Netzes getreten, das gegen Konkurrenz ganz abgesichert war. Während auch das klassische Markt-recht – wie eingangs erwähnt – immer auf einen gemeinsamen Bestand von allge-meinen Konventionen und Erwartungen vertrauen musste, kommt es hier darauf an, „projektartige" Kooperation durch Zugangsrechte, Zusammenschaltungen etc. rechtlich abzustützen: Bestimmte Netzelemente sollen nicht Gegenstand des Wettbewerbs werden, weil es zu Effizienzverlusten kommen kann und weil die Gefahr des Einrastens in bestimmte Strukturen besteht, die dann nur noch schwer mobilisiert werden können.

5.2 Von der substantiellen zur prozeduralen Regulierung

In einem Entsprechungsverhältnis zu den genannten Tendenzen im Wirtschafts-system und ihrer Abbildung in den Rechtsformen des Netzvertrages und des Qua-litätssicherungsvertrages insbesondere steht die öffentlich-rechtliche Variante der Regulierung, die ihre früher relativ stabile Grenze zwischen innen und außen der (juristischen) Person durchlässig macht und auf die interne Organisation des Unternehmens oder die Herbeiführung von Kooperationsformen zwischen privaten Unternehmen zielt. Zu den letzteren gehört die regulierte Selbstregu-lierung[11], die ihrerseits eine Vielzahl von Formen hervorgebracht hat. Ihre be-sonderen Merkmale bestehen darin, dass der Staat zum Beispiel Unternehmen eine nicht leicht zu erfüllende ordnungsrechtliche Pflicht auferlegt (Beseitigung von Verpackungsmüll) und ihnen zugleich die Möglichkeit eröffnet, gemeinsam eine private Organisation zu schaffen, die in diese Verpflichtung eintritt. Dies ist nicht einfach eine Deregulierung oder Privatisierung, sondern vielfach werden dadurch neue Formen der (Selbst)Kontrolle geschaffen, die vorher nicht denkbar waren, weil auch die Unternehmen untereinander gemeinsame Interessen nur in Gestalt von Verbänden oder in der Abstimmung stabiler Normen formulieren konnten. Diese wechselseitige Durchlässigkeit für projektartige Kooperation (auf freiwilliger Basis auch Joint Ventures u. a.) eröffnet auch Anschlussmög-lichkeiten für die Regulierung, die Unternehmen dazu anregen können, eine gemeinsame regelhafte Praxis in kooperativer Form durch Selbstregulierung zu generieren und in Entscheidungen oder für Entscheidungen des Staates zur Geltung zu bringen. Auch der Aufstieg der „Unternehmensberatung" (Consul-ting) ist eine Erscheinungsform der erleichterten Transferierbarkeit von Wissen in Netzwerken, das mit Hilfe von Beratern als Informationsbrokern über bisher undurchlässige Grenzen der juristischen Personen ausgetauscht wird (Cohendet/

---

[11] Vgl. dazu die Beiträge in „Die Verwaltung" Beiheft 2001.

Llerena 2003: 280). Die Lösung der Schwierigkeit, das implizite, in eine Praxis eingeschriebene Wissen über die Grenzen der Unternehmen zu transferie-
ren (von Krogk/Ichijo/Nonaka 2000), setzt allerdings voraus, dass dieses Wissen
expliziert werden kann. Eine weitere Variante der Flexibilisierung der Grenzen
zwischen innen und außen im Unternehmensrecht bildet insbesondere das sog.
KonTra-Gesetz (BGBl I 1998: 786), das Unternehmen bestimmte Institutionen
wirtschaftlicher Risikobewertung zur Steigerung von Transparenz auferlegt.
Dies ist eine charakteristische Wendung zum „Recht der Netzwerke", da das bisherige Gesellschaftsrecht eher stationär konzipiert war und die notwendige Or-
ganisationsstruktur für juristische Personen vorgegeben hat, im Übrigen aber die
Binnenstruktur von Gesellschaften ungeregelt gelassen hat. Es zeigt auch, dass
es keineswegs eine einseitige Tendenz zur Deregulierung gibt: Diese neue Variante der Regulierung von Elementen der Selbstreflexion des Unternehmens zum
Zwecke des „Corporate Governance" geht weit über traditionelle Formen der
verhaltensorientierten Regulierung hinaus, wenn sie in die interne Struktur des
Unternehmens interveniert (Power 2008). Ob diese neue Intervention des Rechts
in die interne Informationsverarbeitung gelingen kann, ist zweifelhaft. Sie steht
sicher auch in einem Zusammenhang mit der „Securitization" des Unternehmens
(Zumbansen 2009). Das einzelne Unternehmen büßt seine Grenze als Organisation gegenüber den Marktprozessen partiell ein und wird zu einem „Knoten"
innerhalb der volatilen Netze transnationaler Finanzströme.

Dieser Form entspricht auch die Regelung des Umweltaudits (Power 1999),
das auf der Grundlage von Anreizen ein neues „Kontrollregime" für die Selbst-
und Fremdbeobachtung von Umweltrisiken innerhalb des Unternehmens und die
Möglichkeit der Generierung neuen Risikowissens eröffnen will. Wie effizient
diese Formen sind, ist eine andere Frage, die hier nicht im Einzelnen beantwortet
werden kann. Jedenfalls zeigt sich auch an diesen wie an anderen Beispielen,
dass es eine Tendenz gibt, entsprechend der „relationalen" Rationalität der „Gesellschaft der Netzwerke" bisher als stabil unterstellte Grenzen zwischen innen
und außen durchlässig zu machen. Die traditionelle, für die liberale Gesellschaft
der Individuen charakteristische Orientierung an der „Schadensgrenze" (Urbinati 2002) hat die klare Unterscheidbarkeit des Innen- und Außenbereichs der
Unternehmen unterstellt. Die Handlungsgrenzen, die sich an der kollektiven
Erfahrung orientieren, lassen den Innenraum der Rechtsperson unberührt, das
Außenverhältnis zu anderen Subjekten (privaten wie dem Staat) wird von der
Vorstellung eines relativ festen Bestandes an Konventionen beherrscht, die eine
stabile Normalität (einen Bestand von „Gütern" und Rechten) konstituieren, an
denen der Einzelne sein Verhalten orientieren kann. Wenn zum Beispiel im Um-
welt- und Technikrecht aber nicht mehr eine „Gefahrengrenze" unterstellt werden kann, die von der gesellschaftlichen Erfahrung definiert wird, muss letztlich
auch auf die interne Organisation und Entscheidungsbildung der Unternehmen

eingewirkt werden. Diese Einwirkung kann nicht mehr an einer Handlungsgrenze (der Grundlage von Erfahrungen) orientiert werden, sondern muss durch Beobachtung anderer Unternehmen reflektiert und variiert werden. Darüber wird die Regulierung letztlich erweitert, weil sie auf die interne Struktur der Selbstorganisation der Unternehmen bzw. ihre Kooperation mit anderen Unternehmen zielt, die früher außerhalb des Gegenstandsbereichs des Rechts geblieben ist. Andererseits zeigt sich auch hier, wie schon bei der Kooperation zwischen Unternehmen in Joint Ventures oder in projektbezogenen „epistemischen Gemeinschaften", dass die Ziele und Wirkungen des neuen Typus von netzwerkbezogenem Recht (das insbesondere das Verhältnis zwischen den Organen von Unternehmen durch Informationspflichten und andere prozedurale Vorgaben gestalten will) offen und diffus bleiben müssen, wie dies auch für die Praxis der Unternehmen selbst gilt. In diese Leerstelle rücken Evaluations- und Monitoring-Pflichten ein, die aber bisher kaum zufriedenstellende Konturen gewonnen haben (BVerfGE 50, 290, 332 ff.).

5.3 Das „Personenrecht" der „Gesellschaft der Netzwerke"

Die Veränderung des Rechts der Gesellschaft der Netzwerke findet ihren Niederschlag auch im „Personenrecht", dessen Evolution von der „Gesellschaft der Individuen" zur „Gesellschaft der Organisationen" skizziert worden ist. Das Individuum der „Gesellschaft der Netzwerke" zeichnet sich dadurch aus, dass die Selbstkonstruktion im „Spiegelmedium" der Selbst- und Fremdbeobachtung der anderen und damit die Selbstidentifikation durch Aneignung von praktischer und sprachlicher Erfahrung ein weiteres Mal verändert wird: Die Selbstkonstruktion des Individuums wird – durch den Zwang zum „Selbstmanagement" und zum „Sampling" – immer stärker variablen Versatzstücken unterworfen, deren objektives gesellschaftliches „Footing" sich lockert (White 2008: 1) und durch narzisstische Elemente der „Selbstbestimmung" über die eigenen Bedürfnisse ersetzt wird. Dieser Gesichtspunkt wird in „neuen Rechten" auf Hilfe, auf Bildung, auf „informationelle Selbstbestimmung" zum Ausdruck gebracht, für die die neuen Experten des „Selbst" die Muster liefern. Ein gesellschaftliches geteiltes gemeinsames Wissen („Common Knowledge") ist dafür nicht mehr modellbildend (Vesting 2007: Rnr. 269). Für dessen Vermittlung war in der Vergangenheit weitgehend die Familie – entgegen dem Anschein des Privaten – als öffentliche Institution zuständig (Blais/Gauchet/Octavi 2008: 84). Der Wille zur „Selbstbestimmung" der Eltern ist mit dieser paradoxen Verknüpfung von gesellschaftlichem Erbe (gemeinsames Wissen) und der Freiheit, die das Individuum konstituiert, kaum mehr vereinbar. Während das alte Fürsorgesystem sich seinerseits an der Beobachtung der Gesellschaft orientiert hatte und die „Disziplin" der Individuen in der Gesellschaft durch den Zwang zur Beobachtung der anderen (in Unterscheidung von der Abweichung der „Verwahrlosung") konturiert hatte (Ladeur 2008: 16), ist das neue Expertenwissen an der Erfüllung subjektiver Rechte auf Anerkennung und Unterstützung von Selbstbestimmung und der Selbstfindung von Individualität orientiert.

Mit dieser Entwicklung verändert sich auch die Schule zu einem öffentlichen Hilfesystem: Mehr und mehr wird der Lehrer zum Experten, der die Leerstelle zu besetzen hat, die der Zerfall des „Common Knowledge" hinterlassen hat. Dessen Aufgabe wird dann die unmittelbare Förderung der Selbstbestimmung des einzelnen Schülers als Berater oder Sozialarbeiter. Innerhalb des Rechtssystems wird dies zu einer Vervielfältigung der Rechte auf Förderung, auf Entwicklung (Kinderrechte!) führen, die völlig aus dem Kontext der Zwänge der Sozialität herausgelöst werden und deren Gegenstand letztlich wiederum von Experten definiert wird, ohne dass der Verlust gesehen werden kann, der mit der Steigerung der Erwartungen an die „Selbstbestimmung" der Individuen einhergehen muss. Diese Rechte weisen in der Tat die Grenzenlosigkeit auf, die die Kritiker den liberalen „Abwehrrechten" nachsagen. Jedoch sind jene in ein historisch bestimmtes Verständnis einer transsubjektiven kollektiven Ordnung eingebettet, die vor allem durch die Orientierung an der Erhaltung eines produktiven Zusammenhanges von Konventionen, Erwartungs- und Handlungsmustern bestimmt werden, durch die die Rechte der Individuen letztlich ihre Form erhalten (zur Kritik Blais/ Gauchet/Octavi 2008). Die „neuen Rechte" sind jedoch nur von einer unstrukturierten, auf Expansion angelegten Hilfsbedürftigkeit geprägt.

Auch an dieser Stelle zeigt sich jedoch, dass das „Individuum der Gesellschaft" als Person („Stelle") nicht ohne das Regelwerk gedacht werden kann, das seine Möglichkeitsbedingungen prägt. Die normative Stellung der Person als Rechtsträger ist jedenfalls ähnlich wie das objektive Recht von einer Verschleifung zwischen Recht i. e. S. und der praktischen kognitiven Infrastruktur bestimmt, dem Varietätspool der Gesellschaft. Dies kann für die neuen sozialen Rechte auf Hilfe und Förderung nicht anders sein. Sie sind ebenfalls verschleift mit einem ebenfalls „projektartigen" fragmentierten Wissen, das auf die „Selbstbestimmung" und das „Selbstmanagement" des Individuums (Ehrenberg 1999) abgestimmt werden muss, ohne aber in einer fragmentierten Gesellschaft dafür auf anderes als „Expertenwissen" verweisen zu können. Insbesondere fehlt es an transparenzgewährleistenden Evaluationsverfahren für die Haltbarkeit dieser Variante eines vielfach fragmentierten Wissensbestandes, der nicht mehr auf eine „gemeinsame Sache" der kollektiven Ordnung verweist (Revault d'Allonnes 2006: 124).

Eine andere Variante der Formveränderung der Person lässt sich auch im postmodernen Gefahrenabwehr- oder Risikorecht beobachten: Die hybriden produktiven wie anomisch-pathologischen Varianten der Persönlichkeitsbildung („Sampling") finden ihr Widerlager (ähnlich wie in der Vergangenheit auch) in kriminellen Varianten der Selbstradikalisierung in „riskanten Netzwerken" (terroristische Netzwerke), die nicht mehr durch die Vielfalt und Vielzahl öffentlicher Kontakte in den klassischen Räumen des Öffentlichen kompensiert werden. Versuche, dies zu beobachten, können nicht einfach als Ausdruck allgemeiner unspezifischer Verdächtigung abqualifiziert werden. Hier wäre nach gestuften „netzgerechten" Formen der Risikobeobachtung zu suchen (Taipale 2003; 2004), die etwa zunächst mit „Avataren" (als „Pseudonymen") operieren, bis die Grenze zum Handlungsbezug überschritten und dann die Instrumente des klassischen Gefahrenabwehrrechts eingesetzt werden können. Auf Einzelheiten kann auch hier nicht eingegangen werden. Es kam nur darauf an, dass auch im Bereich kriminogener „Netzwerke" die Zurechnung von Gefahren nicht mehr nach dem klassischen Muster der „Gefahrengrenze" erfolgen kann, sondern an das „Individuum der (Gesellschaft der) Netzwerke" angepasst werden muss, weil auch die Form der Person nicht mehr als eine stabile „Stelle" für die Zurechnung von Verantwortung in der Gesellschaft unterstellt werden kann.

Literatur

Alexy, Robert (1996): Theorie der Grundrechte. 3. Aufl. Frankfurt a. M.: Suhrkamp

Augsberg, Ino (2007): Das Gespinst des Rechts. Zur Relevanz von Netzwerkmodellen im juristischen Diskurs. In: RECHTSTHEORIE 38. 479

Baecker, Dirk (2006): Wirtschaftssoziologie. Bielefeld: Transcript

Blais, Marie-Claude/Gauchet, Marcel/Ottavi, Dominique (2008): Conditions de l'éducation. Paris: Stock

Blanning, Tim W. C. (2006): Das Alte Europa 1660–1789. Darmstadt: Primus

Bohlender, Matthias (2001): Metamorphosen des Gemeinwohls – von der Herrschaft guter polizey zur Regierung durch Freiheit und Eigentum. In: Münkler, Herfried/Bluhm, Harald (Hrsg.), Gemeinwohl und Gemeinsinn. Historische Semantiken politischer Leitbegriffe. Berlin: Akademie-Verlag. 247

Bonz, Jochen (2007): Flüchtige Identifikationen. Das Reale in der Kultur des Tracks. In: ders./Febel, Gisela/Härtel, Insa (Hrsg.), Verschränkungen von Symbolischem und Realem. Zur Aktualität von Lacans Denken in den Kulturwissenschaften. Berlin: Kadmos. 243

Brüggemeier, Gert (1999): Prinzipien des Haftungsrechts. Eine systematische Darstellung auf rechtsvergleichender Grundlage. Baden-Baden: Nomos

Cardon, Dominique (2008): Le design des la visibilité. In: Réseaux 152. 94

Castells, Manuel (2001): Der Aufstieg der Netzwerkgesellschaft. Das Informationszeitalter: Wirtschaft, Gesellschaft, Kultur. Opladen: Leske und Budrich

Caves, Richard E. (2003): Contracts between Art and Commerce. In: Journal of Economic Perspectives 17. 73

Cohendet, Patrick/Llerena, Patrick (2003): Routines and Incentives: The Role of Communities in Firms. In: Industrial and Corporate Change 12. 271

DeFillipi, Robert J./Arthur, Michael B. (1998): Paradox in Project-Based Enterprise: The Case of Film Making. In: California Management Review 42. 186

Descombes, Vincent (2004): Complément de sujet. Enquête sur le fait d'agir de soi-même. Paris: Gallimard

Ehrenberg, Alain (1999): Le culte de la performance. Paris: Hachette Littératures

Elias, Norbert (2007): Die Gesellschaft der Individuen, 6. Aufl. Frankfurt a. M.: Suhrkamp

Ensthaler, Jürgen et al. (1996): Juristische Aspekte des Qualitätsmanagements. Berlin: Springer

Esser, Josef (1972): Vorverständnis und Methodenwahl in der Rechtsfindung. Rationalitätsgrundlagen richterlicher Entscheidungspraxis. Frankfurt a. M.: Athenäum

Ewald, Francois (1993): Der Vorsorgestaat. Frankfurt a. M.: Suhrkamp

Fischer-Lescano, Andreas/Teubner, Gunther (2006): Regime-Kollisionen. Zur Fragmentierung des globalen Rechts. Frankfurt a. M.: Suhrkamp

Foray, Dominique (2004): New Models of Innovation and the Role of Information Technology in the Knowledge Economy. In: Dutton, William H. et al. (Hrsg.), Transforming Enterprise. The Economic and Social Implications of Information Technology. Cambridge: Cambridge University Press. 113

Forsthoff, Ernst (1971): Der Staat der Industriegesellschaft. Dargestellt am Beispiel der Bundesrepublik Deutschland. München: C. H. Beck

Gensollen, Michel (2003): Bien informationnels et communautés mediates. In: Revue d'Economie Politique 113. 9

Gensollen, Michel (2007): Information Goods and Online Communities. In: Brousseau, Eric/Curien, Nicolas (Hrsg.), Internet and Digital Economics. Cambridge: Cambridge University Press. 173

Glazer, Nathan (1990): The Limits of Social Policy. Cambridge: Harvard University Press

Godard, Olivier (1997): Social Decision-Making under Conditions of Scientific Controversy, Expertise and the Precautionary Principle. In: Joerges, Christian/Ladeur, Karl-Heinz/Vos, Ellen (Hrsg.), Integrating Scientific Expertise into Regulatory Decision-Making. Baden-Baden: Nomos. 39

Goldberg, Victor P. (2005): Risk Management in Long-Term Contracts. Columbia Law and Economics WP 282

Grimm, Dieter (1994): Die Zukunft der Verfassung. Frankfurt a. M.: Suhrkamp

Groys, Boris (2008): Die Kunst des Denkens. Hamburg: Fundus

Grundfest, Joseph (2007): Scheme Liability. A Question for Congress to Decide, not for the Court. Stanford Public Law WP 1005524

Guéhenno, Jean-Marie (1999): L'avenir de la liberté. Paris: Flammarion

Habermas, Jürgen (1990): Strukturwandel der Öffentlichkeit. Neuaufl. Frankfurt a. M.: Suhrkamp

Heller, Michael A./Eisenberg, Rebecca (1998): Can Patents Deter Innovation? The Anticommons in Biomedical Research. In: Science 280 (5384). 698

Hesse, Konrad (1995): Grundzüge des Verfassungsrechts der Bundesrepublik Deutschland. 20. Aufl. Heidelberg: C. F. Müller

Hoffmann-Riem, Wolfgang (2000): Regulierung der dualen Rundfunkordnung. Baden-Baden: Nomos

Hofmann, Hasso (1995): Verfassungsrechtliche Perspektiven. Tübingen: Mohr Siebeck

Hoppe, Werner/Bönker, Christian/Grotefels, Susan (2004): Öffentliches Baurecht. 3. Aufl. München: Luchterhand

Hughes, Thomas P. (1983): Networks of Power. The Electrification in Western Societies 1880–1930. Baltimore: John Hopkins University Press

Jaume, Lucien (2000): La liberté et la loi. Les origines philosophiques du libéralisme. Paris: Fayard

Joerges, Christian (2007): Europarecht als ein Kollisionsrecht neuen Typs – wie eine europäische unitas e pluralitate verfasst sein kann. In: Führ, Martin/Wilmowski, Peter von Hrsg.): Umweltrecht und Umweltwissenschaft. Festschrift für Eckard Rehbinder. Berlin: Erich Schmidt Verlag. 719

Joerges, Christian/Ladeur, Karl-Heinz/Vos, Ellen (Hrsg.) (1997): Integrating Scientific Expertise into Regulatory Decision-Making. Baden-Baden: Nomos

Kahin, Brian/Keller, James H. (Hrsg.) (1997): Coordinating the Internet. Cambridge: MIT Press

Kingreen, Thorsten (2003): Das Sozialstaatsprinzip im europäischen Verfassungsverbund. Tübingen: Mohr Siebeck

Knoll, Lothar/Heinze, Anke (2004): „Beste verfügbare Technik" im Umweltrecht und „Stand der Technik". In: Umwelt- und Planungsrecht 24. 212

Krogk, Georg von/Ichijo, Kazuo/Nonaka, Ichijuro (2000): Enabling Knowledge Creation: How to Unlock the Mystery of Tacit Knowledge and Release the Power of Innovation. Oxford: Oxford University Press

Ladeur, Karl-Heinz (1993): Die rechtliche Steuerung von Entwicklungsrisiken zwischen Produkthaftung und administrativer Sicherheitskontrolle. In: Betriebs-Berater 48. 1302

Ladeur, Karl-Heinz (2000): Rechtliche Möglichkeiten der Qualitätssicherung im Journalismus. In: Publizistik 45. 442

Ladeur, Karl-Heinz (2006a): Der Staat gegen die Gesellschaft. Tübingen: Mohr Siebeck

Ladeur, Karl-Heinz (2006b): The Postmodern Condition of Law and ‚Management of Rules'. In: Zeitschrift für Rechtssoziologie 27. 87

Ladeur, Karl-Heinz (2007a): Risiko Sozialstaat. In: Der Staat 46. 61

Ladeur, Karl-Heinz (2007b): E-Bay-Bewertungssystem und staatlicher Rechtsschutz von Persönlichkeitsrechten. In: Kommunikation und Recht 10. 85

Ladeur, Karl-Heinz (2007c): Das Medienrecht und die Ökonomie der Aufmerksamkeit. Köln: Halem

Ladeur, Karl-Heinz (2008): Die Zulässigkeit von Lehrerbewertungen im Internet. In: Recht der Jugend und des Bildungswesens 56. 16

Ladeur, Karl-Heinz/Vesting, Thomas (2008): Geistiges Eigentum im Netzwerk. Anforderungen und Entwicklungslinien. In: Eifert, Martin/Hoffmann-Riem, Wolfgang (Hrsg.), Geistiges Eigentum und Innovation. Berlin: Duncker & Humblot. 123

Lessig, Lawrence (1999): Code and other Laws of Cyberspace. New York: Basic Books

Luhmann, Niklas (1975): Die Weltgesellschaft. In: ders.: Soziologische Aufklärung, Bd. 2. Opladen: Westdeutscher Verlag. 51

Luhmann, Niklas (1990): Die Wissenschaft der Gesellschaft. Frankfurt a. M.: Suhrkamp

Luhmann, Niklas (1993): Das Recht der Gesellschaft. Frankfurt a. M.: Suhrkamp
Luhmann, Niklas (1997): Die Gesellschaft der Gesellschaft, 2 Bde. Frankfurt a. M.: Suhrkamp
Luhmann, Niklas (2000): Organisation und Entscheidung. Opladen: Westdeutscher Verlag
Meder, Stephan (1993): Schuld, Zufall, Risiko. Untersuchung struktureller Probleme privatrechtlicher Zurechnung. Frankfurt a. M.: Vittorio Klostermann
Menger, Christian-Friedrich/Wehrhahn, Herbert (1957): Das Gesetz als Norm und Maßnahme. Veröffentlichungen der Vereinigung der Deutschen Staatsrechtslehrer, Bd. 15. Berlin: De Gruyter
Möllers, Christoph (2005): Transnationale Behördenkooperation. Verfassungs- und völkerrechtliche Probleme transnationaler administrativer Standardsetzung. In: Zeitschrift für ausländisches öffentliches Recht und Völkerrecht 5. 351
Möllers, Christoph/Voßkuhle, Andreas (2007): Internationales Verwaltungsrecht. Tübingen: Mohr Siebeck
Müller, Friedrich (1966): Normstruktur und Normativität. Zum Verhältnis von Recht und Wirklichkeit in der juristischen Hermeneutik, entwickelt an Fragen der Verfassungsinterpretation. Berlin: Duncker & Humblot
Patton, Donald/Kenney, Martin (2003): Innovation and Social Capital in Silicon Valley. BRIE WP 155
Power, Michael (1999): The Audit Society. Rituals of Verification. Oxford: Oxford University Press
Power, Michael (2008): Organized Uncertainty. Designing a World of Risk Management. Oxford: Oxford University Press
Preuß, Ulrich K. (1969): Der staatsrechtliche Begriff des Öffentlichen. Stuttgart: Klett
Raphael, David D. (2007): The Impartial Spectator. Adam Smith's Moral Philosophy. Oxford: Oxford University Press
Revault d'Allonnes, Myriam (2006): Le pouvoir des commencements. Essai sur l'autorité. Paris: Seuil
Rheinberger, Hans-Jörg (2005): Iterationen. Berlin: Merve
Ridder, Helmut K. J. (1960): Zur verfassungsrechtlichen Stellung der Gewerkschaften im Sozialstaat nach dem Grundgesetz für die Bundesrepublik Deutschland. Stuttgart: Fischer
Rifkin, Jeremy (2000): The Age of Access. How the Shift from Ownership to Access is Transforming Social Life. New York: Tarcher
Rinken, Alfred (1971): Das Öffentliche als verfassungstheoretisches Problem, dargestellt am Rechtsstatus der Wohlfahrtsverbände. Berlin: Duncker & Humblot
Schmidt, Susanne K./Werle, Raymund (1998): Coordinating Technology. Studies in the International Coordination of Telecommunications. Cambridge: MIT Press
Shapiro, Carl/Varian, Hal C. (1998): Information Rules. A Strategic Guide to the Network Economy. Cambridge: Harvard Business School Press
Stichweh, Rudolf (2008): Das Konzept der Weltgesellschaft. Genese und Strukturbildung eines globalen Gesellschaftssystems. In: RECHTSTHEORIE 39. 329
Stoll, Peter-Tobias (2003): Sicherheit als Aufgabe von Staat und Gesellschaft. Tübingen: Mohr Siebeck

Strecke, Reinhart (2002): Anfänge und Innovation der preußischen Bauverwaltung. Wien/ Köln/Weimar: Böhlau

Taipale, Kim A. (2003): Data-Mining and Domestic Security. Connecting the Dots to Make Sense of Data. In: Columbia Science and Technology Law Journal 5. 1

Taipale, Kim A. (2004): Technology Security and Privacy: The Fear of Frankenstein, the Mythology of Privacy, and the Lessons of King Ludd. In: Yale Journal of Law and Technology 7. 123

Teubner, Gunther (2004): Netzwerk als Vertragsverbund. Baden-Baden: Nomos

Théry, Irène (2001): Le démariage. Justice et vie privée. Paris: Odile Jacob

Urbinati, Nadia (2002): Mill on Democracy. From the Athenian Polis to Representative Government. Chicago: University of Chicago Press

Vec, Milos (2006): Recht und Normierung in der industriellen Revolution (Recht in der industriellen Revolution, Bd. 1). Frankfurt a. M.: Vittorio Klostermann

Vesting, Thomas (2007): Rechtstheorie. München: C. H. Beck

Viellechner, Lars (2007): Können Netzwerke die Demokratie ersetzen? Zur Legitimation der Regelbildung im Globalisierungsprozess In: Boysen, Sigrid et al. (Hrsg.), Netzwerke – Grundmodell einer neuen Ordnung? Baden-Baden: Nomos. 36

Vieweg, Klaus (1982): Atomrecht und technische Normung. Der KTA und die KTA-Regeln. Berlin: Duncker & Humblot

Wahl, Rainer (2006): Herausforderungen und Antworten: Das öffentliche Recht in den letzten fünf Jahrzehnten. Berlin: De Gruyter

White, Harrison C. et al. (2007): Networks and Meaning: Styles and Switchings. In: Soziale Systeme 13. 543

White, Harrison C. (2008): Identity and Control. How Social Formations Emerge. 2. Aufl. Princeton: Princeton University Press

Wolf, Rainer (1986): Der Stand der Technik. Geschichte, Strukturelemente und Funktionen der Verrechtlichung technischer Risiken am Beispiel der Immissionsgesetzgebung. Opladen: Westdeutscher Verlag

Zarsky, Tal Z. (2008): Law and Online Social Networks: Mapping the Challenges of User-Generated Information Flows. Fordham Intellectual Property. In: Media and Entertainment Law Journal 18. 741

Zumbansen, Peer (2000): Ordnungsmuster im modernen Wohlfahrtsstaat. Lernerfahrungen zwischen Staat, Gesellschaft und Vertrag. Baden-Baden: Nomos

Zumbansen, Peer (2009): Corporate Governance, Financial Market Regulation and the Next ‚Great Transformation' of Markets and States in the Transnational Space. Vortragsmanuskript, Bremen, 27.1.2009

Parasitäre Netzwerke in Wissenschaft und Politik

Wolfgang Ludwig Schneider und Isabel Kusche

1 Einleitung

Netzwerke werden in der Forschung gern als Beziehungen zwischen „sozialen Adressen" (Personen; Organisationen) aufgefasst, deren Muster es zu analysieren gilt. Wenn man, wie die Systemtheorie, von Kommunikation als Operation sozialer Systeme ausgeht, ist es aber keineswegs selbstverständlich, nach diesem, unter dem Titel „Netzwerkanalyse" laufenden, Forschungsprogramm zu verfahren. Publikationen etwa richten sich meist an ein weitestgehend anonymes Publikum. Ihre Leser können von den darin behandelten Themen fasziniert sein und sich gleichwohl desinteressiert gegenüber den Autoren verhalten. Operativ „vernetzen" sich Publikationen mit anderen Publikationen durch Erwähnung und Zitation. Die Zurechnung von Kommunikationen auf Adressen läuft dabei zwar kontinuierlich mit. Welche Texte zitiert werden, erscheint aber (zumindest auf der Ebene der Darstellung) primär durch den jeweiligen Sachzusammenhang motiviert und so eher von sekundärer Bedeutung. Zum ergiebigen Anknüpfungspunkt für Netzwerkanalysen werden Adressen hingegen dann, wenn man annehmen kann, dass sie als eigenständige Gesichtspunkte für die Auswahl kommunikativer Anschlüsse relevant sind (Tacke 2000: 296 ff.; Bommes/Tacke 2006).

In dem Maße, in dem der Adressenbezug eigenständiges Gewicht erhält, wird die Kommunikation personalisiert. Voraussetzung einer *als personalisiert erfahrbaren* Kommunikation ist die soziale Normalisierung sich davon unterscheidender Kommunikationsmöglichkeiten, die unter den Bedingungen weitestgehender *Anonymität* der Beteiligten füreinander genutzt werden können. Dies ist der Fall, wenn Verbreitungsmedien (Schrift, Buchdruck, elektronische Massenmedien) sowie Erfolgsmedien wie Wahrheit, Recht, Geld, Macht etc. verfügbar sind und Personen in der Rolle der Beauftragten von Organisationen als Adressen fungieren können.

In interaktionsnahen Gesellschaften, die weder über Organisationen noch über Verbreitungs- und Erfolgsmedien der Kommunikation verfügen, fehlen diese Alternativen. Kommunikation erscheint deshalb generell personalisiert. Eingebettet in Beziehungen der Verwandtschaft bzw. Nachbarschaft, prozessiert sie typisch auf der Basis persönlicher Bekanntschaft. Mit der Expansion kommunikativer Kontaktmöglichkeiten über die Grenzen der Interaktion unter Anwesenden hinaus entsteht Bedarf für Erwartungsgrundlagen, die auch im Umgang zwischen Fremden vorausgesetzt und als tragfähig unterstellt werden können. In der alltäglichen Interaktion erfahrene verwandtschaftliche Zugehörigkeit kann dazu (wie fiktiv dies auch immer sein mag) durch die Unterstellung gemeinsamer ethnischer Abstammung substituiert, erlebte Nachbarschaft zur Herkunft aus der gleichen Region abstrahiert werden. Derartige Kategorisierungsmöglichkeiten von Adressen lassen sich dann als Prämissen für die Anbahnung von Kontakten zwischen Unbekannten nutzen.

Bei einer großen Zahl möglicher Kontakte sind solche kategorialen Zugehörigkeiten freilich weder hinreichend selektiv, noch reichen sie aus, um die nötige Vertrauenswürdigkeit für riskantere Transaktionen zu gewährleisten. Gelöst werden kann dieses Doppelproblem, indem persönliche Kontakte *reflexiv* eingesetzt, d. h. als Kontakte genutzt werden, um Zugang zu anderen Kontakten herzustellen (vgl. Holzer 2006: 18 ff.). Bereits in segmentären Gesellschaften als Möglichkeit vorhanden und gebraucht (vgl. Holzer mit Verweis auf Fortes 1949 in diesem Band), entfaltet die Technik der „reflexive(n) Kombination von Adressen" (Bommes/Tacke 2006: 40; vgl. Tacke 2000: 301 ff.) in komplexeren Gesellschaften ihr volles Potential als Grundlage für die Entstehung und Reproduktion weit verzweigter Netzwerke personalisierter Kommunikation.

Weil die moderne Gesellschaft alternativ dazu Möglichkeiten der anonymisierten Kommunikation bereithält, stellt sich freilich die Frage, welche Funktion(en) Netzwerke hier noch haben können. Dazu liegen bereits verschiedene Überlegungen vor, die sich in wesentlichen Punkten überschneiden bzw. wechselseitig ergänzen. Danach können Netzwerke genutzt werden, um den partiellen Ausfall symbolisch generalisierter Kommunikationsmedien durch Austausch von Leistungen in der Form wechselseitiger persönlicher Gefälligkeiten zu kompensieren. Beobachtet werden kann dies etwa in den (post)sozialistischen Staaten (vgl. Yang 1994; Ledeneva 1998, 2003; Holzer 2010) oder in peripheren Regionen der Weltgesellschaft (vgl. Japp 2007; Holzer 2007). Der Bereich der Illegalität, in dem insbesondere das Medium Recht nicht zur Verfügung steht, bietet sich auch in voll modernisierten Regionen als dauerhaft besiedelbare Nische für Netzwerke kriminellen bzw. mafiosen oder terroristischen Typs an. Dort, wo Netzwerke ihre Rolle als Substitut für das defizitäre Funktionieren von Erfolgsmedien verlieren, können sie sich stattdessen auf die rasche Weitergabe von Informationen spezialisieren und so als Verbreitungsmedien der Kommunikation fungieren (vgl. Holzer 2010). Mit Blick auf Struktur und Funktion von Netzwerken unter den Bedingungen durchgesetzter funktionaler Differenzierung begreifen weitere Überlegungen Netzwerke als sekundäre Systembildungen, die Querverbindungen zwischen verschiedenen organisationellen und funktionssystemischen Sinnhorizonten herstellen.[1] Moderne Netzwerke dieses Typs gründen auf der Erwartung von Möglichkeiten des wechselseitigen Leistungstauschs zwischen Adressen, die sich – vor allem bedingt durch differentielle Kombinationen von Organisationsmitgliedschaften – in ihren Zugangsmöglichkeiten zu den Leistungen verschiedener Funktionssysteme unterscheiden (vgl. Bommes/Tacke 2006 und 2007).

Die erwähnten systemtheoretischen Deutungen begreifen Netzwerke als Einrichtungen,

- die sich zu den Organisationen und Funktionssystemen der modernen Gesellschaft konkurrierend oder komplementär verhalten;
- die im Modus des (nicht funktionsspezifisch eingeschränkten) reziproken Leistungstauschs zwischen personalisierten Adressen prozessieren;
- die in ihrer spezifisch modernen Variante über die Ansteuerung polykontexturaler Adressen mit unterschiedlichen Mitgliedschaftsprofilen Kopplungen zwischen verschiedenen Organisationen und Funktionssystemen herstellen;
- die persönliche Kontakte verlangen, deren Pflege in relativ hohem Maße an die Interaktion unter Anwesenden gebunden ist.

Vor allem im Blick auf die moderne Gesellschaft ist jedoch zu fragen, ob die Strukturen von Netzwerken und die Bedingungen ihrer Reproduktion damit nicht zu restriktiv bestimmt sind. Im Folgenden wollen wir dieser Frage nachgehen. Dazu suchen wir nach Netzwerken, die – zumindest in bestimmten Ausprägungen – 1. *nicht* darauf angelegt sind, Querverbindungen zwischen verschiedenen Systemkontexten zu etablieren, sondern sich stattdessen im Binnenkontext oder an der Peripherie einzelner Organisationen und Funktionssysteme ansiedeln und dort spezifische Funktionen übernehmen bzw. charakteristische dysfunktionale Effekte erzeugen können. Wir wollen 2. prüfen, inwiefern solche Netzwerke sich unter bestimmten Voraussetzungen auch auf *andere* Weise als durch reziproke Leistungskommunikation auf der Basis unterschiedlicher Kombinationen von Organisationsmitgliedschaften und unter starker Beanspruchung von direkter Interaktion reproduzieren können. Sehr allgemein formuliert, geht es uns um die Analyse von Netzwerken als kommunikativen Adressenverdichtungen, die jeweils als Folge des Operierens eines bestimmten Funktionssystems in dessen Binnenraum oder an dessen Peripherie entstehen, die sich zwar selbstreferentiell schließen, aber nur in enger Kopplung mit „ihrem" Funktionssystem reproduzieren können, das so für sie gleichsam als „Wirtssystem" fungiert. Es ist die Metapher des Parasiten im Anschluss an Michel Serres (1981), die dazu anregt, ein solches Verständnis von Netzwerkbildung zu verfolgen.

---

[1] Unter Umständen mit „korrumpierenden" Konsequenzen für die dabei gekoppelten und sich wechselseitig störenden Systemlogiken; vgl. Hiller 2005.

Im Folgenden wird zunächst allgemein erläutert, inwiefern sich Netzwerke im Kontext eines Funktionssystems und auf dessen spezifische Leitdifferenz bezogen herausbilden und dabei einseitig oder reziprok parasitäre Effekte erzeugen können, welche die Informationsverarbeitung in diesem System betreffen (2). Diese Überlegungen werden anschließend für das Wissenschaftssystem am Beispiel von Schulenbildung (3) und für das politische System mit Bezug auf die Bildung innerparteilicher Gruppierungen (4) sowie für fundamentalistischen Protest und terroristische Bewegungen (5) genauer ausgeführt. In einem Resümee (6) werden die Gemeinsamkeiten der behandelten Beispiele herausgearbeitet und die damit vorgeschlagene analytische Konzeptualisierung von Netzwerken zusammengefasst.

2   Netzwerke, Lärm und Parasiten

Netzwerke, die sich in oder an einem Funktionssystem anlagern, lassen sich unter bestimmten Voraussetzungen als Folge von Schwierigkeiten mit der Informationsverarbeitung in diesem Funktionssystem begreifen. Michel Serres' Figur des *Parasiten* aufgreifend, kann dabei zugleich gezeigt werden, dass Netzwerke hier die Form parasitärer Sozialsysteme annehmen können.

Serres' Konzept des Parasiten (griechisch-lateinisch: „Tischgenosse") verbindet die im Französischen geläufige Bedeutung des Ausdrucks – die Störung der Informationsübermittlung[2] – mit zwei anderen, auch im Deutschen verbreiteten Bedeutungen, nämlich der des Parasiten als Gast, der die Gastfreundschaft des Gastgebers (des „Wirtes") missbraucht, sowie der des Parasiten als schmarotzendes Tier (vgl. Serres 1981: 20 f. und 313). Damit regt Serres' Konzept dazu an, die Art und Weise, wie in Funktionssystemen Informationen verarbeitet werden, auf Anlässe für parasitäre Systembildungen hin zu untersuchen: Der Parasit als Störung, d. h. gleichermaßen als Quelle wie als Effekt von Rauschen bzw. Lärm.

Funktionssysteme als Großkontexte der Informationsverarbeitung orientieren ihre Kommunikationen jeweils an einer Leitdifferenz. Ein bestimmtes Funktionssystem ist in der Kommunikation jeweils dann aktiviert, wenn sein Code aufgerufen ist, um Irritationen in systemspezifische Informationen zu transformieren. Der Zusammenhang von Irritation und Information lässt sich anhand der Batesonschen Definition von Information verdeutlichen. Information ist für Bateson „ein Unterschied, der einen Unterschied macht" („a difference which makes a difference"; Bateson 1972: 315). Diese Formulierung beschreibt ein zweigliedriges Prozessschema, das zwei Selektionen hintereinanderschaltet und

---

[2] parasiter = schmarotzen bzw. stören; écho parasite = Störecho; signal parasite = inneres Störsignal

dadurch eine initiale Irritation in eine elementare Informationseinheit transformiert. Im Kontext sozialer Funktionssysteme geschieht dies bekanntlich, indem ein kommunikatives Ereignis (= ein erster registrierter Unterschied) auf eine zweite binär geschlossene Unterscheidung (= den Code des Systems) bezogen und einer der beiden Seiten des Codes zugeordnet wird (= Erzeugung des zweiten Unterschieds). Im Anschluss an Luhmann wird diese Zuordnung normalerweise nicht weiter problematisiert:[3] Entweder ein Funktionssystem ist irritiert und nutzt die eigenen Strukturen, um aus dieser Irritation gemäß der eigenen Leitdifferenz eine Information zu generieren, oder es ist nicht irritiert und beobachtet somit auch keinen „Unterschied, der einen Unterschied macht". Die Figur des Parasiten in seiner informationstheoretischen Fassung verweist im Gegensatz dazu auf die Möglichkeit, dass bei der systeminternen Informationsproduktion Störungen auftreten. Dies ist der Fall, wenn es im System (vorläufig) nicht gelingt, eine Irritation durch Zuordnung zu einer Seite seiner Leitdifferenz in Information umzuwandeln. Die Irritation erscheint dann im System als Lärm oder Rauschen.

Lärm ist für ein System nicht einfach irrelevant, sondern irritiert es dauerhaft und kann wesentliche Strukturveränderungen auslösen, d. h. als Stimulus evolutionärer Transformation wirksam werden (vgl. Serres 1981: 29, 282 f. und 288). Nimmt er überhand, zerstört er das System. Zugleich gilt, dass ein System, das sich durch die Verkettung immer neuer Ereignisse reproduziert, ohne jede Lärmzufuhr gleichsam erstarrt und seine Tätigkeit einstellt. Ereignisbasierte Systeme müssen kontinuierlich mit Irritationsanlässen versorgt werden, um daraus Information generieren und sich dadurch reproduzieren zu können. Sie dürfen also ebensowenig von Lärm verschont wie von ihm überflutet werden.

Durch Lärm bedingte Schwierigkeiten in der Reproduktion eines Systems können auftreten, wenn die Umwandlung von Irritation in Information nicht ohne weiteres gelingt. Zwei Modi des (zumindest vorläufigen) Scheiterns systeminterner Informationsproduktion lassen sich dabei unterscheiden:

(1) Situationen der Unsicherheit im Blick auf die Zuordnung eines Codewertes. – Unsicherheit der Codewertzuordnung kann explizit kommuniziert werden. Sie kann sich aber auch dadurch artikulieren, dass verschiedene Kommunikationen *im System* jeweils denselben Mitteilungsinhalt den beiden entgegengesetzten Werten des systemspezifischen Codes zuordnen und sich im Modus des Widerspruchs aufeinander beziehen. Insofern der Widerstreit daraus resultiert, dass die systeminternen Kriterien unter den gegebenen Bedingungen (noch) nicht ausrei-

---

[3] Vgl. jedoch Stäheli 2000, der sich aus dekonstruktivistischer Perspektive gerade für die Möglichkeiten des Scheiterns der systemischen Prozessierung von Sinn interessiert, der dabei ebenfalls an Serres' Konzept des Parasiten anschließt und dessen Überlegungen, obwohl von einem anderen Ausgangspunkt her entwickelt, sich an manchen Punkten mit unseren berühren.

chen, um eine eindeutige Codewertzuordung zu ermöglichen, handelt es sich hier um system*intern* bedingten Lärm.

(2) Situationen, in denen die Zuordnung zur einen oder anderen Codeseite durch system*externe* Strukturen konditioniert ist; es kann dann nicht zwischen Recht und Unrecht nach internen Kriterien des Rechtssystems oder nicht zwischen wahr und unwahr gemäß wissenschaftsinternen Kriterien der Wahrheit unterschieden werden. – Dies ist z. B. der Fall, wenn für die Zuordnung von Rechtsbehauptungen zu den Codewerten Recht/Unrecht nicht auf staatlich garantiertes, positives Recht, sondern auf dazu im Widerspruch stehende, aber gleichwohl unbedingte Geltung beanspruchende Normen (etwa der „Familienehre") rekurriert wird, oder wenn religiöse Offenbarungswahrheiten gegen wissenschaftliche Theorien ins Feld geführt werden (wie z. B. die biblische Schöpfungslehre gegen die Evolutionstheorie). Dieser Lärm ist nicht systemintern erzeugt, sondern entsteht jeweils an der *Grenze des Systems zur Umwelt,* wobei der Verlauf der Grenze hier selbst zum Gegenstand von Kontroversen wird.

Betrachten wir den ersten Fall: Die Unsicherheit darüber, welcher der beiden Codewerte zuzuordnen ist, manifestiert sich auf der Ebene der Autopoiesis des Systems zunächst als bestimmte Art des Anschlusses, als Ablehnung einer vorgeschlagenen Codewertzuordnung und Optieren für die andere Seite des Codes. Werden diese Operationen beobachtet, erscheinen sie dem betreffenden Beobachter als Unentschiedenheit, die Erwartungssicherheit auflöst (vgl. Luhmann 1984: 501) und das System an dieser Stelle in einen Zustand der Unbestimmtheit versetzt.[4] Die Beobachtung eines Widerspruchs bedeutet, dass der Code und die Programme des betreffenden Systems nicht ausreichen, um den Informationssinn eines Mitteilungsinhalts im System eindeutig festzulegen. Im System wird unter solchen Umständen die Kommunikation oft als Konflikt weitergeführt, der seine Ordnung über die Erwartbarkeit der Kommunikation von Widerspruch gewinnt. Im Binnenkontext des Konfliktsystems wird die Informationsproduktion von der Sach- in die Sozialdimension verlagert: Wenn Ego x sagt, wird Alter non-x sagen und umgekehrt. Sachlich gegensätzliche Aussagen erscheinen erwartbar mit bestimmten Adressen gekoppelt. Auch partielle Konzessionen unterbrechen diesen Reproduktionsprozess nicht, weil darin mitangezeigt wird, dass der zugrunde liegende Dissens fortbesteht. Unterschiedliche Typen des Widerspruchs, die in verschiedene codeanaloge Differenzen eingespannt und auf verschiedene funktionssystemische Codes bezogen sind, reproduzieren dabei unterschiedliche Arten von Konflikten, die in verschiedene Funktionssysteme eingelagert sind,

---

[4] „Der Widerspruch ist eine Unbestimmtheit des Systems, nicht eine Unbestimmtheit der Einzeloperationen; aber er entzieht diesen Operationen dann den Bestimmtheitsgewinn, den sie aus der Teilnahme am System herleiten, den sie als Elemente des Systems aus der basalen Selbstreferenz ziehen können" (Luhmann 1984: 493).

sodass man von Rechtsstreitigkeiten, Schulenstreitigkeiten in der Wissenschaft, politischen Konflikten, Glaubensstreitigkeiten etc. sprechen kann. Konflikte reproduzieren sich als parasitäre Sozialsysteme (vgl. Luhmann 1984: 531), sofern sie Konstellationen des forcierten Widerspruchs dauerhaft stabilisieren und dadurch „Lärm" in den Funktionssystemen erzeugen, in deren Code sich die einander widersprechenden Kommunikationen artikulieren. Lärm im System ist freilich auch ein mächtiger Stimulus für systeminterne Kommunikation. Die Funktionssysteme der modernen Gesellschaft ermutigen Widerspruch – und damit die Produktion von Lärm –, indem sie Verfahren anbieten, die in Aussicht stellen, dass dieser Lärm in Information verwandelt werden kann. Dazu verfügen sie über Standardeinrichtungen wie Gerichtsverfahren, wissenschaftliche Debatten oder politische Abstimmungen bzw. Wahlen, die als Entscheidungsverfahren dienen, mit denen zwischen einander widerstreitenden Kommunikationen entschieden werden kann. Die gemeinsame Funktion dieser Verfahren im Blick auf die Produktion von Information liegt in der Desambiguierung der Bezeichnungsverhältnisse nach systeminternen Kriterien. Dadurch, dass es dem Wirtssystem gelingt, diesen „Lärm" in Information zu verwandeln, indem es solche Konflikte auflöst, setzt es sich immer wieder neu durch. „Order from noise" zu produzieren ist eine Daueraufgabe, die jedes System lösen muss, um nicht durch „Lärm" übertönt und so gleichsam gelöscht zu werden.

Konflikte brauchen Adressen, an die sich die wechselseitigen Erwartungen von Widerspruch heften können. Mit wachsender Konfliktdauer wächst die Wahrscheinlichkeit, dass die Formierung der Konfliktadressen wesentlich durch den Verlauf des Konflikts selbst konditioniert wird, indem Konfliktgegner versuchen, unbeteiligte Dritte auf ihre Seite zu ziehen, Gegner ihres Gegners als Bündnispartner zu gewinnen und so weitreichende Allianzen zu schmieden. Dabei können die Adressen von Konflikten die Form expandierender Netzwerke annehmen. Adressen werden daraufhin beobachtet, in welcher Weise sie mit anderen Adressen verknüpft sind, die dadurch ebenfalls in das Konfliktsystem einbezogen werden können. Solche Beobachtungen können der Ansatzpunkt für die Herausbildung relativ stabiler Zurechnungen von Positionen im Konflikt und letztlich für die selbstreferentielle Schließung von Netzwerken sein, die das Konfliktsystem perpetuieren. Konflikte in Funktionssystemen, so die im Folgenden zunächst zu entfaltende These, lassen sich verstehen als Modus der innersystemischen Verarbeitung von Unsicherheit im Hinblick auf die Zuordnung von Codewerten zu Mitteilungsinhalten. Sie prozessieren diese Unsicherheit durch Forcierung von Widerspruch, dessen Resonanz durch antagonistische und nach Ausbreitung trachtende Netzwerke verstärkt wird.[5] Konfliktantreibende Netz-

---

[5] Mit Urs Stäheli (2000: 299) formuliert, kann man hier von einer „antagonistischen Artikulation des Systems" sprechen, in der „die beiden Codeseiten antagonisiert" werden.

werke, die sich am Lärm des Konflikts nähren, können zu Quellen gesteigerten Lärms, d. h. zu Störquellen, zu *unilateralen Parasiten* des Systems werden. Möglich ist freilich auch das Gegenteil: Sofern Konflikte unter Kontrolle gehalten, auf bestimmte Mitteilungsinhalte beschränkt und damit domestiziert werden, wirken die daran beteiligten Netzwerke als schützende Mechanismen der Dämpfung von unsicherheitsinduziertem Lärm. Sie fungieren dann nicht als schädigende *unilaterale,* sondern als Lärm einhegende *reziproke* Parasiten in Relation zu dem von ihnen besiedelten System.[6]

Parasitenbildung kann nicht nur durch die Unbestimmtheit der Codewertzuordnung auf Basis systeminterner Kriterien ausgelöst werden. Alternativ dazu können, wie oben unter (2.) notiert, system*externe* Strukturen zur Konditionierung der Zuordnung zu einer der beiden Seiten der systemspezifischen Leitunterscheidung aufgeboten und gegen systeminterne Kriterien ins Feld geführt werden. Die Netzwerke, die solche Kolonisierungsversuche vorantreiben, erzeugen Lärm durch Betreibung eines Grenzkonflikts.[7] An der Peripherie des Systems sich ansiedelnd, ist ihr Status der von *Ekto*parasiten. Als *Endo*parasiten können demgegenüber die Lärm produzierenden Adressen gelten, die sich in Zonen der *internen* Unbestimmtheit des Systems anlagern. Von dieser Differenz des Ansatzpunktes abgesehen, ist die Struktur der parasitären Beziehung im Prinzip dieselbe. Auch im Verhältnis zwischen System und *Ekto*parasiten kann nicht ausgeschlossen werden, dass Grenzkonflikte domestiziert werden und sich die einseitig parasitäre in eine reziprok parasitäre Relation transformiert – auch wenn dies, zumindest auf den ersten Blick gesehen, weniger wahrscheinlich erscheinen mag.

---

[6] Mit der Differenzierung zwischen lärmverstärkenden und dadurch das System potentiell schädigenden *unilateralen* Parasiten einerseits und lärmreduzierenden und deshalb für das System potentiell nützlichen *reziproken* Parasiten andererseits setzen wir an die Stelle der eher assoziativen und undeutlich changierenden Rede von Parasiten bei Serres eine analytische Unterscheidung. Diese Unterscheidung erlaubt es, zwischen Netzwerken unter dem Gesichtspunkt zu differenzieren, ob sie primär *funktionale* oder *dys*funktionale Effekte für die Informationsgenerierung in den von ihnen besiedelten Funktionssystemen erzeugen. Sie markiert ein Kontinuum, in dem ein als Parasit beobachtetes System u. U. variieren bzw. oszillieren kann. In analoger Weise werden parasitäre Beziehungsformen von Zoologen nicht strikt dichotom, sondern als Kontinuum zwischen einseitig parasitären und reziproken („mutualistischen") Beziehungsmustern interpretiert, welches einen Bereich definiert, in dem zwischenartliche Beziehungen, wie die zwischen dem Madenhacker (oder dem Putzerfisch) und seinem Wirt, unter verschiedenen Umweltbedingungen unterschiedliche Ausprägungen annehmen können; vgl. dazu Weeks 2000: 158 und die dort angegebene Literatur; ähnlich der Mikrobiologe Bidartondo (2005: 238), der von einem „… continuum that ranges from unilateral parasitism … to a balanced parasitism (i. e. mutualism) at the center" spricht. Der Sprachgebrauch der Biologen ist allerdings nicht einheitlich.

[7] Oder erneut mit Stäheli (2000: 299) formuliert: Hier wird die Unterscheidung von System und Umwelt „antagonisiert."

Die Unterscheidung zwischen unilateralem und reziprokem Parasitismus, dies sei noch einmal ausdrücklich betont, ist hier nicht als Differenz typenfest fixierter Einheiten zu denken. Sie definiert vielmehr einen kontinuierlichen Bereich, in dem die Beziehung des Gastsystems zum Wirtssystem variieren kann. Die jeweilige Lokalisierung einer Beziehung in diesem Bereich hängt wesentlich vom Beobachter ab, der sie vornimmt. Dabei muss damit gerechnet werden, dass zum Begriff des Parasiten sinnanaloge Etikettierungen in der Kommunikation der jeweiligen Systeme selbst verwendet werden, um dort auftretende Konfliktkonstellationen aus den divergierenden Perspektiven der involvierten Adressen zu beobachten und zu beschreiben. Denn wenn die Interpretation der Leitunterscheidung eines Systems und die Kriterien der Codewertzuordnung kontrovers werden, dann ist damit die Frage der Definitionsmacht im System aufgeworfen, für deren Entscheidung eine gemeinsame Grundlage fehlt, sodass die Strategie der Diskreditierung bzw. Exklusion des Gegners als einseitig parasitierender „Schädling" des Systems für die Konfliktparteien attraktiv wird.

Im Folgenden wollen wir den hier behaupteten Zusammenhang zwischen Lärm und der Bildung von parasitären Netzwerken am Beispiel der Wissenschaft und des politischen Systems exemplarisch untersuchen.

3   Wissenschaft und Schulenbildung

Wissenschaftliches Wissen beansprucht universelle Geltung. Dieser Anspruch stützt sich auf eine Praxis der kritischen Prüfung von überlieferten und neuen Wissensansprüchen, die sich an Theorien und Methoden orientiert und dabei im Binnenraum der Unterscheidung wahr/unwahr prozessiert. Kritik und damit Ablehnung von Kommunikationen ist hier normal. Ja mehr noch: Weil jeder Widerspruch den Bedarf für seine zukünftige Eliminierung miterzeugt, hält er die wissenschaftliche Kommunikation in Gang. Widerspruch ist deshalb Reproduktionsbedingung des Systems (Luhmann: 1984: 513)[8] mit der Folge, dass vielen Aussagen die Codewerte wahr und unwahr gleichermaßen zugeordnet werden. Der auf diese Weise erzeugte Lärm beeinträchtigt also keineswegs die wissenschaftliche Kommunikation. Im Gegenteil: Die kontinuierliche Versorgung des Systems mit Lärm ist die Bedingung dafür, dass es Information kreieren und dadurch kontinuieren kann. Das Prinzip „order from noise" impliziert insofern zugleich „no systemic order without noise". Das heißt freilich auch, dass der Lärm nicht auf Dauer Lärm bleiben darf, weil dies bedeuten würde, dass der Informa-

---

[8] „Andernfalls könnten Wissenschaftler sich nur zur Verherrlichung des bereits Erkannten zusammenfinden", notiert Luhmann (1984: 513). Wissen würde dabei dogmatische Gestalt annehmen. Die sozialen Modelle dafür finden sich in der Religion und in säkularen Ideologien totalitären Typs.

tionswert kontroverser Aussagen definitiv unbestimmt bleibt und die Produktion von Ordnung damit missglückt.

Die Unbestimmtheit, die sich mit der Zurückweisung des Wahrheitsanspruches einer Kommunikation durch eine andere Kommunikation innerhalb des Wissenschaftssystems einstellt, wird üblicherweise durch Beanspruchung von Zeit aufgefangen: Man verweist auf zukünftige Forschung, die in der Lage sein wird, die bestehende Unsicherheit aufzulösen und in eine bestimmte Zuordnung der Codewerte wahr/unwahr zu verwandeln. Bis dies gelingt, bleiben Hypothesen und Theorien umstritten, wird von den jeweiligen Protagonisten gegensätzlicher Positionen versucht, die eigene Auffassung durch weitere Forschung zu stützen, entstehen dabei Forschungszusammenhänge und Kooperationsbeziehungen, sodass sich bestimmte Personen und Personengruppen den konkurrierenden Positionen zuordnen lassen. Bleiben solche Kontroversen über eine längere Frist unaufgelöst, kann diese Zuordnung von Adressenmengen zu Positionen an Stabilität und Relevanz gewinnen. Adressen fungieren jetzt nicht mehr nur als Zurechnungspunkte für Reputation. Auch die Art und Weise ihrer Relationierung – sei es durch Zitationen in Publikationen oder im Kontext von Projekten – wird für die Dauer der Kontroverse ein Unterschied, der einen Unterschied für die wissenschaftliche Kommunikation macht. Projekte werden dann unter dem Gesichtspunkt beobachtet, welche Wissenschaftler an ihnen beteiligt sind und welche theoretischen Annahmen *daher* vermutlich das Projekt prägen. Die Einschätzung von Forschungsergebnissen kann dadurch ebenso beeinflusst werden wie weitere Forschungsbemühungen. So etwa, wenn in Reaktion auf die Beobachtung der personellen Zusammensetzung von Forschungsprojekten konkurrierende Unternehmungen organisiert werden, in denen andere Wissenschaftler mit anderen theoretischen Präferenzen die Federführung haben. Wissenschaftliche Kontroversen setzen damit die Beobachtung von Kommunikationen als Menge von Netzwerken kooperierender Wissenschaftler in Gang, die bestimmte Vorannahmen teilen.

Die Registrierung von netzwerkartigen Kooperationszusammenhängen impliziert noch nicht notwendig, dass diese Zusammenhänge auch *operativ als Netzwerke funktionieren*, die sich als autopoietisch geschlossene Systeme eigenen Typs reproduzieren. Die Wahrscheinlichkeit dafür, dass dies geschieht, steigt jedoch erheblich, wenn Debatten sich in *Konfliktsysteme* transformieren, in denen kontroverse Beiträge sich klar erkennbaren und sich antagonistisch aufeinander beziehenden Lagern zuordnen.

Eine Serie kommunikativer Beiträge, die sich im Modus des Widerspruchs aufeinander beziehen, reicht allein dazu nicht aus. Solange die Realisierungsform des einzelnen Widerspruchs ihn unter Vorbehalt stellt, signalisiert er noch nicht definitive Zurückweisung, sondern den Aufschub der Entscheidung darüber, was als wahr und was als unwahr zu gelten hat. Wenn Gegenargumen-

te berücksichtigt werden, die zu entscheidenden Fragen noch als *offene* Fragen behandelt und Forderungen nach weiterer experimenteller Prüfung, nach der Verfeinerung von Untersuchungsmethoden oder der Präzisierung theoretischer Vorschläge zur Voraussetzung dafür erklärt werden, dass eine Entscheidung getroffen werden kann, dann prozessiert wissenschaftliche Kommunikation noch nicht als Konfliktsystem.[9]
Zwar ermutigt Wissenschaft zu Widerspruch. Zugleich aber werden konfliktforcierende Formen der Ablehnung, die für sich selbst klar und unmissverständlich die Seite der Wahrheit beanspruchen und jede Gegenposition ebenso deutlich als Ausdruck von Irrtum und Verblendung kennzeichnen, leicht als „Polemik" registriert und durch diese Etikettierung als abweichendes Verhalten definiert.[10] Die Differenz zwischen Dissens und Konflikt wird so auch in der Selbstbeobachtung der wissenschaftlichen Kommunikation deutlich notiert.

3.1 Widerspruch ohne Formierung eines Konflikts mit reproduktionsfähigen Kollektivadressen

Betrachten wir zunächst die Verlaufsform von wissenschaftlichen Kontroversen, in denen die Domestizierung von Widerspruch im Wesentlichen gelingt, das Umspringen der Kommunikation in den Reproduktionsmodus eines Konfliktsystems mit scharf polarisierten Kollektivadressen, die jeweils selbst die Form *selbstreferentiell operierender Netzwerke* annehmen, also verhindert werden kann. Unter diesen Voraussetzungen lösen sich Kontroversen häufig nach einiger Zeit auf, weil Methoden und/oder Theorien durch wechselseitige Beobachtung einander so weit angenähert werden, dass weiterer Widerspruch zunehmend Detailprobleme betrifft und damit keine Unterscheidung zwischen deutlich konturierten Positionen mehr produziert wird, die durch Folgekommunikationen kontinuierlich bestätigt würde. Dissens verschwindet hier also nicht völlig, sondern wird allmählich kleingearbeitet.
Dies gilt nicht nur in der Sach-, sondern auch in der Sozialdimension: Eine Kontroverse endet typisch nicht dadurch, dass von einem bestimmten Zeitpunkt an alle wissenschaftlichen Beiträge zu deren Ausgangsfrage einen facheinheitlichen Konsens erkennen lassen. Widerspruch kann weiter vorkommen. Er wird aber kaum noch zur Kenntnis genommen. Indem die überwiegende Mehrheit der

---

[9] In der Diktion der Konversationsanalyse könnte man formulieren, dass durch einen derartigen Zuschnitt von Ablehnungen erwartungsstrukturell eine weiterhin mitlaufende „preference for agreement" (vgl. Sacks 1987) angezeigt wird (vgl. auch Schneider 2004: 340 ff.).
[10] Dabei gilt natürlich, dass es bei solchen Auseinandersetzungen in der Regel vor allem die Beiträge der Gegenseite sind, denen dieses Prädikat zugewiesen wird.

Publikationen und Forschungsprojekte eine der kontroversen Positionen übernimmt und nur daran mit weiteren Forschungen anschließt, wird Dissens sachlich
und sozial marginalisiert. Auf diese Weise wird eine eindeutige Zuordnung von
Positionen zu den Codewerten wahr/unwahr wieder möglich, auch wenn einzelne Wissenschaftler die unterlegene Position weiter vertreten. Mangels Resonanz
produzieren deren Kommunikationen kaum mehr Lärm im Wissenschaftssystem,
sondern nur noch ein schwach wahrzunehmendes Rauschen im Hintergrund.

Ein Beispiel für den skizzierten Verlauf einer wissenschaftlichen Debatte,
die *nicht* im Modus eines viele Adressen stabil polarisierenden Konfliktsystems
ausgetragen wurde, ist die Kontroverse um die Messung von Gravitationswellen, die Collins (1998, 1999, 2000) detailliert untersucht hat. Umstritten war dabei die Frage, ob eine bestimmte Experimentalanordnung geeignet sei, die sehr
schwachen Gravitationswellen (und nichts anderes) zu messen, deren Existenz
von der Allgemeinen Relativitätstheorie behauptet wird. Adressen wissenschaftlicher Kommunikation ordneten sich der Pro- und Kontraposition in dieser Frage
zunächst über die Arbeit in unterschiedlichen Forschungsgruppen zu. Nach wie-
derholten Fehlschlägen von Versuchen, das entsprechende Experiment zu reproduzieren, setzte sich die Auffassung durch, dass der von einer dieser Gruppen
entwickelte Detektor keine Gravitationswellen gemessen haben könne. Der Leiter der Gruppe akzeptierte diese Auffassung jedoch nicht. Um seine Behauptung,
dass er Gravitationswellen gemessen habe, zu untermauern, entwickelte er eine
neue Theorie über die Interaktion von Gravitationsstrahlung und Materie, die
freilich großen Teilen der etablierten Physik widersprach (Collins 2000: 827 f.).
Die so fortgesetzte Kommunikation von Widerspruch stimulierte kaum noch
kommunikative Anschlüsse innerhalb der Wissenschaft. Im Gegensatz zu seinen
früheren Arbeiten wurden diese Publikationen nicht mehr kritisiert und nur noch
selten zitiert. Damit war die Debatte faktisch beendet. Die Unterscheidung zwischen Proponenten und Opponenten strukturierte die Kommunikation zur Frage
der Messung von Gravitationswellen nicht länger. Die Zuordnung von Kommunikationen zu Adressen beschränkte sich wieder auf die übliche Rolle der Regulierung der Aufmerksamkeitsökonomie durch das Kriterium der Reputation, an
dem man insbesondere ablesen kann, welche Publikationen man zur Kenntnis
nehmen muss und welche nicht (Luhmann 1990: 249 f.). Das Insistieren auf der
marginalisierten Position wurde mit Reputationsverlust und daraus folgendem
Aufmerksamkeitsentzug bestraft, d. h. mit der Exklusion aus der Menge der in
dieser Frage relevanten Adressen wissenschaftlicher Kommunikation. Der Widerspruch wurde nicht mehr als Widerspruch registriert, sondern einfach ignoriert (Collins 1999: 171 ff.).

3.2 Konflikt und Schulenbildung

Die bisherigen Überlegungen laufen auf die These hinaus, dass Widerspruch im Wissenschaftssystem der Normalfall *und gerade deshalb* die Steigerung zu einem sachlich, zeitlich und sozial *hoch generalisierten* Konflikt unwahrscheinlich ist. Die Bündelung und scharfe Polarisierung von Dissens durch Zuordnung zu Adressenkollektionen, die sich in der Kommunikation als Angehörige antagonistisch aufeinander bezogener Kollektive präsentieren, ist nur dann zu erwarten, wenn Forschungsresultate oder theoretische Deutungen, die dazu führen, dass kontroverse Positionen schließlich konvergieren, längere Zeit ausbleiben und auch eine Schließung der Kontroverse durch faktische Durchsetzung einer Position nicht zustande kommt.[11] Das Problem, um dessen Lösung es dann geht, besteht darin, dass weitere Forschungen in einem Gebiet *entweder* an die eine *oder* an die andere Position anschließen müssen, soll Forschung dort nicht zum Erliegen kommen. Damit wird die Entscheidung einer nach aktuellem Wissensstand unentscheidbaren Frage zur Bedingung der Möglichkeit für die Fortsetzung wissenschaftlicher Kommunikation. Unter diesen Voraussetzungen fungiert die Konversion des Dissenses in einen Konflikt zwischen Kollektiven als Mechanismus der Unsicherheitsabsorption, der den Lärm, der durch die Unbestimmbarkeit der Codewertzuordnung im Wissenschaftssystem entsteht, im Binnenkontext der sich bildenden Lager so weit reduziert, dass die Weiterarbeit unter ausschließlicher Anknüpfung an eine der umstrittenen Positionen möglich (und das damit verbundene Karriererisiko tragbar) wird. Die dabei erreichten Antworten werfen oft neue Folgefragen auf, die weitere Forschungen stimulieren. Ein positionsgebundener Bestand von Problemen und Lösungen evoluiert, der jeweils nur im Binnenkontext des einen oder anderen Lagers anschlussfähig ist. Die Folge ist, dass die bei einer solchen Weiterarbeit erreichten Fortschritte aus der Perspektive von Wissenschaftlern, die sich in ihrer eigenen Arbeit auf eine konkurrierende Position stützen, schon deshalb nicht akzeptabel sind, weil sie auf falschen Prämissen zu beruhen scheinen.

Widerspruch über Lagergrenzen wird dann zwar weiterhin kommuniziert. Die dabei geübte Kritik ist jedoch zunehmend „grundsätzlicher" Art, verliert den Kontakt zur aktuellen Forschungsarbeit der Kritisierten und trifft deshalb auf ebenso „grundsätzlich" gehaltene Zurückweisungen. Wo schon der Ausgangspunkt der jeweils anderen verfehlt gewählt zu sein scheint, ist nicht mehr zu erkennen, auf welchen Wegen noch Übereinstimmung erreicht werden könnte,

---

[11] Wahrscheinlich aufgrund eines größeren konsentierten Kanons von Theorieannahmen und Methoden gelingt die Schließung solcher Kontroversen in den Naturwissenschaften offenbar besser als in den Sozialwissenschaften. Möglicherweise spielt aber auch die größere Abhängigkeit von finanziellen Ressourcen, die kostspielige Experimente erst ermöglichen, eine Rolle.

solange die anderen ihre „offensichtlichen Irrtümer" nicht einsehen. Differenzen im Bereich routinisierter Hintergrundannahmen führen zu systematisch divergierenden Deutungen von Theorien, Daten und Begriffen. Missverständnisse werden zu typischen Begleiterscheinungen von Debatten. Hat eine über längere Zeit fortgesetzte Kontroverse ein solches Stadium erreicht, dann wird die Fortdauer von Widerspruch erwartbar. Wird mit Zustimmung bei Vertretern der Gegenposition deshalb nicht mehr gerechnet und scheint ihnen die dafür erforderliche Einsichtsfähigkeit oder -bereitschaft zu fehlen, wird oft auch diese Zuschreibung noch kommuniziert. Kritische Beiträge werden dann leicht „persönlich" und die Debatten „polemisch". Die Kommunikation prozessiert als Konfliktsystem, das mit Referenz auf die umstrittenen Positionen deutlich zwischen „Gegnern" und „Anhängern" unterscheidet. Sachliche Differenzen werden so stabil mit der *Zurechnung zu kollektiven Adressen* gekoppelt.

Die Beobachtung der Vernetzung von bestimmten wissenschaftlichen Adressen verfestigt sich zu einer Einordnung in wissenschaftliche *Schulen*. Publikationen werden als Kommunikationen beobachtet, die sich durch die Verwendung bestimmter Schlüsselkonzepte oder -deutungen der einen oder anderen Schule zuordnen und diese Zuordnung auch durch eine entsprechende Selektion der zustimmend bzw. ablehnend kommentierten Zitationen dokumentieren. Dies geschieht nicht nur aus der Perspektive externer Beobachter, sondern auch in der *Selbstbeobachtung* der laufenden Kommunikation des jeweiligen Netzwerkes, das auf diese Weise zwischen zugehörigen und nicht zugehörigen Kommunikationen diskriminiert. Wenn bestimmte Grundbegriffe und Annahmen, die nur innerhalb des Netzwerkes akzeptiert sind, nicht nur im Einzelfall, sondern generell als anerkannte Prämissen von veröffentlichten Beiträgen in Anspruch genommen werden müssen, um Zustimmungsfähigkeit erreichen zu können, ist die *operative Schließung* des Netzwerkes hergestellt. Der „implizite Leser" (Iser 1972), an den sich wissenschaftliche Publikationen richten, die sich an diese Prämissen binden, ist Angehöriger einer gleichsam durch den Text imaginierten und durch bestimmte Überzeugungen integrierten Kommunikationsgemeinschaft.[12]

Was auf diese Weise erzeugt und reproduziert wird, sind an Kollektivadressen (Schulen) gekoppelte Netzwerke von Kommunikationen, die bestimmte Aussagen als wahr behandeln und als Prämissen für Anschlusskommunikationen verwenden, die innerhalb anderer Netzwerke als unwahr bezeichnet werden. All dies ist über weite Strecken völlig interaktionsfrei auf der Ebene von Publikationen möglich. Persönliche Kontakte sind also keine Voraussetzung für derartige kommunikative Verdichtungen. Sie können aber mit ihnen einhergehen und werden sich typischerweise im Zentrum des Netzwerkes bilden. An der Peripherie

---

[12] Wir greifen hier Andersons (1983) Konzept der „imagined communities" auf, deuten es kommunikationstheoretisch und widmen es so für unsere Zwecke um.

kann die Zuordnung zum Netzwerk ausschließlich über Publikationen laufen. Durch entsprechenden Zuschnitt ihrer Texte können sich Newcomer am Publikationsmarkt als Schulenanhänger präsentieren und darauf hoffen, auf dem Wege der Zitation durch bereits als schulenangehörig geltende Wissenschaftler in den inneren Kreis des Kommunikationszusammenhangs der Schule inkludiert zu werden. Schulennamen stehen hier für *partikulare epistemische Gemeinschaften*, die durch Aussagen und Präsuppositionen in den Texten selbst evoziert und deren Angehörige dadurch implizit als deren primäre Adressaten ausgewiesen werden. Es ist diese mitlaufende Referenz auf einen bestimmten Zusammenhang von Kommunikationen und Adressen, durch die eine Differenz von Insidern und Outsidern kontinuierlich markiert und so der selbstreferentiell geschlossene Kommunikationszusammenhang einer Schule auf der Ebene von Publikationen reproduziert wird.

Wenn wissenschaftliche Aussagen als Kommunikationen innerhalb einer Schule beobachtet werden und sich selbst so beobachten, können diese Aussagen das Wahrheitsmedium des Wissenschaftssystems nicht mehr ungeteilt in Anspruch nehmen. Die Selbstzuordnung zu einer Schule manövriert daher jede so markierte Aussage in eine performative Paradoxie, beansprucht sie doch die universalistisch begründbare Zuordnung der Aussage zum positiven Codewert des Systems, während gleichzeitig die Einordnung in eine spezifische Schule, in der bestimmte Annahmen gelten, die in anderen Schulen nicht gelten, die Universalität des kommunizierten Wahrheitsanspruchs konterkariert. Aus der Binnenperspektive einer jeden Schule kann diese Paradoxie jedoch dadurch aufgelöst werden, dass für die eigenen Wahrheitsansprüche die Einlösbarkeit nach universellen Kriterien behauptet und die partikularistische Beschränkung verwendeter Geltungskriterien den konkurrierenden Schulen zugerechnet wird.

Schulenkonflikte entzünden sich typisch an grundsätzlichen Entscheidungen über Begriffe und Begriffsrelationen, die sich einer Entscheidung durch empirische Forschung entziehen, oder an unterschiedlichen Möglichkeiten des Umgangs mit empirischen Anomalien, deren Auftreten mit bislang anerkannten Theorien nicht zu vereinbaren ist. Voraussetzung dabei ist, dass allgemein anerkannte Kriterien für die hier jeweils zu treffenden Entscheidungen fehlen bzw. deren Anwendung kein eindeutiges Resultat ergibt. Schulenbildung verhindert, dass wissenschaftliche Kommunikation durch solche Situationen der Unsicherheit blockiert wird, und ermöglicht durch interne Differenzierung zwischen verschiedenen Kommunikationszusammenhängen, dass einander ausschließende Alternativen nebeneinander erprobt werden können. Im Binnenkontext der Schule wird das, was im Wissenschaftssystem als Lärm erscheint, durch eindeutige Zuordnung eines Codewerts in Information verwandelt und dadurch die Operationsfähigkeit des Wissenschaftssystems unter schwierigen Bedingungen durch Symmetriebrechung gesichert. Zugleich ist dieser Lärm Entstehungs- und

Reproduktionsbedingung wissenschaftlicher Schulen. *Insofern* ist die Relation von Wissenschaft und Schulenbildung nicht als *einseitig* parasitäre, sondern als *reziproke* Beziehung zu beschreiben. Der Übergang in einen Zustand, in dem Schulen die Autopoiesis der Wissenschaft durch eigene zusätzliche „Lärmemission" beeinträchtigen, ist allerdings fließend und immer möglich.

Die Zugehörigkeit zu einer Schule wird markiert, indem wissenschaftliche Kommunikationen bestimmte, in der Disziplin kontroverse Schlüsselkonzepte bzw. Deutungen von Daten und Theorien affirmativ verwenden, diese innerhalb der Schule also der Kritik entzogen werden. Dadurch werden solche Deutungen und Konzepte dogmatisiert, d. h. ihr affirmativer Gebrauch wird als Bedingung der Schulenzugehörigkeit normiert. Schließung führt hier zu einer gesteigerten Konsensorientierung der Kommunikation innerhalb der Schule, die auf den integrativen Effekten von Konflikten (Luhmann 1984: 531 ff.) beruht, bedeutet doch interner Widerspruch die Schwächung der schuleneigenen Position im Streit mit konkurrierenden Schulen und damit die Unterstützung des Gegners. Die Forschung innerhalb der Schule konzentriert sich deshalb auf Probleme, bei deren Bearbeitung ein Infragestellen der konsentierten Vorannahmen unwahrscheinlich ist. Die Innovationsfähigkeit von Wissenschaft wird dadurch beeinträchtigt. Im Kampf der Schulen verselbständigt sich dagegen der Widerspruch, wird tendenziell ritualisiert und muss kaum noch durch die Explikation von Argumenten begründet werden. Diskussionen über neue Forschungsfragen werden im Kräftefeld des Schulenstreits rasch polarisiert. Konfliktorientierter Widerspruch wird so verstärkt. Bereiche der Übereinstimmung bleiben hingegen unterbelichtet, und schulenübergreifende Kooperation wird auch dort, wo sie eventuell möglich wäre, durch Schulenstreit verhindert.

Indem wissenschaftliche Schulen die Kommunikation widerstreitender Codewertzuordnungen forcieren, Integrationsversuche hingegen blockieren und dadurch mehr Lärm produzieren als absorbieren, operieren sie als *unilaterale* Parasiten der Wissenschaft. Die wissenschaftsexterne Beobachtung des unschlichtbaren Dissenses und die Lähmung der Erzeugung neuen Wissens innerhalb der Schulen können dann dazu führen, dass die Relevanz der betroffenen Disziplin sowohl für andere Disziplinen als auch für die Leistungserwartungen anderer Funktionssysteme abnimmt. Aus der Binnenperspektive konkurrierender Schulen werden diese Folgeprobleme zwar registriert, häufig aber durch Externalisierung bewältigt: Mangelnde Einsicht und Dogmatismus werden jeweils der Gegenseite zugeschrieben. Für den Lärm verantwortlich sind nur die anderen, die fürchten müssen, Einfluss, Stellen und Fördergelder zu verlieren und die so, statt weiter ernsthaft zu forschen, an der Wissenschaft nur noch unproduktiv „parasitieren". In dieser Weise asymmetrisiert, finden semantische Entsprechungen zur Figur des *unilateralen* Parasiten Eingang in die schulenperspektivisch gebundene Selbstbeobachtung des innerwissenschaftlichen Konflikts.

Im Grenzfall wird die Position der Gegner nicht nur als falsch, sondern als „unwissenschaftlich" etikettiert, d. h. es wird mit dem Versuch ihrer Exklusion aus dem Wissenschaftssystem reagiert. Beispiele dafür lassen sich leicht finden. Man denke nur an den Gebrauch von „Falsifizierbarkeit" als von „Popperianern" in den Sozialwissenschaften verwendetes Demarkationskriterium, das Wissenschaft von Metaphysik trennen sollte und das schon von Popper dazu eingesetzt wurde, Psychoanalyse und Marxismus als Nicht-Wissenschaft zu deklarieren. Der Widerspruch, den der so exkludierte Gegner produziert, wird als Lärm aus der Umwelt des Systems rubriziert, erzeugt von Adressen, die sich gleichsam von außen eingeschlichen haben und zu eigenem Nutzen, aber zum Schaden der Wissenschaft, Heimatrecht im System beanspruchen. Versucht wird so, dem Gegner die Rolle des *Ekto*parasiten zuzuweisen.

Selbst dann, wenn Schulenstreitigkeiten mit derartiger Schärfe ausgetragen werden, bleiben die Folgen für das Wissenschaftssystem freilich insgesamt relativ begrenzt. Dessen interne Differenzierung in Disziplinen wirkt als Interdependenzunterbrechung, die gewährleistet, dass die Erzeugung neuen Wissens in anderen Gebieten relativ ungestört weiterlaufen kann.

3.3 Konflikte zwischen Wissenschaft und Parawissenschaft

Neben Schulenbildung bleibt noch eine weitere Möglichkeit der Formierung eines Parasiten zu diskutieren. Obwohl das Wissenschaftssystem insgesamt eher robust auf Lärm reagiert, eröffnet die Beobachtung von Anomalien und Unentscheidbarkeiten in der wissenschaftlichen Kommunikation immer auch die weitere Möglichkeit, dass system*externe* Kriterien herangezogen werden, um die Codewerte wahr/unwahr zuzuordnen. Dies ist der Fall bei Formen des Widerspruchs, die sich als „fundamentalistisch" gebärden, d. h. nicht nur weite Teile des Kanons etablierter Theorien und Methoden ablehnen, sondern sich darüber hinaus als radikale Kritik an der etablierten Wissenschaft präsentieren, indem sie neuartige Phänomene und Wirkungszusammenhänge postulieren, die die Wissenschaft bislang offenbar ignoriert habe (Eberlein 1991: 114). Beispiele sind Behauptungen wie die Existenz von Ufos oder von Psi, die nicht an wissenschaftlichen Theorien und Methoden orientiert sind, sondern als Resultat einer bekenntnishaften Vorentscheidung kommuniziert werden (Eberlein 1991: 115). Solche Behauptungen markieren Kommunikationszusammenhänge, die disziplinäre wissenschaftliche Kommunikation negieren und sich (in ähnlicher Weise wie dies entsprechende Formen des Protests im Kontext des politischen Systems tun)[13] als *fundamen-*

---

[13] Siehe Abschnitt 5.

tale Kritik an der konventionellen wissenschaftlichen Forschung rechtfertigen. Derartige Kommunikationszusammenhänge werden oft als Pseudowissenschaft (Bunge 1967) oder Parawissenschaft (Eberlein 1991) bezeichnet.

Empirische Aussagen, Erklärungen und Kriterien der Prüfung, die aus solchen Kommunikationszusammenhängen stammen, werden innerhalb des Wissenschaftssystems meist ignoriert. Als Gegner scheinen sie nur beachtet zu werden, wenn sie versuchen, im Kontakt mit anderen Funktionssystemen, die für das Wissenschaftssystem als Adressat oder als Quelle von Ressourcen in besonderer Weise relevant sind, zur etablierten Wissenschaft in Konkurrenz zu treten. Zu denken ist dabei vor allem an das Erziehungssystem sowie an das politische System,[14] wie etwa die in den letzten Jahren insbesondere in den USA geführte Debatte über den Umgang mit Intelligent Design zeigt (Pennock 2003). Die Produktion von Lärm wird so verlagert in den Bereich der Beobachtung von Wissenschaft durch andere Funktionssysteme und – vor allem im Falle von Resonanz in der massenmedialen Öffentlichkeit – in besonderer Weise sozial sichtbar. Im Unterschied zum wissenschaftsintern erzeugten Lärm des Streits *einseitig endoparasitär* operierender Schulen siedelt die fundamentalistische Kritik gleichsam als *Ektoparasit* an der Grenze der Wissenschaft zur außerwissenschaftlichen Umwelt und versucht, bisher als wissenschaftsfremd geltende Orientierungen in den Bereich der Programme einzuschleusen, die für die Zuordnung der Codewerte relevant sind. Die Reproduktionsweise solcher parawissenschaftlicher Netzwerke und die Art ihrer Auseinandersetzung mit der etablierten Wissenschaft können ähnliche Formen annehmen wie bei wissenschaftlichen Schulen. Aus der Perspektive der Öffentlichkeit verschwimmen die Differenzen zwischen Wissenschaft und Parawissenschaft deshalb leicht. Treffen parawissenschaftliche Positionen dort auf positive Resonanz, gerät die etablierte Wissenschaft daher in eine dilemmatische Situation. Nicht zu reagieren bedeutet zu riskieren, dass parawissenschaftliche Positionen als Aussagen der Wissenschaft rezipiert werden. Andererseits riskiert jede wissenschaftliche Anknüpfung an solche Aussagen (wie sie z. B. im Kontext von Intelligent Design über die Herkunft der natürlichen Artenvielfalt getroffen werden), dass diese Aussagen in der Öffentlichkeit als Elemente wissenschaftlicher Kommunikationszusammenhänge beobachtet werden, mit der Folge, dass das Getöse der Grenzstreitigkeiten zwischen

---

[14] Der Fall der Gravitationswellen ist hier nochmals instruktiv. Collins (1999) zeigt, dass das Ignorieren der marginalisierten Position zur Messbarkeit von Gravitationswellen mit Hilfe des ursprünglich vorgeschlagenen Detektors sich vorübergehend in vehementen Widerspruch innerhalb der Wissenschaft verwandelte, als es darum ging, im amerikanischen Kongress die enormen Forschungsgelder für eine neue Detektorengeneration zu bewilligen, der Leiter der marginalisierten Forschergruppe aber an Kongressmitglieder schrieb und seinen eigenen – im Vergleich dazu äußerst preisgünstigen – Detektor als Alternative empfahl.

etablierter Wissenschaft und Parawissenschaft leicht als Lärm der Wissenschaft wahrgenommen wird.

Auch hier kann freilich nicht ausgeschlossen werden, dass eine derartige außerwissenschaftlich motiviert scheinende Kritik zur Quelle wissenschaftlicher Innovationen wird und der *unilaterale* Parasitismus so in eine der Funktion der Wissenschaft dienliche *reziprok* parasitäre Beziehung transformiert wird. Ähnlich wie die Leistung von sozialen Bewegungen für das politische System (vgl. Luhmann 2000: 315), kann die Bedeutung parawissenschaftlicher Netzwerke darin gesehen werden, den Ausschluss bestimmter Themen (bzw. Beobachtungen und Hypothesen) aus der wissenschaftlichen Diskussion zu thematisieren und damit u. U. deren Einbeziehung in die innerwissenschaftliche Kommunikation den Weg zu bahnen. Grenzstreitigkeiten zwischen Wissenschaft und Parawissenschaft führen dann zur Neuadjustierung der Systemgrenzen.

4   Politische Parteien und innerparteiliche Gruppierungen

Das politische System stellt insofern einen Kontrastfall zur Wissenschaft dar, als der Konflikt hier bereits auf der Ebene des Codes institutionalisiert, damit aber gleichzeitig in seinen Austragungsmöglichkeiten beschränkt ist. Die Leitdifferenz von Regierung und Opposition führt dazu, dass jede Kommunikation im politischen System daraufhin beobachtet wird, ob sie die Machtchancen der Regierung oder der Opposition begünstigt (Luhmann 1989: 19 f.).

Voraussetzung für die Etablierung dieses Codes ist die Existenz von politischen Parteien, die als kontinuierlich im Modus des Konflikts kommunizierende *Organisationen* den Wechsel von der Regierung in die Opposition überdauern und es auf diese Weise erst ermöglichen, dass der Code sämtliche Operationen im System orientiert (Luhmann 1989: 17).[15] Durch die Konkurrenz um die Besetzung politischer Ämter ist die Maximierung von Wahlstimmen das zentrale Pro-

---

[15] Blickt man in die Vergangenheit demokratischer politischer Systeme, liegt die Überlegung nahe, dass die Recodierung der Leitdifferenz Machtüberlegenheit/Machtunterlegenheit als Regierung/Opposition selbst ein Resultat der Verarbeitung von Lärm im politischen System ist, der strukturell dadurch domestiziert wird, dass der Widerspruch gegen politische Entscheidungen entkoppelt ist von der Bestreitung der kollektiv verbindlichen Geltung dieser Entscheidungen. Historisch wird die Spaltung der Spitze des politischen Systems durch institutionelle Normalisierung der Differenz von Regierung und Opposition unter Bedingungen ständischer Differenzierung der Gesellschaft durch neue politische *Bewegungen* in Gang gebracht, die gegen die hergebrachte ständische Besetzung von Machtpositionen protestieren. Politische Parteien können vor diesem Hintergrund als allmählich sich herausbildende *Konfliktadressen* begriffen werden. Sie hatten anfangs den Charakter *loser Zusammenschlüsse* innerhalb der Parlamente oder kleiner Unterstützungs*netzwerke* zur Wiederwahl einzelner Parlamentsmitglieder oder bildeten sich außerhalb der Parlamente im Kontext der Arbeiterbewegung (vgl. Duverger 1959: 2 ff.) Zu *Organisationssystemen* formierten sie sich erst

blem politischer Parteien. Dazu müssen sie sich ständig als programmatische und personelle Alternative gegenüber den Konkurrenten profilieren. In den Massenmedien behandelte und oft rasch wechselnde Themen stimulieren deshalb eine nicht abreißende Kette gegensätzlicher Reaktionen, mit der Folge, dass politische Kommunikation typisch die Form von Konflikten annimmt. Politische Initiativen und Entscheidungsvorschläge orientieren sich dabei jeweils daran, welches Ausmaß an Unterstützung für sie erwartet werden kann. Als Indikator dafür dient die Beobachtung der öffentlichen Meinung.

Welche Auswirkungen auf die Chancen des Gewinns politischer Macht bestimmte Entscheidungsvorschläge haben, ist dennoch unsicher. Der Test auf Unterstützung von politischen Positionen und Personen in der Öffentlichkeit bleibt jeweils punktuell. Er beschränkt sich auf aktuell debattierte Einzelthemen und Protagonisten, die sich durch Beiträge dazu profilieren. Die Frage nach der Beeinflussung von Machtchancen stellt sich jedoch nicht isoliert für einzelne Entscheidungen, sondern mit Bezug auf Verkettungen verschiedener Entscheidungen (vgl. Giegel 2002: 204) und deren Beurteilung aus der Perspektive der Wähler am Wahltermin. Daher bleibt genügend Unsicherheit, um gegensätzliche Einschätzungen im Blick auf die Frage zu ermöglichen, inwiefern bestimmte Stellungnahmen die Chancen der Zuordnung zu den beiden Polen des politischen Codes (machtüberlegen/machtunterlegen bzw. Regierung/Opposition) für die Partei verändern. Im Rahmen innerparteilicher Auseinandersetzungen wird kontrovers verhandelt, welche Codewertzuordnung als Folge der Festlegung auf die eine oder andere politische Position zu erwarten ist. Unsicherheit wird dabei auch in der Binnenkommunikation der Parteien über weite Strecken als Konflikt zwischen *sozial generalisierten Adressen* prozessiert.

Wie im politischen System insgesamt, wird die Unsicherheit, die sich in solchen Debatten zeigt, jeweils durch Abstimmungsverfahren absorbiert. Allerdings finden solche Abstimmungen nur in relativ großen Abständen auf Parteitagen statt. Ähnlich wie bei allgemeinen politischen Wahlen nicht über Einzelentscheidungen, sondern über politische Programme und Personen abgestimmt wird, können auch Parteitage durch Mehrheitsentscheidung nur programmatische und personelle Entscheidungsprämissen beschließen, auf deren Basis dann Dissens über Einzelfragen in den Parteigremien ausgetragen werden kann. Wie dort im Einzelfall entschieden wird, ist ungewiss. Dafür sorgt schon das hohe Tempo politischer Kommunikation, die ständig neue Probleme und Entscheidungsalternativen erzeugt, die nicht antizipiert werden können und rasche Stellungnahmen der Parteien verlangen. Nur durch höherstufig generalisierte Richtungsfestlegungen, wie sie durch unterschiedliche *Flügel bzw. Gruppierungen* der Partei formuliert

durchgehend, nachdem mit der Ausweitung des Wahlrechtes plötzlich sehr viel größere Wählerzahlen über die Zusammensetzung des Parlamentes entschieden (vgl. auch Beyme 1984: 199 ff.).

werden, und vor allem durch die Nominierung von Personen für Positionen in Parteigremien, von denen erwartet werden kann, dass sie diese Festlegungen tragen und bei neu anfallenden Fragen für deren adäquate Spezifizierung auf der Ebene von Entscheidungsalternativen sorgen, kann diese Unsicherheit reduziert werden.

Dadurch verlagert sich der Schwerpunkt für die Bewältigung des Problems der Unsicherheitsabsorption von der Abstimmung über Sachfragen hin zur Abstimmung über Personen als Kandidaten für Ämter in Parteigremien. Die Unsicherheit über die Zuordnung der Codewerte des politischen Systems wird so zum Kristallisationspunkt für Kommunikationen, die sich an Personen als Adressen orientieren, um Unterstützung zu mobilisieren und zu testen, also für Netzwerke im hier vorgeschlagenen Sinn, die versuchen, Personen zu binden und Posten zu besetzen, um inhaltliche Positionen politisch durchzusetzen. Zunächst aus spezifischen Anlässen formiert, können die geknüpften Beziehungen bei späteren Konflikten um parteipolitische Positionierungen erneut in Anspruch genommen, dadurch verstetigt und schließlich dauerhaft etabliert werden.

Derartige Netzwerke sind für unterschiedliche Länder und Parteien beschrieben worden.[16] Gemeinsam ist ihnen, dass sie sich über Kommunikationen zwischen Adressen reproduzieren, die sich durch ihre Zugehörigkeit zum Netzwerk als Unterstützer bestimmter inhaltlicher Positionen und/oder wichtiger Personen innerhalb der Partei ausflaggen (Köllner/Basedau 2006: 15 ff.). Die Kommunikation innerhalb solcher parteiinterner Netzwerke orientiert sich an der Unterscheidung von Anhängern und Gegnern. Sie importiert damit eine Unterscheidung, welche die Konkurrenz zwischen verschiedenen Parteien strukturiert, in den Binnenkontext innerparteilicher Kommunikation und generiert so Adressen für die *Generalisierung von Konflikten*, die als Flügelkämpfe sichtbar werden und den Anspruch der programmatischen Einheit der Partei diskreditieren können.

Je mehr die Unterscheidung von Anhängern und Gegnern in innerparteilichen Konflikten in den Vordergrund rückt und so die Sachdimension gegenüber der Sozialdimension in den Hintergrund tritt, desto mehr müssen Netzwerke darauf bedacht sein, Schlüsselpositionen in der Partei mit eigenen Anhängern

---

[16] In der Literatur werden diese Netzwerke unter unterschiedlichen Begriffen diskutiert, u. a. Flügel, Kreise, Richtungen, organisierte Konfliktgruppen oder Faktionen (Müller-Rommel 1982: 12). Dabei werden zum Teil Untergliederungen, die formell in den Parteistatuten verankert sind, gemeinsam mit Gruppierungen behandelt, die keine Verankerung in der formalen Struktur der Partei aufweisen (Köllner/Basedau 2006). Damit wird aus unserer Sicht die Besonderheit der Letzteren verfehlt, die eben darin liegt, dass sie sich als Effekte von Lärm im politischen System begreifen lassen. Arbeitsgemeinschaften und andere Varianten formaler Gliederungen innerhalb einer Partei bilden sich dagegen typisch auf Basis besonderer sozialstruktureller Merkmale ihrer Mitglieder und den gemeinsamen Interessen, die daraus abgeleitet werden, z. B. Vereinigungen der weiblichen Parteimitglieder, Jugendorganisationen oder Vereinigungen bestimmter Berufsgruppen (vgl. Dümig et al. 2006 für die CDU; Müller-Rommel 1982: 50 f. für die SPD).

zu besetzen. Innerparteiliche Auseinandersetzungen werden zunehmend personalisiert und die Netzwerke dadurch klientelistisch bzw. nach dem Modell
von „Seilschaften" strukturiert. Die Besetzung von wichtigen Parteiämtern mit
bestimmten Personen ist dann mit der Erwartung verbunden, dass diese Personen
in der Folge anderen Personen des Netzwerkes mit höherer Wahrscheinlichkeit
Sitz und Stimme in wichtigen Gremien der Partei verschaffen.[17] Dominiert im
Netzwerk dagegen die Orientierung an Sachfragen, knüpft sich an die Besetzung
von Parteigremien mit eigenem Personal die Erwartung, dass künftige Entscheidungen dieser Gremien bestimmte inhaltliche Positionen widerspiegeln werden.

In Deutschland zeigt das Beispiel der SPD besonders gut, wie Netzwerke
innerhalb einer politischen Partei als Parasiten von Konflikten über die Zuordnung von programmatischen Entscheidungen zu Codewerten entstehen.[18] Dabei
fällt auf, dass Konflikte um die richtige inhaltliche Positionierung der Partei sich
stabilisierten, nachdem die SPD Ende der 1960er Jahre innerhalb einer Großen
Koalition erstmals Regierungsverantwortung übernommen hatte. Innerparteiliche Gegner des moderaten Kurses, der mit den in der Koalition erforderlichen
Kompromissen einherging, bemühten sich, ihre Aktivitäten stärker zu koordinieren, kamen – etwa als „Frankfurter Kreis" – zu Treffen zusammen und ver-
schickten Kurzprotokolle dieser Zusammenkünfte an die Anhänger, aber auch
den Parteivorstand (Müller-Rommel 1982: 90 f.). Dabei ging es unter anderem
darum, die Zusammensetzung des SPD-Vorstandes zu verändern und das Abstimmungsverhalten bei den Wahlen zum Parteivorstand dementsprechend zu
koordinieren, wozu im Vorfeld von Parteitagen Listen mit den Namen der zu
wählenden bzw. keinesfalls zu wählenden Kandidaten erstellt und an die Anhänger verteilt wurden (Müller-Rommel 1982: 74 ff.). In Reaktion auf diese Ko-
ordinationsbemühungen der Parteilinken entwickelten Parteimitglieder, die den
kompromissbereiten Kurs der SPD-Spitze unterstützten, ebenfalls Strukturen
engerer Kooperation. Sie gründeten regionale Gesprächskreise, für die sie Informationen und Argumentationshilfen zusammentrugen, und richteten einen bun-
desweiten innerparteilichen Informationsdienst ein (Müller-Rommel 1982: 99 ff.;
Gebauer 2005: 125 ff.).

Arbeit und Entwicklung dieser Kreise müssen hier nicht weiter diskutiert
werden. Entscheidend ist im Zusammenhang unserer Argumentation, dass es sich
um Strukturbildungen innerhalb der SPD handelte, die sich nicht auf bloße Er-

---

[17] Hier lässt sich deshalb der Kampf für bestimmte politische Positionen besonders leicht mit Kar-
riereinteressen verbinden. Das hat entsprechende Folgen für die Außenbeobachtung von Politik, die
hier dann oft keinen Unterschied mehr erkennen kann.
[18] Während Müller-Rommel (1982) für die Zeit von 1969 bis 1980 verschiedene innerparteiliche
Gruppierungen der SPD untersucht, spitzt Gebauer (2005) ihre Darstellung auf die Auseinandersetzung zwischen dem Seeheimer Kreis und der Neuen Linken zu und verfolgt diese bis in die 1980er
Jahre. Letztlich zeigen beide Arbeiten ähnliche informelle Kommunikationszusammenhänge auf.

scheinungsformen von Differenzen der politischen Gesinnung reduzieren lassen, sondern als Reaktionen auf Unsicherheiten in der Zuordnung von programmatischen Entscheidungen zu den Codewerten Regierung/Opposition zu begreifen sind und damit auf die Leitdifferenz des politischen Systems bezogen bleiben. Die Kritik an den Kompromissen mit der CDU/CSU im Zuge der Regierungsübernahme in der Großen Koalition begründeten die Parteilinken unter Verweis auf die verlorenen Landtagswahlen in Hessen 1967/68 und auf das Anwachsen der Außerparlamentarischen Opposition (Müller-Rommel 1982: 70). In den Jahren von Bundestagswahlkämpfen schränkte der Frankfurter Kreis seine Aktivitäten regelmäßig stark ein, was darauf hindeutet, dass die Beteiligten vermeiden wollten, in der Öffentlichkeit das Bild einer zerstrittenen Partei zu erzeugen und dadurch die Wahlchancen zu beeinträchtigen (Müller-Rommel 1982: 90). Gleiches gilt für den rechten Seeheimer Kreis, der sich bei allen Anstrengungen, die Unterstützung für die Positionen der SPD in der Regierung stärker zu koordinieren, darum bemühte, den Eindruck der Gruppenbildung zu vermeiden (Gebauer 2005: 127). Auffällig ist darüber hinaus, dass die innerparteilichen Netzwerke Verdichtungen in der Kommunikation über regelmäßige persönliche Treffen herstellen, wobei neben der Interaktion unter Anwesenden aber auch Verbreitungsmedien genutzt werden, um die Reichweite des Netzwerkes zu erhöhen und dessen Chancen auf positive Resonanz im innerparteilichen Konflikt zu steigern.

An den innerparteilichen Kreisen der SPD kann man darüber hinaus beobachten, dass sie zwar eine elementare administrative Infrastruktur benutzen (z. B. Einrichtung eines Sekretariats, Führung von Adressenlisten für die Versendung von Einladungen und Informationsmaterialien, Bitten um Spenden für die Finanzierung des Postversands), es aber nicht zu einer organisatorischen Schließung kommt. Insbesondere fehlen die Ausbildung von klar konturierten Mitgliedschaftsrollen mit formal geregelten Verfahren der Aufnahme und des Ausschlusses, festen Mitgliedsbeiträgen sowie die Einrichtung von Stellen mit definierten Entscheidungskompetenzen. Die verschiedenen Gruppierungen formieren sich um Personen bzw. Personengruppen, die in engem Kontakt zueinander stehen und gleichsam als Kondensationskerne verdichteter Kommunikation fungieren, d. h. programmatische Texte entwerfen, andere Personen kontaktieren, Treffen initiieren, Adressenkarteien führen sowie Informationsmaterial und Einladungen versenden. Die sich bildende Struktur nimmt die Form von Zentrum und Peripherie an: Eine aktive Kerngruppe bindet eine hinreichende Menge von Personen, die mehr oder weniger regelmäßig an Versammlungen und Debatten teilnehmen, sowie Anhänger und Interessenten, die mit Informationen über die erarbeiteten politischen Positionen und personellen Besetzungsvorschläge versorgt werden. An der äußersten Peripherie des Netzwerkes stehen Sympathisanten, die nur über persönliche Kontakte zu eingetragenen Interessenten entsprechende Informationen erhalten.

Die so zu einem Netzwerk verknüpfte Menge von Adressen ist, zumindest jenseits des Zentrums, unüberschaubar und fluktuierend. Dennoch kann das Netzwerk auf der Ebene seiner Operationen selbstreferentiell geschlossen prozessieren. Die Operationen, durch die sich das Netzwerk reproduziert, sind die Voten, die die mit seinem Namen verbundenen Programm- und Personalvorschläge in innerparteilichen Abstimmungen (auf Parteitagen, Delegiertenkonferenzen etc.) an sich binden können. Die erreichten Abstimmungsergebnisse zeigen an, welche Unterstützung die verschiedenen Netzwerke mobilisieren können. Wer für ihre Vorschläge stimmt, bekennt sich zu ihren Positionen und trägt damit zur Reproduktion des jeweiligen Netzwerkes bei, unabhängig davon, ob dies im Einzelfall Ausdruck stabiler Überzeugungen und Loyalitäten, Ergebnis neu gewonnener Einsichten oder bloße Folge einer Augenblickslaune ist. Die Unübersehbarkeit und Fluktuation der Adressen, die zu einem Netzwerk zu zählen sind, beeinträchtigen dessen Reproduktion also nicht, weil es die Abstimmungskommunikation ist, in der sich dokumentiert, dass ein innerparteiliches Netzwerk als synchron mobilisierbare Menge von Adressen operiert.[19]

Parteiinterne Netzwerke der Unterstützung für bestimmte programmatische Positionen und/oder Personen lassen sich als Strukturen begreifen, die in Reaktion auf Lärm im politischen System entstehen. Innerhalb einer Partei tritt typisch Widerspruch auf, wenn es darum geht, dass die Organisation sich auf ein bestimmtes Programm oder bestimmte Spitzenkandidaten festlegen muss. Unsicherheit über die Zuordnung derartiger Festlegungen zu den Codewerten Regierung/Opposition mündet in innerparteiliche Konflikte, in denen strittig ist, welche Optionen die Wahlchancen der Partei steigern bzw. beeinträchtigen. Die kontinuierliche Adressierung von Parteimitgliedern als Anhänger bestimmter programmatischer Positionen und/oder Personen im Rahmen von Netzwerken dient dazu, die Erwartbarkeit von Unterstützung bei innerparteilichen Abstimmungen über Sach- und Personalfragen zu erhöhen. Wenn es gelingt, die Unsicherheit über die Auswirkungen konkurrierender Programme und Kandidaten auf die Wahlchancen der Partei in der Auseinandersetzung zwischen den verschiedenen Netzwerken erfolgreich zu reduzieren und damit den nach außen

---

[19] Auch wenn wir hier nicht näher darauf eingehen können, ist doch darauf hinzuweisen, dass die Strukturen innerparteilicher Netzwerke in Abhängigkeit von den Besonderheiten der nationalen Ausprägungen des politischen Systems erheblich variieren. Während man etwa in Großbritannien in den großen Parteien ebenfalls Netzwerke ausmachen kann, die sich infolge von Konflikten über den politischen Kurs der Partei herausgebildet haben (Detterbeck 2006), gilt Italien bis Anfang der 1990er Jahre als klassischer Fall für parteiinterne klientelistische Netzwerke, die Unterstützung für einzelne Führungspersönlichkeiten koordinieren. Allerdings hatten selbst diese Netzwerke keinen rein personalistischen Charakter; ihre Anfänge sind in inhaltlichen Auseinandersetzungen zu finden, die aber im Zeitverlauf gegenüber der personenbezogenen Patronage an Bedeutung verloren haben (Trefs 2006: 79f.).

dringenden Lärm innerparteilichen Dissenses zu minimieren, dann funktionieren Netzwerke als *reziproke* Parasiten der Parteiorganisation.

Umgekehrt können in der politischen Öffentlichkeit und unmittelbar vor Wahlterminen ausgetragene Konflikte zwischen innerparteilichen Gruppierungen freilich die Wahlchancen einer Partei erheblich beeinträchtigen, weil sie die Einheitlichkeit ihrer programmatischen und personellen Fassade beschädigen und so bei den Wählern den Eindruck erzeugen, nicht zu wissen, was sie wählen, wenn sie für diese Partei votieren. Wenn aber die Wähler keine hinreichend verlässlichen Anhaltspunkte mehr dafür finden können, welchen Unterschied die Wahl oder Nichtwahl einer Partei programmatisch und/oder im Hinblick auf das sie faktisch führende Personal macht, drohen Stimmenverluste und Wahlniederlagen als Folge von Lärmschäden. Die innerparteiliche Unsicherheitsabsorption ist dann missglückt und in Unsicherheitsamplifikation durch „Flügelkämpfe" umgeschlagen, betrieben von Netzwerken, die ihren Widerstreit auf offener politischer Bühne austragen und dabei von Unsicherheit reduzierenden zu Lärm produzierenden *unilateralen* Parasiten der Parteiorganisation mutieren.

5 Fundamentalistischer Protest und terroristische Bewegungen

Der Code demokratischer politischer Systeme – Regierung/Opposition – beruht auf einer spezifischen Technisierung der Leitdifferenz Machtüberlegenheit/ Machtunterlegenheit. Obwohl die Opposition keine Amtsmacht ausüben kann, besteht die Aussicht, dass sich dies nach den nächsten Wahlen ändert und sie zur Regierung wird. Damit wird der Wechsel von der einen Seite des Codes zur anderen erleichtert, und Politik bringt vor diesem Hintergrund Werte und Interessen in eine stets nur vorübergehende Rangfolge, um basierend darauf politische Entscheidungen zu treffen (vgl. Luhmann 2000: 99 f.).

Wird dieser Mechanismus zur Regulierung der Ausübung von Amtsmacht zurückgewiesen, indem für bestimmte Werte oder Interessen absoluter Vorrang eingefordert wird, hat man es mit einer Situation der gleichzeitigen Bezeichnung beider Seiten des Codes zu tun: Die Kompetenzen der Regierung zur Herbeiführung kollektiv bindender Entscheidungen werden bestritten von einer „Opposition", die in Relation zur Regierung nicht als andere Seite der politischen Leitdifferenz agiert, sondern als *fundamentale* Opposition, die Anspruch auf legitime Gegenmacht für sich erhebt. Die von einer solchen „Opposition" betriebene Widerspruchskommunikation beschränkt sich nicht darauf, den Inhalt politischer Entscheidungen abzulehnen, sondern bestreitet deren kollektive Verbindlichkeit auch dann, wenn diese Entscheidungen unter Einhaltung der dafür etablierten Verfahren zustande gekommen sind. Anders als die politische Kommunikation im Binnenraum der Unterscheidung Regierung/Opposition, die Entscheidungen und

Entscheidungsvorschläge ständig mit Alternativen konfrontiert und dadurch als kontingent erkennbar macht, versucht fundamental opponierende Kommunikation die Behandlung von Entscheidungen als kontingent zu blockieren, indem sie für bestimmte Ziele oder Werte (sei es für die Überwindung des Kapitalismus, den Tier- oder Umweltschutz, den Schutz ungeborenen Lebens, für religiöse Werte oder den Autonomieanspruch einer ethnischen Gruppe) bedingungslosen Vorrang reklamiert. Solche Kommunikationen müssen deshalb aus der Normalform politischer Widerspruchskommunikation ausscheren. Mindestens zwei alternative Mitteilungsformen, die zugleich als Grundlage für die Formierung reproduktionsfähiger parasitärer Netzwerke dienen können, stehen dazu bereit: Protestkommunikation und terroristische Anschläge.

5.1 Fundamentalistischer Protest

Protest als Kommunikation beruht auf der Unterscheidung zwischen den Protestierenden einerseits und dem, wogegen protestiert wird, andererseits (Luhmann 1997: 854 f.). Wie für Konfliktsysteme generell charakteristisch, wird dabei die Sachdimension typisch mit der Sozialdimension verknüpft, indem Vertreter abgelehnter Positionen als Gegner identifiziert werden, gegen die sich der Protest dann richtet. Jede Protestaktion, die mit der gleichen Selbstbeschreibung der Protestierenden ausgeflaggt ist und so die Seite der Protestierenden von den Gegenständen und Gegnern ihres Protests unterscheidet, klinkt sich ein in den Zusammenhang einer *Protestbewegung* (Luhmann 1997: 854 f.). Im Zentrum der Bewegung fungieren bestimmte Personen bzw. Organisationen als Adressen, die für die Verbreitung von Informationen sowie die Planung und Koordination von Aktionen sorgen. Von den Aktivisten des Zentrums sind die Anhänger und Sympathisanten an der stark fluktuierenden Peripherie der Bewegung zu unterscheiden, die sich regelmäßig oder auch nur gelegentlich zur Beteiligung an Aktionen des Protests mobilisieren lassen. Die Fluktuation der Teilnehmer beeinträchtigt dabei nicht die Reproduktionsfähigkeit als System. Wer sich durch Teilnahme an Protestaktionen der Bewegung (Demonstrationen, Unterschriftensammlungen, Mahnwachen, Sitzblockaden etc.) engagiert, gehört dazu, solange er dies tut und seine Beteiligung akzeptiert wird. Die selbstreferentielle Schließung der Bewegung als Netzwerk des Protests erfolgt nicht über die Invarianz von Adressen, die sich ihr zuordnen, sondern durch die fortgesetzte Verknüpfung von *Operationen des Protests*, durch die sie sich reproduziert, indem sie – je aktuell und immer wieder neu – ihre Fähigkeit zur Mobilisierung einer großen Menge mehr oder weniger stark fluktuierender Adressen dokumentiert.

Fundamentalistische Protestbewegungen zielen nicht auf die Revision einzelner politischer Entscheidungen oder auf Neuwahlen, um die alten Regierungsprogramme und Amtsinhaber durch neue zu ersetzen. Durch öffentliche Kundgebungen, Aktionen des zivilen Ungehorsams und gewaltlosen Widerstand kommunizieren sie den Anspruch auf legitime Gegenmacht gegenüber der politischen Macht der regierenden Amtsinhaber und versuchen diese durch die Macht des Protests (Habermas würde hier von „kommunikativer Macht" sprechen) in die Position der Machtunterlegenen zu manövrieren. Sie opponieren gegen das Schema Regierung/Opposition, indem sie die institutionalisierten Kriterien der Zuteilung und des Entzugs von Macht sabotieren und versuchen, die Zuordnung Regierung $\rightarrow$ Machtüberlegenheit/Opposition $\rightarrow$ Machtunterlegenheit „demonstrativ" zu invertieren. Sie treiben den politischen Code im Konflikt mit den Regierenden in die Paradoxie der Simultanbezeichnung von Wert und Gegenwert und erzeugen dadurch Lärm im politischen System (vgl. Schneider 2008: 183 f.). Auf diese Weise bündeln fundamentalistische Protestbewegungen Widerspuchs- und Konfliktpotentiale, koppeln sie an einen spezifischen, selbstreferentielle Schließung ermöglichenden Operationsmodus der Kommunikation und reproduzieren sich so als lärmgenerierende *ektoparasitäre Netzwerke* an der Peripherie des politischen Systems.

Das schließt jedoch nicht aus, dass Protestbewegungen aus der Binnenperspektive des politischen Systems als virtuelle (etwa als „außerparlamentarisch" klassifizierte) Opposition registriert und so unter den politischen Code subsumiert werden. In der Selbstbeschreibung des politischen Systems spiegelt sich dieser Umgang mit kommunikativem Lärm in der Unterscheidung zwischen konventioneller und unkonventioneller politischer Partizipation (Kaase 2003, Brand 2008) wider. Die Beobachtung von Protest als politische Partizipation unterläuft die Weigerung der Protestkommunikation, sich dem Code von Regierung und Opposition zu unterwerfen, indem sie das Ausmaß der Protestmobilisierung als Hinweis auf Unterstützungsbereitschaften behandelt, die von Parteien durch passenden Zuschnitt politischer Programme gebunden werden können. Politische Parteien können es sich dann zur Aufgabe machen, Forderungen der Protestierenden selektiv als Themen der Politik aufzugreifen. Protestkommunikation wird so an die Unterscheidung von Regierung und Opposition assimiliert und stimuliert Anschlüsse im Binnenkontext des politischen Systems.

Wenn diese Form der Beobachtung in die interne Kommunikation einer Protestbewegung einwandert, dann können sich innerhalb ihres Netzwerkes konkretere programmatische Vorstellungen entwickeln, parallel dazu die Bindung an absolut gesetzte (und insofern gegenüber dem politischen System externe) Kriterien allmählich zurückgedrängt sowie politische Kriterien für die Zuordnung zu den Codewerten von Regierung und Opposition akzeptiert werden. Mit der Auflösung seiner fundamentalistischen Bindungen transformiert sich Protest von einem lärmenden *unilateralen* (Ekto)Parasiten in einen lärmdämpfenden *reziproken* Parasiten des politischen Systems. Der früher extern und gegen das politische System artikulierte Widerspruch wird eng mit dessen Binnenkommunikation gekoppelt. Er bahnt vielleicht den Weg für die Formierung einer neuen Partei, die sich auf die Bewegung stützt und intern die Differenz von Bewegung und Partei als Unterscheidung zwischen Flügeln (etwa als Differenz von „Fundamentalisten" und „Realisten") dupliziert. Parallel dazu können die Aussichten auf Abschöpfung von Wählerstimmen etablierte Parteien dazu motivieren, manche Ziele der Bewegung in ihre Programme zu integrieren, um abwanderndes Protestpersonal in das eigene Mitglieder- und Wählerreservoir zu lenken. Die Thematisierung von Themenausschlüssen durch die Protestbewegung erscheint dann retrospektiv als externer Anstoß für die Erweiterung bzw. Verschiebung des politisch behandelten Themenspektrums, d. h. für den Wandel der Strukturen politischer Kommunikation. Im politisch institutionalisierten Dauerkonflikt zwischen Regierung und Opposition wird der Lärm des Parasiten so in Information über zur Wahl stehende Alternativen transformiert und dabei werden gleichsam Teile seines „genetischen Materials"[20] in die Strukturen des politischen Systems inkorporiert.

Eine derartige Entwicklung ist freilich keineswegs zwangsläufig. Stattdessen kann die Fremdbeobachtung der Protestbewegung im Schema von Regierung und Opposition konträre Impulse innerhalb der Bewegung auslösen, indem sie durch die Wahl ihrer Protestformen so unmissverständlich wie möglich klar zu machen versucht, dass es ihr tatsächlich nicht um politische Programme und Personen geht, sondern um *grundsätzlichen* Widerspruch. Gerade weil demokratische politische Systeme auch unkonventionelle Formen der Partizipation akzeptieren, sie an den Code des politischen Systems assimilieren und Protestbewegungen auf diese Weise leicht durch den Normalbetrieb der Politik absorbiert werden, wird die Kommunikation von Widerspruch, der als nichts anderes verstanden werden will, der jede andere Deutung, jedes Kompromissangebot, jede politische Vereinnahmung durch Kommunikation von „Widerstand" zu blockieren sucht, zu einem Problem, für das sich der Griff zur Gewalt als Lösung anbietet.[21]

---

[20] Besser zur hier verwendeten informationstheoretischen Fassung des Parasitenkonzepts passend und mit Dawkins formuliert, der parallel zum „Gen" den Begriff „Mem" als Bezeichnung für eine elementare replikationsfähige Informationseinheit der kulturellen Evolution vorgeschlagen hat, müsste es nicht „*gen*etisches", sondern „*mem*etisches Material" heißen.

[21] In autokratischen Regimen, in denen politische Partizipation nur sehr eingeschränkt möglich und nichtgewaltförmiger Protest daher ausgeschlossen ist, liegt der Rekurs auf Gewalt innerhalb von Netzwerken, die politische Amtsmacht bestreiten, von vornherein näher. Terrorismus kann dann als Substitut für staatlich exkommunizierten Protest fungieren.

5.2 Terroristische Bewegungen

Terrorismus artikuliert politischen Widerspruch in der Form überraschenden und spektakulären Gewaltgebrauchs, d. h. in der operativen Form des *Anschlags*. Auf diese Weise können Gegenmachtansprüche unmissverständlich außerhalb des Schemas von Regierung und Opposition kommuniziert werden. Selbst bei knapper Personaldecke und einfacher Ausrüstung ist dies äußerst wirksam möglich. Die Unfähigkeit des staatlichen Apparates, terroristische Anschläge zu verhindern, demonstriert dabei unmittelbar die Grenzen politischer Amtsmacht. Gegenüber Protestbewegungen, die sich in ihrem Operieren primär an der Unterscheidung zwischen Protestierenden und dem Protestthema orientieren und oft erst in zweiter Hinsicht Gegner identifizieren, gegen die sie protestieren, ist die orientierende Leitunterscheidung im Falle von Terrorismus stärker in die Sozialdimension verschoben. Die Differenz von Anhängern und Gegnern rückt in den Vordergrund und wird zur Unterscheidung von Freund und Feind dramatisiert. Durch Kommunikation gewaltförmiger Gegenmachtbehauptungen, welche die Fähigkeit der Regierenden, ihren Machtanspruch wirksam durchzusetzen, dementieren und selektiv diskreditieren, erzeugen Anschläge „Lärm" im politischen System (vgl. Schneider 2007: 126 f.).

Solche Aktionen können schon von Einzelpersonen oder kleinen Gruppen ausgeführt werden. Aber erst die Etablierung einer einheitlichen und mobilisierungswirksamen Freund/Feind-Distinktion erzeugt die codeanaloge Basis für ein terroristisches Netzwerk, das sich mit jedem neuen Anschlag als Konfliktadresse reproduzieren kann, dessen Urheber ihn mit der netzwerkspezifischen Freund/Feind-Differenz ausflaggen und damit in die Serie der dem Netzwerk zugeschriebenen Anschläge einklinken.[22] Dabei markiert die sich zu einem Anschlag bekennende Kollektivadresse die Selbstreferenz des terroristischen Netzwerkes; die Definition des Feindes, gegen den sich der Anschlag richten soll, steht demgegenüber für den fremdreferentiellen Pol der Operation.

Über die Massenmedien verbreitete Erklärungen sind für die kommunikative Reproduktion und Expansion terroristischer Netzwerke von wesentlicher Bedeutung. Dies gilt in besonderem Maße für transnationale terroristische Netzwerke. Exemplarisch dafür steht al-Qaida: Die Selbstnominierung einer neuen Terrorgruppe als lokaler Zweig von al-Qaida kann im Internet verkündet werden, ohne dass es dazu notwendig direkter persönlicher oder schriftlicher Kontakte oder des Austauschs bestimmter Leistungen zwischen den so verbundenen Adressen bedarf. Die Bestätigung der Zugehörigkeit durch prominente al-Qaida-Vertreter (oder auch nur durch Eintragungen auf Webseiten, die dem Netzwerk zugerech-

---

[22] Als knappe empirische Analyse zum Problem der Konstruktion einer sozial resonanzfähigen Freund/Feind-Definition am Beispiel von al-Qaida vgl. Schneider 2007: 148–163.

net werden) ist auf die gleiche Weise möglich, aber keineswegs unbedingt nötig. Um das terroristische Netzwerk um ein neues Glied zu erweitern, genügt es u. U. schon, dass eine bisher unbekannte oder unter anderem Titel firmierende terroristische Adresse sich zur Planung oder Durchführung von Anschlägen im Namen von al-Qaida bekennt und damit die Serie von Anschlagsoperationen fortsetzt, die bereits mit dem Namen des Netzwerkes verbunden sind.[23]

Global verteilte, aber jeweils lokal und weitgehend isoliert voneinander operierende Gruppierungen,[24] Personen und Organisationen können sich auf diese Weise als Knoten des Netzwerks präsentieren, die zur Einheit einer terroristischen Bewegung verknüpft sind und unter dem gemeinsamen semantischen Dach einer dadurch kontinuierlich konfirmierten Freund/Feind-Konstruktion jeden Beitrag zur Schädigung des Feindes durch Bekenntnis und Publikation via Internet auf das Konto des Netzwerkes buchen (vgl. Hoffman 2006: 432 f.). Das Netzwerk kann dadurch insbesondere an der Peripherie ohne Abstützung durch direkte Interaktion oder Verankerung in einer umfassenden Organisation prozessieren und die Koordination durch Organisation bzw. direkte Interaktion für Aufgaben reservieren, die zentralisierte Entscheidungsfähigkeit und erwartbare Zuständigkeiten bzw. enge Kooperation auf der Basis persönlichen Vertrauens verlangen.

Die Nutzung dieser Möglichkeit wird durch die spezifischen Anforderungen terroristischer Aktivitäten attraktiv. Die Kombination von Kleingruppen mit hoher interner Interaktionsdichte einerseits und loser Kopplung zwischen den verschiedenen Gruppen andererseits ist unter Bedingungen klandestiner Aktivität besonders geeignet, gegen Entdeckung zu schützen, und begünstigt deshalb die Nutzung der Möglichkeiten zur interaktionsfreien Expansion und Reproduktion des Netzwerkes. An die Stelle reziproken Leistungstauschs, wie er in personalisierten Netzwerken zu beobachten ist und in den enger kooperierenden Teilen der Bewegung weiterhin ein wichtige Rolle spielt (vgl. Hoffman 2006: 431), tritt eine

---

[23] In einem arabischen Pamphlet, das 2005 unter dem Titel „How can you become a member of al-Qaida?" im Internet veröffentlicht wurde, wird diese Frage wie folgt beantwortet (hier zitiert nach Musharbash 2006: 90): „Al-Qaida ist nicht mehr nur eine Organisation, die alleine gegen Juden und Kreuzfahrer kämpft. Al-Qaida ist heute eine ‚Einladung', die alle Muslime auffordert, in Unterstützung für Gottes Religion aufzustehen. (…) Wer diesen Ruf beantwortet, wird als Teil von al-Qaida betrachtet, ob du es willst oder nicht (sic!). Wenn du aber ein wahrer Muslim bist, hast du gar keine andere Wahl, als diesen Ruf zu befolgen (…)." Diese „Einladung" verlangt also nur zur propagierten Freund/Feind-Definition passende kämpferische Aktionen, um als „angenommen" zu gelten, d. h. um deren Urheber in das Netzwerk zu inkludieren.

[24] Hoffman (2006: 433) spricht von „kleinen Zellen Gleichgesinnter, die sich zusammenfinden, um ganz ohne jede Anleitung durch al-Qaida Terroranschläge zu verüben", wobei diese Gruppen zu ihrer Ausbildung und für technische Instruktionen freilich ebenfalls auf Anleitungen durch Internetpublikationen des Netzwerks zurückgreifen können, wie etwa auf die von Afghanistan-Veteranen verfasste elektronische „Enzyklopädie" al-Qaidas (vgl. Mushabarash 2006: 83 ff.).

sozial hoch generalisierte Variante, die gebunden ist an die Relation negativer doppelter Kontingenz zwischen dem Netzwerk und dessen erklärten Feinden: Jeder Schlag gegen den gemeinsamen Feind kann als Leistung gedeutet werden, die allen Angehörigen des Netzwerkes gleichermaßen zugutekommt, weil sie ebenso zur Realisierung des kollektiven Ziels der Schädigung des Feindes wie zur Reputation des Netzwerkes als potenter terroristischer Akteur beiträgt. Erfolgreiche Aktionen ermöglichen dabei zugleich die besondere Profilierung der verantwortlich zeichnenden Zweigniederlassung innerhalb des Netzwerkes und in der massenmedialen Öffentlichkeit. Sie erhöhen deshalb die Aussichten auf den Zulauf von Rekruten und die Zuwendung von Spenden und tragen so zur Sicherung der Ressourcenbasis des Terrornetzwerkes bei.

Ein wesentlicher Gradmesser des Erfolgs ist bei terroristischen Anschlägen die Intensität der Resonanz in den Massenmedien.[25] Als spektakuläre Kommunikationen sind sie darauf angelegt, öffentliche Aufmerksamkeit auf die darin angezeigten Konflikte zu fokussieren, Unterstützung zu gewinnen und auf diesem Wege die Absender solcher Mitteilungen als relevante Adressen im Kontext des politischen Systems zu etablieren.[26] Gelingt es so, ein hinreichendes Feld von Sympathisanten zu gewinnen, dann kommt es u. U. zur Ausbildung spezifischer Einrichtungen der strukturellen Kopplung mit dem politischen System, die freilich die territoriale Konzentration der Aktivitäten und Organisationsbildung voraussetzten: Um zugleich terroristisch operieren, als politische Adresse am Verhandlungstisch agieren und sich legal an Wahlen beteiligen zu können, haben Terrorgruppierungen ethno-nationalistischen Typs wie die baskische ETA, die IRA oder die PLO bzw. Fatah einen „politischen Arm" ausdifferenziert. Die öffentliche Resonanz auf terroristische Operationen kann dadurch auch in politische Verhandlungsmacht und Unterstützung durch Wählerstimmen umgemünzt werden. Umgekehrt werden Möglichkeiten zur Steigerung der Chancen für politische Verhandlungserfolge und Stimmengewinne zu einem Kriterium für die Selektion terroristischer Strategien. Damit ist ein Pfad markiert, der zur Domestizierung von Terror und im günstigsten Fall zur (Re)Internalisierung des zugrunde liegenden Konflikts in das politische System führen kann. Ähnlich wie fundamentalistischer Protest kann Terrorismus als *Ekto*parasit der Politik so weitreichende Veränderungen der thematischen, programmatischen und organisatorischen Strukturen des politischen Systems provozieren und die Neuadjustierung der Grenzen der politischen Sphäre stimulieren.

---

[25] Siehe dazu ausführlich Hoffman 2006: 268 ff.
[26] Für al-Qaida vgl. dazu Musharbash 2006: 78 ff.

204 Wolfgang Ludwig Schneider und Isabel Kusche

6 Resümee

Rekapitulieren wir abschließend die zentralen Schritte unserer Argumentation. Funktionssysteme, so unser analytischer Ausgangspunkt, sind zu begreifen als Großkontexte der Informationsverarbeitung, die sich reproduzieren, indem sie kontinuierlich Irritationen in Informationen transformieren. Dies geschieht durch die Zuordnung von Kommunikationen zu dem einen oder anderen Pol des systemspezifischen Codes, mit der festgelegt wird, welchen Unterschied eine Kommunikation im Kontext des Systems macht, d. h. welche Codewertzuordnung Folgekommunikationen jeweils zugrunde legen müssen. Dabei ist es normal und Anlass für weitere Kommunikation, die das System in Betrieb hält, wenn eindeutige Zuordnungen nicht sofort möglich sind. Es kommt dann typisch zur gleichzeitigen Prozessierung von Kommunikationen mit gegensätzlichen Codewertzuordnungen und damit zur Erzeugung von Lärm im System, an dessen Auflösung durch Umwandlung in Information es sich zu bewähren hat. Sofern dies über längere Frist nicht gelingt, kann sich Widerspruchskommunikation als Konflikt im System stabilisieren, der von antagonistisch aufeinander bezogenen und sozial generalisierten Adressen betrieben und zur kontinuierlichen Lärmquelle im System wird. Diese Adressen können selbst die Form sozialer Systeme annehmen, die den Lärm des Systems verwerten und so – wie wir im Anschluss an Michel Serres formuliert haben – zu „Parasiten" dieses Funktionssystems werden.

Bei genauer Betrachtung muss hier zwischen zwei Möglichkeiten differenziert und die Figur des *Parasiten* deshalb als Einheit einer Unterscheidung bestimmt werden: Lärm als Abfall der Informationsproduktion wird zum Anknüpfungspunkt für sekundäre Systembildungen, die diesen Lärm zu ihrer eigenen Reproduktionsgrundlage machen und dabei entweder lärmverstärkend, d. h. als schädigende *unilaterale* Parasiten, oder lärmreduzierend und insofern als nützliche *reziproke* Parasiten des Systems wirksam werden können.[27] Dabei ist die Unterscheidung unilateraler vs. reziproker Parasitismus in der Zeit- und Sozialdimension variabel. Sie ist also weder typenfest fixiert noch kann sie beobachterunabhängig bestimmt werden. Die Herausbildung von Parasiten lässt sich als evolutionäre Antwort auf das Problem der Sekundärverarbeitung von Lärm begreifen, der durch die dafür vorgesehenen Normalverfahren eines Systems nicht in Information transformiert werden kann.

Darüber hinaus haben wir unterschieden zwischen zwei Modi der Lärmproduktion, nämlich (1.) Lärm als Folge systemintern nicht hinreichend absorbierbarer Unsicherheit der Codewertzuordung und (2.) Lärm als Resultat der Ablehnung

---

[27] Schädlich/nützlich meint hier funktional bzw. dysfunktional für die Reproduktion des Wirtssystems, das grundsätzlich der Gefahr ausgesetzt ist, durch überhandnehmenden Lärm übertönt und so gelöscht zu werden.

der systemintern praktizierten Zuordnungskriterien zugunsten von Kriterien, die im Binnenkontext des Systems nicht akzeptiert und als extern definiert sind. Parasiten des ersten Typs haben wir als *Endo*parasiten, Parasiten des zweiten Typs als *Ekto*parasiten bezeichnet.[28]

Grundsätzlich kommen Systeme unterschiedlichen Typs, also auch Organisationen oder Interaktionssysteme, als Parasiten in Betracht. Wir haben uns hier auf die Untersuchung von Netzwerken konzentriert, als deren Knoten freilich ebenso Personen wie Organisationen oder interaktionsnahe Sozialsysteme fungieren, sodass dadurch Systeme unterschiedlichen Typs miteinander „vernetzt" werden können. Dabei haben wir die Frage aufgeworfen, inwiefern Netzwerke des hier untersuchten Typs als Adressenverdichtungen analysiert werden können, die sich zu operativ geschlossenen Systemen zusammenfügen und die in der Lage sind, sich auch (zumindest partiell) entkoppelt von persönlicher Bekanntschaft, enger Bindung an Interaktion und reziprokem Leistungstausch zu reproduzieren. Die Antwort, die wir darauf an den Beispielen des Wissenschafts- und des politischen Systems geben konnten, war positiv.

Als endoparasitäre Netzwerke in der *Wissenschaft* haben wir „Schulen" identifiziert. Lärm nimmt hier die Form von Unsicherheit über die Beurteilung von Aussagen als wahr oder unwahr an. Sofern diese Unsicherheit auf längere Frist nicht aufgelöst werden kann, die Fortsetzung wissenschaftlicher Forschung aber die selektive Anknüpfung an der einen oder anderen Codewertzuordnung verlangt, kommt es zur Bildung von Schulen, die Aussagen als wahr behandeln, die aus der Perspektive konkurrierender Schulen als unwahr gelten. Die Zuordnung von Adressen zu Schulen benutzt die Unterscheidung von Anhängern und Gegnern. Die interaktionsfrei realisierten Operationen, durch die sich die Reproduktion des Netzwerks vollzieht, sind Publikationen, die schulenspezifische Aussagen und Begriffe als gültig voraussetzen, behaupten und zitieren bzw. Aussagen und Begriffe, die kennzeichnend für konkurrierende Schulen sind, als unwahr unterstellen oder offen attackieren. Die partikularistische Brechung des Kommunikationsmediums Wahrheit provoziert hier die Attribution von Codewertzuordnungen als „persönliche Entscheidung" und sorgt für die Zuordnung von Personen und ihren Publikationen zu textuell imaginierten Kollektiven, die einander als antagonistische epistemische Gemeinschaften gegenüberstehen. Indem sie die Unsicherheit im System je schulenintern in eindeutige Information transformieren und die sonst drohende Blockierung der wissenschaftlichen Kommunikation durch Situationen der Unentscheidbarkeit damit verhindern, tragen Schulen zur Reduzierung von Lärm bei und fungieren so als *reziproke* Parasiten im System. Durch offenen Schulenstreit, Dogmatisierung der eigenen Prämissen,

---

[28] Auch für diese Unterscheidung gilt, dass ihr Gebrauch stets beobachterabhängig ist.

Blockierung interner Kritik sowie Ritualisierung und Forcierung von Dissens zwischen den Schulen kann die lärmdämpfende Wirkung von Schulen jedoch in ihr Gegenteil verkehrt werden, sodass sie dann zu *unilateralen* Parasiten der Wissenschaft mutieren. Beobachtet über die Zeit, können Phasen nach außen relativ abgeschotteter schuleninterner Forschungsarbeit und Diskussion mit Phasen lärmenden Schulenstreits wechseln und Schulen so zwischen den Polen des unilateralen und des reziproken Parasiten oszillieren.

Von *wissenschaftlichen Schulen* als *Endo*parasiten haben wir *parawissenschaftliche Netzwerke* als *Ekto*parasiten unterschieden, die Themen diskutieren und Geltungskriterien verwenden, welche in der etablierten Wissenschaft abgelehnt werden, dabei aber gleichwohl beanspruchen, im Code der Wissenschaft zu kommunizieren und zwischen wahr und unwahr diskriminieren zu können. Obwohl parawissenschaftliche Netzwerke primär Lärm generieren und insofern an der Wissenschaft *unilateral* parasitieren, können sie unter günstigen Bedingungen auch zur Erweiterung der Grenzen wissenschaftlicher Aussagen und Überprüfungsmöglichkeiten beitragen, d. h. die Informationsverarbeitungskapazität wissenschaftlicher Kommunikation erhöhen und damit im *reziprok* parasitären Modus operieren. Der Verlauf dieser Grenzen ist freilich umstritten. Innerwissenschaftliche Schulenstreitigkeiten können als Konkurrenz um die Definitionsmacht von Wissenschaft und Nicht-Wissenschaft ausgetragen werden. In solchen Konflikten attestieren wissenschaftliche Schulen u. U. einander wechselseitig Unwissenschaftlichkeit, Scharlatanerie etc., d. h. sie versuchen, den jeweiligen Gegner gleichsam als schädlichen *unilateralen* Ektoparasiten zu deklarieren und aus der Wissenschaft zu exkludieren. Wenn Schulenstreit so prozessiert, wird in der *inner*wissenschaftlichen Kommunikation die Differenz zwischen Wissenschaft und Nicht-Wissenschaft antagonistisch definiert und damit der Lärm im System drastisch gesteigert.

Im *politischen System* sorgt der Code Regierung/Opposition von vornherein dafür, dass im Modus des Konflikts zwischen reproduktionsfähigen Kollektivadressen kommuniziert wird, die hier die Form konkurrierender Partei*organisationen* annehmen, welche das Ziel verfolgen, die Chancen ihrer Zuordnung zum Pol der Regierung durch den Gewinn von Wählerstimmen zu maximieren. Die Unsicherheit darüber, welche personellen und programmatischen Festlegungen zur Steigerung oder Minderung dieser Chancen führen, artikuliert sich in innerparteilichem Dissens, der über Abstimmungen entschieden wird. *Innerparteiliche Netzwerke*, die zwischen Anhängern und Gegnern unterscheiden, formieren sich, um Unterstützung für ihre Positionen und Kandidaten zu mobilisieren und so um die Besetzung von Parteiämtern und die Durchsetzung von Programmen zu konkurrieren. Die politische Leitdifferenz von Regierung und Opposition kehrt damit in veränderter Form in der Binnenkommunikation der Parteien wieder. Innerparteiliche Netzwerke werden typisch von einem engeren Kreis von Aktivisten getragen, die Anhänger rekrutieren, Treffen initiieren, Programmpapiere schreiben und das Abstimmungsverhalten koordinieren. Die Anhängerschaft kann mehr oder weniger stark fluktuieren. Die operative Geschlossenheit der Netzwerke beeinträchtigt dies nicht, denn deren Reproduktion vollzieht sich über die Stimmen, die sie in den parteiinternen Abstimmungen für ihre Vorschläge und Listen mobilisieren können. Insofern sie Unsicherheit absorbieren, fungieren innerparteiliche Netzwerke als *reziproke* Endoparasiten des politischen Systems bzw. der Parteien als politische Organisationen. Wenn Parteien jedoch durch den Lärm der Flügelkämpfe in der Öffentlichkeit als innerlich zerrissen wahrgenommen werden, sodass für die Wähler nicht mehr erkennbar erscheint, welche Positionen sie vertreten und von welchen Personen sie geführt werden, dann werden ihre Wahlchancen dadurch reduziert und die betroffenen Parteien politisch paralysiert. Innerparteiliche Netzwerke wechseln dann in die Rolle von *unilateralen* Endoparasiten.

Fundamentalistische Protestbewegungen und *terroristische Netzwerke* haben wir schließlich als Ektoparasiten des politischen Systems analysiert, die – darin den parawissenschaftlichen Netzwerken nicht unähnlich – Themenausschlüsse des Systems thematisieren. Mit Protest bzw. der Ausführung von Anschlägen als systemspezifischen Operationen, die sich jeweils an einer eigenen codeanalogen Unterscheidung orientieren (Protestierende/Protestthema bzw. Protestgegner; Freund/Feind), verfügen auch sie über die Voraussetzungen autopoietischer Schließung. Unabhängig von der Fluktuation der involvierten Adressen genügt die Möglichkeit, einen bestimmten Operationstyp an eine spezifische Ausprägung der Unterscheidung Anhänger/Gegner zu koppeln und dadurch in eine System/Umwelt-Unterscheidung einzulinken, um das Netzwerk als Zusammenhang koordiniert operierender Adressen gegenüber seiner Umwelt zu diskriminieren und selbstreferentiell zu reproduzieren.

Diese allgemeine Charakterisierung gilt nicht nur für fundamentalistischen Protest und terroristische Bewegungen, sondern auch für innerparteiliche Netzwerke sowie wissenschaftliche Schulen bzw. parawissenschaftliche Netzwerke. Der Ursprung dieser Übereinstimmung liegt in dem Umstand begründet, dass es sich in allen Fällen um Mengen von Adressen handelt, die sich als Parteien in einem Konflikt konstituieren und reproduzieren, dessen Artikulationsraum jeweils eine funktionssystemspezifische Leitunterscheidung ist und dessen Austragung sich an bestimmte Operationen bindet. In dem Maße, in dem dabei technische Verbreitungsmedien genutzt werden können, um Kommunikationen zu prozessieren, denen die Adressierung an eine imaginierte Gemeinschaft von Gleichgesinnten eingeschrieben ist, kann sich die Reproduktion solcher Netzwerke von der Bindung an die Interaktion unter Anwesenden emanzipieren. Und soweit die so kommunikativ konstruierten Gemeinschaften kollektive Ziele verfolgen, müssen sie auch nicht im Modus reziproken Leistungstauschs zwischen Personen funktionieren.

Literatur

Anderson, Benedict (1983): Imagined Communities: Reflections on the Origin and Spread of Nationalism, London: Verso

Bateson, Gregory (1972): Steps to an Ecology of Mind: Collected Essays in Anthropology, Psychiatry, Evolution, and Epistemology, San Francisco: Chandler

Beyme, Klaus von (1984): Parteien in westlichen Demokratien, 2., überarb. Aufl., München: Pieper

Bidartondo, Martin I. (2005): Spezialisation in Cheaters of the Mycorrhizal Mutualism, in: Gopi K. Podila/Ajit Varma (Hrsg.), Basic Research and Applications of Mycorrhizae. Microbiology Series, New Delhi: I.K. International Publishing House Prt. Ltd., 237–250

Bommes, Michael/Tacke, Veronika (2006): Das Allgemeine und das Besondere des Netzwerkes, in: Betina Hollstein/Florian Straus (Hrsg.), Qualitative Netzwerkanalyse: Konzepte, Methoden, Anwendungen, Wiesbaden: VS Verlag, 37–62 (Wiederabdruck in diesem Band)

Bommes, Michael/Tacke, Veronika (2007): Netzwerke in der *Gesellschaft der Gesellschaft*. Funktionen und Folgen einer doppelten Begriffsverwendung, in: Soziale Systeme 13, 9–20

Brand, Karl-Werner (2008): Die aktive Bürgergesellschaft: Studentenbewegung, neue soziale Bewegungen – und was davon bleibt, in: Forschungsjournal Neue Soziale Bewegungen 21, 35–44

Bunge, Mario A. (1967): Scientific Research. The Search for System, Berlin: Springer.

Collins, Harold M. (1998): The Meaning of Data: Open and Closed Evidential Cultures in the Search for Gravitational Waves, in: American Journal of Sociology 104, 293–338

Collins, Harold M. (1999): Tantalus and the Aliens: Publications, Audiences and the Search for Gravitational Waves, in: Social Studies of Science 29, 163–197

Collins, Harold M. (2000): Surviving Closure. Post-Rejection Adaptation and Plurality in Science, in: American Sociological Review 65, 824–845

Detterbeck, Klaus (2006): Faktionalismus in britischen Parteien: Die Dynamisierung innerparteilicher Konfliktlinien, in: Patrick Köllner/Matthias Basedau/Gero Erdmann (Hrsg.), Innerparteiliche Machtgruppen: Faktionalismus im internationalen Vergleich, Frankfurt a. M.: Campus, 39–66

Dümig, Kathrin/Trefs, Matthias/Zohlnhöfer, Reimut (2006): Die Faktionen der CDU: Bändigung durch institutionalisierte Einbindung, in: Patrick Köllner/Matthias Basedau/ Gero Erdmann (Hrsg.), Innerparteiliche Machtgruppen: Faktionalismus im internationalen Vergleich, Frankfurt a. M.: Campus, 99–129

Duverger, Maurice (1959): Die politischen Parteien, Tübingen: Mohr

Eberlein, Gerald L. (1991): Schulwissenschaft – Parawissenschaft – Pseudowissenschaft, in: Gerald L. Eberlein (Hrsg.), Schulwissenschaft – Parawissenschaft – Pseudowissenschaft, Stuttgart: Hirzel, 109–117

Fortes, Meyer (1949): The Web of Kinship among the Tallensi, London: Oxford University Press

Gebauer, Annekatrin (2005): Der Richtungsstreit in der SPD: „Seeheimer Kreis" und „Neue Linke" im innerparteilichen Machtkampf, Wiesbaden: VS Verlag

Giegel, Hans-Joachim (2002): Die demokratische Form der Politik in Luhmanns Gesellschaftstheorie, in: Kai-Uwe Hellmann/Rainer Schmalz-Bruns (Hrsg), Theorie der Politik: Niklas Luhmanns politische Soziologie, Frankfurt a. M.: Suhrkamp, 194–222

Hiller, Petra (2005): Korruption und Netzwerke. Konfusionen im Schema von Organisation und Gesellschaft, in: Zeitschrift für Rechtssoziologie 26, 57–77

Hoffman, Bruce (2006): Terrorismus – der unerklärte Krieg. Neue Gefahren politischer Gewalt, aktualisierte Neuausgabe, Frankfurt a. M.: S. Fischer

Holzer, Boris (2006): Netzwerke, Bielefeld: Transcript

Holzer, Boris (2007): Wie „modern" ist die Weltgesellschaft? Funktionale Differenzierung und ihre Alternativen, in: Soziale Systeme 13, 357–368

Holzer, Boris (2010): Unsicherheit und Vertrauen in „Netzwerk-Gesellschaften", in: Hans-Georg Soeffner (Hrsg.), Unsichere Zeiten: Herausforderungen gesellschaftlicher Transformationen. Verhandlungen des 34. Kongresses der Deutschen Gesellschaft für Soziologie in Jena 2008, Wiesbaden: VS Verlag (im Erscheinen)

Iser, Wolfgang (1972): Der implizite Leser, München: Fink

Japp, Klaus P. (2007): Regionen und Differenzierung, in: Soziale Systeme 13, 185–195

Kaase, Max (2003): Politische Beteiligung/Politische Partizipation, in: Uwe Andersen/ Wichard Woyke (Hrsg.), Handwörterbuch des politischen Systems der Bundesrepublik Deutschland, 5., aktual. Aufl., Opladen: Leske+Budrich

Köllner, Patrick/Basedau, Matthias (2006): Faktionalismus in politischen Parteien: Eine Einführung, in: Patrick Köllner/Matthias Basedau/Gero Erdmann (Hrsg.), Innerparteiliche Machtgruppen: Faktionalismus im internationalen Vergleich, Frankfurt a. M.: Campus, 7–37

Lange, Stefan (2003): Niklas Luhmanns Theorie der Politik. Eine Abklärung der Staatsgesellschaft, Wiesbaden: Westdeutscher Verlag

Ledeneva, Alena V. (1998): Russia's Economy of Favours. Blat, Networking and Informal Exchange, Cambridge, U. K.: Cambridge University Press

Ledeneva, Alena V. (2003): Informal Practices in Changing Societies: Comparing Chinese Guanxi and Russion Blat, Working Paper No. 45, Center for the Study of Economic & Social Change in Europe: School of Slavonic & East European Studies

LEO Deutsch-Französisch-Wörterbuch, Online-Service der LEO GmbH München: http:// dict.leo.org/frde

Luhmann, Niklas (1984): Soziale Systeme, Frankfurt a. M.: Suhrkamp

Luhmann, Niklas (1989): Theorie der politischen Opposition, in: Zeitschrift für Politik 36, 13–26

Luhmann, Niklas (1990): Die Wissenschaft der Gesellschaft, Frankfurt a. M.: Suhrkamp

Luhmann, Niklas (1993): Das Recht der Gesellschaft, Frankfurt a. M.: Suhrkamp

Luhmann, Niklas (1997): Die Gesellschaft der Gesellschaft. Bd. 2, Frankfurt a. M.: Suhrkamp

Luhmann, Niklas (2000): Die Politik der Gesellschaft, Frankfurt a. M.: Suhrkamp

Musharbash, Yassin (2006): Die neue al-Qaida. Innenansichten eines lernenden Terrornetzwerks, Köln: Kiepenheuer & Witsch

Müller-Rommel, Ferdinand (1982): Innerparteiliche Gruppierungen in der SPD, Opladen: Westdeutscher Verlag

Pennock, Robert T. (2003): Creationism and Intelligent Design, in: Annual Review of Genomics and Human Genetics 4, 143–163

Sacks, Harvey (1987): On the Preferences for Agreement and Contiguity in Sequences in Conversation, in: Graham Button/John R. E. Lee, Talk and Social Organisation, Clevedon, Philadelphia: Multilingual Matters LTD, 54–69

Schneider, Wolfgang Ludwig (2004): Grundlagen der soziologischen Theorie, Bd. 3: Sinnverstehen und Intersubjektivität – Hermeneutik, funktionale Analyse, Konversationsanalyse und Systemtheorie, Wiesbaden: VS Verlag

Schneider, Wolfgang Ludwig (2007): Religio-politischer Terrorismus als Parasit, in: Thomas Kron/Melanie Reddig (Hrsg.), Analysen des transnationalen Terrorismus. Soziologische Perspektiven, Wiesbaden: VS Verlag, 125–165

Schneider, Wolfgang Ludwig (2008):Terrorismus und andere Parasiten. Ein systemtheoretischer Deutungsversuch der Initialphase des nordirischen Konflikts, in: Thorsten Bonacker/Rainer Greshoff/Uwe Schimank (Hrsg.), Sozialtheorien im Vergleich. Der Nordirlandkonflikt als Anwendungsfall, Wiesbaden: VS Verlag, 181–203

Serres, Michel (1981): Der Parasit, Frankfurt a. M.: Suhrkamp

Stäheli, Urs (2000): Sinnzusammenbrüche. Eine dekonstruktive Lektüre von Niklas Luhmanns Systemtheorie, Weilerswist: Velbrück

Tacke, Veronika (2000): Netzwerk und Adresse, in: Soziale Systeme. Zeitschrift für soziologische Theorie 6, 291–320

Trefs, Matthias (2006): Democrazia Cristiana, il partito di correnti, in: Patrick Köllner/ Matthias Basedau/Gero Erdmann (Hrsg.), Innerparteiliche Machtgruppen: Faktionalismus im internationalen Vergleich, Frankfurt a. M.: Campus, 67–98

Weeks, Paul (2000): Red-billed oxpeckers: vampires or tickbirds?, in: Behavioral Ecology 11, 154–160

Yang, Mayfair Mei-Hui (1994): Gifts, Favours and Banquets: The Art of Social Relationships in China, Ithaca, NY: Cornell University Press

III

Netzwerkbildung an den Grenzen der modernen Gesellschaft

Versteckte Netze. Netzwerke im Licht der Unterscheidung öffentlich/geheim

Tobias Werron

1 Einleitung

Was zeichnet Netzwerke als soziale Strukturform eigener Art aus, worin besteht ihre spezifische Leistungsfähigkeit, was ist ihre typische Operationsweise? Veronika Tacke und Michael Bommes haben vorgeschlagen, die Suche nach einem soziologisch fruchtbaren Netzwerkbegriff mit einer Analyse der Beziehung von Netzwerken zum Prinzip funktionaler Differenzierung zu beginnen (Tacke 2000; Bommes/Tacke 2006). Mein Beitrag macht sich diesen Vorschlag zu eigen, erweitert ihn aber um die Frage, inwiefern die für diese Art Netzwerke charakteristischen Leistungserwartungen von den zwischen Funktionssystemen und Netzwerken herrschenden *Beobachtungsverhältnissen* abhängen. Auf diese Frage antwortet er mit zwei Thesen: (1) Die Differenzierungs-, Universalisierungs- und Globalisierungsdynamik von Funktionssystemen ist entschiedener und spezifischer als in der Literatur üblich auch als Produkt der *öffentlichen* Selbstbeobachtung dieser Systeme zu erklären. (2) Netzwerke sind demgegenüber auf *Diskretion* und *Geheimhaltung* angewiesen – nicht, weil es sich bei ihnen um Privatangelegenheiten handelte, und auch nicht allein, weil die illegalen oder illegitimen unter ihnen sich gegen externe Beobachtung abschirmen müssten, *sondern weil sich ihre spezifische Leistungsfähigkeit auch aus der Differenz zur öffentlichen Operativität von Funktionssystemen definiert*. Dem Transparenzimperativ, der für Funktionssysteme typisch ist, tritt so eine Art Intransparenzgebot gegenüber, das für Netzwerke typisch scheint, soweit sie sich aus der Differenz zu Funktionssystemen definieren. Diese Ergänzung, so die erweiterte Forschungsperspektive dieses Textes, soll dazu beitragen, die Analyse der Beziehung beider Strukturtypen für historische Vergleiche und regionale Varietät zu sensibilisieren sowie in empirische Studien zu überführen.

Der Aufsatz entfaltet diese Thesen in vier Schritten. Der erste Abschnitt macht sich verbreitete Netzwerksemantiken zunutze, um das gesellschaftstheoretische Interesse an Netzwerken auf einen bestimmten Typus, partikularistische Reziprozitätsnetzwerke, sowie auf ein spezifisches Bezugsproblem, Beobachtungsverhältnisse zwischen Funktionssystemen und Netzwerken, hinzuführen (1). Der zweite Abschnitt fragt, in welchem Sinne Funktionssysteme als *öffentliche*

Systeme verstanden werden können, und skizziert eine These, wonach die Universalisierungs- und Globalisierungsdynamik von Funktionssystemen in bislang unterschätztem Maße auch auf der Dynamik öffentlicher Selbstbeobachtung beruht, die sich an einem historisch mindestens bis ins 18. Jahrhundert zurückreichenden Sog der „Veröffentlichisierung" ablesen lässt (2). Der dritte Abschnitt erörtert die Konsequenzen dieser These für ein gesellschaftstheoretisches Verständnis von Netzwerken und schlägt vor, neben Partikularität und Reziprozität auch *Arkanität* (Geheimhaltung; Vertraulichkeit, Diskretion) als Merkmal eines gesellschaftstheoretischen Netzwerkbegriffes anzuerkennen sowie die Leistungsspezifik partikularistischer Reziprozitätsnetzwerke – das, was man auch die „Operation Gefälligkeit" nennen könnte – im Licht dieses Vorschlags näher zu bestimmen (3). Der vierte Abschnitt schließt mit einem Thesen- und Problemkatalog, der die heuristischen Erträge andeuten und zugleich als Überblick über den Gedankengang dienen soll (4).

2 Von öffentlich/privat zu öffentlich/geheim

In den letzten Jahren sind gehäuft gesellschaftliche Legitimitätsgewinne von Netzwerken registriert worden. Noch in den 1960er Jahren vorwiegend *negativ* als Korruption, organisiertes Verbrechen, Schwarzarbeit etc. wahrgenommen, haben sie seit den 1990ern zunehmend *positiv* als Modus der flexiblen Wertschöpfung, Innovation und Produktivität Anerkennung gefunden.[1] Die soziologische Interpretation dieser Befunde fällt häufig schwer, da sie jede Verknüpfung zwischen mehreren Akteuren oder Handlungen mit dem Netzwerkbegriff zu belegen neigt, darunter auch solche, für die bereits erprobte soziologische Begriffe wie Kommunikation, Kooperation oder Organisation zur Verfügung stehen. Entsprechend ist meist nicht leicht zu erkennen, ob es tatsächlich um die Neubewertung spezifischer Netzwerkstrukturen geht oder lediglich um die Neubelegung

---

[1] Z.B. Boltanski/Chiapello 2003: 176 ff.; Krücken/Meier 2003; zur Vermeidung von Missverständnissen einige Bemerkungen, was mich in diesem Zusammenhang *nicht* interessiert: Mich interessiert hier nicht, ob sich der Netzwerkbegriff als Grundbegriff soziologischer Theoriebildung eignet (wie bei Burt 1982, White 1992, Fuchs 2001), und auch nicht primär, ob Netzwerke als Systemtypen eigener Art theoretische Anerkennung finden sollten (dazu Bommes/Tacke 2006; Holzer 2008). Zugleich geht es mir aber auch nicht um eine bloße Sammlung von Netzwerksemantiken aus heutigen und früheren Zeiten, die es ohnehin bereits in ausreichender Anzahl gibt (vgl. z.B. Böhme 2003; Boltanski/Chiapello 1999/2003; Krücken/Meier 2003), schließlich auch nicht um die Gründe für die zunehmende Ubiquität der Netzwerksemantik. Mich interessieren vielmehr die Gründe für das Lob oder den Tadel eines bestimmten, soziologisch besonders interessanten Typs netzwerkförmiger sozialer Beziehungen – und mögliche gesellschaftstheoretische Schlüsse, die sich aus der Analyse solcher Semantiken ziehen lassen.

soziologisch längst bekannter und benannter Strukturen mit dem *Wort* Netzwerk. Wer aus der Analyse von Netzwerksemantiken mehr gewinnen will als die Dokumentation des vermehrten Vorkommens des Wortes, tut daher gut daran, den Bezugsgegenstand dieser Semantik weiter einzuschränken. Dabei hilft es, einen anderen, älteren und skeptischeren Strang der Netzwerksemantik nicht aus den Augen zu verlieren, den zwei Historiker prägnant wie folgt zusammenfassen:

> „Problematisch wird es nach modernem Verständnis dann, wenn bei der Entscheidung von Sachfragen das Gewicht, das auf bestehende informelle Beziehungen gelegt wird, die Frage nach sachlicher Qualifikation an den Rand drängt oder ganz verschwinden lässt. In diesem Moment schlägt das ,objektiv' nützliche *Netzwerk* in die korrupte oder zumindest hochgradig korruptionsanfällige *Seilschaft* um." (Karsten/von Thiessen 2006: 7)

Dieser „mitunter abrupte Wechsel der Semantik" (Holzer 2006a: 22) vom Lob nützlichen Networkings über eher analytisch-neutrale Begriffe wie Sozialkapital bis zur scharfen Kritik an Seilschaften, Patronage, Vetternwirtschaft, Mauschelbanden, Klientelismus, Kamarilla, Korruption etc. schränkt die Aufmerksamkeit auf einen spezifischen Typ von Netzwerken ein: auf „informelle Beziehungen" im Sinne von *Reziprozitätsnetzwerken*, die einem *partikularen* bzw. *personalen* Reproduktionsmuster folgen und damit einen als wünschenswert unterstellten Vorrang von Sachfragen durch den Vorrang *sozialer* Reziprozitätserwartungen aufzuheben oder infrage zu stellen drohen.[2] Nicht jede netzwerkartige Verknüpfung zwischen Individuen, Gruppen oder Organisationen, nicht z.B. jede Kooperation, die sich als „Innovationsnetzwerk" darstellt (dazu Krücken/Meier 2003), nicht jede globalisierungskritische Bewegung, die auf „networking futures" setzt (Juris 2008), und auch nicht jede Form des „networking marketing" (z.B. Zacharias 2005) bildet zwingend schon ein Netzwerk in diesem engeren Sinne.

Ich lasse hier offen, ob dieser engere Typus auch mit den Grenzen eines soziologischen Begriffes von Netzwerken als Struktur bzw. Systemtyp eigener Art zusammenfällt, und verschiebe die Frage, ob diese auf Partikularität und Reziprozität abstellende Charakterisierung der Ergänzung bedarf, auf den letzten Teil des Beitrags. Festgehalten sei zunächst, dass es sich offenbar um einen Typus handelt, der immer schon durch den Gegensatz zu universalistischen Strukturen definiert

---

[2] Da es nicht auf jede askriptiv begründete Form von Partikularität ankommt (nicht z.B. auf Schicht- oder Geschlechtszugehörigkeit als solche), sondern meist auf Erwartungen *zwischen Personen bzw. personalen Adressen*, wäre es häufig korrekter, von „personalistischen" Orientierungen zu sprechen (Holzer 2006: 10f.). Da jedoch auch Organisationen und andere Kollektivakteure als Adressen in Betracht kommen, dürfte „partikularistisch" letztlich der forschungspragmatisch am besten geeignete Ausdruck sein.

ist, denn partikular erscheinen Netzwerke ja nur *in Differenz* zu Strukturen, die als universalistischer Vergleichsmaßstab vorausgesetzt sind. Primat und Legitimität funktionaler Differenzierung als strukturelle Quelle moderner Universalitätsansprüche sind dabei ebenso gesetzt wie die *sekundäre*, komplementäre oder parasitäre Rolle von Netzwerken. Als legitim müssten nach dieser Logik partikularistische Netzwerke gelten, die zwar einem partikularistischen Reproduktionsmuster folgen, sich aber gleichwohl an universalistischen Vorgaben orientieren; als problematisch solche, die nicht nur Reziprozitätserwartungen ausbilden, sondern auch gegen universalistische Normen verstoßen. Unseren moralischen Intuitionen scheint das tatsächlich gut zu entsprechen: Es ist in Ordnung, unter zwei gleich guten Bewerbern einem Bekannten den Vorzug zu geben, aber weniger in Ordnung, dem offensichtlich besseren Bewerber für einen Bekannten abzusagen.

Man könnte sich mit dieser Diagnose zufriedengeben und annehmen, dass es eben legitime und illegitime partikularistische Netzwerke gibt, die sich unter dem Gesichtspunkt der Abweichung von funktionsspezifischen Universalitätsansprüchen sowie sonstigen gesellschaftlichen Legitimitätschancen analysieren lassen. Dass positive und negative Netzwerksemantiken gleichzeitig zunehmen können, wäre dann möglicherweise schlicht als Effekt zunehmender Vernetzungsmöglichkeiten in der modernen Gesellschaft erklärbar, die ja erwarten lassen, dass die Zahl legitimer (universalismuskonformer) und illegitimer (universalismusdevianter) partikularistischer Netzwerke gleichermaßen zunehmen kann. Die Produktion der Netzwerksemantik erschiene als bloßer Reflex der faktischen Proliferation von Netzwerken.[3] Die Analyse des Verhältnisses von funktionaler Differenzierung und partikularistisch-reziproker Netzwerkbildung verkompliziert sich jedoch erheblich, wenn man historisch weiter ausholt und fragt, wie es überhaupt zur Beobachtung und Unterscheidung guter und schlechter partikularistischer Netzwerke kommen konnte. Das Interesse an Differenzen (und Übergängen) zwischen befürwortenden und skeptischen Netzwerksemantiken führt dann auf die Frage, wie die Gesellschaft die Differenz zwischen universalen Ansprüchen und partikularen Abweichungen *für sich konstruiert* – und wie

---

[3] Nochmals: Zum Verständnis der Problemexposition ist die Problematik des Wachstums positiver und negativer Darstellungen partikularistischer Netzwerke von der modischen vermehrten Verwendung des Wortes „Netzwerk" zu unterscheiden. Die „Netzwerktäter" bei Krücken/Meier (2003) etwa fallen meist unter letztere Rubrik, insofern von Netzwerken hier eher großzügig im Sinne von „organisationsübergreifende Kooperation" die Rede ist. Auch sonst wird der Verwendung des Wortes keineswegs immer auch die Referenz auf eine Netzwerkstruktur im engeren Sinne entsprechen. Legt man diese engere Struktur einem soziologischen Begriff von Netzwerken zugrunde, lässt sich daher sagen, dass „Herstellung" und „Darstellung" von Netzwerken gegenwärtig massiv auseinanderfallen (Bommes/Tacke 2006: 38), auch wenn man dem Vorschlag von Bommes und Tacke, den Netzwerkbegriff für sekundäre, aus der Beziehung zu Funktionssystemen definierte Strukturen zu reservieren, nicht folgen will.

sie für sie zum *Problem* wird, das gerade als *unlösbares* Problem von besonderem Interesse sein könnte. Da die Geschichte der positiven Netzwerksemantik noch relativ jung ist, bietet es sich an, diese Frage zunächst an die skeptisch-negative Geschichte dieser Semantik zu richten: Worauf beruht eigentlich die Fähigkeit der modernen Gesellschaft, Formen partikularistischer Reziprozität als „korrupt" zu erkennen, die noch in der frühen Neuzeit durchaus nicht selbstverständlich war (vgl. z.B. Scott 1972: 4 ff.; anschaulich Groebner 2000)?

Folgt man gängigen Begriffen von Korruption, so war deren Entdeckung mit der historischen Verfestigung der Trennung zwischen dem Privaten und dem Öffentlichen verbunden, die es ermöglichte, partikulare „private" Interessen dem staatlichen „öffentlichen" Gemeininteresse gegenüberzustellen.[4] Partikularistische Netzwerke, die als „korrupt" auffallen, sind seitdem solche, die sich nicht an die durch die Unterscheidung öffentlich/privat vorgegebenen Kriterien der Abgrenzung von Rollen, Motiven und Interessen halten. Die Abwertung des Netzwerkes als „korrupt" lässt sich seitdem als Produkt einer Fremdbeschreibung partikularistischer Beziehungen verstehen, die sich mit den öffentlichen Interessen solidarisiert. Dass sie Korruption als Fremdbeschreibungskategorie auszeichnet, die Netzwerke von außen in den Blick nimmt, mag man als heuristischen Wert der Unterscheidung öffentlich/privat anerkennen. Ihr Nachteil ist jedoch, dass sie nur eine sehr eingeschränkte Dimension des Problems erfasst, da „öffentlich" in dieser Begriffsfassung eng mit Staatlichkeit, dem politischen System und entsprechenden Leistungsrollen des „öffentlichen Dienstes" verknüpft bleibt. Auch wenn man von engeren politischen Bezügen abstrahiert, bleibt der Begriff an die Vorstellung „institutionalisierter Handlungssphären" gebunden (Peters 1994/2007: 56), d.h. an Zielkonflikte von Individual- und Allgemeininteressen und entsprechende Handlungsintentionen. Korrupte Individuen oder Gruppen, so der stets mitimplizierte Sinn dieser Unterscheidung, verbünden sich zu *eigenem* Nutzen und zum Schaden *aller*.[5] Die Unterscheidung affirmiert damit letztlich nur den Primat funktionaler Differenzierung und die Einsicht, dass bestimmte Netzwerke, da auf Partikularität und Reziprozität ausgerichtet, immer auch ein Potential mitführen, die Universalitätsansprüche von Funktionssystemen zu unterwandern.

---

[4] Vgl. Ménya/de Sousaa 2001; zur historischen Genese der Differenz öffentlich/privat z.B. Habermas 1990; zu Schwierigkeiten mit dieser Unterscheidung interessant Geuss 2002. Es ist die Gemeinsamkeit aller gängigen Definitionen der Korruption (vgl. Ménya/de Sousaa 2001: 2824f., die „Public-office-centered definitions", „Market-centered definitions" und „Public-interest-centered definitions" unterscheiden), dass sie sich auf diese Differenz stützen.

[5] Mit Ausnahmen: In der Hochzeit des Funktionalismus in den 1960er Jahren waren auch positive Auffassungen von Korruption verbreitet, die meinten, dass Korruption in Übergangszeiten die Stabilisierung politischer Systeme in Entwicklungsländern befördern könne; vgl. in diesem Sinne z.B. Huntington 1968.

Eine andere, mindestens ebenso interessante Problemdimension des Öffentlichen zeigt sich jedoch, wenn man statt auf Akteursorientierungen und Handlungssphären auf *Beobachtbarkeit operativer Vollzüge* abstellt. Die Bedeutung
dieser Akzentverschiebung lässt sich erneut am Korruptionsbegriff illustrieren:
Was immer man sonst an „Korruption" und anderen illegitimen Formen der Vernetzung hervorheben mag, sie zeichnen sich immer auch dadurch aus, dass sie
sich der Beobachtung durch Dritte entziehen bzw. dass sie im Fall, da sie sich
öffentlich vollziehen, ohne auf Legitimitätsprobleme zu stoßen, nicht länger
Korruption genannt werden (können). Illegitime Netzwerke sind „Geheimnetz-
werke", die *nichtöffentlich* operieren müssen. In diesem Wortgebrauch ist freilich eine ganz andere Bedeutung des Öffentlichen impliziert, die Öffentlichkeit
nicht als politischen Kollektivbegriff, sondern als *Wahrnehmungs- und Beob-
achtungsbegriff* versteht und nicht auf Interessenlagen, sondern auf *allgemeine
Zugänglichkeit und unkontrollierte Beobachtbarkeit* von Handlungen/Kommu-
nikationen abstellt (mit entsprechend abweichenden etymologischen – deutschen,
nicht romanischen – Wurzeln; näher Hölscher 1978). Statt der politisch gefärbten,
Handlungsintentionen bewertenden Unterscheidung zwischen dem Öffentlichen
und dem Privaten rücken nun Begriffspaare wie öffentlich/geheim, öffentlich/
vertraulich oder offen/arkan in den Vordergrund. Es ist diese „Beobachtungsdif-
ferenz", die im Mittelpunkt der folgenden Überlegungen stehen wird: Was lässt
sich für die Bestimmung gesellschaftstheoretischer Netzwerkbegriffe gewinnen,
wenn man die Unterscheidung von Funktionssystemen und Netzwerken mit der
Unterscheidung des Öffentlichen und Geheimen in Zusammenhang bringt? Was
folgt daraus für die Bestimmung der Leistungsspezifik von Netzwerken, soweit
sie sich aus der Differenz zu Funktionssystemen definieren?

3 Zur öffentlichen Beobachtungsdynamik von Funktionssystemen

Auch in dieser Fassung des Problems, die von der Wahrnehmungs-, Beobach-
tungs- und Informationsdimension des Öffentlichen ausgeht, bleibt es bei einer
Voreinstellung, die ich eben an den gängigen Begriffen von Korruption hervorgehoben hatte: Die Perspektive, aus der Netzwerke gesehen und bewertet werden,
ist einer *Außensicht* verpflichtet, der die Nichtöffentlichkeit von Netzwerken auffallen kann, *weil* sie von Zugänglichkeit und Beobachtbarkeit ausgeht, so wie dem
gängigen Verständnis von Korruption private Interessen als partikular auffallen,
weil sie dem Gemeininteresse zuwiderlaufen. Mit anderen Worten: Auch diese
Öffentlichkeitsbegriffe bestätigen Primat und Legitimitätsmaßstäbe funktionaler
Differenzierung, sie verlagern lediglich die Aufmerksamkeit von der Motiv- und
Interessen- auf die Beobachtungs- und Wahrnehmungsdimension. Warum aber
sollte es aus der Perspektive von Funktionssystemen auf diese Dimension des

Öffentlichen ankommen? In welchem genauen Sinn sind Funktionssysteme als öffentliche Systeme beschreibbar, denen im Vergleich Netzwerke als nichtöffentlich auffallen können?

Dass Funktionssysteme öffentlich operieren und damit auch die gesellschaftliche Perspektive auf Netzwerke mitprägen, mag zunächst in manchen Hinsichten banal erscheinen. So war etwa die Ausdifferenzierung der modernen Wissenschaft an die Erfindung der *Publikation* geknüpft, eine Form öffentlicher Kommunikation, die sowohl die Bezugnahme wissenschaftlicher Wahrheitsansprüche aufeinander als auch die Prüfung und gezielte Abweichung vom jeweiligen Stand der Forschung erlaubte (vgl. Stichweh 1987/1994, 1996). Für Politik und Recht verweisen Begriffe wie „Gerichtsöffentlichkeit" und „öffentliche Meinung" auf ein definierendes Moment des Öffentlichen nicht nur im Sinne von Staatlichkeit, sondern auch von Beobachtbarkeit und Zugänglichkeit. Offensichtlich hat alles, was von Journalisten und Publizisten produziert und in Massenmedien gesendet, diskutiert und beschrieben wird, auch mit der Herstellung von Öffentlichkeit zu tun. Die moderne Dynamik von Kunst und Sport beruht offensichtlich auch darauf, dass Ausstellungen, Konzerte, Aufführungen und Wettkämpfe öffentlich stattfinden und sich öffentlicher Rezeption, Diskussion und Evaluation aussetzen (zu den „art worlds" interessant Becker 1982/2008; auch Greenfeld 1989). Selbst in Fällen, wo zentrale Operationen in der Regel häufig nichtöffentlich vollzogen werden, z.B. Geldzahlungen (Wirtschaft) oder Unterrichtsinteraktionen (Erziehung), lassen sich auf höheren Aggregationsebenen Beobachtungsformen wie Preise, Marktoperationen (Baecker 1987) oder Zeugnisse und Statistiken (z.B. PISA-Test) finden, die (auch) Leistungen öffentlich evaluieren und ohne die eine Erklärung der Dynamik dieser Systeme offensichtlich unvollständig wäre.

Es wäre kaum der Erwähnung wert, dass vieles, was für die Genese von Funktionssystemen bedeutsam erscheint, „in der Öffentlichkeit" stattfindet, wenn man damit nicht auch eine soziologisch folgenreiche These zur Entstehungs- und Differenzierungsdynamik dieser Systeme verknüpfte. Ich will in der Tat eine solch stärkere These vertreten, wonach die Differenzierungsdynamik *aller* Funktionssysteme von *öffentlicher Selbstbeobachtung* abhängig ist und eine zureichende gesellschaftstheoretische Würdigung dieses Sachverhalts in vielen Hinsichten noch aussteht.

Funktionssysteme bilden *interne Öffentlichkeiten* aus, die sich von einer primären Systemebene unterscheiden, sich auf deren Beobachtung spezialisieren und die Dynamik öffentlicher Kommunikation für die Universalisierungs- und Globalisierungsdynamik von Funktionssystemen erschließen (im globalisierungstheoretischen Kontext Werron 2007; am Beispiel von Konkurrenz Werron 2009; für eine ausführliche empirische Anwendung Werron 2008). Die *interne Unterscheidung von Operationsebenen* ist der Gedanke, auf den es ankommt, und er lässt sich am besten am politischen System erläutern, das mit der Begriffsgeschichte von „öffentlicher Meinung" über die reichhaltigste Tradition des Nachdenkens darüber verfügt. Die Entstehung des modernen politischen Systems war, wie Jürgen Habermas und andere gezeigt haben (Habermas 1962/1990; Baker 1987, Warner 1990; Luhmann 2000), an einen Prozess der Unterscheidung der staatlichen „öffentlichen Gewalt" von der nichtstaatlichen „öffentlichen Meinung" gebunden, in dessen Folge die öffentliche Meinung der öffentlichen Gewalt als kritische, „räsonierende" (Habermas) Beobachtungs- und Legitimierungsinstanz gegenübertrat. Habermas und viele andere, die sich von seiner Öffentlichkeitsstudie haben anregen lassen, haben sich vor allem für die politischen Demokratie- und Vernunftversprechen dieses Vorganges interessiert (z. B. Calhoun 1992, Peters 1994/2007). Eine normativ enthaltsamere gesellschaftstheoretische Perspektive kann sich vor allem für die *kommunikative Konstellation* aus verantwortlichem *Handeln* und öffentlichem *Beobachten* selbst interessieren,[6] für die sich in allen Funktionssystemen Parallelen finden und analysieren lassen, auch wenn nicht immer eine ähnlich gehaltvolle Begriffsgeschichte zur Verfügung steht. So ist z. B. sowohl mit Bezug auf öffentliche Meinung wie auch auf wirtschaftliche Märkte seit langem eine analoge Metaphorik des „Spiegels" oder der „unsichtbaren Hand" in Gebrauch, die vom 18. Jahrhundert (u. a. Jacques Necker über öffentliche Meinung, Adam Smith über Märkte) bis zur heutigen Marktsoziologie reicht (vgl. White 1981/82, Luhmann 1988).[7]

Die heuristischen Erträge des systematischen Vergleichs solcher Konstellationen werden vermutlich erst in vollem Umfang sichtbar, wenn man sich nicht, wie in der soziologischen Systemtheorie üblich, auf die Rekonstruktion der Grenzen, Codes, Programme, Selbstbeschreibungen und Rollen von Funktionssystemen konzentriert, sondern auch die *Expansions- und Globalisierungsdynamik* dieser Systeme als eigenständiges empirisches Problem akzeptiert, dessen Erklärung den Umbau und die Neugewichtung des theoretischen Vokabulars erfordert. An der Ausdifferenzierung des modernen Sports im späten 19. Jahrhundert, die von der Herausbildung einer komplexeren Ebene öffentlichen Sendens, Redens und Schreibens *über* Wettkämpfe abhängig war, habe ich dies exemplarisch zu zeigen versucht (Werron 2008). Als weiteres Beispiel drängt sich erneut die moderne Wissenschaft auf, die sich ja nicht nur auf Publikationen im Sinne *primärer* Wahrheitsansprüche mit direktem Gegenstandsbezug stützt, sondern auf Zitationen, Reputationskriterien und andere Formen öffentlicher Evaluation, die

---

[6] Eine Unterscheidung, die neuerdings als Unterscheidung zwischen „actorhood" und „otherhood" auch in der neoinstitutionalistischen World Polity-Forschung eine zentrale Rolle spielt, vgl. Meyer 1994, Meyer/Jepperson 2000. Auf diese interessante Parallele komme ich unten zurück.
[7] Systemtheoretisch geht es dabei auch um die Herausbildung von Beobachtungsebenen *zweiter* Ordnung, die komplexere Reflexionsmöglichkeiten verfügbar machen und damit insbesondere auch der schärferen Ausdifferenzierung von Leistungs- und Publikumsrollen logisch und historisch vorgeordnet sind.

universalistische, global ausgreifende Vergleiche der Wahrheitsansprüche dieser Publikationen und Reputationen von Wissenschaftlern erst ermöglichen (zu
Wahrheit und Reputation als den entsprechenden „scientific stakes" vgl. Bourdieu
1975. Finanzmarktstatistiken, Marktberichte und neoklassische ökonomische
Theorien (vgl. Fourcade 2006), Kunstkritik und Kunstgeschichte, der „Markt
der Religionen": Für jedes Funktionssystem lassen sich entsprechende sekundäre
Operationsformen benennen, die von kleinteiligen Analysen mit lokalen Bezügen
bis zu abstraktesten statistischen Aggregationen reichen, die ganze Universitäten, Volkswirtschaften, Erziehungssysteme oder Verfassungen auf ihre Übereinstimmung mit globalen Standards vergleichen und auf komplexe Weise auf
die „eigentliche" Genese dieser Systeme zurückwirken (vgl. dazu jetzt auch unter
dem Stichwort „reactivity" Espeland/Sauder 2007). Solche Aufzählungen allein
sagen noch wenig über das empirische Gewicht dieser Formen für die historische
Genese dieser Systeme, aber sie deuten darauf hin, dass die Tatsache, dass es sich
um Formen *öffentlicher* Kommunikation handelt, eine genauere Analyse verdient.

Was zeichnet öffentliche Kommunikation als eigenständige Sinnform aus?
Wenn man die Beobachtungs- und Informationsdimension des Öffentlichen her-
vorhebt, lässt sich öffentliche Kommunikation zunächst als (1) *allgemein zugäng-
liche*, in ihren Anschlüssen unbeschränkte Kommunikation verstehen, die sich
(2) an ein *im Einzelnen unbestimmtes (anonymes) Publikum* richtet.[8] Der Voraus-
setzungsreichtum dieser Merkmale ist meist übersehen worden, auch von Vertretern der soziologischen Systemtheorie, die dazu neigen, das Interesse an Medien
und öffentlicher Kommunikation entweder sogleich auf ein eigenständiges „System" der Massenmedien, des Journalismus, der Publizistik, der Öffentlichkeit
etc. auszulagern oder allzu direkt von Kommunikationstechnologien wie dem
Buchdruck auf soziale Effekte dieser Technologien zurückzuschließen (eine Neigung, die sie mit der medienhistorischen Literatur nach Harold Innis, Marshall
McLuhan u. a. teilen). Im Rahmen der hier behandelten Problemstellung kommt

---

[8] Am Beispiel öffentlicher Meinung: sie sei „immer dann impliziert, wenn vorausgesetzt wird, daß
Resultate von Kommunikation (Wissen, Präferenzen, Selbst- und Fremdeinschätzung etc.) die
Einstellungen eines (im einzelnen unbestimmt bleibenden) Publikums bestimmen und so weiterer Kommunikation zugrunde gelegt werden" (Luhmann 2000: 286). Zum Vergleich ist auch eine
Definition des Merkmals „der Öffentlichkeit zugänglich Machen" interessant, die fast wortgleich
weltweit in allen Patentgesetzen vorkommt. Nach der deutschen Rechtsprechung gilt eine Erfindung als der Öffentlichkeit zugänglich gemacht, „wenn ein unbegrenzter Personenkreis die nicht zu
entfernte Möglichkeit hatte, (von der Erfindung) Kenntnis zu nehmen" (z. B. BGH GRUR 66: 487).
Die Formulierung kodifiziert gewissermaßen das oben erläuterte Verständnis öffentlicher Kommunikation, verweist aber auf Gradualisierungsmöglichkeiten und -schwierigkeiten: Wie weit entfernt
ist „nicht zu entfernt"? Wie wir sehen werden, „löst" öffentliche Kommunikation dieses Problem
in der Regel durch schlichte Unterstellung bzw. genauer: durch Herstellung von Unterstellbarkeit
von Informiertheit.

es dagegen gerade darauf an, den Blick für die Voraussetzungen und Effekte öffentlicher Kommunikation in *anderen* Funktionssystemen zu schärfen.

Öffentliche Kommunikation, hatte ich betont, wendet sich mit unbeschränkt anschlussfähigen Beobachtungen an ein im Einzelnen unbekanntes (anonymes) Publikum. Das impliziert, dass sie Kommunikation *unter Abwesenden* erlaubt und zugleich die *Unterstellbarkeit* von Informiertheit Abwesender an die Stelle der Wahrnehmbarkeit in Situationen von Anwesenheit setzt. Diese „faktische Fiktion" äußert sich vor allem in einem neuartigen *Temporalisierungsdruck*, der sich in einen „temporalisierten" und einen „temporalisierenden" Aspekt differenzieren lässt. Der *erste* Aspekt zielt auf die Temporalität öffentlicher Kommunikation selbst: auf Publikationen, die auf andere Publikationen vor- und zurückverweisen, sich wechselseitig Zeitstellen zuweisen und einen eigenen *Rhythmus* erzeugen, der auf das „gespiegelte" System zurückwirkt.[9] Als Form, die sich von Abwesenden an (fiktive) Abwesende richtet, wird öffentliche Kommunikation dann aber *zweitens* auch selbst zur Bedingung für Tempo, da sie etwaige Beobachter zwingt, sich auf diese Fiktion unbeschränkter und ungewisser weiterer Beobachter einzustellen, und dies umso folgenreicher, je zwingender auch die *Gleichzeitigkeit* der Informiertheit anderer infolge der Verfügbarkeit von (Echtzeit-)Medien wie Telegraphie oder Internet unterstellt werden muss (zu Temporalisierungseffekten dieser Art anschaulich am Beispiel des Telegraphen Carey 1989; an elektronischen Währungsmärkten Knorr-Cetina/Brügger 2002). Von öffentlich Kommuniziertem kann bzw. muss man dann im Prinzip unterstellen, dass es vom Zeitpunkt seiner Veröffentlichung an allen bekannt sein *kann*, und sei das Thema noch so esoterisch und der Kreis tatsächlicher Leser, Betroffener oder Interessierter letztlich noch so klein. Dass sich eine Kommunikation an ein unabgeschlossenes Publikum anonymer Abwesender richtet, muss dabei nicht eigens mitgeteilt werden, sofern nur an die entsprechende *Fiktion* angeschlossen wird. Die Form öffentlicher Kommunikation ist daher eine relativ unscheinbare Erfindung, die sich hinter hoch spezialisierten Sonderformen verstecken kann und deren Bedeutung soziologisch leicht zu unterschätzen ist.

Öffentliche Kommunikationsprozesse, zeigt sich nun, wirken nicht nur als Spiegel immer schon vorhandener Leistungen, sondern wirken an der *Konstruktion*, am *Vergleich* und an der zunehmend komplexen, etwa statistischen und narrativen *Evaluation* solcher Leistungen mit. Die Effekte lassen sich in alle Sinndimensionen verfolgen: *Sachlich* tragen die Zugänglichkeit der Operationen, die Unbeschränktheit der Publikumsfiktion und entsprechend abstrakte, „theoretisierende" (Strang/Meyer 1993) Vergleichsschemata zur Erschließung potentiell unlimitierter Vergleichshorizonte bei (eine semantisch häufig als „Rationalität",

---

[9] „Publics [...] act historically according to the temporality of their circulation", formuliert der Literaturhistoriker Michael Warner (Warner 2002: 96).

insbesondere als politische Rationalität „öffentlicher Meinung" oder als wirtschaftliche Rationalität „idealer Märkte" ausgezeichnete Leistung);[10] *sozial* sind sie auf unlimitierten Zugang ausgerichtet, beteiligen sich an der Differenzierung und Definition von Leistungs- und Publikumsrollen und errichten eine Bühne für neue, für ein Publikum inszenierte Formen der Konkurrenz (näher Werron 2009); *räumlich* schließlich beteiligen sie sich mit ihren unbeschränkten Publikumsfiktionen an der Projektion *globaler* Vergleichshorizonte und treiben die Globalisierungsdynamik von Funktionssystemen voran. All diese Beiträge können sich zu Formen des *globalen gleichzeitigen Vergleichs der Leistungen Abwesender* fügen, in denen sich Temporalisierungsdynamik, sachliche Universalitätsansprüche, Rollendifferenzierung, Konkurrenz und Globalisierung zu weltweit vereinheitlichten Vergleichshorizonten zusammenschließen. Bildlich dargestellt:

Abbildung 1   Öffentlicher Leistungsvergleich unter Abwesenden

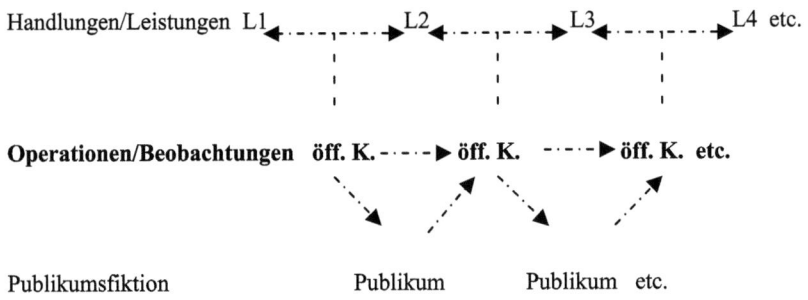

Wenn man die Eigendynamik öffentlicher Kommunikationsprozesse berücksichtigt, so die These, lassen sich zentrale Problemdimensionen der Differenzierungsdynamik von Funktionssystemen genauer fassen und in einem übergreifenden Erklärungszusammenhang miteinander verknüpfen. Zu den Makroprozessen, die so besser verständlich werden, zählen neben den bereits angedeuteten (1) *Globalisierungsdynamiken* eine von der neoinstitutionalistischen World Polity-Forschung sowie globalhistorischer Literatur (z. B. Bayly 2004) in den letzten Jahren eindringlich beschriebene (2) *Vereinheitlichungsdynamik* sowie ein für unseren Problemzusammenhang besonders interessanter Prozess, den ich unter dem Neologismus

---

[10] Bernhard Peters hat diese meist politisch verstandene Rationalitätserwartung als eigenständigen Sinn des Öffentlichen herausgearbeitet und als „Öffentlichkeit im emphatischen Sinn" bezeichnet (vgl. Peters 1994). Auch in diesem emphatischen Sinne ist Öffentlichkeit aber nicht zwingend ein Spezifikum des Politischen.

(3) *Veröffentlichisierung* zusammenfassen will.[11] Die Formulierung versucht über den bloßen Sachverhalt der Veröffentlichung hinaus eine spezifische *Sogkraft* öffentlicher Kommunikation zu fassen, die auf eine Erweiterung des öffentlich Beobachtbaren hinwirkt und es zugleich auf spezifische Weise transformiert.

Diese „Veröffentlichisierungsdynamiken" sind in den letzten Jahren zunehmend in den Blickpunkt einer Forschung gerückt, die sich für „public measures" interessiert (vgl. am Beispiel von Collegerankings Espeland/Sauder 2007; an Filmkritiken Hsu/Podolny 2005), sind aber schon vor hundert Jahren von Georg Simmel bemerkt worden, als er das Öffentlichwerden als generellen Trend des modernen Lebens und als Effekt der zunehmenden Differenzierung des Öffentlichen und Geheimen beschrieb: „Die geschichtliche Entwicklung der Gesellschaft ist in vielen Teilen dadurch bezeichnet, daß früher Offenbares in den Schutz des Geheimnisses tritt, und daß umgekehrt früher Geheimes dieses Schutzes entbehren kann und sich offenbart ... das seinem Wesen nach Öffentliche, seinem Inhalt nach alle Angehende wird auch äußerlich, seiner soziologischen Form nach, immer öffentlicher; und das, was seinem inneren Sinne nach ein Fürsichsein hat, die zentripetalen Angelegenheiten des Einzelnen, gewinnen, auch in ihrer soziologischen Position, immer privateren Charakter, immer entschiedenere Möglichkeit, Geheimnis zu bleiben" (Simmel 1908/1992: 406, 413). An diese Beobachtung knüpft Simmel andernorts weit reichende Konsequenzen, wenn er Zusammenhänge zwischen einem Zug zur „Wahrhaftigkeit" in Handelsdingen und der zahlenmäßigen Größe des Publikums erwartet: „Der auf Wahrhaftigkeit gebaute Verkehr wird innerhalb einer Gruppe im allgemeinen umso angemessener sein, je mehr das Wohl der Vielen statt der Wenigen ihre Norm bildet. Denn die Belogenen – also die durch Lüge Geschädigten – werden immer gegenüber dem Lügner, der durch die Lüge seinen Vorteil findet, in der Mehrzahl sein. Deshalb ist die ‚Aufklärung', die auf die Beseitigung der im sozialen Leben wirksamen Unwahrheiten zielt, durchaus demokratischen Charakters" (Simmel 1908/1992: 390).

Was der Sache nach alle angeht, so also Simmels Argument, müsse sich auch vor den Augen aller vollziehen; eine Eigenschaft des Gegenstandes der Kommunikation, die „demokratische" Qualität, alle anzugehen, dient ihm als Erklärung eines gesellschaftlichen Trends zur zunehmenden Zugänglichkeit von Informationen. In heutigem Vokabular lässt sich dieser Gedanke wie folgt reformulieren: Der Universalitätsanspruch von Funktionssystemen treibt die zu ihm passenden Beobachtungs- und Informationsverhältnisse hervor. Das Argument ist nicht unplausibel, täuscht aber darüber hinweg, dass auch das umgekehrte Argument plausibel sein könnte, wonach zunehmende Möglichkeiten, vor den Augen aller

---

[11] Die gewöhnungsbedürftige Begriffswahl reagiert auf das Fehlen einer passenden Übersetzung für das englische „publicize", das sich im Unterschied zum deutschen „veröffentlichen" auch als historischer Prozessbegriff eignet.

zu kommunizieren, den Trend befördert haben könnten, Gegenstände als solche aufzufassen, die alle angehen. Das Illegitimwerden von „Arkanpolitik" in der Aufklärung oder ein etwaiger Trend zur „Wahrhaftigkeit" oder „Transparenz" in Handelsdingen sind dann nicht nur als Folge und Begleiterscheinung eines neuen Staatsverständnisses oder steigender Konsumentenzahlen interpretierbar, sondern als deren *Voraussetzung*, die im öffentlichen Diskurs über politische Entscheidungen und Preise/Warenqualitäten/Marken u. ä. erzeugt und stabil gehalten werden musste. Die Universalitätsdynamik von Funktionssystemen erscheint nun umgekehrt auch als Produkt eines „Transparenzimperativs" (Stauff 2008: 7) von Funktionssystemen. Ob und welcher dieser Logiken ein Primat zugeschrieben werden kann, kann hier offenbleiben – die Annahme eines zirkulären Verhältnisses dürfte der Wahrheit am nächsten kommen –, entscheidend ist, dass sich auch diese umgekehrte Logik beobachten und für soziologisch-historische Untersuchungen fruchtbar machen lässt. Im politischen System wird dies neben der bereits von Simmel angeführten Delegitimierung von Geheimpolitik (vgl. Wegener 2006: 121) und dem Ringen um die „öffentliche Meinung" im 18. Jahrhundert (z. B. Baker 1990) auch an der Geschichte öffentlicher Skandale sichtbar (Thompson 2000; Bösch 2004). Sie setzt im 19. Jahrhundert ein und bleibt erneut keine politische Besonderheit, sondern lässt sich durch alle Funktionsbereiche verfolgen, von Korruptionsskandalen über Menschenrechtsskandale, wissenschaftliche oder künstlerische Fälschungsskandale bis zu Doping- und Wettskandalen des Sports (dazu Ansätze bei Imhof 2000; Boltanski et al. 2007). Protestbewegungen und Nichtregierungsorganisationen als „public eye" nationaler Regierungen und transnationaler Konzerne gehören ebenso in diesen Zusammenhang wie die von Michael Power beschriebene „audit society" (Power 1995) und vielfältige andere „public measures", die Individuen und Organisationen einer immer engmaschigeren öffentlichen Beobachtung unterwerfen (z. B. Espeland/Stevens 1998; Werron 2005; Espeland/Sauder 2007; Zuckerman 1999; Heintz 2008; Hsu/Podolny 2005). Die temporalisierte, zunehmend komplexe, global ausgreifende öffentliche Selbstbeobachtung treibt dabei immer neue „Publikumsexperten" wie Journalisten, Nationalgeschichtsschreiber (dazu interessant Hill 2007), Börsenanalysten, Wirtschaftsprüfer, Kunstkritiker, Globalisierungskritiker und andere Beobachterrollen hervor: „andere" (Meyer 1994), die sich auf Beobachten, Vergleichen, Bewerten und Kritisieren der Leistungen von „Akteuren" spezialisieren.

Anlässe von Skandalen, die sich gleichsam im toten Winkel von Funktionssystemen ereignen und nur gelegentlich an die Oberfläche treten, verweisen zugleich auf den wohl interessantesten Aspekt dieser „Veröffentlichisierungsdiagnose": auf Differenzen und Spannungen zwischen dem Transparenzimperativ von Funktionssystemen und der nichtöffentlichen oder geheimen Reproduktionsweise anderer sozialer Strukturen. Die Pointe lässt sich gut an den Kernthesen der neoinstitutionalistischen World Polity-Forschung entwickeln, die ihre viel-

fältigen Belege zur weltkulturellen Isomorphie seit Ende des 19. Jahrhunderts
ja mit der These absichert, dass sich die lokalen Realitäten häufig „entkoppelt"
und gleichsam außerhalb des Gesichtskreises der Weltkultur entwickelten (z.B.
Meyer/Jepperson 2000). Die Logik dieses „decoupling" ist noch kaum untersucht (für Problemhinweise vgl. Holzer 2006b), aber deutlich ist, dass wir es mit
einer Differenz von öffentlicher („offizieller", „formaler" etc.) Beobachtung und
nichtöffentlicher („inoffizieller", „informaler" etc.) Praxis zu tun haben, die umso
schärfer hervortritt, je höher die Anforderungen auf formaler Ebene und je gerin-
ger die Bereitschaft und die Voraussetzungen sind, ihnen außerhalb öffentlicher
Selbstdarstellung gerecht zu werden. Zu den paradoxen Folgen dieses „Veröffent-
lichisierungsdrucks" gehört, dass die offizielle Selbstverpflichtung von Staaten
auf Achtung der Menschenrechte häufig erst auf dem Umweg der Skandalisierung ausnahmsweise öffentlich gewordener Verstöße wirksam zu werden scheint
(Hafner/Tsutsui 2005). Dies kann man als zusätzlichen Beleg für die Kluft zwischen offiziellen Ansprüchen und inoffiziellen Realitäten nehmen, aber auch als
Hinweis darauf deuten, dass Skandale und andere Formen des „colère publique"
sich anschicken, zu genuinen Quellen der (globalen) Rechtsbildung zu werden
(Fischer-Lescano 2005).

Öffentliche, temporalisierte Vergleichshorizonte und kontinuierliche Er-
eignisproduktion „veröffentlichisieren" sich wechselseitig, produzieren aber zugleich eine nichtöffentliche, „inoffizielle", „informelle" Seite mit, von der man
nie genau wissen kann, aus rechtlichen Gründen häufig nicht einmal wissen
darf, was genau sich in ihr abspielt. Wenn gegenwärtig zunehmend von „trans-
parenten" oder „gläsernen" Politikern, Unternehmen oder Athleten die Rede ist,
dann geschieht das stets mit dem impliziten Vorbehalt, dass solche Ansprüche
an einer zwar wandelbaren, im Prinzip jedoch selbstverständlich vorausgesetz-
ten „Privatsphäre" ihre Grenze finden.[12] Der Sog öffentlicher Kommunikation
stößt also immer auch an Grenzen, die zugleich für die Analyse des Verhältnisses von Funktionssystemen und Netzwerken bedeutsam sind.[13] Denn wenn die
Differenzierungsdynamik von Funktionssystemen auch von der Öffentlichkeit

---

[12] Den prinzipiellen Bestand dieser Grenze berühren auch Trends zur öffentlichen Darstellung und
Skandalisierung von Privatangelegenheiten nicht, die seit den 1960er Jahren vor allem an der Fern-
sehberichterstattung bemerkt (z.B. Meyrowitz 1985) und kritisiert worden sind (z.B. Imhof/Schulz
1998) – eine Kritik, die die hochgradige Selektivität dieser „Veröffentlichung des Privaten" zu ver-
nachlässigen neigt.

[13] Ein interessanter Testfall für rechtliche Grenzen zwischen dem Öffentlichen und dem Geheimen
bzw. Privaten zeichnet sich gegenwärtig im Spitzensport ab, wo die Überwachungsmaßnahmen (un-
angemeldete Kontrollen, Meldepflichten u. ä.) staatlicher und nichtstaatlicher Dopingkontrolleure
wie der Weltdopingagentur WADA bei Sportlern und Sportverbänden zunehmend auf Widerspruch
stoßen und mehr und mehr die Rechtsexperten für Datenschutz und Persönlichkeitsrechte beschäftigen; vgl. aktuell Eder 2009.

ihrer Operationen abhängt und diese Dynamik auf der Fähigkeit beruht, eine *unbegrenzte* Zahl von Leistungen vor einem *unabschließbaren* Publikum unter Verwendung *immer feinerer Leistungsvergleichsschemata* zu evaluieren, muss diesen Systemen jede Einschränkung öffentlicher Beobachtung problematisch erscheinen. Da sie zugleich aber Differenzen zwischen dem Öffentlichen und dem Geheimen produzieren, schaffen sie immer auch Möglichkeiten *sparsamen* Umgangs mit Informationen, die im Selbstverständnis dieser Dynamik nicht vorgesehen sind, aber auch nicht einfach beseitigt werden können. Spannungen und Struktureffekte, die sich aus Differenzen zwischen dem Öffentlichen und dem Geheimen ergeben, erscheinen nun in neuem Licht: Sie wandeln sich von einem mehr oder weniger überholten Nebenproblem (so suggeriert Luhmann 1989: 136), einem spezifischen Organisationsproblem (Barnard 1938, Luhmann 1964/1995) oder einem regional limitierten Problem „korrupter" Entwicklungsländer zu einem *generellen Strukturproblem*, das unmittelbar mit dem primären Differenzierungsprinzip der modernen Gesellschaft liiert ist.

4 Funktionssysteme und Netzwerke im Licht der Unterscheidung öffentlich/geheim

Wie lassen sich solche Einblicke in die öffentliche Beobachtungsdynamik von Funktionssystemen und in funktionsspezifische Differenzen zwischen dem Öffentlichen und dem Geheimen für die Analyse der Leistungsspezifik von Netzwerken nutzen? Die Konsequenzen zeigen sich im Kontrast mit den zwei begrifflich wohl am besten definierten Systemtypen, Interaktionen und Organisationen, denn hier dürfte diese Akzentverschiebung vor allem schon bekannte Diagnosen bestätigen: (1) Öffentliche Selbstbeobachtung, so beschrieben, treibt die gesellschaftliche Verselbständigungsdynamik von Funktionssystemen voran und verschärft so den Trend zur funktionsspezifischen Inanspruchnahme von Interaktionssystemen sowie zur Differenzierung von Interaktions- und Gesellschaftsebene, wie er in der Literatur unter anderen Gesichtspunkten bereits ausführlich beschrieben worden ist (Luhmann 1977; Kieserling 1999). Das schließt auch die bereits von Simmel bemerkte Freisetzung von Interaktionsgelegenheiten für private und geheime Zwecke ein. (2) Auch am geläufigen Zusammenspiel von Funktionssystemen und formalen Organisationen ändert sich auf den ersten Blick wenig. Allenfalls unterstützt ein Akzent auf Öffentlichkeit gängige Thesen zu Steigerungszusammenhängen von funktionaler Differenzierung („Rationalisierung") und formaler Organisation („Bürokratisierung") und könnte darüber hinaus zur Erklärung des organisationstheoretischen Trends beitragen, die gesellschaftliche Einbettung von Organisationen, die Konkurrenz um Legitimität und Reputation sowie Imitations- und Abgrenzungsverhältnisse in „organisationalen Feldern" gegenüber rein bürokratischen Zweck- und Hierarchiemodellen hervorzuheben (vgl. schon Luhmann 1964a; Meyer/Rowan 1977; DiMaggio/ Powell 1983; mit Blick auf Öffentlichkeit dürften dabei v. a. neuere Diskussionen um „status systems" von Interesse sein; vgl. Podolny 2005; Sauder 2006).

Noch wichtiger ist aber in unserem Problemzusammenhang, dass sich beide Typen, da allein über Anwesenheit bzw. Mitgliedschaftsentscheidungen definiert, relativ neutral zur Unterscheidung öffentlich/geheim verhalten. Entsprechend variabel gestaltet sich die Beziehung von Interaktions- und Organisationssystemen zu den Öffentlichkeiten von Funktionssystemen: Neben Interaktionen wie Parlamentssitzungen, Theateraufführungen, wissenschaftlichen Kongressen oder Sportwettkämpfen, die öffentlich stattfinden, sich öffentlicher Kritik und Evaluation aussetzen und funktionsspezifischen Selektionshorizonten zuordnen, finden sich solche, die sich öffentlicher Beobachtung entziehen, vom Arzt-Patient-Gespräch und dem Abendessen im Familienkreis über private Kneipengespräche bis zur „korrupten" Absprache zwischen Antragstellern und Amtsträgern. Auch das Spektrum formaler Organisationen ist kaum begrenzt und reicht von Public Relations pflegenden Staatsregierungen, NGOs, transnationalen Unternehmen und lokalen Vereinen bis zu „Geheimgesellschaften" und Verbrechersyndikaten, die weitgehend außerhalb des öffentlichen Blickfelds operieren. Aus der Zuordnung zu den Systemtypen Interaktion und Organisation allein lassen sich also offenbar keine Affinitäten zum Öffentlichen oder Nichtöffentlichen ableiten. Da ähnlich wohletablierte, gesellschaftstheoretisch reflektierte Netzwerkbegriffe noch nicht zur Verfügung stehen, lässt sich diese überschlägige Prüfung zwar nicht ohne weiteres auf Netzwerke übertragen. Sie könnte sich aber zur Bestimmung eben dieser Begriffe eignen, wenn man sie mit dem Vorschlag, die gesellschaftliche Funktionsstelle von *Netzwerken aus der Differenz zu Funktionssystemen zu bestimmen* (Tacke 2000; Bommes/Tacke 2006), in Zusammenhang bringt und fragt, welche Eigenschaften von Netzwerken sichtbar werden, wenn man den beobachtungsöffentlichen Charakter von Funktionssystemen akzentuiert *und zugleich Netzwerken im Verhältnis zu Funktionssystemen einen sekundären Status zuschreibt.*

Erneut bieten sich Interaktionen und Organisationen als Vergleichsfälle an. Wenn man das Verhältnis von Gesellschaft, Organisation und Interaktion als Ebenenhierarchie beschreibt, in der die Gesellschaftsebene den anderen Systemebenen vor- bzw. übergeordnet ist (Luhmann 1975), und wenn man für die Gesellschaftsebene einen Primat funktionaler Differenzierung unterstellt, rücken ja auch diese beiden Systemtypen in sekundäre Positionen ein: Das Gesellschaftssystem „vergesellschaftet" Interaktionen und Organisationen nach den Vorgaben seines primären Differenzierungsprinzips, indem es z. B. günstige Umweltbedingungen für moderne Unternehmen und weniger günstige für Handwerkszünfte schafft oder Interaktion teils funktionsspezifisch vergesellschaftet und teils für Kommunikation *au trottoir* freigibt. Diese unterschiedlichen Formen gesellschaftlicher Inanspruchnahme von Organisation und Interaktionen lassen sich jedoch nur beobachten und vergleichen, wenn man eine *begriffliche* Konstanz beider Systemtypen voraussetzt und unterstellt, dass sie über historische und regionale Differenzen hinweg über Anwesenheit und Mitgliedschaftsentscheidungen definiert sind.[14]

Von dieser Kontinuitätsunterstellung löst sich der hier zu diskutierende Netzwerkbegriff pointiert ausgedrückt in der These, „dass Netzwerkbildung – jedenfalls in der modernen Gesellschaft – Strukturen funktionaler Differenzierung voraussetzt" (Bommes/Tacke 2006: 40).[15] Zur Begründung dieser *begrifflichen* Verknüpfung von funktionaler Differenzierung und Netzwerken stützen sich Tacke und Bommes auf Argumente, die hier in variierter Reihenfolge und mit einigen Ergänzungen wiedergegeben seien: Die ersten Argumente wiederholen gängige Annahmen zum Primat funktionaler Differenzierung: (1) Funktionssysteme konstituieren sich über *sachspezifische* Problemstellungen und Leistungen. (2) Das impliziert, dass sich auch die *Inklusion* sozialer Adressen an einem universalistischen „Primat sachlicher Problemstellungen" orientiert und einzelne Individuen/Personen in eine Vielzahl sachspezifisch ansprechbarer „polykontexturaler" Adressen differenziert. (3) Netzwerke konstituieren sich dagegen gerade über ein „Primat der sozialen Adresse", und daran, betonen Bommes und Tacke, sei im Einklang mit dem Mainstream der Netzwerkforschung und zur Vermeidung ihrer Übergeneralisierung auf „Adressenzusammenhänge" (Stichweh 2000) auch in einem gesellschaftstheoretischen Erklärungszusammenhang festzuhalten. (4) Dass sich primär sozial konstituierte Netzwerke im Umfeld sachspezifischer Problemstellungen und polykontexturaler Adressen behaupten und sogar vermehren können, hat mit der Ausbildung reziproker Leistungserwartungen zu tun, die die Gegenleistung unspezifisch lassen und in die Zukunft verlegen (wobei der sachliche, zeitliche und räumliche Horizont des Leistungsaustauschs mit den funktionsspezifischen Anlehnungskontexten variieren kann).

---

[14] In der Problemherleitung von Bommes und Tacke ist nicht immer klar, ob funktionale Differenzierung allein oder funktionale Differenzierung und formale Organisationen gemeinsam für die primäre Differenzierungsform der modernen Gesellschaft einstehen; vgl. z. B.: „Ein Primat der Adressen gilt für die Bildung von Netzwerken, nicht aber für die Bildung der primären Systeme – also Funktions- und Organisationssysteme – in der modernen Gesellschaft" (Bommes/Tacke 2006: 42). Zur weiteren Klärung des „sekundären" Status von Netzwerken dürfte es hilfreich sein, auch den entsprechenden Status von Organisationen noch einmal vergleichend in den Blick zu nehmen.

[15] Die Einschränkung „jedenfalls in der modernen Gesellschaft" legt nahe, dass dann für jede Differenzierungsform ein eigenständiger Netzwerkbegriff gefunden werden müsste, was historische Vergleiche unterschiedlicher Netzwerkstrukturen erschweren würde (vgl. krit. Holzer 2008). Dieser Limitierung ließe sich freilich begegnen, indem man unterschiedliche Typen von Netzwerken unterscheidet und die hier diskutierten partikularistischen Reziprozitätsnetzwerke als besonderen Typus kennzeichnet, der nicht schon abschließend darüber entscheidet, was unter Netzwerken zu verstehen ist.

So können Netzwerke ihre primär soziale und partikulare Konstitution nutzen, um die Leistungsfähigkeit von Funktionssystemen für den Austausch *sekundärer* Leistungen zu erschließen. Diese *potentielle*, temporalisierte Reziprozität ist es, die die Dynamik moderner Netzwerkstrukturen und ihre Komplementarität mit dem Primat funktionaler Differenzierung begründet. Die spezifische Leistung von Netzwerken besteht demnach darin, den aufschiebenden Austausch heterogener Leistungen zu ermöglichen, die andernorts – in Funktionssystemen – produziert werden. In diesem Sinne sind sie eine sekundäre, komplementäre oder auch parasitäre Form der Strukturbildung.

Was ändert sich an dieser Beschreibung, wenn man sie im Licht der Unterscheidung des Öffentlichen und Geheimen modifiziert? Wenn die Dynamik von Funktionssystemen auch auf der Fähigkeit beruht, eine unbegrenzte Zahl von Leistungen vor einem unabschließbaren Publikum zu vergleichen und zu evaluieren, gilt zunächst über die eben erwähnten Merkmale hinaus, *dass sich auch die sachspezifische Leistungsproduktion von Funktionssystemen von der Dynamik öffentlicher Kommunikation abhängig macht.* Dieses zusätzliche Merkmal tritt in eine zirkuläre Beziehung mit weiteren, prominenteren Merkmalen von Funktionssystemen: Der öffentliche Leistungsvergleich treibt die sachliche Spezialisierung und Temporalisierung der Vergleichskriterien, die Universalisierung der Inklusionsbedingungen und die zunehmende Differenzierung von Leistungs- und Publikumsrollen voran, während sich umgekehrt die Plausibilität öffentlicher Leistungsvergleiche von der historischen Verfestigung sachlicher Spezialisierungen, Universalisierungsansprüche und Rollendifferenzierungen abhängig macht. Dieses Zusammenspiel aus sachspezifischen Leistungen, Rollenkomplementarität, universalistischer Inklusion und öffentlicher Selbstbeobachtung liegt der Ausdifferenzierung von Funktionssystemen als „autonome" Sinnsphären zugrunde. Im Überblick:

Abbildung 2   Merkmale von Funktionssystemen

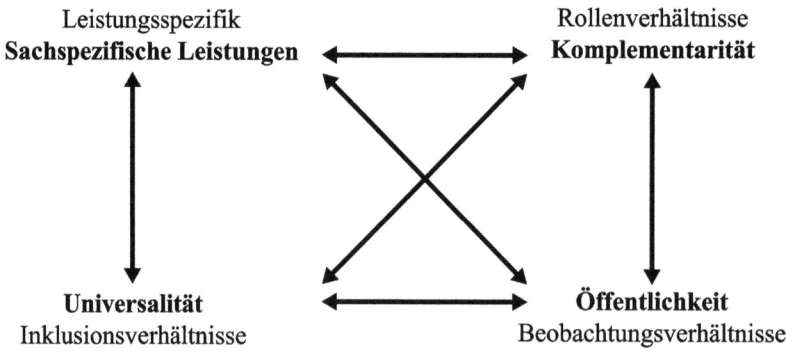

Leistungsspezifik
Sachspezifische Leistungen

Rollenverhältnisse
Komplementarität

Universalität
Inklusionsverhältnisse

Öffentlichkeit
Beobachtungsverhältnisse

Welche sekundär zu verstehenden Netzwerkbegriffe drängen sich auf, wenn man diesen Merkmalen passende Gegenbegriffe zuordnet? Zunächst bestätigen sich die eingangs an der Korruptionssemantik abgelesenen „klassischen" Merkmale primär sozial (statt sachlich) orientierter Beziehungen: Den sachlichen Universalitätsansprüchen von Funktionssystemen tritt die *Partikularität* von Netzwerken gegenüber, der Komplementarität von Leistungs- und Publikumsrollen entspricht die *Reziprozität* des „Gebens und Nehmens" in Netzwerkbeziehungen. Insoweit bleibt zunächst gewissermaßen alles beim Alten (mit der Einschränkung, dass die von Bommes und Tacke akzentuierte Reflexivität und Offenheit des Reziprozitätsprinzips moderner Netzwerke damit noch nicht erfasst ist – darauf komme ich gleich unter dem Gesichtspunkt der Leistungsspezifik zurück).

Die Pointe des zusätzlichen Merkmals Öffentlichkeit zeigt sich, wenn man das in der Regel nur an illegalen oder illegitimen Netzwerken registrierte Merkmal „arkanen", „geheimen" oder auch „diskreten" und „vertrauensvollen" Operierens als *allgemeines* Merkmal partikularistischer Reziprozitätsnetzwerke bestimmt und sein Zusammenspiel mit den anderen Merkmalen analysiert. Damit ist natürlich nicht gemeint, dass Netzwerke nicht auch über ihre gelegentliche Skandalisierung hinaus „in der Öffentlichkeit" vorkommen könnten. „Innovationsnetzwerke" und „Frauennetzwerke" mögen eigene Websites unterhalten, Geschäftsleute und Studenten ihre Kontakte auf „social websites" (Xing, Facebook etc.) zur Schau stellen, Journalisten und Wissenschaftler die Vorzüge und Nachteile des Networking analysieren etc. Entscheidend ist, dass die für solche Netzwerke typischen *Leistungen* nicht öffentlich vollzogen, also nach Maßgabe des oben vorgestellten Begriffes nicht an ein im Einzelnen unbekanntes Publikum adressiert werden. X vermittelt Y den Job an der Universität Z nicht in Form eines offenen Briefes, Y teilt auf Facebook nicht mit, dass ihm X einen Job an der Universität Z vermittelt hat. Die Adressen der Bekannten mögen bisweilen öffentlich zugänglich sein – ähnlich wie man privat gelegentlich die Gelegenheit haben mag, in ein fremdes Adressbuch hineinzuschauen –, nicht aber der reziproke Leistungsaustausch selbst, durch den diese Adressen als *spezifische Netzwerkkontakte* produktiv werden. Und anders als funktionsspezifische Leistungen werden Netzwerkleistungen auch auf höheren Abstraktions- und Aggregationsebenen nicht öffentlich zugänglich: Kein Preis, keine Statistik, kein Markt- oder Jahresbericht, keine Reflexionstheorie, keine Preisverleihung, keine Reputationssemantik, kein Zitationsindex verrät, wer wem wie häufig einen Rat gegeben, eine Empfehlung mitgegeben oder einen Kontakt vermittelt hat.[16] Die „arkane" Operationsweise dieser Netzwerke schließt also öffentliche Selbst- und Fremd-

---

[16] Vielleicht kann man bestimmte Typen von Biographien, Autobiographien und Internetauftritten von dieser Fehlanzeige ausnehmen; jedenfalls wäre es interessant zu erfahren, in welchem Umfang Gefälligkeiten u. ä. in solcher Literatur vorkommen – oder auch dort eher verschwiegen werden.

beschreibungen nicht aus, sorgt aber dafür, dass die operative *Herstellung* auch bei vorhandener öffentlicher *Darstellung* des Netzwerkes meist verborgen bleibt. Mit anderen Worten: Netzwerken mangelt es an der operativen Verknüpfung sachspezifischer Leistungen und öffentlicher Selbstbeobachtung, die ich als Voraussetzung der Universalisierungs- und Globalisierungsdynamik von Funktionssystemen beschrieben habe – und das müssen sie auch, wenn sie von der Leistungsproduktion in Funktionssystemen profitieren und zugleich eine *sekundäre, auf Partikularität und Reziprozität gegründete* Leistungsfähigkeit eigener Art entwickeln sollen. Im Überblick:

Abbildung 3   Merkmale „sekundärer" Netzwerke

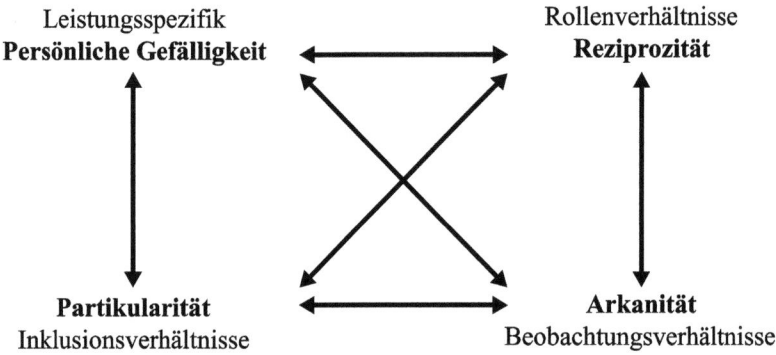

Vor diesem Hintergrund lässt sich nun auch die Spezifik dieser Leistungsfähigkeit näher charakterisieren: (1) Da Netzwerke nichtöffentlich operieren und sich aus der Differenz zu Funktionssystemen definieren, zeichnet sich ihr Leistungsaustausch durch eine gewisse *Unverbindlichkeit* aus. Sie funktionieren als Netzwerkleistungen zwar nur, wenn sie Reziprozitätserwartungen auslösen, aber auch nur, weil auf Leistung wie Gegenleistung kein rechtlicher oder starker moralischer Anspruch besteht.[17] Man kann sie weder gerichtlich einklagen noch bei Ausbleiben öffentlich skandalisieren, kann sie weder aus familiären noch verwandtschaftlichen Loyalitäten deduzieren. Tut man es dennoch, droht sich die

---

[17] Eine Selbstbeschreibungsform dafür ist: Networking setzt Bereitschaft zum Vertrauensvorschuss und zu Verlässlichkeit *trotz Unverbindlichkeit* voraus; in einer kleinen Internet-Reflexionstheorie des Networkings heißt es z.b.: „Netzwerke brauchen Verlässlichkeit: Gerade die ‚lockere' und scheinbar unverbindliche Zusammenarbeit im Netzwerk erfordert von allen Partnern ein hohes Maß an Zuverlässigkeit – man muss sich aufeinander verlassen können." (http://www.jobwahl.eu/networking/index.php; Stand: 05.01.2009).

Netzwerkbeziehung in ein Rechtsverhältnis oder einen Konflikt zu verwandeln, aus dem selten ein Weg in die Unverbindlichkeit der Netzwerkbeziehung zurückführen dürfte.[18] (2) Mit dem Nachteil fehlender Verbindlichkeit korrespondiert der Vorteil zusätzlicher *Flexibilität*. Eben weil sie starke Verpflichtungen meidet, kann die Gegenleistungserwartung unspezifisch bleiben und dem Netzwerk einen beweglichen, offenen Zeithorizont eröffnen, der der Zukunft überlässt, wo, wann und wie die Gegenleistung erfolgt. (3) Diese zeitliche Flexibilität erlaubt es Netzwerken, dem Primat sozialer Adressen zu folgen und gleichwohl mit dem Tempo der öffentlichen Leistungsproduktion von Funktionssystemen Schritt zu halten, indem sie statt auf eigene Dynamik und öffentliche Leistungsproduktion auf *opportunistische Leistungsdistribution* setzen: Der Job wird im Netzwerk nicht produziert, nur vermittelt, die Fähigkeit zur Rechtsberatung im Netzwerk nicht produziert, aber bei Gelegenheit *auch* als Netzwerkleistung nutzbar gemacht. Die Distribution von Leistungen erweist sich insofern als eigentliche Leistung von Netzwerken. (4) Leistungserwartungen jenseits rechtlicher Verpflichtungen werden juristisch auch „Gefälligkeitsverhältnis" genannt. Die Operationen dieses sekundären Typs Netzwerke *Gefälligkeiten* zu nennen, bewegt sich folglich nicht nur nah am Rechts- und Alltagsverständnis, sondern fasst auch die Leistungsspezifik dieser Netzwerke treffend zusammen. (5) Die Beteiligung an dieser Art von Netzwerken verlangt von „Networkern" ein hohes Maß an *Sensibilität für Grenzen zwischen dem Öffentlichen und dem Geheimen*, insbesondere dafür, dass Gefälligkeiten das netzwerktypische partikulare Reziprozitätsverhältnis nur begründen können, wenn sich die Beteiligten gegenüber Dritten auf einen *sparsamen Umgang mit Informationen* verpflichten. Das Vertrauen darauf, dass jemand sich mit Vorteilen, die er aus persönlichen Beziehungen gewinnt, nicht öffentlich brüstet, dürfte daher zu den impliziten Existenzvoraussetzungen solcher Netzwerke gehören. Es ist eine faszinierende Vorstellung, dass sich bei aller zunehmenden Legitimität und Prominenz von Netzwerken die eigentlichen Operationen des soziologisch interessantesten Typs von Netzwerken daher kaum systematisch beobachten lassen, und dies nicht primär, weil es sich bei ihnen um Privatangelegenheiten handelte oder weil die illegalen/illegitimen unter ihnen sich gegen externe Beobachtung abschirmen müssten, *sondern weil sich ihre Leistungsfähigkeit auch aus der Differenz zur öffentlichen Operativität von Funktionssystemen definiert*. Wenn diese These zutrifft, fallen Netzwerke

---

[18] Unter dem Gesichtspunkt relativer Unverbindlichkeit lassen sich Netzwerke also gegen zwei unterschiedliche Seiten abgrenzen: gegenüber dem in Leistungsrollen sedimentierten Verpflichtungsgehalt von Funktionssystemen und gegenüber den Loyalitätsansprüchen anspruchsvoller Sozialbeziehungen wie Familie, Freundschaften oder Intimbeziehungen. Ich vermute, dass sich das Verständnis der Leistungsspezifik noch erheblich nuancieren lässt, wenn man ihr Verhältnis auch zu diesem zweiten Gegentyp noch genauer analysiert.

gesellschaftstheoretisch vor allem als „versteckte Netze" ins Gewicht, die jeder aus persönlicher Erfahrung kennt, die sich der „objektiven" Beobachtung aber mehr oder weniger systematisch entziehen. Die gesellschaftlichen Folgen dieser Intransparenz sind an den Gegenreaktionen ablesbar, die Netzwerke mit einer Rhetorik des Verdachts und des Skandals überziehen, wenn das, was sich sonst meist im Geheimen vollzieht, gelegentlich doch einmal ans Licht kommt.

5 Schlussthesen

5.1 Ausgangsthese

Mit Hilfe der Unterscheidung des Öffentlichen vom Geheimen kann die gesellschaftstheoretische Analyse von Netzwerken über gängige Merkmale wie Partikularität und Reziprozität hinaus auf *Beobachtungsverhältnisse* (Beobachtungsmöglichkeiten und -schranken) zwischen Funktionssystemen und Netzwerken ausgerichtet werden. So lässt sich das heuristische Potential von Begriffspaaren wie privat/öffentlich, partikular/universal oder reziprok/komplementär, die primär auf Handlungsorientierungen, Interessenlagen oder Rollenverteilungen abstellen, um Probleme und Erklärungsmöglichkeiten erweitern, die auf Beobachtungsmöglichkeiten und -grenzen abstellen.

5.2 Publika

Alle Funktionssysteme machen sich auf unterschiedliche, aber strukturanaloge Weise von der Beobachtungsdynamik funktionsspezifischer *öffentlicher Gedächtnisse* (Publika) abhängig, die die Dynamik öffentlicher Kommunikation für die Selbstbeobachtung von Funktionssystemen erschließen, indem sie sich von einer (primären) Handlungs- und Kommunikationsebene unterscheiden und diese zunehmend komplexen Beobachtungen Vergleichen und Evaluationen unterziehen. Diese Dynamik schließt einen Trend zur „Veröffentlichisierung" ein, der sich bis in das 18. Jahrhundert zurückverfolgen lässt: eine *Sogkraft* öffentlicher Kommunikation, die auf Erweiterung des öffentlich Beobachtbaren hinwirkt und es zugleich auf spezifische Weise transformiert.

5.3 Öffentlich/nichtöffentlich

Während Funktionssysteme sich von der Dynamik öffentlicher Kommunikation abhängig machen und je eigene Transparenzimperative ausbilden, produzieren sie zugleich variable Grenzen zwischen dem Öffentlichen und dem Geheimen, an denen ihre Transparenzansprüche auflaufen und jenseits derer Raum für andere, auch abweichende Strukturen entsteht. Angesichts dieser Differenz verlagert sich das gesellschaftstheoretische Interesse an Öffentlichkeiten von Funktionssystemen von einer politisch-normativen auf eine epistemische Ebene und interessiert sich dafür, wie Funktionssysteme ihre Transparenzansprüche mit selbst produzierten oder rechtlich oktroyierten *Grenzen der Beobachtbarkeit* in Einklang zu bringen versuchen.

5.4 Netzwerkbegriff

Die heuristischen Vorteile dieser Akzentverschiebung zeigen sich u. a. darin, dass sich das nichtöffentliche Operieren von Netzwerken nun nicht länger allein als Begleiterscheinung der Illegitimität oder Illegalität mancher Netzwerke, sondern als Bedingung der Leistungsfähigkeit aller Netzwerke (dieses Typs) analysieren lässt. Wie sich Funktionssysteme von öffentlicher Selbstbeobachtung abhängig machen, um ein universales und globales Vergleichsfeld zu erschließen, machen sich Netzwerke von Vertraulichkeit und Nichtöffentlichkeit abhängig, um die für sie typischen partikularen und aufschiebend-reziproken Leistungserwartungen zu unterhalten. *Arkanität* oder *Klandestinität* zählen dann in näher zu bestimmendem Sinne zu den *Existenzbedingungen* nicht nur der „korrupten", sondern *aller* partikularistischen Reziprozitätsnetzwerke – und damit zu den Merkmalen, die in einen gesellschaftstheoretischen Begriff von Netzwerken aufgenommen werden sollten. Im Licht dieser Ergänzung drängt es sich auf, „Gefälligkeit" als spezifische Leistungserwartung und Operationsform partikularistischer Reziprozitätsnetzwerke zu bestimmen.

5.5 Gesellschaftstheoretischer Problemzusammenhang

Die hier skizzierte Beziehung zwischen Funktionssystemen, die sich von öffentlicher Selbstbeobachtung abhängig machen, und partikularistischen Reziprozitätsnetzwerken, die zur Geheimhaltung tendieren, reiht sich in eine übergeordnete Problemstellung ein, mit der die soziologische Systemtheorie organisationssoziologische und neoinstitutionalistische Thesen zum „decoupling" formaler und informaler, offizieller und inoffizieller Strukturen für gesellschaftstheoretische Analysen fruchtbar machen könnte. Je deutlicher man funktionale Differenzierung auch in terms öffentlicher Selbstbeobachtung begreift, desto eher lassen sich Strukturprobleme der modernen Gesellschaft auch aus der *Differenz* öffentlicher und geheimer Strukturen, offener und vertraulicher Operationen erschließen. Die moderne Gesellschaft, könnte man auch sagen, leidet an der Uneinlösbarkeit ihrer eigenen Transparenzansprüche, und dies umso mehr, je höher sie diese Ansprüche treibt und je mehr Raum sie zugleich für die Intransparenz anderer Strukturen (wie partikularistischer Netzwerke) schafft. Spannungen und Struktureffekte, die sich aus Differenzen zwischen dem Öffentlichen und dem Geheimen ergeben, erscheinen nun in neuem Licht: Sie wandeln sich von einem mehr oder weniger überholten Nebenproblem oder einem regional limitierten Problem „korrupter" Entwicklungsländer zu einem *generellen Strukturproblem*, das unmittelbar mit dem primären Differenzierungsprinzip der modernen Gesellschaft verbunden ist, ja als Produkt dieses Prinzips selbst begriffen werden kann. Solange die zunehmende Rede von „gläsernen" Politikern, Unternehmen, Sportlern etc. nicht in lückenlose Überwachung mündet, wird sich diese Logik nicht auflösen, sondern immer nur neu in „Skandalen" entdecken, von einer Rhetorik des Verdachts und der Unterstellung begleiten sowie gelegentlich rechtlich-moralisch neu arrangieren lassen. „Zonen der Informalität" (Holzer 2006b) erscheinen nun nicht länger allein als Sonderproblem von Organisationen oder Entwicklungsländern, sondern als Grundproblem der Differenzierungsdynamik aller Funktionssysteme und damit der (Welt-)Gesellschaft im Ganzen. Was immer die Dynamik der Proliferation, Legitimierung und Delegitimierung von Netzwerken, die sich gegenwärtig beobachten lässt, also noch bedeuten mag: Sie steht auch symbolisch für dieses noch kaum verstandene allgemeine Strukturproblem der modernen Gesellschaft.

Literatur

Baecker, Dirk (1987): Das Gedächtnis der Wirtschaft. In: Baecker, Dirk/Markowitz, Jürgen/ Stichweh, Rudolf/Tyrell, Hartmann/Willke, Helmut, Theorie als Passion. Niklas Luhmann zum 60. Geburtstag. Frankfurt a. M.: Suhrkamp. 519–546

Baker, Keith Michael (1987): Politics and Public Opinion under the Old Regime: Some reflections. In: Censer, Jack R./Popkin, Jeremy D. (Hrsg.), Press and Politics in the Pre-Revolutionary France. Berkeley: University of California Press. 204–246

Baker, Keith Michael (1990): Public Opinion as Political Invention. In: Ders.: Inventing the French Revolution. Cambridge: Cambridge University Press. 167–199

Barnard, Chester I. (1938): The Functions of the Executive. Cambridge, Mass.: Harvard University Press

Bayly, Christopher A. (2004): The Birth of the Modern World 1780–1914. Global Connections and Comparisons. London: Blackwell

Becker, Howard S. (1982/2008): Art Worlds. 25th Anniversary Edition, Updated and Expanded. Berkeley: University of California Press

Böhme, Hartmut (2003): Netzwerke: Zur Theorie und Geschichte einer Konstruktion. In: Zeitschrift für Germanistik 13. 590–604

Boltanski, Luc/Ève Chiapello (1999/2003): Der neue Geist des Kapitalismus. Konstanz: UVK

Boltanski, Luc/Claverie, Élisabeth/Offenstadt, Nicolas/Van Damme, Stépane (2007) (Hrsg.), Affaires, Scandales et grandes causes. De Socratet á Pinochet. Paris: Stock

Bommes, Michael/Tacke, Veronika (2006): Das Allgemeine und das Besondere des Netzwerkes. In: Hollstein, Betina/Straus, Florian (Hrsg.), Qualitative Netzwerkanalyse. Konzepte, Methoden, Anwendungen. Wiesbaden: VS Verlag. 37–62 (Wiederabdruck in diesem Band)

Bösch, Frank (2004): Historische Skandalforschung als Schnittstelle zwischen Medien-, Kommunikations- und Geschichtswissenschaft. In: Crivellari, Fabio/Kirchmann, Kay/Sandl, Marcus/Schlögl, Rudolf (Hrsg.), Die Medien der Geschichte. Historizität und Medialität in interdisziplinärer Perspektive. Konstanz: UVK. 445–464

Bourdieu, Pierre (1975): The specificity of the scientific field and the social conditions of the progress of reason. In: Social Science Information 14. 19–47

Burt, Ronald (1982): Toward a Structural Theory of Social Action. New York: Academic Press

Calhoun, Craig (1992) (Hrsg.), Habermas and the Public Sphere. Cambridge, Mass.: The MIT Press

Carey, James W. (1989): Technology and Ideology: The Case of the Telegraph. In: Ders.: Communication as Culture. Essays on Media and Society. Boston: Unwin Hyman

DiMaggio, Paul J./Powell, Walter W. (1983): The Iron Cage Revisited: Institutional Isomorphism and Collective Rationality in Organizational Fields. In: American Sociological Review 48. 147–160

Eder, Michael (2009): Männeken, piss! Die Doping-Jäger haben den einst hehren Athleten in ein Männeken Piss verwandelt. www.FAZ.net

Espeland, Wendy Nelson/Sauder, Michael (2007): Rankings and Reactivity. How Public Measures Recreate Social Worlds. In: American Journal of Sociology 113. 1–40

Espeland, Wendy Nelson/Stevens, Mitchell L. (1998): Commensuration as a Social Process. In: Annual Review of Sociology 24. 313–343

Fischer-Lescano, Andreas (2005): Globalverfassung. Die Geltungsbegründung der Menschenrechte. Weilerswist: Velbrück

Fourcade, Marion (2006): The Construction of a Global Profession: The Transnationalization of Economics, American Journal of Sociology 112. 145–195

Fuchs, Stephan (2001): Networks and Systems. In: Trevino, A. Javier (Hrsg.), Talcott Parsons Today. His Theory and Legacy in Contemporary Sociology. Lanham et al.: Rowman & Littlefield. 129–139

Geuss, Raymond (2002): Privatheit. Eine Genealogie. Frankfurt a. M.: Suhrkamp

Greenfeld, Liah (1989): Different Worlds. A Sociological Study of Taste, Choice and Success in Art. Cambridge: Cambridge University Press

Groebner, Valentin (2000): Gefährliche Geschenke. Ritual, Politik und die Sprache der Korruption in der Eidgenossenschaft im späten Mittelalter und am Beginn der Neuzeit. Konstanz: UVK

Habermas, Jürgen (1962/1990): Strukturwandel der Öffentlichkeit. Untersuchungen zu einer Kategorie der bürgerlichen Gesellschaft. Frankfurt a. M.: Suhrkamp

Hafner-Burton, Emilie/Tsutsui, Kiyoteru (2005): Human Rights in a Globalizing World. The Paradox of Empty Promises. In: American Journal of Sociology 110. 1373–1411

Heintz, Bettina (2008): Governance by Numbers. Zum Zusammenhang von Quantifizierung und Globalisierung am Beispiel der Hochschulpolitik. In: Schuppert, Gunnar Folke/Voßkuhl, Andreas (Hrsg.), Governance von und durch Wissen. Baden-Baden: Nomos. 110–128

Hill, Christopher L. (2007): Nationalgeschichten und Weltsysteme. Die Beispiele Japan, Frankreich und Vereinigte Staaten. In: Conrad, Sebastian/Eckert, Andreas/Freitag, Ulrike (Hrsg.), Globalgeschichte. Theorien, Ansätze, Themen. Frankfurt a. M./New York: Campus. 220–247

Hölscher, Lucian (1978): Öffentlichkeit. In: Brunner, Otto/Konze, Werner/Koselleck, Reinhart (Hrsg.), Geschichtliche Grundbegriffe. Historisches Lexikon zur politisch-sozialen Sprache in Deutschland, Bd. 4. Stuttgart: Klett. 413–467

Holzer, Boris (2006a): Netzwerke. Bielefeld: transcript

Holzer, Boris (2006b): Spielräume der Weltgesellschaft: Formale Strukturen und Zonen der Informalität. In: Schwinn, Thomas (Hrsg.), Die Vielfalt und Einheit der Moderne. Kultur- und strukturvergleichende Analysen. Wiesbaden: VS Verlag. 259–279

Holzer, Boris (2008): Netzwerke und Systeme. Zum Verhältnis von Vernetzung und Differenzierung. In: Stegbauer, Christian (Hrsg.), Netzwerkanalyse und Netzwerktheorie. Ein neues Paradigma in den Sozialwissenschaften. Wiesbaden: VS Verlag. 155–164

Hsu, Greta/Podolny, Joel M. (2005): Critiquing the Critics: An Approach for the Comparative Evaluation of Critical Schemas. In: Social Science Research 34. 189–214

Huntington, Samuel P. (1968/2006): Political Order in Changing Societies. New Haven: Yale University Press

Imhof, Kurt (2000): Öffentlichkeit und Skandal. In: Neumann-Braun, Klaus/Müller-Doohm, Stefan (Hrsg.), Medien- und Kommunikationssoziologie: Eine Einführung in zentrale Begriffe und Theorien. Weinheim: Juventa. 55–68

Imhof, Kurt/Schulz, Peter (Hrsg.) (1998): Die Veröffentlichung des Privaten – die Privatisierung des Öffentlichen. Wiesbaden: Westdeutscher Verlag

Juris, Jeffrey S. (2008): Networking Futures. The Movements against Corporate Globalization. Durham, N. C.: Duke University Press

Karsten, Arne/Thiessen, Hillard von (2006): Einleitung. In: dies. (Hrsg.), Nützliche Netzwerke und korrupte Seilschaften. Göttingen: Vandenhoeck & Ruprecht. 7–17

Kieserling, André (1999): Kommunikation unter Anwesenden. Studien über Interaktionssysteme. Frankfurt a. M.: Suhrkamp

Knorr-Cetina, Karin/Brügger, Urs (2002): Global Microstructures: The Virtual Societies of Financial Markets. In: American Journal of Sociology. 905–950

Krücken, Georg/Frank Meier (2003): „Wir sind alle überzeugte Netzwerktäter". Netzwerke als Formalstruktur und Mythos der Innovationsgesellschaft. In: Soziale Welt 54. 71–92

Luhmann, Niklas (1964/1995): Funktionen und Folgen formaler Organisation. 4. Aufl. Berlin: Duncker & Humblot

Luhmann, Niklas (1964a): Zweck – Herrschaft – System. Grundbegriffe und Prämissen Max Webers. In: Der Staat 3. 129–158

Luhmann, Niklas (1975): Interaktion, Organisation, Gesellschaft. Anwendungen der Systemtheorie. In: Ders., Soziologische Aufklärung 2. Aufsätze zur Theorie der Gesellschaft. Opladen: Westdeutscher Verlag. 9–20

Luhmann, Niklas (1977): Differentiation of Society. In: Canadian Sociological Review 2. 29–53

Luhmann, Niklas (1988): Der Markt als innere Umwelt des Wirtschaftssystems. In: Ders.: Die Wirtschaft der Gesellschaft. Frankfurt a.m.: Suhrkamp. 91–130

Luhmann, Niklas (1989): Geheimnis, Zeit und Ewigkeit. In: Ders./Peter Fuchs: Reden und Schweigen, Frankfurt a.M.: Suhrkamp. 101–137

Luhmann, Niklas (2000): Die Politik der Gesellschaft. Frankfurt a.m.: Suhrkamp

Ménya, Y./Sousaa, L. de (2004): Corruption: Political and Public Aspects. In: International Encyclopedia of the Social & Behavioral Sciences, Amsterdam: Elsevier. 2824–2830

Meyer, John W./Rowan, Brian (1977): Institutionalized Organizations. Formal Structures as Myth and Ceremony. In: The American Journal of Sociology 83. 340–363

Meyer, John W./Jepperson, Ronald L. (2000): The „Actors" of Modern Society: The Cultural Construction of Social Agency. In: Sociological Theory 18. 100–120

Meyer, John W. (1994): Rationalized Environments. In: Ders./Scott, W. Richard (Hrsg.), Institutional Environments and Organizations: Structural Complexity and Individualism. Thousand Oaks, CA: Sage. 28–54

Meyrowitz, Joshua (1985): No Sense of Place. The Impact of Electronic Media on Social Behavior. New York/Oxford: Oxford University Press

Peters, Bernhard (1994): Der Sinn von Öffentlichkeit. In: Neidhardt, Friedhelm (Hrsg.), Öffentlichkeit, öffentliche Meinung, soziale Bewegungen. In: Sonderheft der KZfSS, Opladen: Westdeutscher Verlag. 42–76

Podolny, Joel M. (2005): Status Signals. A Sociological Study of Market Competition. Princeton: Princeton University Press

Power, Michael (1995): The Audit Society. Rituals of Verification. Oxford: Oxford University Press

Sauder, Michael (2006): Third Parties and Status Systems: How the Structures of Status Systems Matter. In: Theory & Society 35. 299–321

Scott, James C. (1972): Comparative Political Corruption. Englewood Cliffs: Prentice Hall

Simmel, Georg (1908/1992): Soziologie. Untersuchungen über die Formen der Vergesellschaftung, Gesamtausgabe Bd. 11. Frankfurt a.M.: Suhrkamp

Stauff, Markus (2008): Face/Body/Politics: the Blurred Boundaries of (Media) Sports, Paper for the Conference „A Whole New Game: Expanding the Boundaries of the History of Sports". German Historical Institute Washington, 30.10.2008–01.11.2008

Stichweh, Rudolf (1987/1994): Die Autopoiesis der Wissenschaft. In: Ders.: Wissenschaft, Universität, Professionen. Soziologische Analysen. Frankfurt a.M.: Suhrkamp. 52–83

Stichweh, Rudolf (1996): Variationsmechanismen im Wissenschaftssystem der Moderne. In: Soziale Systeme 2. 73–89

Stichweh, Rudolf (2000): Adresse und Lokalisierung in einem globalen Kommunikationssystem. In: Ders.: Die Weltgesellschaft. Soziologische Analysen. Frankfurt a.M.: Suhrkamp. 220–231

Strang, David/Meyer, John W. (1993): Institutional Conditions for Diffusion. In: Theory and Society 22. 487–511

Tacke, Veronika (2000): Netzwerk und Adresse. In: Soziale Systeme 6. 291–320

Thompson, John B. (2000): Political Scandal: Power and Visibility in the Media Age. Cambridge: Polity

Warner, Michael (1990): The Letters of the Republic. Publication and Public Sphere in Eighteenth-Century America. Cambridge, Mass.: Harvard University Press

Warner, Michael (2002): Publics and Counterpublics. New York: Zone

Wegener, Bernhard W. (2006): Der geheime Staat. Göttingen: Morango

Werron, Tobias (2005): ‚Quantifizierung‘ in der Welt des Sports. Gesellschaftstheoretische Überlegungen. In: Soziale Systeme 11. 199–235

Werron, Tobias (2007): Publika. Zur Globalisierungsdynamik von Funktionssystemen. In: Soziale Systeme 13. 381–394

Werron, Tobias (2008): Der Weltsport und sein Publikum. Zur Autonomie und Entstehung des modernen Sports. Diss. Luzern

Werron, Tobias (2009): Zur sozialen Konstruktion moderner Konkurrenzen. Das Publikum in der „Soziologie der Konkurrenz", erscheint in: Rammstedt, Otthein/Tyrell, Hartmann (Hrsg.), Simmels „große" Soziologie. Frankfurt a. M.: Suhrkamp

White, Harrison C. (1992): Identity and Control. A Structural Theory of Social Action. Princeton, New Jersey: Princeton University Press

White, Harrison C. (1981/82): Where Do Markets Come From. In: American Journal of Sociology 87. 517–547

Zacharias, Michael M. (2005): Network-Marketing: Beruf und Berufung, Karrierechancen im Zukunftsmarkt Direktvertrieb. Augsburg: Edition Erfolg Verlag

Zuckerman, Ezra W. (1999): The Categorial Imperative: Securities Analysts and the Illegitimacy Discount. In: American Journal of Sociology 104. 1398–1438

Migrantennetzwerke in der funktional differenzierten Gesellschaft

Michael Bommes

1 Einleitung[1]

Für die Analyse des Zusammenhangs von sozialen Netzwerken und funktionaler Differenzierung erscheinen Migrationsnetzwerke als ein besonders einschlägiger Fall. Verglichen mit solchen Fällen, in denen soziale Netzwerke sich – sei es als Wissenschaftler-, Künstler-, Politik- oder Unternehmensnetzwerke (siehe die entsprechenden Beiträge in diesem Band) – entlang von Strukturen einzelner Funktionssysteme herausbilden, entstehen Migrantennetzwerke auffällig ‚quer' zu Funktionssystemen der Gesellschaft. Dies gilt erkennbar nicht nur, weil und soweit dabei Grenzen von Staaten illegal überschritten werden, sondern auch in dem Sinne, dass soziale Netzwerke der Migration ihren Teilnehmern Zugang zu einer heterogenen Vielzahl funktionaler Leistungen vermitteln, die ihnen anderenfalls nicht zugänglich wären. Ist einerseits vor diesem Hintergrund nicht überraschend, dass es sich bei der Migrationsforschung um ein Forschungsfeld handelt, in dem das Netzwerkkonzept gut etabliert ist, so bleiben andererseits in diesen Forschungen mit Blick auf die gesellschaftlichen Voraussetzungen und Folgeprobleme sozialer Netzwerke zahlreiche Fragen offen.

Einvernehmen besteht in der Migrationsforschung darüber, dass soziale Netzwerke für das Verständnis der Dynamik von Migrationsverläufen ebenso wie für die Inklusionschancen von Migranten eine überragende Bedeutung besitzen. Zum einen wird davon ausgegangen, dass Migration, einmal in Gang gekommen, durch eine sich selbst tragende und forcierende Netzwerkbildung an Dynamik gewinnt, was den Sachverhalt erklärt, dass Migranten aus bestimmten Herkunftsregionen dazu tendieren, über lange Zeiträume in die gleichen Zielregionen zu wandern (Massey/Zenteno 1999). Zum anderen gelten die sozialen Netzwerke, zu denen Migranten Zugang haben, als bedeutsam für deren Chancen der Inklusion, also das, was in der allgemeinen und politischen Diskussion als Problem der ‚Integration' verhandelt wird (Haug 2007).

---

[1] Für wichtige Hinweise und Ergänzungen zum Text bedanke ich mich bei Veronika Tacke und Ulrich Vogel-Sokolowsky.

Diesem einhelligen Verständnis steht eine eher unscharfe Begrifflichkeit gegenüber. „Sozialkapital" und „soziale Netzwerke" werden vielfach synonym gebraucht. Da Einvernehmen darüber besteht, dass soziale Netzwerke für die „Integration" von Migranten bedeutsam sind, gelten soziale Kontakte der Migranten untereinander als „strong ties" und in der sich anschließenden Debatte über die so genannte ‚Binnenintegration' als ambivalenter Indikator. Die einen deuten soziale Netzwerke als Schleusen in die „Einwanderungsgesellschaft" (Elwert 1982) und insistieren damit auf der „strength of strong ties", und die anderen deuten sie als Segregationsverstärker (Esser 1986) und unterstreichen damit die Erforderlichkeit der „strength of weak ties" (Granovetter 1973). Soziale Kontakte zu Nicht-Migranten gelten ihnen als „weak ties" und entsprechend als Indikator für soziales Kapital im Aufnahmeland und für die Integration in die „Einwanderungsgesellschaft". Weitgehend unbeachtet in diesen Argumentationen bleibt die spezifische Wirkungsweise von sozialen Netzwerken. Dies gilt weniger mit Blick auf die Strukturen und Funktionsweise sozialer Netzwerke, für die, abhängig von ihrer Fähigkeit der Besetzung von Nischen, gezeigt worden ist, dass auch ethnische Netzwerke auf der Basis von „strong ties" hohe Chancen der Inklusion zu vermitteln vermögen (für viele Waldinger 1996).[2] Dies gilt vor allem, weil ethnischen Netzwerken ein zu kompakter Gesellschaftsbegriff gegenübersteht, nämlich der der Einwanderungsgesellschaft, in die Migranten sich integrieren (sollen). Damit bleibt weitgehend ungesehen, worin das Bemerkenswerte sozialer Netzwerke von Migranten besteht – jedenfalls wenn man sie von der Gesellschaft her, also nicht lediglich in der Perspektive des Phänomens selbst versteht.

Ein instruktiver Fall sind die Arbeitsmigrationen in Länder des Nahen Ostens (wie Saudi-Arabien, Kuwait oder die Vereinigten Arabischen Emirate) seit den 1970er Jahren. Die auf Zeit angeworbenen Vertragsarbeiter werden unter Bedingungen separierter Arbeits- und Wohnverhältnisse, eingeschränkter Rechte und Bewegungsfreiheit beschäftigt und müssen die Zielländer nach einer festgelegten Zeit wieder verlassen (Gesemann 2003). In diesen Ländern gewinnen Netzwerke für den Verlauf der Migration nicht jene Eigendynamik, wie sie Europa, die klassischen Einwanderungsländer und andere Zuwanderungsregionen kennen. Zugewanderte Migranten werden in den Ländern des Nahen Ostens anscheinend nicht in der gleichen Weise zu „Brückenköpfen" für daran anschließende legale oder illegale Migrationen. Zurückgeführt wird dies darauf, dass Migranten dort keine Rechte haben. Damit ist im Wesentlichen verbunden, dass ihnen in diesen Ländern Marktfreiheit, Freizügigkeit, das Recht auf Familienzusammenführung, der Zugang zu sozialen Rechten, wie sie die Staaten der OECD-Länder vorsehen, sowie die Verfestigung von Aufenthaltsrechten verwehrt sind. Mit anderen

---

[2] Auf einige diesbezügliche Schwierigkeiten kommen wir jedoch im zweiten Abschnitt zurück.

Worten: In diesen Ländern schränken die Staaten effektiv die – mit der funktionalen Ausdifferenzierung der Gesellschaft verbundene – Polykontexturalität der Lebensführung ein; sie binden die Individuen in feste und definite Inklusionen ein und schließen sie damit zugleich aus allem anderen aus. Entsprechend kommt es nicht zu den dynamischen Kettenmigrationen auf der Grundlage von Migrantennetzwerken, wie dies die Zuwanderungsregionen Europas, Nordamerikas, Australiens oder auch Südostasiens kennen. Migranten haben in Ländern des Nahen Ostens kaum Möglichkeiten, Zugänge für andere zu öffnen bzw. Familienzugehörigkeit als Migrationsschleuse zu nutzen.

An diesem Fall wird ersichtlich, dass die Bildung sozialer Netzwerke von Migranten gesellschaftliche Voraussetzungen hat, die diese Netzwerke nicht selbst kreieren. Vielmehr schließen Migranten an gesellschaftliche Voraussetzungen an, machen sich diese verfügbar, und daraus resultieren neue Strukturen. Wir möchten im Folgenden darauf eingehen, indem wir im Anschluss an die Erläuterung der Grundlagen der Migration in der modernen Gesellschaft die Bedeutung sozialer Netzwerke für Migranten und einige ihrer gesellschaftlichen Voraussetzungen und Folgen explizieren.

2   Migration in der funktional differenzierten Gesellschaft

2.1   *Sozialstrukturelle Grundlagen der Migration – und die Rolle der Politik*

Schon in der ständischen Gesellschaft gab es Migrationen. Sie waren auf der Basis sozialer Zugehörigkeit vorgesehen, wobei diese zugleich die Wanderungsoptionen regulierte. Es finden sich vielfältige räumliche Mobilitäts- und Wanderungsformen von Kaufleuten und Händlern, Pilgern und Wallfahrern, Studenten, Handwerkern, Gesellen, Saisonarbeitern und Hauspersonal. Zugewanderte wurden als Fremde sozial kenntlich gemacht in der Form von Studentenmatrikeln, Konventslisten und Bürgeraufnahmebüchern sowie durch die Zuordnung zu Kollektiven. Die Wanderer selbst waren als Studenten, Pilger, Kaufleute, Handwerker oder Gesellen äußerlich erkennbar. Möglichkeiten und Verbote der Wahrnehmung von Wanderungsgelegenheiten und daran gebundene Chancen hingen von Zugehörigkeiten ab; darüber vermittelt, wurde Migration in ihren Risiken und Erfolgsaussichten organisiert – etwa in Gilden, Zünften und Bruderschaften der Kaufleute, Handwerker und Gesellen, oder im Herbergswesen, das um Wall- und Pilgerfahrten herum entstand. Dabei waren solche Einrichtungen und Netzwerke in der Lage, Wanderungen auch über große Entfernungen zu organisieren. Legitime Migration basierte auf Zugehörigkeit, und daher war umgekehrt Migration auf der Basis von Nicht-Zugehörigkeit riskant. Die Angehörigen der unehrbaren Berufe wie Spielleute, Hausierer, Artisten, Kesselflicker, (Flick-)Schuster oder

Scherenschleifer sowie die Bediensteten, Saisonarbeiter und „fahrenden Leute"
wurden als Personen ohne Zugehörigkeit, als herrenlose Menschen ohne „Herd
und Heimstatt" in ihren Möglichkeiten beschnitten und der Kontrolle und Repression auch dann unterworfen, wenn sie Leistungen anboten, für die eine Nach-
frage bestand (Fuchs 1997: 418, Scribner 1988, Lucassen 1996). Die ständische
Gesellschaft reagierte auf die Phänomene, für die sie keinen strukturellen Ort
vorgesehen hatte, mit Repression und zwangsweiser Kenntlichmachung wie etwa
dem Brandmarken von Landstreichern (vgl. Bommes 1999).

Im Vergleich zur ständischen Gesellschaft kennt die funktional differenzierte Gesellschaft keine festgelegte, durch Abstammung regulierte Zugehörigkeit
von Individuen, die zugleich die ihnen offenstehenden sozialen Handlungsmöglichkeiten reguliert (Luhmann 1989). Die funktional differenzierte Gesellschaft
löst die Parallelisierung von Differenzierung und Inklusion, die Zuordnung von
Individuen als Personen zu je einem Teilsystem, wie sie in segmentären und ständischen Gesellschaften besteht, auf. Wie Inklusion zustande kommt, ist nunmehr
durch die Struktur sozialer Systeme selbst geregelt. Soziale Systeme adressieren
Individuen als Personen in verschiedener Weise und bezeichnen sie mit der kommunikativen Inanspruchnahme als Adressen, die für den Fortgang der Kommunikation für relevant bzw. irrelevant (Exklusion) gehalten werden (vgl. Luhmann
1995: 241). Wenngleich gilt, dass Funktionssysteme „prinzipiell offen zu halten
[sind] für die Inklusion aller Personen" in ihren Bereich (Luhmann 1994: 192),
und auch Organisationen die Bedingungen des Ein- und Austritts in sachlicher
Hinsicht und damit im Prinzip nicht partikularistisch spezifizieren, vollzieht sich
der Einbezug von Individuen in den einzelnen Funktionssystemen und den ihnen
zugehörigen Organisationen jeweils entlang der systemspezifischen Kommuni-
kationserfordernisse. Individuen müssen sich an den Inklusionserfordernissen
von Funktionssystemen und Organisationen ausrichten und sind im Prinzip
selbst dafür verantwortlich und zuständig, sich um den Zugang zu den für eine
selbstständige Lebensführung bedeutsamen sozialen Bereichen wie Ausbildung,
Arbeit, Gesundheit, Recht, Religion oder Familie zu bemühen.

Damit ist die sozialstrukturelle Grundlage für die Bedeutung benannt, die
Migration in der modernen Gesellschaft annimmt: Migrationen sind im Kern
Versuche der Realisierung von Teilnahmechancen an Funktionssystemen und
Organisationen durch räumliche Mobilität, sei es in Form von Arbeitsmigration,
Bildungsmigration, Familien- und Heiratsmigration oder Fluchtmigration.

Nicht jede räumliche Mobilität wird in der modernen Gesellschaft allerdings auch sozial als Migration registriert und politisch dann als Migrationsproblematik bezeichnet. So gelten etwa der Arbeitsplatzwechsel und die
Wohnortverlagerung von Osnabrück nach Stuttgart nicht als Migration, sondern
ggf. als erwartete Mobilität, und der Niedersachse sieht sich in Stuttgart nicht
als Migrant behandelt. Für Europa oder die klassischen Einwanderungsländer

wie die USA, Australien oder Kanada liegt die Migrationsproblematik nicht in der Binnenwanderung, sondern in der internationalen Migration. Das ist in anderen Regionen der Welt allerdings anders. In China beispielsweise stellen massive Urbanisierungsprozesse und die damit einhergehenden Land-Stadt-Wanderungen eine erhebliche sozialstrukturelle Herausforderung dar. Erkennbar ist dies gegenwärtig vor allem an den Folgeproblemen der Finanzkrise, die mit massenhaften Entlassungen von Wanderarbeitern aufgrund des einbrechenden Exports einher geht: Diese sind nur auf Zeit zugelassen und aufgrund ihres Bauernstatus („Selbstversorger") von den fragilen sozialen Sicherungssystemen der Städte vermittels des Meldesystems („Hukou") weitgehend ausgeschlossen. Sie müssen aus den Städten in ihre Herkunftsdörfer zurückkehren. Umgekehrt ist die dörfliche Bevölkerung aufgrund des Strukturwandels in der Landwirtschaft mittlerweile weitgehend von den finanziellen Überweisungen der Wanderarbeiter abhängig.[3] Diese Konstellation erinnert im Übrigen an das Europa des 19. Jahrhunderts, als etwa in Preußen die Freizügigkeit nach innen, durch Aufhebung des so genannten Heimatrechtes, gegen die Kommunen durchgesetzt wurde (1842; im Wesentlichen die Möglichkeit, Bedürftige mit Verweis auf ihren Geburtsort abzuweisen). Im Unterschied zu den chinesischen Wanderarbeitern vom Land aber stand ihren europäischen Vorläufern die Möglichkeit der Auswanderung in die Neue Welt offen.

Internationale Migrationen und Binnenmigrationen sind zwar darin vergleichbar, dass sie beide durch den Versuch von Individuen motiviert sind, Teilnahmechancen auf Arbeitsmärkten, im Bildungssystem, in Familien oder anderen sozialen Zusammenhängen zu realisieren. Sie unterscheiden sich aber vor allem darin, dass in alle Staatsgrenzen überschreitende Migrationen auf verschiedene Weise politisch und rechtlich interveniert wird. Die Grundlage dafür ist in der Organisationsform der Politik in der funktional differenzierten Gesellschaft zu suchen, dem nationalen Staat.

Politische und rechtliche Interventionen in internationale Migrationen geschehen nicht historisch zufällig und vorübergehend, sondern sie sind Ausdruck eines Strukturproblems der modernen Weltgesellschaft. Dieses lässt sich so beschreiben, dass die Weltgesellschaft einerseits – aufgrund der Verfassung von Arbeitsmärkten, des Bildungssystems, der Massenmedien, der Institutionalisierung der Kernfamilie (um nur die wichtigsten Zusammenhänge anzusprechen) – permanent Motive für internationale Migrationen erzeugt, sie diese Migrationen andererseits – aufgrund der spezifischen Verfassung des politischen Systems, seiner segmentären Unterteilung in Nationalstaaten – dann wiederum einschränkt (Stichweh 1998).

---

[3] Vgl. dazu und zu den politischen Dilemmata Baur u .a. 2006, Gransow 2008.

Internationale Migrationen stellen die Einteilung der Weltbevölkerung in Staatsbevölkerungen infrage. Sie berühren dabei zwei konstitutive Dimensionen, die das Verhältnis von Staaten zu ihren eigenen Staatsbevölkerungen definieren: die *Loyalitätsbeziehung*, die unter dem Gesichtspunkt der Aufrechterhaltung politischer Souveränität den Staatsbürgern und allen anderen auf dem Territorium befindlichen Personen Folgebereitschaft gegenüber den staatlichen Entscheidungen abverlangt; die *Leistungsbeziehung*, die im Gegenzug dem Staat auferlegt, Leistungen der rechtlichen, politischen und sozialen Sicherheit zu erbringen, die im Begriff des Wohlfahrtsstaates zusammengefasst sind (Marshall 1992).

Beinahe alle politischen Regulationsformen und Interventionen in internationale Migration sind durch Aspekte strukturiert, die diese beiden Dimensionen, also Fragen der Loyalität und der wohlfahrtsstaatlichen Leistungserbringung, betreffen. Der Staat beobachtet Migranten einerseits (als Nationalstaat) in der Perspektive ihrer politischen Loyalität und errichtet andererseits (als Wohlfahrtsstaat, d. h. als sozialer Ausgleichsmechanismus nach innen), eine Ungleichheitsschwelle nach außen. Soweit sie durch Migranten überschritten wird, wird sozial die Frage provoziert, in welchem Verhältnis Migranten, deren Loyalität immer wieder infrage gestellt werden kann, zu den Leistungen des Wohlfahrtsstaates stehen: Tragen sie potentiell dazu bei, oder nehmen sie diese eher in Anspruch? Dies indiziert dann eine migrantenspezifische Zuschneidung der Definition der Leistungsbeziehung zwischen den Wohlfahrtsstaaten und ihren potentiellen Leistungsempfängern[4] (Bommes 2003a). Korrespondierend dazu unternehmen Staaten erhebliche Anstrengungen, um klar festzulegen und durchzusetzen, welche Migranten sie zukünftig haben wollen und welche nicht. Dies impliziert einerseits die Öffnung für solche Migranten, die als potentiell leistungsfähig gelten (v. a. Hochqualifizierte, Unternehmer, Studierende), und andererseits die Einschränkung von Zuwanderungsmöglichkeiten aus humanitären Gründen, von Familiennachzug und Heiratsmigration; sowie die Aufrüstung der Kontrollkapazität in diesen Staaten und der Europäischen Union zum Zwecke der Verhinderung und Abwehr unerwünschter Migration.

Der nationale Wohlfahrtsstaat interveniert auf diese Weise in die Migrationsformen in der modernen Gesellschaft unter dem Gesichtspunkt der Aufrechterhaltung der Loyalitäts- und Leistungsbeziehung zu der Gemeinschaft der Staatsbürger. Er wird zum Filter für die Versuche von Migranten, Inklusionschancen in die Funktionssysteme und ihre Organisationen durch geographische Mobilität zu realisieren (vgl. Bommes 1999; 2003b). In dieser Perspektive

---

[4] Dies wird leicht ersichtlich daran, dass Migration und Terrorismus öffentlich in einen engen Zusammenhang gebracht werden, also die Loyalitätsproblematik thematisch wird, und an der Diskussion darüber, ob Zuwanderung zur Leistungsfähigkeit von Wohlfahrtsstaaten beiträgt oder diese mindert.

wird auch deutlich, dass in der Migrationsforschung Problemstellungen zentral gestellt werden, die aus der Suche nach dem Zugang zu Organisationen und Funktionssystemen und der Strukturierung dieser Suche durch deren Inklusionsbedingungen resultieren – was dann in der Regel als Integrationsfrage thematisiert wird. Dabei interessiert sich die Migrationsforschung in erster Linie für die aus solchen Versuchen resultierenden Folgen für die Wanderer, die Einwanderungs- und Auswanderungskontexte und die sich dabei neu entwickelnden Sozialstrukturen, wobei den sozialen Netzwerken von Migranten die o. a. zentrale Rolle zugeschrieben wird.

2.2 Migration, Inklusion und Netzwerke

Wer wandert, um Inklusionschancen anderswo wahrzunehmen, setzt sich verschiedenen Risiken aus. Dazu gehört auch, dass er jene Inklusionen aufgibt, für die er das sozialisatorisch angeeignete spezifische Wissen und Können als Inklusionsvoraussetzung mitbringt, das ggf. in der Zielregion wertlos, da nicht anschlussfähig ist. So implizieren Staatsgrenzen übergreifende Migrationen oftmals auch die Überschreitung von Sprachgrenzen. Fehlende oder unzureichende Sprachkenntnisse verstellen aber Zugangsmöglichkeiten zum Arbeitsmarkt oder zum Bildungssystem.[5] Gleiches gilt für die Nichtanerkennung von formalen Bildungsqualifikationen. So werden in Deutschland etwa bestimmte Berufsstände wie Apotheker, Ärzte, Rechtsanwälte geschützt, indem Qualifikationen staatlich anerkannt werden müssen. Im Falle der Aussiedler und Migranten aus Osteuropa führen die Differenzen der Bildungs- und Ausbildungssysteme dazu, dass akademische Abschlüsse an den im ehemaligen Ostblock weit verbreiteten Polytechnischen Akademien nicht anerkannt werden. Infolgedessen können diese Migranten häufig nur Arbeitsplätze unterhalb ihres Qualifikationsniveaus besetzen, im Falle von Arbeitslosigkeit werden sie zudem in der Regel als Personen ohne Berufsabschluss geführt. Neben formalen Qualifikationen verlieren aber auch informell erworbene Kompetenzen und Fertigkeiten, die lokal an bestimmte Produktionsweisen und Betriebe gebunden sind, durch Migration ihre Wertigkeit, was in der „insider-advantage-hypothesis" zusammengefasst wird (vgl. Fischer et al. 1997). Hinzu kommt, dass bei einer Wanderung der Einbezug in starke lokale Familien- und Verwandtschaftsbindungen sowie auch die Einbettung in eine Gemeinde zunächst nicht zu realisieren sind (vgl. Ritchey 1976).

---

[5] Ein anschauliches Beispiel für die Schwierigkeiten von Migranten, Sprachbarrieren zu überwinden, gibt der autobiografisch gefärbte Aufsatz „Der Fremde" von Alfred Schütz (1972).

Es sind jedoch eben diese Bindungen, die unter Bedingungen des Einsetzens von Wanderung[6] zu einer forcierten Eigendynamik der Migration führen. Diese Eigendynamik wird freigesetzt durch Pioniermigration[7], also der Wanderung von Individuen, die sich aus verschiedenen Gründen auf den Weg machen, um ggf. Wanderungsbarrieren zu überwinden und Anschlusschancen auf Arbeitsmärkten in den Zielregionen zu finden. Pioniermigration ist ein zufälliges, aber potentiell überall anzutreffendes Phänomen. Ein solcher einmal in Gang gesetzter Wanderungsprozess gewinnt aber schnell selbstverstärkenden Charakter, wenn Pioniermigranten andere Migranten, meist zunächst Familien- und Verwandtschaftsangehörige, nachholen. Die Pioniermigranten stellen einerseits für neue Migranten die Bewältigung des Risikos in Aussicht, an Wanderungs- und Inklusionsbarrieren zu scheitern, und andererseits steigert sich mit jeder erfolgten Zuwanderung das Potential weiterer Zuwanderung, sofern jeder Zuwanderer zu einem potentiellen Migrations- und Inklusionsvermittler für weitere Wanderungswillige wird. In den Herkunftsregionen hat das vielfach den Effekt der Herausbildung einer „Migrationskultur": Junge Erwachsene sehen sich mit der Erwartung konfrontiert, im Laufe ihres Lebens ihre Mobilität durch Migration unter Beweis zu stellen. Aus diesen Gründen gilt in der Migrationsforschung die Herausbildung solcher Netzwerke[8] als wesentliche Bedingung für die Freisetzung eines lokal je gegebenen Wanderungspotentials.[9] Im Resultat führt dies zu dem Phänomen, dass Migranten aus bestimmten Herkunftsregionen präferierte Ziel- und ggf. Niederlassungsregionen – mit der Herausbildung ethnischer Kolonien – haben und solche Wanderungsbeziehungen sowie daraus resultieren-

---

[6] Der Freisetzungskontext ist in seiner Herausbildung etwa in dem Klassiker Thomas/Znaniecki (1958), bei Stirling (1964) und Schiffauer (1987) entlang der Auswirkungen einer sich durchsetzenden Geldökonomie auf die dörflichen Subsistenzstrukturen beschrieben. Migration in die Stadt und schließlich nach Übersee bzw. Europa dient zunächst dem Erhalt der Subsistenzgrundlagen durch supplementäres Einkommen und der segmentären Differenzierungsstrukturen der *peasant societies*. Diese Migrationen zersetzen diese *peasant societes* aber durch die Auswirkungen des gesteigerten Geldeinkommens auf die Dorfökonomien sowie aufgrund des von Migration und Lohnarbeit ausgehenden Individualisierungsdrucks von innen.

[7] Dazu etwa Engelbrektson 1978, Elrick/Ciobanu 2009; Zufall insofern, als dies dazu führt, dass einer hohen Wanderungsmobilität in einer Region, die durch solche Pioniere und die daran anschließende Kettenmigration ausgelöst wird, eine weitgehende Immobilität in Nachbarregionen gegenüberstehen kann.

[8] Wir kommen weiter unten auf die Frage zurück, ob solche Strukturen von Beginn an als soziale Netzwerke in einem begrifflich präzisen Sinne aufgefasst werden sollten, schließen uns hier aber zunächst der etablierten Beschreibungsweise an.

[9] Versuche, Migrationen auf der Grundlage insbesondere ökonomischer Einkommensgefälle zwischen Ziel- und Herkunftsregionen zu erklären, scheitern daran, dass das Problem der Erklärung dann eher darin besteht, warum es weltweit nur so wenige Migranten gibt (Faist 1997).

de transnationale soziale Strukturen von längerfristiger Dauer sind (vgl. etwa MacDonald/MacDonald 1964; Massey/Goldring/Durand 1994).

Versteht man Migration in dem oben erläuterten Sinne, dann lässt sich die Leistung solcher Netzwerkbeziehungen für die Überwindung von Migrations- und Inklusionsbarrieren wie folgt zusammenfassen (dazu Hugo 1981): Sie lösen das *Informationsproblem* bezüglich der formalen Migrationsvoraussetzungen und Transportmöglichkeiten, der Arbeitsmöglichkeiten und -bedingungen, der Gelegenheiten des Wohnens etc. Dabei kommt es nicht nur auf die Art der Information, sondern auch und insbesondere auf die Vertrauenswürdigkeit der Informanten an (eben der schon Gewanderten), die aus ihrem sichtbaren Erfolg resultiert[10]. Solche Netzwerke *ermöglichen* aber vor allem auch die Bewältigung der Risiken der Migration, weil sie nicht nur ggf. Reise und Transport organisieren, sondern weil sie Geld vorschießen, vorübergehend oder dauerhaft Wohnraum zugänglich machen, Zugang zu Arbeit, sozialer Sicherheit und sozialem Halt in formellen oder informellen Vereinen vermitteln, also als Schleusen der Inklusion fungieren. Mit anderen Worten: Die „strong ties" sind eine Bedingung zur Überwindung der Inklusionsbarrieren insbesondere für solche Migranten, die nicht schon aufgrund formaler Ausbildung und sonstiger Qualifikationen zur individuellen Überwindung von Migrations- und Inklusionsbarrieren in der Lage sind. Denn in der Regel müssen Migranten zumeist erst die Verkehrssprache des Zuwanderungslandes, insbesondere die Schriftsprache erlernen, ihr erlerntes Wissen und Können, ihre Wertvorstellungen und normativen Erwartungen gemäß den Anforderungen der Gesellschaft neu ausrichten und erweitern sowie in neue soziale Beziehungen zu relevanten Organisationen und Personen treten, die den Zugang zu den wichtigen Lebensbereichen vermitteln. Die Integrationsversuche von Migranten treffen darüber hinaus aber auf soziale Barrieren, die system- und kontextspezifisch ausfallen: Diese finden sich in Unternehmen hinsichtlich des Zugangs zu Arbeitsplätzen und in Schulen hinsichtlich des schulischen Erfolgs von Migrantenkindern; sie finden sich in Staaten hinsichtlich des Zugangs zur Staatsbürgerschaft und zu sozialen Rechten, und in Kommunen hinsichtlich des Zugangs zu Leistungen der Gesundheit, der Beratung und Fürsorge; sie finden sich in Familien z. B. hinsichtlich des Erwerbs von Ausbildungen oder des Eigenlebens von Freundschaften, usw. Damit rückt die Frage der Bedeutung von Netzwerken für die Inklusion von Migranten in den Blickpunkt. Durch Teilnahme an diesen Netzwerken kompensieren Migranten gewissermaßen ihre individuellen

---

[10] Welche Bedeutung die Vertrauenswürdigkeit von Informationen und Informationsquellen besitzt, wird auch daran deutlich, dass Migranten das Leben in der Ankunftsregion oftmals in bunteren Farben ausmalen, als es tatsächlich ist. Die Vorspiegelung falscher Tatsachen dient dabei nicht nur dem Zweck, den „Erfolg" des eigenen Migrationsprojekts zu demonstrieren, sondern auch weitere Migranten anzulocken in der Hoffnung, von diesen profitieren zu können (vgl. Mahler 1995: 82 ff.).

Sozialisationsdefizite in den Dimensionen von sozialem, kulturellem und ökonomischem Kapital, die Hindernisse für Inklusion darstellen.

Netzwerke sind aber nicht nur für die Vermittlung von Zugangschancen
im Prozess der Migration und Niederlassung bedeutsam. Sie behalten vielfach
ihre vermittelnde Bedeutung in dem Maße, wie Migranten und ihren Nachfah-
ren (der zweiten Generation) die Aneignung der individuellen Voraussetzungen
für Inklusionen nur eingeschränkt gelingt (was im Übrigen ein paradoxer Effekt
der Inklusion in solche Netzwerke und ihrer Funktionsweise sowie der daraus
resultierenden ethnischen Kolonien sein kann), oder aber ihnen Zugänge zu Arbeit, Erziehung, sozialer Sicherheit und Familie aufgrund politischer Barrieren
verstellt sind, wie dies am deutlichsten für den Fall der illegalen Migration gilt.
Aus unterschiedlichen Gründen können solche Netzwerke daher gewissermaßen
einen einschließenden Effekt haben: Sie bleiben dauerhaft Schleusen der Inklusion und versperren Individuen den Ausgang aus den durch sie konstituierten
Inklusions- und Verpflichtungsverhältnissen, sie werden zu Mobilitätsfallen (vgl.
Mahler 1995: 138 ff.; Staring 1998)

3   Migrationsnetzwerk und Gesellschaft: Eigenständigkeit und Widerständigkeit

Die Bedeutung von Migrationsnetzwerken möchten wir im Folgenden – mit Bezug auf die Theorie der funktionalen Differenzierung – unter zwei Aspekten betrachten: In welchem Sinne sind die sozialen Netzwerke von Migranten familiäre,
verwandtschaftliche oder ethnische Netzwerke (3.1), und welches Licht werfen
Migrantennetzwerke auf das Verhältnis zwischen Funktionssystemen, Organisationen und Individuen (3.2)?

3.1 Migrationsnetzwerke – Starke und/oder schwache Bindungen?

Migrationsnetzwerke sind in dem ausgeführten Sinne durch ihre globale Dimension gekennzeichnet: Die Inklusionsvoraussetzungen auf Seiten der Individuen
entstehen unter Bedingungen weltweiter Migration nicht von selbst unter den
Prämissen funktionaler Differenzierung und Inklusion, sondern werden erst
netzwerkvermittelt realisiert. Denn in der Konsequenz funktionaler Differenzierung liegt die Führung der Strukturbildung sozialer Systeme in der Sachdimension: Individuen werden in Abhängigkeit von ihrem funktionalen Beitrag
zur Fortsetzung des systemspezifischen Geschehens einbezogen, anderenfalls
bleiben sie für das System irrelevant. Sofern dies die strukturelle Grundlage für
Migrationen in der modernen Gesellschaft bezeichnet, ist zu spezifizieren, wel-

che Strukturmerkmale die Netzwerkbildung wahrscheinlich und zu einem Charakteristikum in der Weltgesellschaft machen. Denn die Bildung von Netzwerken ist gerade nicht in der Sach-, sondern in der Sozialdimension definiert, indem soziale Netzwerke individuelle oder organisatorische Adressen partikular kombinieren. Die sich daraus ergebenden Verknüpfungen von sachlichen Möglichkeiten stellen dann die Ressourcen dar, die den in die Netzwerke einbezogenen Individuen zur Verfügung stehen, sie bilden ihr „soziales Kapital".

Dies legt zunächst die Frage nahe, wie sich hier das Verhältnis der „weak ties/ strong ties" zueinander darstellt. Die von Granovetter (1973; 1983) beschriebene Bedeutung von „weak ties" war der Ausgangspunkt dafür, warum Netzwerke in den Sozialwissenschaften Aufmerksamkeit gefunden haben. Im Anschluss daran gilt in der Integrationsdiskussion der Migrationsforschung die Abwesenheit von „weak ties" (wenn auch umstritten) als Indikator für scheiternde ‚Integration' (Esser 1986; Kalter 2006). Dies hat seine Grundlage in der Annahme, dass Migranten im Falle der ‚Integration' als Individuen die beschriebenen querständigen oder übergreifenden Netzwerke, die auf ethnischer Gemeinschaft oder Verwandtschaft basieren, sukzessive verlassen und sich an stärker funktional orientierten Netzwerken ausrichten (Kollegialitätsnetzwerke, politische Netzwerke). Man könnte auch sagen, die Migrations- und Integrationsforschung unterschreibt mit ihren zentralen Problemstellungen das wohlfahrtsstaatliche Modell der ‚Integration', das die Migranten als defizitär betrachtet und der Aufnahmegesellschaft, der sie sich angleichen sollen, gegenüberstellt.

Andererseits erweisen sich aber gerade die „strong ties" als Grundlage für das Funktionieren der Migrationsnetzwerke, sie werden als familiär, verwandtschaftlich oder ethnisch basierte, also gewissermaßen in vorgegebenem Vertrauen gründende Netzwerke beschrieben. Wir sehen dies begründet in der zuvor dargelegten Genese und Funktionsweise solcher Netzwerke. Interessiert man sich jedoch für die Frage, wie es zur Stabilisierung, Veränderung oder auch Auflösung von Netzwerken kommt, dann empfiehlt es sich, stärker zwischen der Genese und Funktionsweise solcher Migrantennetzwerke zu unterscheiden und ihre Reproduktionsstruktur unter Bedingungen funktionaler Differenzierung in den Blick zu rücken. Wir möchten daher zwischen sozialen Netzwerken und ihren familiären oder verwandtschaftlichen Ausgangsbedingungen der Herausbildung unterscheiden und untersuchen, wie sich die aus den Reproduktionsbedingungen sozialer Netzwerke selbst resultierenden Verpflichtungsverhältnisse und die familiären bzw. verwandtschaftlichen Verpflichtungsverhältnisse zueinander verhalten, sich ggf. überlagern oder aber auch auseinandertreten. In der Bestimmung von Netzwerken als ethnische oder Verwandtschaftsnetzwerke wird dies meist in eins gesetzt. Damit wird die Selbstsimplifikation von Netzwerken übernommen.

Auch die sozialen Netzwerke der Migranten gewinnen ihre Entstehungs- und Reproduktionsgelegenheiten erst an Funktionssystemen und Organisationen; sie setzen die sozialen Strukturkontexte, an denen sie entstehen, voraus. Netzwerke kombinieren die sachlichen Möglichkeiten, die den in die Netzwerke einbezogenen Individuen zur Verfügung stehen. Daher sind genetische sowie strukturelle Fragen nicht zu verwechseln. Netzwerke mögen sich primär vermittelt über Vergemeinschaftungsmechanismen wie Familie, Verwandtschaft oder Herkunft konstituieren und ausbreiten: So können Leistungen der Netzwerke im Zusammenhang der Realisierung eines Migrationsprojektes erwartet werden aufgrund verwandtschaftlicher, ethnischer oder lokaler Zugehörigkeit. Reziprozität findet initiativ also externen Halt in der Einbindung von Migranten in sozialstrukturell verankerte Reziprozitätsverhältnisse (Thomas/Znaniecki 1958, Stirling 1964, Schiffauer 1987). Mit der Entstehung und Fortsetzung der Netzwerke wird aber bedeutsam, dass ihr externer Halt durch eine selbst erzeugte Reziprozität substituiert wird. Denn der moralische Verpflichtungsgehalt von Reziprozität, der z. B. in der *peasant society* dem Ausgleich von zwischenzeitlichen Mängellagen zwischen Gleichen dient und hierin seine Basis hat, bricht sich potentiell an der für Netzwerke charakteristischen Kombination heterogener Adressen, die ihr spezifisches Leistungsspektrum erst ermöglicht. Dies gilt auch und insbesondere in ‚querständigen' Migrationsnetzwerken, denn die Teilnehmer machen sich hier gegebenenfalls wechselseitig Transport, Arbeitsstellen, Wohnraum, Durchsetzungsmacht, Recht, Ausbildung, Verbreitungsmedien, Trost, medizinische Behandlung oder Hilfe zugänglich. Über den extern in den vormaligen Lebensverhältnissen verankerten moralischen Verpflichtungsgehalt schiebt sich dann im Fortgang eines Netzwerkes eine zunehmend selbst erzeugte Reziprozitätsverpflichtung auf der Basis heterogener Leistungen. Die Nichterfüllung solcher Erwartungen kann den Einbezug in das Leistungsspektrum eines Netzwerkes aufgrund des Zerfalls von Vertrauen infrage stellen.[11] Zunehmende Selektivität des Einbezugs von Nachwandernden unter Kriterien des Netzwerkes schränkt dann die verwandtschaftliche oder ethnische Loyalität ein (Cvajner/Sciortino 2009).

Das „genetische" Anlaufen von Netzwerken auf der Basis von Verwandtschaft, regionaler oder ethnischer Zugehörigkeit bzw. anderer Formen der Vergemeinschaftung ist strukturell also nicht damit zu verwechseln, dass Netzwerke mit ihrer Selbstplatzierung in Strukturkontexte funktionaler Differenzierung für ihren sachlichen, sozialen und zeitlichen Halt selbst sorgen müssen. Sie bauen ihre Entstehungsbedingungen mit ihrem Fortgang um. Theoretisch und empirisch bleibt damit zu klären, unter welchen Bedingungen Migrantennetzwerke in wel-

---

[11] Instruktiv ist hier das Beispiel polnischer Pendelmigrantinnen, die Malgorzata Irek (1998) beschrieben hat. Die Netzwerke der in deutschen Haushalten als Putzkräfte beschäftigten Frauen basierten zwar in ihrer Entstehung auf Verwandtschaft und Nachbarschaft, schufen dann aber eigene Bedingungen der Aufrechterhaltung, indem Loyalitätsbekundungen verlangt wurden, die über das bei Verwandten und Nachbarn Erwartbare hinausgingen.

cher Weise Familie, Verwandtschaft und Ethnizität zur Selbststabilisierung auf der Grundlage von „strong ties" verwenden. Dieses Verhältnis ist wohl kein fixes, es handelt sich eher um ein Spannungsverhältnis. Entsprechend kann dann auch gefragt werden, unter welchen Bedingungen sich die sozialstrukturell verankerten Reziprozitätsverhältnisse auflösen oder auch umwandeln in funktional orientierte Netzwerke, in denen „strong ties" entsprechend an Bedeutung verlieren.

3.2 Komplementarität von Migrationsnetzwerken und Wohlfahrtsstaaten

Migrations- und Migrantennetzwerke rücken eine Voraussetzung und Annahme in den Blick, die in der Theorie funktionaler Differenzierung mit Bezug auf die „Zonen vollständiger Differenzierung" in der Weltgesellschaft formuliert wird: Die funktionale Differenzierung exkludiert die Individuen als Ganze und inkludiert sie dann unter funktions- und organisationsspezifischen Voraussetzungen partiell, d.h. unter den Gesichtspunkten ihrer systemspezifischen Relevanz (Luhmann 1989). Voraussetzung dafür, dass dies gelingen kann, ist die Ausdifferenzierung der verschiedenen Funktionssysteme, hier insbesondere der Erziehung und der Familie. Auf der Grundlage der Institutionalisierung des Lebenslaufs und der Inanspruchnahme der Individuen auf der Basis ihrer Karrieren ist das Verhältnis zwischen Individuen und Funktionssystemen bzw. Organisationen gewissermaßen als ein Unmittelbares konzipiert. Die Individuen, durch Erziehung und Ausbildung instand gesetzt, sind in der Lage, sich an den Inklusionsbedingungen dieser Systeme auszurichten und entsprechend daran teilzunehmen. Wohlfahrtsstaaten in ihrer unterschiedlichen Ausprägung moderieren diesen Prozess im Sinne des Aufbaus einer Biographie und Karriere sowie der Forcierung der als unerlässlich erachteten Inklusionen und stellen den Individuen Organisationen der Hilfe zur Seite (Bommes/Scherr 2000). In diesem Sinne ist die Annahme zu verstehen, dass die funktionale Differenzierung die Inklusionsvoraussetzungen auf Seiten der Individuen selbst zu erzeugen vermag.

Mit der Fokussierung von Migrationsnetzwerken wird nun markiert, dass differenzierte Migrationsprozesse zunehmend zu sozialen Strukturbildungen führen, die sich komplementär zu bzw. jenseits von staatlichen Organisationsformen herausbilden. Diese Migrantennetzwerke besitzen in ihrer Querständigkeit auf der einen Seite eine erstaunliche Ähnlichkeit zur Funktionsweise von Wohlfahrtsstaaten. Sie bilden sich an der Inklusionsproblematik von Migranten, und mit Querständigkeit ist dabei gemeint, dass sie sich nicht an einem spezifischen Funktionssystem und den daran angelagerten Organisationen orientieren, sondern, ähnlich wie Wohlfahrtsstaatlichkeit, an den Inklusionsproblemen von Individuen in verschiedenen Funktionskontexten und Organisationen. Netzwerke gewinnen Bedeutung für die sozialen Teilnahmechancen von Migranten in den für ihre Lebensführung relevanten gesellschaftlichen Bereichen: Arbeit, Wohnen, Recht, Erziehung, Gesundheit oder Familie. Sie entdecken daran Gelegenheiten und vermitteln Individuen in diese unter ihren eigenen Prämissen. Solche querständigen Netzwerke sind aber ein Hinweis darauf, dass die Inklusionsvoraussetzungen auf Seiten der Individuen unter Bedingungen weltweiter Migration nicht selbst unter Prämissen funktionaler Differenzierung entstehen und dann auch erst netzwerkvermittelt realisiert werden können. Denn die Bildung der Netzwerke wird nicht in der Sachdimension geführt (dann müssten auch solche Netzwerke Migranten ausschließen), sondern in der Sozialdimension. Daher können Wohlfahrtsstaaten auch nicht unmittelbar an die Stelle solcher Netzwerke treten, denn Wohlfahrtsstaaten setzen auch in ihrer eigenen Struktur funktionale Differenzierung voraus. Und sie können dies umso weniger, je mehr sie unter ihren eigenen Prämissen Migranten graduell oder vollständig von ihren Leistungen[12] ausschließen, parallel Inklusionsbarrieren (etwa eingeschränkte Arbeits- und Aufenthaltsrechte) errichten und damit umso stärker solche querständigen Netzwerke für Migranten alternativlos machen.

Damit aber nicht genug. Migrantennetzwerke haben mit ihrer Leistungsfähigkeit gegebenenfalls auch Rückwirkungen auf die Strukturen funktionaler Differenzierung: Sie besetzen Arbeits- und Wohnungsmarktnischen ethnisch, bauen ethnisch-religiöse Strukturen der Wohlfahrt auf, erzeugen Loyalitätsbindungen, die in Konkurrenz zu den „Integrationsansprüchen" von Wohlfahrtsstaaten stehen, oder bauen im Falle illegaler Migration konkurrierende Strukturen der ‚Rechtsdurchsetzung' und der Bereitstellung sozialer Sicherheit auf, d. h. sie werden zu substitutiven Inklusionskontexten aufgrund des Ausfalls von Recht, Gesundheit und ‚Wohlfahrt'. Sie besitzen zudem einen dauerhaften Selbstergänzungscharakter (durch intraethnische Heiraten und Nachwanderungen).[13] Es handelt sich dabei um Strukturbildungen, die in der öffentlichen Diskussion gerne als Charakteristika für die Entstehung von „Parallelgesellschaften" betrachtet werden; und man kann die Vermutung hegen, dass die fulminanten ‚Integrationsdebatten' der letzten Jahre in fast allen europäischen Wohlfahrtsstaaten ihre Grundlage auch darin hatten, dass sie die Netzwerke der Migranten nicht aufzulösen vermögen – sei es, weil sie sie selbst partiell oder gänzlich ausschließen, ohne deshalb Zuwanderung verhindern zu können, sei es, weil das Versprechen des Inklusionsuniversalismus sich insbesondere an der Unwahrscheinlichkeit moderner Erziehung bricht.

---

[12] Vgl. dazu oben die Bemerkungen zum Verhältnis zwischen Migranten und nationalen Wohlfahrtsstaaten.

[13] Vgl. zu ökonomischen Nischen etwa Light/Gold (2000), zu Strukturen ethnisch-religiöser Wohlfahrt Schiffauer (2008) und Ceylan (2006), zu Strukturen der Rechtsdurchsetzung im Falle illegaler Migration Alt (1999:159), zu intraethnischen Heiraten Straßburger (2003).

4   Schluss

Soziale Netzwerke der Migration sind durch die Struktur der modernen Gesellschaft, ihre funktionale Differenzierung, sehr viel stärker artikuliert, als dies in der Migrationsforschung gemeinhin gesehen wird: Sie haben funktionale Differenzierung zur Voraussetzung (1), sie stehen zugleich eigentümlich quer zu dieser Struktur (2) und sie reagieren überdies auf strukturelle Folgeprobleme dieser Differenzierungsform, womit sie zugleich Grenzen funktionaler Differenzierung indizieren (3).

(1) Migration ist in der modernen Gesellschaft ausgerichtet an der Struktur funktionaler Differenzierung. Das ist deutlich dokumentiert in der Struktur der sozialen Netzwerke von Migranten. Denn diese Netzwerke vermitteln Migrations- und Inklusionschancen und sind damit primär an den Bedingungen des Zugangs zu sowie der Teilnahme an den Leistungs- und Publikumsrollen der Funktionssysteme und ihrer Organisationen ausgerichtet. Sie nutzen und modifizieren diese Bedingungen im Sinne dieser Vermittlung und stabilisieren sich über den reziproken Austausch funktionsspezifischer Leistungen. In dem Ausmaß, in dem sie sich in dieser Weise übergreifend in den Kontexten funktionaler Differenzierung platzieren und reproduzieren, heben sie sich von den Strukturen ihrer Ausgangskontexte ab, den *peasant societies*, und substituieren deren Reziprozitätsgrundlagen, selbst wenn diese genetisch zweifelsohne eine wichtige Ausgangsbedingung ihres *take off* sind.

(2) Das Leistungsspektrum dieser Netzwerke ähnelt in seiner funktionsbezogenen Heterogenität dem von modernen Wohlfahrtsstaaten. Darin liegt hinsichtlich der Grenzen von Funktionssystemen eine der Grundlagen der empirischen ‚Querständigkeit‘ dieser Netzwerke. Andererseits stehen sie jedoch noch in einem weitergehenden Sinne ‚quer‘ zu Strukturen funktionaler Differenzierung. Sie lassen sich scheinbar nicht problemlos durch andere Systemstrukturen substituieren. Wir haben dies darauf zurückgeführt, dass unter Bedingungen fortdauernder Migration Migranten und ihre Kinder auf die Sozialisations- und Inklusions(vermittlungs)leistungen ihrer Netzwerke angewiesen bleiben, jedenfalls solange das Erziehungssystem und wohlfahrtsstaatliche Leistungen diese Eigenleistungen der Netzwerke nicht zu substituieren vermögen bzw. dies schlicht empirisch oder auch normativ nicht vorgesehen ist.

(3) Schließlich weist die Existenz und Funktionsweise von Migrantennetzwerken auf eine problematische Annahme hin, die in die normative Struktur funktionaler Differenzierung und wohl auch ihre Theorie eingebaut ist: Die funktional differenzierte Gesellschaft vermag die sozialisatorischen Voraussetzungen aus sich heraus nicht zu schaffen, unter denen es den Individuen gelingt, sich an den Bedingungen der Inklusion der Funktionssysteme und Organisationen auszurichten und Zugang zu ihren Leistungs- und Publikumsrollen zu finden.

Das ist schon unter Absehung von Migration unwahrscheinlich und findet seinen beredten Ausdruck etwa in den Strukturproblemen des Erziehungssystems sowie in den Leistungsproblemen der Wohlfahrtsstaaten. Versagen im Bildungssystem und dauerhafter wohlfahrtsstaatlicher Leistungsbezug ist kein Privileg von Migranten, sie sind nur mit größerer Wahrscheinlichkeit dabei (sofern sie überhaupt ein Recht auf Leistungen haben). In dem Maße, in dem Inklusionschancen auf Arbeitsmärkten formal immer stärker von Bildungszertifikaten abhängig gemacht werden und Alternativen (außerhalb des Erziehungssystems) kaum vorgesehen sind, gewinnen soziale Netzwerke unterhalb formaler Strukturen für alle an Bedeutung, die solche Zertifikate nicht vorweisen können. Migrantennetzwerke wie auch andere Netzwerke (der informellen Ökonomie, der Hilfe, der religiösen Vergemeinschaftung, der Kriminalität etc.) gewinnen daher strukturell betrachtet eher an Bedeutung. Sie sind *ein* Hinweis darauf, wie unwahrscheinlich die Schaffung der sozialisatorischen Grundlagen in der funktional differenzierten Gesellschaft aus „Bordmitteln" ist.

Literatur

Alt, Jörg (1999): Illegal in Deutschland. Forschungsprojekt zur Lebenssituation „illegaler" Migranten in Leipzig. Karlsruhe: von Loeper

Baur, Michaela/Gransow, Bettina/Jin, Yihong/Shi, Guoqing (Hrsg.) (2006): Labour Mobility in Urban China – An Integrated Labour Market in the Making? Berlin: Lit Verlag

Bommes, Michael (1999): Migration und nationaler Wohlfahrtsstaat. Ein differenzierungstheoretischer Entwurf. Opladen: Westdeutscher Verlag

Bommes, Michael (2003a): The Shrinking Inclusive Capacity of the National Welfare State: International Migration and the Deregulation of Identity Formation. In: Brochmann, Grete (Hrsg.), The Multicultural Challenge. Comparative Social Research 22, Oxford: Elsevier, 43–67

Bommes, Michael (2003b): Migration in der modernen Gesellschaft. In: Geographische Revue 5 (2), 41–58

Bommes, Michael/Albert Scherr (2000): Soziologie der Sozialen Arbeit. Eine Einführung in Formen und Funktionen organisierter Hilfe. Weinheim: Juventa

Ceylan, Rauf (2006): Ethnische Kolonien. Entstehung, Funktion und Wandel am Beispiel türkischer Moscheen und Cafés. Wiesbaden: VS Verlag

Cvajner, Martina/Sciortino, Giuseppe (2009): A tale of networks and policies: prolegomena to an analysis of irregular migration careers and their developmental paths. Population, Space and Place n/a-n/a Online publication date: 1-Jan-2009

Elrick, Tim/Ciobanu, Oana (2009): Migration networks and policy impacts: insights from Romanian–Spanish migrations. In: Global Networks 9, 1, 100–116

Elwert, Georg (1982): Probleme der Ausländerintegration: Gesellschaftliche Integration durch Binnenintegration? In: Kölner Zeitschrift für Soziologie und Sozialpsychologie 34, 717–731

Engelbrektsson, Ulla-Britt (1978): The Force of Tradition, Gothenburg: Gothenburg Studies in Anthropology

Esser, Hartmut (1986): Ethnische Kolonien: „Binnenintegration" oder gesellschaftliche Isolation? In: Hoffmeyer-Zlotnik, Jürgen H.P. (Hrsg.), Segregation und Integration: Die Situation von Arbeitsmigranten im Aufnahmeland. Mannheim: Verlag Forschung Raum und Gesellschaft, 106–117

Faist, Thomas (1997): Migration und der Transfer sozialen Kapitals, oder: Warum gibt es relativ wenige internationale Migranten? In: Pries, Ludger 1997 (Hrsg.), Transnationale Migration. Soziale Welt Sonderband 12, Baden-Baden: Nomos, 63–84

Fischer, Peter A./Martin, Reiner/Straubhaar, Thomas (1997): Should I Stay or Should I Go? In: Hammar, Tomas/Brochmann, Grete/Tamas, Kristof/Faist, Thomas (Hrsg.), International Migration, Immobility and Development. Multidisciplinary Perspectives. Oxford/New York: Berg, 49–90

Fuchs, Peter (1997): Weder Herd noch Heimstatt – Weder Fall noch Nichtfall. Doppelte Differenzierung im Mittelalter und in der Moderne. In: Soziale Systeme 3, 413–437

Gesemann, Frank (2003): Arbeitskräfte ohne Rechte: Migration im Nahen Osten. In: Thränhardt, Dietrich/Hunger, Uwe (Hrsg.), Migration im Spannungsfeld von Globalisierung und Nationalstaat. Leviathan Sonderheft 22, Wiesbaden: Westdeutscher Verlag, 346–366

Granovetter, Mark S. (1973): The Strength of Weak Ties. In: American Journal of Sociology 78, 6, 1360–1380

Granovetter, Mark S. (1983): The Strength of Weak Ties: A Network Theory Revisited. In: Sociological Theory 1, 201–233

Gransow, Bettina (2008): Zwischen Informalisierung und Formalisierung – Migration, Stadtentwicklung und Transformation im Perlflussdelta. In: China aktuell 37, 1, 67–99

Groh, Kathrin/Weinbach, Christine (2005): Zur Genealogie des politischen Raumes der Demokratie. In: dies. (Hrsg.), Zur Genealogie des politischen Raumes. Politische Strukturen im Wandel. Wiesbaden: VS Verlag, 9–52

Haug, Sonja (2007): Soziales Kapital als Ressource im Kontext von Migration und Integration. In: Lüdicke, Jörg/Diewald, Martin (Hrsg.), Soziale Netzwerke und soziale Ungleichheit. Zur Rolle von Sozialkapital in modernen Gesellschaften Wiesbaden: VS Verlag, 85–111

Hugo, Graeme (1981): Village-community ties, Village Norms and Ethnic and Social Networks: A Review of Evidence from the Third World. In: De Jong, Gordon F./Gardner, Robert W. (Hrsg.), Migration Decision Making. Multidisciplinary Approaches to Microlevel Studies in Developed and Developing Countries. New York: Pergamon Press, 186–224

Irek, Malgorzata (1998): Der Schmugglerzug. Warschau – Berlin – Warschau: Materialien einer Feldforschung. Das Arabische Buch. Berlin/Tübingen: Verlag Hans Schiler

Kadushin, Charles (1976): Networks and Circles in the Production of Culture. In: American Behavioral Scientist 19, 6, 769–784

Kalter, Frank (2006): Auf der Suche nach einer Erklärung für die spezifischen Arbeitsmarktnachteile Jugendlicher türkischer Herkunft. Zugleich eine Replik auf den Beitrag von Holger Seibert und Heike Solga: „Gleiche Chancen dank einer abgeschlossenen Ausbildung?" In: Zeitschrift für Soziologie 35, 2, 144–160

Light, Ivan/Steven J. Gold (2000): Ethnic Economies. San Diego: Academic Press

Lucassen, Leo (1996): Zigeuner. Die Geschichte eines polizeilichen Ordnungsbegriffes in Deutschland 1700–1945. Köln, Weimar, Wien: Böhlau

Luhmann, Niklas (1989): Individuum, Individualität, Individualismus. In: ders.: Gesellschaftsstruktur und Semantik. Studien zur Wissenssoziologie der modernen Gesellschaft. Bd. 3. Frankfurt a. M.: Suhrkamp, 149–258

Luhmann, Niklas (1994): Die Gesellschaft und ihre Organisationen. In: Derlien, Hans-Ulrich u. a. (Hrsg.), Systemrationalität und Partialinteresse. Festschrift für Renate Mayntz. Baden-Baden: Nomos, 189–201

Luhmann, Niklas (1995): Inklusion und Exklusion. In: ders.: Soziologische Aufklärung 6: Die Soziologie und der Mensch. Opladen: Westdeutscher Verlag, 237–264

MacDonald, John S./MacDonald, Leatrice D. (1964): Chain Migration, Ethnic Neighborhood Formation, and Social Networks. In: The Milbank Memorial Fund Quarterly 42, 82–97

Mahler, Sarah J. (1995): American Dreaming. Immigrant Life on Margins. Princeton, NJ: Princeton University Press

Marshall, Thomas H. (1992): Bürgerrechte und soziale Klassen. Zur Soziologie des Wohlfahrtsstaates. Frankfurt/M.: Campus

Massey, Douglas S./Zenteno, Rene M. (1999): The Dynamics of Mass Migration. In: Proceedings of the National Academy of Sciences of the United States of America 96, 9, 5328–5335

Massey, Douglas S./Goldring, Luin/Durand, Jorge (1994): Continuities in Transnational Migration: An Analysis of Nineteen Mexican Communities In: American Journal of Sociology 99, 6, 1492–1533

Ritchey, P. Neal (1976): Explanations of Migration. In: Annual Review of Sociology 2, 363–404

Schiffauer, Werner (1987): Die Bauern von Subay. Stuttgart: Klett-Cotta

Schiffauer, Werner (2008): Parallelgesellschaften – Wie viel Wertekonsens braucht unsere Gesellschaft? Für eine kluge Politik der Differenz. Bielefeld: transcript

Schütz, Alfred (1972): Der Fremde. In: ders.: Gesammelte Aufsätze. Bd. 2: Studien zur soziologischen Theorie. Den Haag, 53–69

Scribner, Robert (1988): Mobility: Voluntary or Enforced? Vagrants in Württemberg in the Sixteenth Century. In: Jaritz, Gerhard/Müller, Albert (Hrsg.), Migration in der Feudalgesellschaft. Frankfurt/Main: Campus-Verlag, 65–88

Staring, Richard (1998): Scenes from a Fake Marriage: Notes on the Flip-side of Embeddedness. In: Kalid Koser and Helma Lutz (eds.): *The New Migration in Europe: Social Constructions and Social Realities*. London: Macmillan, 224–41

Stirling, Paul (1964): Turkish Village. London: Weidenfeld & Nicolson

Stichweh, Rudolf (1998): Migration, nationale Wohlfahrtsstaaten und die Entstehung der Weltgesellschaft. In: Bommes, Michael/Halfmann, Jost (Hrsg.), Migration in nationalen Wohlfahrtsstaaten. Theoretische und vergleichende Untersuchungen. Osnabrück: Rasch, 49–61

Straßburger, Gaby (2003): Heiratsverhalten und Partnerwahl im Einwanderungskontext: Eheschließungen der zweiten Migrantengeneration türkischer Herkunft. Würzburg: Ergon

Thomas, William I./Znaniecki, Florian (1958): The Polish Peasant in Europe and America. New York: Knopf (first published in 1918/1921)

Waldinger, Roger (1996): Still the Promised City? African-Americans and the New Immigrants in Postindustrial New York. Cambridge, MA: HUP

Zur Bedeutung von Vertrauensnetzwerken für die Ausdifferenzierung politischer Kommunikation

Klaus P. Japp

1 Einleitung

Netzwerke werden typischerweise nur intern beschrieben, etwa in Gestalt der vielfältigen Beziehungen in einer Firma bzw. Schulklasse oder zwischen den Verwandten einer türkischen oder einer chinesischen Großfamilie. Von der Systemtheorie her denkend, interessiert jedoch eher das Verhältnis von Netzwerken zur Gesellschaft, zu Organisationen und zu Interaktionen, also zu Systemen. Diese zweite Option steht im Folgenden im Vordergrund. Im Zentrum steht dabei das Verhältnis von Vertrauensnetzwerken und der Ausdifferenzierung von funktionsspezifischer, speziell politischer Kommunikation.[1] In einem sehr allgemeinen Sinne wird dabei davon ausgegangen, dass sich politische Kommunikation nur ausdifferenzieren lässt, wenn sie sich gegen funktionsunspezifische Vertrauensnetzwerke – etwa des Adels im Europa des achtzehnten Jahrhunderts oder der ethnisch basierten Korruption z. B. in Schwarzafrika – durchsetzen kann.[2] Von besonderem Interesse ist politische Kommunikation hier darüber hinaus auch deshalb, weil sie die Ausdifferenzierung anderer Funktionssysteme der Gesellschaft qua Förderung der Inklusion in entsprechende Organisationen unterstützt, etwa der Erziehung, der Krankenbehandlung usw.

Während der Abbau beziehungsweise die Transformation oder Integration von Vertrauensnetzwerken Voraussetzung funktionaler Differenzierung ist, kommt es im Kontext von typischen Folgeproblemen der gesellschaftlichen Pri-

---

[1] Vertrauensnetzwerke sind Beziehungen zwischen Individuen bzw. Haushalten oder anderweitigen ,Gruppen' (Tyrell 1983) und Organisationen, die ihren Mitgliedern das Risiko zumuten, relevante Lebenschancen von der Performanz Anderer abhängig zu machen, und denen folglich vertraut werden muss (Tilly 2005: 4, passim).

[2] Diese allgemeine Beziehung gilt auch für wirtschaftliche, wissenschaftliche und anderweitig funktionsspezifische Kommunikation. So stabilisieren sich Märkte erst, wenn Zünfte, Innungen und Gilden aufgelöst oder zumindest ,entmachtet' werden (Wehler 1996: 92 f.). Wissenschaftliche Kommunikation setzt die Marginalisierung und/oder Integration parawissenschaftlicher Ambitionen der Klöster, der Ritterakademien und Theologenseminare voraus (292 f.), ebenso entwickeln sich Recht und Erziehung erst, wenn deren religiös-adlige Wurzeln eliminiert und/oder integriert werden (375 f.).

märdifferenzierung zum Aufbau solcher Netzwerke. Dabei geht es um quer zu den Funktionssystemen der Gesellschaft liegende Probleme wie Exklusion, Risiken und Ökologie (Esposito 1997), für die es kein eigens zuständiges Funktionssystem gibt. Im Zusammenhang solcher Probleme kann man beobachten, dass die Organisationen der Funktionssysteme (aber auch die Individuen) Überforderungen unterliegen. Es bilden sich in diesen Kontexten dann *neue* Netzwerke, die wie eine ‚sekundäre Elastizität' funktionsübergreifende Sinnverweisungen zur Verfügung stellen.

Während diese These im ersten Teil des Beitrages zunächst entfaltet wird (Abschnitt 2), erörtert der zweite Teil das Problem, wie und ob Kommunikationsmedien generalisiert werden können, wenn Vertrauensnetzwerke nicht integriert werden (Abschnitt 3). Unsere Vermutung geht dahin, dass dies nicht der Fall ist oder zumindest problematisch ist und dass sich daraus retardierende Effekte (wie Korruption) im Hinblick auf den Universalismus funktional differenzierter Systeme ergeben. In einem dritten Teil des Beitrags (Abschnitt 4) wird die Argumentation für ethnische Verwandtschaftsnetzwerke in peripheren Regionen der Weltgesellschaft spezifiziert. Es wird auch geprüft, ob solche Netzwerke als diabolisch generalisierte Kommunikationsmedien aufgefasst werden können. Diese Charakterisierung ermöglicht das inverse Argument einer Blockade funktionaler Differenzierung und darüber hinaus der *Interpenetration* von funktionsspezifischen und netzwerkförmigen Strukturen (Riggs 1964). Der Beitrag schließt mit einem Fazit (Abschnitt 5).

2   Netzwerke und Systeme

Entwicklungsgeschichtlich gesehen sind Netzwerke ‚vorgängig'. Es gibt sie schon immer, und auch die Zukunft der (Funktions-)Systeme ist ohne sie nicht vorstellbar. Ihnen gegenüber sind operativ geschlossene Systeme extrem unwahrscheinlich, insofern sie sich qua funktionaler Spezifikation weitestgehend von interaktiven Intuitionen entfernen[3]: Operativ *geschlossene* Systeme im Kontext *funktionaler* Differenzierung entstehen erst im 16./17. Jahrhundert und zunächst auch nur in Westeuropa. Für diesen Prozess ist es einerseits nötig, Vertrauensnetzwerke (des Adels und überhaupt großfamiliärer Haushalte) zu eliminieren oder zu integrieren. Dieser Notwendigkeit kam entgegen, dass die Familien der *aufsteigenden* Bürgerschicht nicht mehr als großfamiliale Bedarfsausgleichsgemeinschaften auftraten, sondern als Kernfamilien mit geringem Personal. Überall dort in der Welt, wo solche Bedarfsausgleichsgemeinschaften (Groß-

---

[3] In *diesem* Sinn trifft die Annahme von Fuchs (2001) zu, Systeme seien ‚Sonderfälle' von Netzwerken.

familien, Clans, Verwandtschaft, Stämme) dominieren, setzt sich funktionale Differenzierung nur um den Preis der Anpassung an oder der Interpenetration mit Verwandtschaftsnetzwerken durch (Gransow 1995 für China, Luhmann 1995b für Süditalien, Riggs 1964 verallgemeinernd für Thailand/Philippinen). Andererseits bilden sich neue Netzwerke, die Risiken funktionaler Spezifikation abfangen. Genossenschaften sichern gegen Schwankungen der Märkte, politische Wählervereinigungen wie der ‚Allgemeine Deutsche Arbeiterverein' von F. Lasalle oder Vereine im Kontext des Politischen Katholizismus sichern die Ausdifferenzierung politischer Leistungs- und Publikumsrollen ab, von denen man sonst gar nicht gewusst hätte, wie sie in die übrigen Rollenstrukturen eingebaut werden können.

Im Folgenden sollen Netzwerke als Typus sozialer Beziehungen verstanden werden, denen – außer den Kriterien, dass sie partikular orientiert sind und generalisierte Reziprozität als Erwartungshorizont benutzen (Tacke 2000) – Merkmale diffuser, nicht (funktions-)spezifischer Sinnhorizonte (der Verwandtschaft, der Migration usw.) gemein sind.

Auf diesen Typus sozialer Beziehungen referieren Taxonomien, die die (politische) Produktion von Kollektivgütern auf formale Organisationen (politische Parteien, Ministerialverwaltungen), *collaborative organizations* (Gewerkschaften, Arbeitgeberverbände) und Vertrauensnetzwerke (Migranten, soziale Bewegungen, Eliten) zurechnen (Tilly 2005: 38). Nur Organisationen gehören zum Grundbestand systemtheoretischer Analyse (Luhmann 2000), Vertrauensnetzwerke nicht. Es gibt demnach einen Bereich (insbesondere) zwischen Organisation und Interaktion, in dem es zu Ordnungsformen kommt (bekanntermaßen: soziale Bewegungen), deren Systemstatus – zwischen Organisation und Interaktion – ungeklärt ist. Die Frage ist, ob Netzwerkkonzepte in diesem Zusammenhang nützlich sind, und es interessiert dann, in welchen Beziehungen (Vertrauens-)Netzwerke zur Struktur funktionaler Differenzierung *insgesamt* stehen.

Wir fassen Netzwerke nicht als Systeme auf (siehe aber Bommes/Tacke 2006, Wiederabdruck in diesem Band). Netzwerke sind jedoch auch keine Alternative zu operativ geschlossenen Systemen in dem Sinn, dass Systeme mit starken Grenzen ‚Spezialfälle' von Netzwerken mit im Allgemeinen schwachen Grenzen wären (Fuchs 2001). Netzwerke sind eine eigene Form der Ordnungsbildung, deren Grenzen eher diffus sind, und zwar wegen ihrer eigentümlichen Verknüpfung, Überlappung, jedenfalls nicht Trennung von spezifischen Sinnhorizonten (Hiller 2005 für moderne Netzwerke, Schiffauer 1987 für traditionale Netzwerke) und wegen des Fehlens eindeutiger Regeln der Mitgliedschaft. Einerseits ist nicht immer klar, wann ein Verwandter für die Einen noch Verwandter ist, für die Anderen jedoch nur noch als Bekannter zählt, von dem man eben nicht das Gleiche erwarten kann wie von einem Verwandten. Andererseits haben moderne Netzwerke, die Entscheidungsunsicherheiten in Politik, Wirtschaft usw.

reduzieren helfen (s. u.), und askriptive Netzwerke in sowohl peripheren wie auch zentralen Regionen gemeinsam, dass sie typischerweise über keine spezifischen Leitorientierungen verfügen. Sie orientieren sich eher diffus, an Verwandtschaft, Ethnizität und eventuell auch nur an Bekanntschaft. Sie greifen auf eine ganze Reihe funktionsspezifischer Leistungszusammenhänge zu, ohne dass sie selbst zu *spezifischen* Leistungszusammenhängen würden.[4] Solche Netzwerke parasitieren gleichsam am Kontext funktionaler Differenzierung (Kusche/Schneider in diesem Band). Sie verhalten sich zu Organisationen wie die Freundschaft zur Liebe. Während die Letztere (wegen ihrer spezifischen Orientierung) zu Systemen intimer Kommunikation ausdifferenzierbar ist, kann man das von der diffus verstreuten Freundschaft gerade nicht sagen (Kersten 2007).

Für die meisten traditionalen Netzwerke, d. h. hier: in der Peripherie der funktional differenzierten Gesellschaft, ist es bezeichnend, dass sie sich *als Netzwerke* nicht für funktionale Spezifikationen interessieren.[5] Darin äußert sich ihre diffuse Orientierung und ihre existentielle *Grund*orientierung: Im Zweifel (nicht immer) kommt es auf die Ehre an und nicht auf den Verlust des Lebens oder der weltlichen Güter.[6] Der alteuropäische Adel betreute in seinen Großhaushalten alle möglichen Sinnhorizonte – auch wenn die Idee *spezifischer* Horizonte gar keine Sonderrelevanz hatte, diese Eigentümlichkeit also erst im historischen Rückblick auffällt. Dasselbe gilt für die ‚Gegenseitigkeitskommunikation' von Netzwerken traditionaler Haushalte in peripheren Regionen (in Anatolien: Schiffauer 1987). In peripheren Regionen gab es schon immer tribale oder ethnische Netzwerke wechselseitiger Hilfe[7] – unter Bedingungen der modernen Gesellschaft kompen-

---

[4] Vergleiche den Fall der Migrantennetzwerke Bommes (in diesem Band) und zur Differenz von peripheren und Zentralregionen Japp 2007b.

[5] Siehe Mauss (1990: 17) für den archaisch-tribalen Ausdruck dieser Indifferenz. Wir verzichten hier auf die übliche Relativierung der Unterscheidung von traditional und modern (siehe aber Luhmann 1997: 807).

[6] „Taking Polanyi's concept of ‚reciprocity' […] we can see how periodic exchanges of gifts would simultaneously affect economic functions, but would also consolidate reciprocal solidarity, accomplish religious functions, perhaps even stabilize power relationships" notiert Riggs (1964: 102) für archaische Gesellschaften. Für ‚Übergangsgesellschaften' (*transitional societies*) notiert er ‚formale' Ausdifferenzierung von Märkten und Verwaltungen, aber ohne dass das ‚archaische' Vertrauensnetzwerk abgehängt wäre. Das Resultat sind Konflikte zwischen diffusen und spezifischen Orientierungen und entsprechende Instabilität. Im Gegensatz zur Mehrheit der Modernisierungstheoretiker glaubt Riggs jedoch nicht, dass diese Instabilitäten automatisch in Richtung funktionale Differenzierung wirken. „A prismatic social order might remain prismatic indefinitely. Indeed, as I shall attempt to show, it has its own equilibrating mechanisms" (ebd.: 38). Einer dieser Mechanismen besteht genau, wie wir zeigen wollen zu zeigen, in der Resistenz ethnischer Vertrauensnetzwerke im (und gegen den) Kontext der modernen Weltgesellschaft.

[7] Dies gilt historisch natürlich auch für die ‚alte Welt' insgesamt. Wir widersprechen an dieser Stelle der Auffassung, dass Netzwerke funktionale Differenzierung voraussetzen (Hiller 2005: 71). Wenn überhaupt, dann gilt das nur für einen kleinen Teil aller Netzwerke, eben spezifisch moderne Netz-

sieren sie den Bedeutungsverlust alter Ordnungen der Schichtung, der Tribalität, der Ethnizität durch Anpassung an die ‚neuen' Formen der formalen Organisation (Luhmann 1995b; Riggs 1964), wobei es gelegentlich zur ‚Erfindung' von Ethnien kommt.[8] Weit verbreitet ist die Verwicklung ethnischer Netzwerke in militärische Konflikte um die Dominanz einer Ethnie gegenüber einer anderen (Horowitz 2000: 443 ff.), was dann den *ethnisch motivierten* Zugriff auf systemspezifische Ressourcen nahelegt. Zweifellos stehen wirtschaftliche und politische Ressourcen im Vordergrund, aber auch solche der Rechtsgeltung (Eigentum) oder der religiösen Anerkennung. *Als Netzwerke* fusionieren Ethnien disparate Sinnhorizonte, man könnte auch sagen: Sie fassen sie zusammen nach Maßgabe der eigenen – existentiellen – ethnischen Präferenz. Sie tendieren zur Indifferenz gegen die singuläre Spezifikation *als* singuläre Spezifikation, gerade wenn sie an wirtschaftlichen Ressourcen und politischer Macht interessiert sind. Beide interessieren (zugegebenermaßen nicht *nur*) nach Maßgabe der ethnischen Metapräferenz, etwa der Ehre.[9] Gemessen am ‚Ideal' des operativ geschlossenen Systems handelt es sich um Korruption, die in den entwickelten Regionen sozial zugelassen und jedenfalls jenseits des privaten Eigennutzes auch erwünscht sein kann (Burt 2004; Hiller 2005) – im Sinne von Netzwerken als Brokern von Adressenverweisungen. In den peripheren Regionen ist Korruption zwar sozial zugelassen (i. S. v. ‚embeddedness'), aber sie stellt für ‚moderne Beobachter' ein Entwicklungshemmnis dar, das wiederum negativ bewertet wird (de Sardan 1999).

Netzwerke der ‚Zentralregionen' der Weltgesellschaft kompensieren Risiken funktionaler Spezifikation: Redundanzverlust ist Voraussetzung hoher Komplexität, aber eben auch ein Gefährdungspotential, insofern spezifische Funktionsausfälle nicht mehr durch andere Funktionszusammenhänge aufgefangen werden

---

werke. Möglicherweise ist aber (nur) gemeint, dass sich Netzwerke erst *beobachten* lassen, wenn es das Gegentypus des spezifischen und geschlossenen Systems gibt. Man stößt allerdings immer wieder auf die Frage, in welchem Verhältnis Schichten (stratifikatorische Differenzierung) und Segmente (segmentäre Differenzierung) und der Begriff des Systems zueinander stehen. Wir optieren hier für den Begriff des Netzwerks – wohl wissend, dass Dorfgemeinschaften, Stämme, Verwandtschaftsnetzwerke wie der Adel allesamt in elementarer Weise Interaktion in Anspruch nehmen, so dass man hier eine *System*option hätte: Wenn es nicht den Zweifel gäbe, dass schon die Einführung von Schrift und erst recht die Verbreitung des Buchdrucks über Interaktion hinausweist. Wir versuchen es mit der Option, sehen aber hohen Forschungsbedarf.

[8] Manche halten die Ethnien dann für ‚nur' konstruiert (etwa Lentz 1995). Autoren, die dieses ‚nur' verwenden, müssten im Gegenzug nicht konstruierte, gleichsam authentische Ethnien annehmen und damit hinter die Einsicht in die Konstruiertheit *aller* sozialen Phänomene zurückfallen. Dies gilt dann gerade auch für eine wie immer authentische Ethnie, deren Stabilität in der Latenz ihrer Konstruiertheit liegt (Luhmann 1991).

[9] „Der von allen gefürchtete Grenzfall ist die Blutfehde [...]. In diesem Fall geht die politische Rationalität Hand in Hand mit völliger sozialer und ökonomischer Irrationalität. Man nimmt um des Rufs willen die partielle oder völlige Selbstzerstörung in Kauf" (Schiffauer 1987: 54).

können. *Aus netzwerktheoretischer Sicht* formuliert Burt (2004) diese Risiken funktionaler Spezifikation als ‚structural holes‘, d. h. als ‚Löcher‘ zwischen je operativ geschlossenen Kommunikationen.[10] Diese ‚Löcher‘ zwischen Sinndomänen werden durch ‚brokerage‘ überbrückt. Dies ist allerdings eine Funktion, die von Organisationen qua Multireferenz ebenso erfüllt wird wie durch Netzwerke. Es ist also schwer, hier eine strukturelle (!) Differenz zu sehen. *Aus systemtheoretischer Sicht* besteht das Risiko funktionaler Spezifikation im Redundanzverzicht durch operative Schließung. Wo es früher Gesamtzuständigkeiten gab, vor allem von Haushalten, die alle relevanten Funktionsbezüge beinhalteten, hätte man es heute mit Funktionsausfall zu tun. Wenn die Politik versagt, kann kein anderes System *politisch* einspringen. Dass es zu diesen Schwierigkeiten nicht kommt, dafür sorgen in erster Linie multireferentielle Organisationen, die Funktionssysteme miteinander verkoppeln und diese zu Anpassungen zwingen, die solche ‚Ausfälle‘ sehr unwahrscheinlich machen (Blaser 2003; Brodocz 1996; 2003). Formale Organisationen versorgen sich allein schon deshalb mit Netzwerken (als einer ‚sekundären Elastizität‘), als sie ja im Hinblick auf die eigene Multireferenzialität das Personal, das *structural holes* überbrückende Kontakte (Adressen) hat, aus anderen Funktionssystemen importieren müssen. Hier kann man also einen engen Zusammenhang mit formaler Organisation sehen.[11] Entsprechend sortieren wir diesen Typus von (Vertrauens-)Netzwerken in den Umkreis von Folgeproblemen funktionaler Differenzierung ein: Es geht um *Risiken* wirtschaftlicher, politischer, rechtlicher und anderweitiger Art, die durch Organisationen, die Netzwerke nutzen, absorbiert werden (Héritier 1993; Ladeur in diesem Band).

In der fortgeschrittenen Moderne lassen sich darüber hinaus Netzwerke identifizieren, die sich um Folgeprobleme funktionaler Differenzierung wie Exklusion (Stichweh 2000b) und Probleme mit der ökologischen Umwelt der Gesellschaft (Luhmann 1986) herum bilden.[12] Man denke etwa an die Umweltbewegung

---

[10] Systemtheoretisch würde man nicht von ‚Löchern‘ sprechen, das ist schon Netzwerksemantik. Was hier thematisch wird, sind ‚strukturelle Kopplungen‘.

[11] An dieser Stelle taucht die Frage auf, ob Netzwerktheorien über selbstbegründende Strukturargumente verfügen. Man kann sicher nicht sagen, dass dies nicht der Fall ist (etwa White 1992 oder Feld 1981), allerdings trifft man nicht auf Begriffe von Gesellschaft, von denen aus die Funktion und die Position von Netzwerken bestimmt werden könnten. Aber das würde man ja auch nicht wirklich erwarten können, denn aus der Sicht der Systemtheorie ist die moderne Gesellschaft nicht netzwerktheoretisch zu begreifen. Andererseits gibt es jede Menge Forschungsprobleme der Systemtheorie, die sich womöglich mit Hilfe der Netzwerkbegrifflichkeit bearbeiten lassen. Insbesondere dürfte das die (auch historisch relevante) Differenzierung von Interaktion, Organisation und Gesellschaft betreffen (Beispiel: Soziale Bewegungen) und horizontal: die strukturellen Kopplungen der Funktionssysteme (Beispiel: Kontaktsysteme).

[12] Esposito (1997) argumentiert, dass es sich bei Problemen mit Ökologie, mit Risiken und mit Exklusion um Probleme handele, die sich quer zu den Funktionssystemen der Gesellschaft bilden und für die kein Funktionssystem exklusiv zuständig sei. Deshalb handele es sich um ‚unlösbare Proble-

der 1980er Jahre, die bekanntermaßen politisch integriert wurde – und auf diese Weise die relative Autonomie des politischen Systems gegenüber einem system-relevanten Vertrauensnetzwerk bestätigte – durch Institutionalisierung der Thematik, Kooptation eines Teils des Personals und relativer Marginalisierung der Anhängerschaft. Diese Marginalisierung darf allerdings nicht total sein, denn das politische System bleibt auf Impulse seiner ‚Peripherie' angewiesen. Man kann an diesen Vorgängen erkennen, dass die (universalistischen) Funktions-systeme der Gesellschaft auf (partikularistische) Netzwerke angewiesen bleiben. Diese werden integriert, um den Funktionszugriff des Systems zu generalisieren, und als Nebenprodukt fällt die Möglichkeit ab, in diesem Fall ökologische Politik zwar an das allgemeine Publikum zu adressieren, aber mit dem Führungsperso-nal des Restnetzwerkes auszuhandeln – und so den politischen Machtkreislauf zu entlasten (Luhmann 1987 und weiter unten). Weiterhin nehmen weltweit die Netzwerke der Exklusionszonen zu, in der Peripherie wie im Zentrum (Luhmann 1995a; Stichweh 2005). Und schließlich reagiert die Gesellschaft auf sich selbst, wenn Terrornetzwerke sich gegen die Zumutung der Trennung vom ‚Wesentli-chen', vom Existentiellen wenden, sei es der Familie oder der Religion (Fuchs 2004; Japp 2007a). Mit anderen Worten: Im Zuge ihrer Ausdifferenzierung müs-sen funktional spezifizierte Systeme Netzwerke auflösen und/oder integrieren; wo sie dies nicht vermögen, können sie sich wegen der Resistenz der ‚alten' Netz-werke nicht durchsetzen (siehe etwa Irak oder Afghanistan); und sie erzeugen neue Netzwerke – wegen der Riskanz funktionaler Spezifikation.[13]

In diesem Zusammenhang sind ‚Vertrauensnetzwerke', also Netzwerke, die in *besonderem* Maße auf Vertrauensbeziehungen beruhen, von eigentümlicher Relevanz: Dies sind Netzwerke, deren Kommunikationen über *strong ties* struktu-riert sind, weil die Reziprozitätsbeziehungen durch Risikoübernahme im Hinblick auf zuverlässige Kooperation im Kontext relevanter Interessen charakterisiert sind (z. B. akademische Seilschaften, die die Risiken extrem exklusiver Ausbil-dungen reduzieren, oder soziale Bewegungen, die berufliche Karrieren – im Posi-tiven wie im Negativen – riskieren, oder religiöse Sekten, die auf Geheimhaltung vertrauen müssen). Es genügt nicht, in Netzwerken einfach mitzumachen, man muss darüber hinaus vertrauen können, sonst würden die Risiken – etwa des In-vestmentbanking oder des Engagements gegen den Flughafenausbau – nicht ein-gegangen.[14] Das gilt im Extrem für ethnische Netzwerke, in denen oft das eigene

---

me'. Wir heben an dieser Stelle nur die Netzwerkinzidenz dieser (Folge-)Probleme dergestalt hervor, dass diese Netzwerke typische Vertrauensnetzwerke sind, über starke *ties* verfügen und offenbar die Risiken funktionaler Spezifikation spiegeln.

[13] Siehe Luhmann (1997: 761) zum Zusammenhang von Redundanzverzicht und Komplexitätsstei-gerung.

[14] Auch in formalen Organisationen gibt es Bedarf für (unsicherheitsabsorbierendes) Vertrauen, aber auch formalisierte Erwartungen, die sonst nötiges Vertrauen substituieren können (Brunsson 1985).

Leben von der Handlungskompetenz Anderer abhängt.[15] Funktionale Differenzierung ist kein selbstgenügsames Prinzip: Es vernichtet, transformiert und erzeugt
zugleich Netzwerke zur Absorption der Risiken funktionaler Spezifikation. Dabei muss allerdings gesehen werden, dass es mit der Durchsetzung funktionaler
Differenzierung zur Ausdünnung (nicht Vernichtung!) von ‚klassischen' Vertrauensnetzwerken (Arbeitervereine versus Parteien, Solidargemeinschaften versus Sozialversicherung, Parteibasis versus Massenmedien) kommt (Rodenstein
1978; Tilly 2005: 9 f.), dafür aber ‚funktionale' Netzwerke der Risikoabsorption
wie Policy-, Wissenschafts- und Innovationsnetzwerke (Lehmbruch 1991; Mayntz
1993; Schneider 1992) anwachsen und zugleich Vertrauensnetzwerke um den Problemkreis Exklusion[16] und Ökologie (Umweltbewegungen) – gleichsam als Reaktion auf Folgeprobleme funktionaler Differenzierung – wieder zunehmen.[17]

3   Generalisierung spezifischer Kommunikation

Der Gesichtspunkt der Ausdifferenzierung funktionsspezifischer Kommunikation impliziert die Auflösung und/oder Integration von Vertrauensnetzwerken, die
der Generalisierung funktionsspezifischer, d. h.: universalistischer Kommunikationsformen im Wege stehen. Ethnische Netzwerke in der frühen Neuzeit Europas und in der Gegenwart in peripheren Regionen (Schwarzafrika, Südostasien)
sind Beispiele. Im siebzehnten und achtzehnten Jahrhundert wurde das Netzwerk
des Adels in Europa weitgehend zerstört. Große Teile des Adels verarmten unter
den Bedingungen der Monetarisierung der wirtschaftlichen Beziehungen (Adam
Smith). Im 18. Jahrhundert wurde die ständische Macht (nicht nur) des Adels ge-
brochen. Wer konnte und wollte, der wurde in den zentralen Hof der aufstreben-
den absolutistischen Staaten integriert (Verhofung, ‚noblesse de robe'; Elias 1980;
1983). Diese Integration war eine zentrale Vorbedingung für die Generalisierung
staatlicher Macht im Sinne der Eliminierung konkurrierender Machtzentren auf
einem Territorium und der politischen Neutralisierung sozialer Ungleichheiten

---

[15] „Over the long historical run, kinship – the establishment of publicly recognized ties through
combinations of cohabitation and procreation – has no doubt provided the most frequent matrix for
the formation of trust networks" (Tilly 2005: 45).

[16] Z.B. die mafiöse Vernetzung der brasilianischen (lateinamerikanischen) Favelas mit Paralleler-
scheinungen in den *megacities* der Welt (Büscher 2009).

[17] Ersichtlich unterscheiden wir funktionale von Vertrauensnetzwerken, ohne damit sagen zu wollen,
dass Netzwerke ohne Vertrauen auskommen könnten. Es handelt sich um eine Mehr-oder-weniger-
Differenz. Wenn wir von ‚klassischen' Netzwerken sprechen, meinen wir solche, die entweder aufgelöst werden (Adel) oder transformiert werden müssen (Arbeitervereine, Genossenschaften). In
beiden Fällen ist immer die Widerständigkeit gegen die Generalisierung (Universalinklusion) von
spezifizierter Kommunikation mitgemeint.

durch Ausweitung politischer Partizipation (Japp 2007b; Tilly 2007: passim).[18]
In einer späteren Phase kommt die politische Inklusion der Gesamtbevölkerung
in die Politik (Demokratie/Publikum) und in andere Funktionssysteme hinzu
(Stichweh 2005). Man kann festhalten, dass Vertrauensnetzwerke Staatlichkeit
und erst recht Demokratie blockieren, wenn sie nicht integriert werden können
(siehe de Sardan 1999 und Luhmann 1995b). Maßgeblich hängt das damit zusammen, dass die Generalisierung von politischer Macht, ihre Verallgemeinerung
zur *Gemein*wohlorientierung, blockiert wird und der Transfer von Vertrauen in
das politische *System* verhindert wird.[19] Es kommt nicht zum nötigen System-
vertrauen. In den peripheren Regionen der Weltgesellschaft erfasst die Rede von
der Blockade nicht einmal den ganzen Zusammenhang. In Schwarzafrika, Teilen
Südostasiens und Teilen Lateinamerikas kommt es über die bloße Blockade generalisierter Kommunikation hinaus zu deren Inbesitznahme. Die Folge sind ‚hybride‘ Strukturen, wie sie etwa in Netzwerken der Korruption angetroffen werden,
die formale Organisationen (NGOs, Entwicklungshilfe etc.) auf eine eigene Art
und Weise so internalisieren, dass sie nicht wiederzuerkennen sind (siehe Riggs
1964 und seine Formel der *prismatic society*).

Für die moderne Weltgesellschaft kann man festhalten, dass sie nicht etwa
eine ‚creatio ex nihilo‘ ist, also alle vormodernen Strukturen auflöst. Wo sie dies
tut, sind komplexe Voraussetzungen zu überwinden. In großem Stil werden im
Europa des 18. Jahrhunderts die Bindungen an patriarchalische Formen der länd-
lichen Produktion und des Handwerkertums aufgelöst (Polanyi 1978). Zugleich
entwickeln sich genossenschaftliche und vereinsförmige ‚Selbstschutzeinrichtungen‘ (182 ff.) gegen die sozialen Folgen eines ‚freien‘ Arbeitsmarktes (prominent in England: Owenismus). Die Durchsetzung funktionaler Differenzierung
ist dabei an die Auflösung vormoderner Strukturen (feudale Landwirtschaft, pa-
triarchalisches Handwerkertum in den Städten) *und* an die Transformation jener
Selbstschutzeinrichtungen angewiesen. Soziale Netzwerkstrukturen, die gegen
die Auslieferung an den Markt (Genossenschaften, Zünfte) oder die politische
Macht des Kapitals (Arbeitervereine) gerichtet waren – konnten nicht einfach nur
aufgelöst werden, sondern mussten *integriert* werden, um deren Widerständigkeit gegen die soziale Katastrophe der Industrialisierung zu brechen. Sie verloren
ihre *Autonomie* gegenüber ‚freien‘ Märkten und Massendemokratie, indem sie
in den organisierten Kontext funktional differenzierter Strukturen transformiert

---

[18] Mit Generalisierung politischer Macht meinen wir hier, dass sie zeitlich *jederzeit* zur Verfügung
steht, dass sie sachlich auf *alles* anwendbar ist, was in den Umkreis politischer Kommunikation fällt
und dass sie in sozialer Hinsicht prinzipiell *niemanden* ausschließt. Alle drei Generalisierungsrich-
tungen setzen territoriale Integrität voraus und – wenn man es zu Ende denkt – auch Demokratie.
Tilly (2007) spricht im selben Zusammenhang einfach von ‚state capacity‘.

[19] Wie weiter oben bereits notiert, behandeln wir vorrangig das politische System, u. a., weil es für
andere Inklusionen relevant ist (Wimmer 2000).

wurden (Großverbände, Parteien, Sozialversicherungen). Aus Genossenschaften werden Banken, aus Wählervereinigungen wird die sozialdemokratische (Volks-) Partei, aus den solidarischen Arbeitervereinen werden Unfall- und Arbeitslosenversicherungen (Rodenstein 1978). Dieser ‚Emanzipation' der Ökonomie von traditionalen Bindungen *und* von reaktiven Schutzeinrichtungen entspricht politisch die Ausdifferenzierung von spezifisch politischen Leistungs- und Wählerrollen, die alle partikularen Loyalitäten marginalisiert und die Generalisierung des Kommunikationsmediums Macht durchsetzt (Werron in diesem Band). Aber wie man sieht, ist dieser Prozess äußerst voraussetzungsreich, und er gelingt keineswegs in allen Regionen der Weltgesellschaft gleichermaßen.

Jedenfalls wird deutlich, dass Netzwerke gegenüber dem Typus des operativ geschlossenen (Funktions-)Systems ein evolutionär konkurrierender oder gar komplementärer Typus sozialer Beziehungen sind. Funktionale Differenzierung hat nur auf Kosten traditionaler Netzwerke Erfolg und setzt selbst wieder ‚moderne' Netzwerke voraus. Erst spät (16./17. Jahrhundert) kommt es (zunächst nur in Westeuropa) zur funktionalen Ausdifferenzierung operativ geschlossener Systeme und zu gleichzeitiger Zurückdrängung von Vertrauensnetzwerken (des Adels, des entstehenden Proletariats) sowie zur Auslösung neuer Netzwerkbildungen, die Redundanzverluste kompensieren. Darüber hinaus sind die operativ geschlossenen Funktionssysteme der modernen Weltgesellschaft von allen interaktiven Intuitionen (des Alltags) weitestgehend entfernt (Habermas' *System*) und deshalb der evolutionär unwahrscheinlichere – wenngleich (gegenüber der Habermas'schen *Lebenswelt*) erfolgreichere Fall. Netzwerke sind insofern dem Typus des Funktionssystems gegenüber nicht alternativ zu denken (Fuchs 2001), so als ob jene diese – zunächst in der Beschreibung, dann aber auch faktisch – ersetzen könnten. Allenfalls ist ein Verhältnis der Komplementarität (oder eben der Konkurrenz) vorstellbar.

In den entwickelten Regionen steigern (komplementäre) Netzwerke durch ihre eigentümliche Verknüpfungstechnik disparater Sinnhorizonte (Hiller 2005; Tacke 2000) die Adressabilität von Personen und Organisationen in der Umwelt des interessierten Systems, sie überwinden *structural holes* (Burt 2004), die durch (Entscheidungs-)Risiken funktionaler Spezifikation begünstigt werden. Um den Problemkreis Ökologie herum kommt es zur Neubildung von Vertrauensnetzwerken der sozialen Bewegungen, in Exklusionsnetzwerken (Stichweh 2005: 18 f.) entwickeln sich *strong ties* des Überlebens. In den peripheren Regionen lenken verwandtschaftliche und ethnische Netzwerke die Anpassung traditionaler Ordnungen (bzw. deren Zerfall) in Richtung auf moderne Formen der Organisation (Luhmann 1995b). Man könnte auch sagen: Sie führen das Problem der Adressenflexibilität an den Modus formaler Organisation heran (Administrationen, Unternehmen, Bildungseinrichtungen usw., de Sardan 1999), typischerweise im Kontext von Korruption.

In den westlichen Demokratien (hier einschließlich der funktional differenziert angeschlossenen Systeme verstanden) haben Vertrauensnetzwerke einen den ‚Realitätsverlust' durch operative Schließung kompensierenden Charakter. Sie übergreifen unterschiedliche Funktionskontexte (Sinnhorizonte) nach Maßgabe einer Flexibilisierung der inkludierten Organisationen (z. B. Policy-, Wissenschafts- und Innovationsnetzwerke). Sie gewährleisten die Erreichbarkeit von systemrelevanten Adressen, soweit dies durch Organisation allein nicht sichergestellt werden kann. In den peripheren Regionen wird dieses Übergreifen verschiedener Sinnhorizonte maßgeblich durch ethnische und/oder religiöse Kriterien strukturiert. Die reziproken Hilfs- und Unterstützungserwartungen werden durch Einschluss der einen und Ausschluss der anderen Ethnie (worunter auch Glaubensgemeinschaften fallen können) reguliert. Eine wichtige Rolle spielt dabei die weltgesellschaftlich generalisierte Vorgabe von territorial definierter Nationalstaatlichkeit (Meyer 2005). Diese durchgehend scharf sanktionierte und die ethnischen Konflikte (Horowitz 2000: 291 ff.) gleichsam komprimierende Erwartung drängt Ethnien, die im selben (nationalstaatlichen) Territorium ansässig sind, gleichsam aus der bloßen Konkurrenz heraus und hinein in erbitterte Feindschaft um die knappen wirtschaftlichen und politischen Ressourcen eines begrenzten Territoriums. Die Erwartung der Nationalstaatlichkeit provoziert die Unsicherheit, was der Konkurrent tun wird, wenn man nicht selbst aktiv wird: Wird er zur Macht greifen und konkurrierende Ethnien unterdrücken?[20] Die Erwartungen hinsichtlich des Verhaltens des Anderen sind unsicher *und* negativ – auf beiden Seiten. Die Folge ist das, was Luhmann als hochintegriertes Konfliktsystem durch negative Doppelkontingenz beschreibt (Luhmann 1984: 532 f.; vgl. auch Japp 2007a). Reziprozität gilt dann auch *zwischen* ethnischen Netzwerken, und zwar negativ in Gestalt von wechselseitigem Misstrauen und von Schadenserwartungen. Solche Bedingungen führen zur Stabilisierung von (politisch) nicht oder schlecht integrierten Vertrauensnetzwerken (‚Befreiungsbewegungen' jeglicher Couleur), zur politischen Reproduktion sozialstruktureller Ungleichheiten (Hutus versus Tutsis) und zu autonomen Machtzentren (*warlords*).

Auf der Bahn von wenig zu hoher Kommunikationsgeneralisierung *blockieren* alle drei Konditionen die Evolution des politischen Systems als ein seiner Umwelt gegenüber autonomes System. Die Ausdifferenzierung bleibt unvollkommen. Staatliche Organisationen bleiben umkämpft, sie genießen kein Vertrauen. Normal sind *voice* und *exit*, nicht *loyalty* (Hirschmann 1970). Die Integration von Vertrauensnetzwerken in sich ausdifferenzierende politische Systeme *öffnet* die Zukunft für Optionen (Koselleck 1989), die bis dato noch keiner

---

[20] Ein ganz anderer Mechanismus der Interessenaggregation liegt nahe, wenn die bürgerliche Kernfamilie in Mitteleuropa Verwandtschaftsnetzwerke zu sehr lose gekoppelten Einheiten macht. Typischerweise werden dann Formen der politischen Mehrheitsbildung erzeugt und auch toleriert.

kennen kann, während die Segregation durch politische Exklusion die Zukunft in endlose, immer gleiche Konflikte einschließt. Niemand weiß, wie der Kreislauf von Exklusion, Misstrauen, Segregation und weiterer Exklusion durchbrochen werden könnte. Die strukturelle Implikation ist mangelnde Zivilisierung/Generalisierung von kommunikativen Erwartungen an Politik, Recht und Wirtschaft (Luhmann 1999). Dem entspricht eine Nähe zur Gewalt selbst bei kleinsten Differenzen, denn Generalisierung im Sinne eines zweckabstrakten Universalismus staatlicher Verfügungsgewalt oder eben hoher Kompatibilität mit vielen verschiedenen Zuständen impliziert auch die *Symbolisierung* physischer Gewalt.

Diese Probleme hängen offensichtlich mit den askriptiven und den partikularistischen Leitorientierungen ethnischer Netzwerke zusammen. Askription sichert eine Einheitssemantik der Herkunft, und diese (wenn man möchte:) Identitätssemantik schränkt das Spektrum der Handlungsziele partikularistisch ein. Relevant ist nur, was dem eigenen Netzwerk nützt und zugleich dem Gegner schadet, insofern dieser ausgeschlossen werden kann vom Zugriff auf begehrte Ressourcen. Auch in den Zentren der modernen Weltgesellschaft sind Netzwerke grundsätzlich partikularistisch, weil schon die Reziprozitätslogik des Gefallenerweisens keinen Universalismus der Handlungsorientierung zulässt. Einen ‚Gefallen' erweist man jemandem, den man kennt und vertraut und nicht etwa, weil es formal erwartet wird, wie in Organisationen (Tacke 2000). Selbst wenn Leistungen eine Rolle spielen – man hatte aktiv demonstriert, kompetent diskutiert etc. –, gelingt die ‚Aufnahme' in ein Netzwerk doch nur über persönliche Kontakte, also qua *Zurechnung* persönlicher *Eigenschaften*. Bei Vertrauensnetzwerken liegt es deshalb nahe, von Askription auszugehen. So ist auch ein Angehöriger einer Umweltbewegung Mitglied wegen der Statuszuschreibung (‚einer von uns') und nicht – jedenfalls nicht in erster Linie – wegen seiner Leistungen, die er als Demonstrant oder in politischen Diskussionen erbracht haben mag. Die Umweltbewegung stützt sich eben auf Bekenntnisse, die die *Qualität* der Person signalisieren, an die dann Vertrauensbeziehungen andocken. Sie bearbeitet in dieser Form das Problem der Zugehörigkeit, das nicht als formale (entscheidbare) Mitgliedschaft behandelt wird und nicht als solche behandelt werden kann – deshalb handelt es sich um ein Netzwerk, denn die Bewegung kennt keine universalistischen Mitgliedschaftskriterien (der Abschlüsse, der Qualifikation).[21] Sie substituiert ja gerade das Formale der Mitgliedschaft durch das Persönliche. Erst recht gilt Askription natürlich für Verwandtschafts- und ethnische Netzwerke.[22] Und die Frage, die sich nun stellt, ist die, ob und wie Askription von Netzwerken

---

[21] Und deshalb ist es auch fragwürdig, soziale Bewegungen als ‚eigene' Systemform zu bestimmen (Luhmann 1994).
[22] Es mag aber Netzwerke geben, z. B. die häufig genannten Innovationsnetzwerke, die weniger oder gar nicht askriptiv operieren, aber auf jeden Fall partikularistisch, denn wenn auch dies Kriterium

in der modernen Gesellschaft vorkommt, vor allem, wie sich dieser Zusammenhang zum Universalismus der Moderne verhält.[23]

Bei Parsons werden die Kombinationen askriptiv/partikularistisch (z. B. indisches Kastensystem) und leistungsbezogen/universalistisch (amerikanisches Leistungsethos) konfrontiert. Besondere Bedeutung für den Prozess struktureller Differenzierung (Modernisierung) hat noch das Variablenpaar diffus/spezifisch, das spezifische Leistungen in den Kontext von (Rollen-)Differenzierung stellt. Askription verschwindet gleichsam im Zuge der strukturellen Differenzierung der Gesellschaft – immer mit Ausnahme der Familie und der sie umgebenden Verwandtschaft. Mayhew (1968) weist darauf hin, dass diese Perspektive eine lineare Entwicklung von askriptiven, wenig differenzierten Gesellschaften zu leistungsorientierten, stark differenzierten Gesellschaften impliziert, die ohne Askription auskommen. Mayhew hebt demgegenüber hervor, dass askriptive *settings* (Verwandtschaft, Ethnien) nicht nur die evolutionäre Ausgangsbasis für strukturelle Differenzierung sind und mit ihr verschwinden, sondern auch in modernen Gesellschaften breite Verwendung finden. Anders als Parsons, der askriptive Handlungsorientierungen vornehmlich im Kontext von *tension management*, *integration* und *socialization* sah, macht Mayhew askriptive Handlungsorientierungen für alle möglichen Funktionsprobleme geltend, wenn sie nur komplexitätsreduzierend wirken (Kosten sparen und brauchbar sind). Netzwerke aus Verwandten, Freunden, Schulkameraden stützen oder substituieren in allen vier Funktionsbereichen, die Parsons sich ausgedacht hat, teure und umständliche universalistische Problemlösungen (die *Suche* nach adaptiven, zielerreichenden, integrativen und strukturerhaltenden Leistungs*potentialen*) durch billige partikularistische Lösungen (*Abstützung* auf *gegebene* Netzwerke). Z. B. werden im Kontext von Personalrekrutierung (*adaptation*) für weniger stark spezialisierte Jobs Personen aus verwandtschaftlichen oder auch ethnischen Netzwerken heraus rekrutiert und nicht etwa mit Hilfe teurer und umständlicher universalistischer Suchoperationen[24]: „In large measure, the ordinary process of recruitment is tied to networks of primary group affiliation and informal contacts. Information about possible job openings passes by word of mouth, from relative to relative, neighbor to neighbor, friend to friend, through ethnic groups, social strata and other segments of the community. Here the implications of ascription are different; rather than working to break ascription down, such a process serves to reproduce the

---

entfiele, hätte man es wohl mit einer formalen Organisation zu tun, die universalistische Mitgliedschaftskriterien verwendet.

[23] Universalismus (der Handlungsorientierung) ist uns in diesem Zusammenhang ein Äquivalent für Generalisierung (der systemspezifischen Kommunikation): *Jeder*, der Abitur hat, kommt infrage – unabhängig von seinen persönlichen Beziehungen und auch von seinen persönlichen Eigenschaften.

[24] Jener ‚Realitätsverlust‘ der Funktionsspezifik wird durch Einbau von Netzwerken kompensiert.

established structure of the community in the labor force of the business firm"
(Mayhew 1968: 111). Ähnliches gilt für *goal attainment* qua Kooptation von politischen Führungen von Netzwerken; für die Solidarisierungseffekte (*integration*)
von *cross-cutting networks*, die schichtenübergreifende Bindungseffekte haben,
und für die Extension von askriptiven Loyalitäten zu *value-commitments*, die
diese dann etwa für Nationalstaatlichkeit brauchbar macht. In den beiden letzten
Fällen helfen Erziehung und Grundrechte, erzwingen aber keine universalistischen Einstellungen, wie etwa das Beispiel des belgischen *Parteien*streits zeigt.

In allen Fällen gerät der Prozess der strukturellen Ausdifferenzierung in
Schwierigkeiten, wenn die genannten Attribute der primären Netzwerke *nicht* gegeben sind. Die Durchsetzung einer Gesundheitsreform ließe sich in solchen Fällen nicht über neokorporatistische Abkürzungen erledigen, sondern müsste etwa
durch riskante Referenden probiert werden. Überall, wo man hinschaut, beuten
die Systeme Askription als komplexitätsreduzierende Struktur mit kostendämp-
fenden Effekten aus. Mayhew kritisiert Parsons dahingehend, dass dieser in der
späten Fassung seiner Theorie der – Askriptionen brechenden – strukturellen
Differenzierung (*double interchange, interaction media*) so hohes Gewicht ein-
geräumt habe, dass die Funktion von Askription übersehen worden sei.

Auch Luhmanns Theorie funktionaler Differenzierung enthält diesen Bias.
Eine darauf reagierende Forschung müsste für jedes einzelne Funktionssystem
die Verknüpfung von universalistischen Strukturen mit partikularistischen Netzwerken nachzeichnen. Die AGIL-Funktionen sind ja bekanntermaßen zu eng
gefasst. Und schließlich müsste in diesem Zusammenhang auch das Verhältnis
von ausdifferenzierten, generalisierten Kommunikationsmedien zur Individualisierung überdacht werden, denn offenbar schieben sich zwischen diese beiden
Extrempole universalistischer Systemdifferenzierung askriptive – oder doch partikularistische – Netzwerke, deren Funktion gleichsam in der Stressreduktion von
Universalitätsansprüchen besteht. So sucht kein Erziehungssystem und auch keine Schule, ja nicht einmal eine Schulklasse, in seiner Domäne so lange nach den
objektiv gegebenen Begabungen, bis *alle* Möglichkeiten ausgeschöpft sind, sondern bricht den Suchprozess ab, wenn etwa privilegierte Familienzugehörigkei-
ten mit offenkundigen Begabungen konvergieren. Das ist ‚cheap and convenient'
(Mayhew 1968: 110) gegenüber dem Aufwand universalistischer Suchprozesse.
Gleichwohl stellt sich das Erziehungssystem als *universalistisch* dar. Und muss
man nicht fragen: Ist das jetzt *nur* Selbstbeschreibung, oder schießen Selbstbeschreibungen über die nicht universalistischen Anteile der Operativität des Systems hinaus, um nicht nur in Schwarzafrika, sondern auch in Mitteleuropa die
Kommunikation mit universalistischen Kriterien zu irritieren? So wie es sich
für die Politik in der Differenz zwischen formell-universellem (Politik hat Macht
über Verwaltung) und informell-partikularem Kreislauf (Verwaltung hat Macht
über Politik) dokumentiert (Luhmann 1987)? Man kann aber sicher erst einmal

entwarnen, ohne das Problem ganz beiseite zu schieben: Die je spezifischen Einrichtungen der Beobachtung zweiter Ordnung verhindern, dass sich die Abstützung auf askriptive Kriterien in partikularistische Problemlösungen übersetzen *müssen*. Partikularistische Problemlösungen (Populismus in der Politik, Eigennutz im Bonussystem der Banken oder die ‚Korrektur' von Daten, um schneller an ‚Wahrheiten' heranzukommen) können jederzeit beobachtet werden und dem universalistischen Kontext von Code und Programm (bzw. bei Organisationen den Kriterien der Mitgliedschaft) unterworfen werden.

Das (Organisations-)System benutzt askriptive Netzwerke so, als ob es universalistisch verfährt. Es sichert die Generalisierung der Kommunikation. So werden dem türkischen Netzwerk nur solche Personen entnommen, die auch bei universalistischer Suche angefallen wären: Ohne Hauptschulabschluss geht es nicht (Bommes 1996; Tacke 2000). Ebenso akzeptiert die Politik nur solche ‚Instruktionen' der Verwaltung im informellen Machtkreislauf, die der durch den Code und die Programme des politischen Systems disziplinierten Beobachtung zweiter Ordnung – auf generalisierte Unterstützung hin – standhalten. Askription übersetzt sich demzufolge nicht (jedenfalls nicht automatisch) in partikulare Problemlösungen. Man könnte vielleicht sagen: Askription verkürzt die Suchoperationen universalistischer Operationen auf ein ressourcenkompatibles Maß. Das Mindeste, was sich sagen lässt, ist: Im Kontext funktionaler Differenzierung *muss es nicht* zu partikularen Deformationen der generalisierten Kommunikationsmedien Macht, Geld etc. kommen.[25] Dies alles sieht jedoch im Kontext von Ethnizität ganz anders aus.

4   Ethnizität als parasitär-diabolisches Kommunikationsmedium und als Netzwerk

In den peripheren Regionen der Weltgesellschaft wie Afrika (Sudan, Zimbabwe) und Asien (Afghanistan, Sri Lanka) sind die skizzierten Pfadabhängigkeiten ethnischer Netzwerke weit verbreitet. Staatlichkeit (anstelle von *private rule*) und erst recht Demokratie (anstelle von ethnischer Exklusion) werden maßgeblich durch die Schwierigkeit verhindert, ethnische Vertrauensnetzwerke politisch, d. h. paritätisch und nicht durch Exklusion schwächerer Ethnien, zu integrieren. Anstatt Vertrauen herrscht weitgehend Misstrauen in staatliche Institutionen. Kon-

---

[25] Was natürlich nicht heißt, dass es keine partikularen Strukturen gibt. Man vergleiche nur die geschlechterspezifischen Ungleichheiten im Bildungssystem und anderswo. Aber auch hier gilt: Vom Funktionssystem her gesehen lässt sich das als ‚Abweichung' von universalistischen Kriterien der Berücksichtigung von Personen (Inklusion) einklagen – weil das System diese Partikularität ‚eigentlich' nicht nötig hat und anderes verspricht.

flikte, Aufstände und Bürgerkriege zwischen verfeindeten Ethnien sind eher die Regel als die Ausnahme (Hutus vs. Tutsis in Ruanda, Burundi oder Kongo, Araber vs. Schwarzafrikaner im Sudan usw.). Die Folge sind eine Stärkung des Vertrauens in das je eigene Vertrauensnetzwerk und offenes Misstrauen, wenn nicht Feindseligkeit, gegenüber anderen konkurrierenden Netzwerken. Dies wiederum produziert eine weitere Verschärfung der Exklusion bis hin zur notorischen Nichtanerkennung von Wahlsiegen opponierender Gruppen (Kenia/Zimbabwe/Kongo). Unter Bedingungen ethnisch gefasster Differenzierung ist häufig die politische Opposition der *Feind* der Regierung und die Regierung der *Feind* opponierender Gruppen. Die Unterscheidung von Regierung und Opposition ist nicht als handlungsleitende Differenz (als Code) in das politische System internalisiert, sondern wird aus der alltäglichen Konfliktkommunikation hinüberkopiert. Darin liegt einer der Gründe dafür, dass die *soziale* Ungleichheit ethnischer Gruppen ungefiltert in die Politik eindringen kann. Wie in der Frühen Neuzeit in Europa herrscht vielfach offene Rivalität, so dass politische Macht nicht symbolisch generalisiert werden kann.[26] Sie kann nicht oder nur schlecht von ihrem ‚symbiotischen Substrat‘ der Gewalt gelöst werden. Es fehlt das *verbindende* Element einer generalisierten Idee von Gemeinwohl, jene ‚Extension‘ der Loyalität, die den Machtgebrauch über die Ziele ethnischer Vertrauensnetzwerke hinaustreiben könnte. Dieser bleibt nahe am symbiotischen Mechanismus der Gewalt gebaut, beansprucht aber Allzuständigkeit. Man kann deshalb von Ethnizität als *diabolisch* generalisiertem Kommunikationsmedium sprechen (Luhmann 1988): Das Trennende, die *Spaltung* der Netzwerke und nicht deren moderierte Integration in ein Mehrparteiensystem mit politik*interner* Rivalität, also qua Regierung/Opposition, stellt die wahrscheinlichere Alternative dar (Huntington 1968: Kap. 7).

Diabolisch soll heißen: Alter und Ego nicht verbindend (symbolisch), sondern trennend, denn Ethnizität ist – zumindest im Modus des politisch mobilisierten Netzwerks – nicht möglich ohne (exkludierendes) Feindbild. Die Abstoßung von der Fremdheit des Ausgeschlossenen, die jeglicher Identitätssemantik eigen ist, kann im Kontext von Ethnizität in einem Maße hochgetrieben werden, das eigentlich nur vergleichbar ist mit religiöser und mit nationaler Identitätssemantik (was letztlich nur eine abstrakte Form von Ethnizität ist). Ethnizität gilt im Allgemeinen nicht in (funktions-)spezifischen Hinsichten, sondern generell oder eben diffus als eine Art Metapräferenz oder unthematisierte Entscheidungsprämisse für alles Weitere. Durch die Absolutheit des ethnischen Anspruchs wird dieser existentiell und kann durch Einsicht in politische, wirtschaftliche oder rechtliche Folgen kaum relativiert werden. Die Selektion eines ethnischen Schemas motiviert ansonsten unwahrscheinliche Handlungen, wie etwa die Tötung selbst

---

[26] Darum geht es, nicht um Ungleichheit.

von Verwandten in einer als fremd markierten Ethnie oder in der eigenen Ethnie, wenn auf Verrat zugerechnet wird. Die Kämpfe der Tutsis und Hutus in Ruanda und Kongo (seit der Dekolonialisierung), aber auch die blutigen Auseinandersetzungen auf dem Balkan (1999) oder im irischen Bürgerkrieg (1969–1998) sind einschlägig bekannt im Hinblick auf die Grausamkeit, mit der diese ethnisch-religiösen Konflikte ausgefochten wurden und immer noch werden. Allerdings funktionieren solche extremen, weil existentiellen Mobilisierungen offenbar nicht einfach durch Vermeidungsalternativen (Drohmacht) wie im Falle symbolisch generalisierter Macht (Luhmann 1997: 316 f.), die hundertvierzigtausend amerikanische Soldaten allein aufgrund der Rechtmäßigkeit der militärischen Pflicht zum Einsatz gegen ein weitgehend unbekanntes Regime im Irak zu ‚motivieren‘ vermag. Für ethnisch motivierte Bürgerkriege bedarf es gesonderter Mobilisierung (von Medienkampagnen bis hin zu Rauschmitteln), um durchweg hochwahrscheinliche, weil niedrigschwellige Gewalt*bereitschaft* in besonders unwahrscheinliche Gewalt*tätigkeiten* zu transformieren.[27] Der symbiotische Mechanismus ist in den jeweiligen Blutsbanden zu sehen, die nicht oder jedenfalls nicht hinreichend – wie Gewalt (Politik) oder Bedürfnisse (Wirtschaft) – virtualisiert (das heißt: generalisiert) werden können (Luhmann 1981). Die Blutsbande der ‚Ursprungsfamilie‘ mögen über erweiterte Familie und Verwandtschaft hin zum Vertrauensnetzwerk der Ethnie generalisiert werden – aber eben nicht weiter, denn andernfalls müssten die Blutsbande anderer Ethnien toleriert werden können.[28] Aber darin liegt ja das Problem: Zwei oder mehrere Ethnien und ihre Vertrauensnetzwerke auf *einem* (staatlichen) Territorium könnten nur in einer Situation offener Zukunftschancen – wie sich das im frühneuzeitlichen (stratifizierten) Europa für das Bürgertum allmählich herauskristallisierte – *ein* politisches *Gemein*wesen ertragen.Für viele (wenn nicht die meisten) der ethnischen Vertrauensnetzwerke (nicht nur) in Schwarzafrika muss man dagegen von einer Art eingebauter Diabolik ausgehen, die die Zukunft auf zirkuläre Weise versperrt (Horowitz 2000: 95 ff.): Die eigene Zukunft ist versperrt, weil die feindliche Ethnie im Wege ist, und die andere Ethnie ist die feindliche Ethnie,

---

[27] Man könnte allenfalls sagen, dass die Vermeidungsalternative im möglichen Ausschluss aus dem Vertrauensnetzwerk liegt. Genau *diese* Konditionierung der machtgestützten Selektion setzt aber bereits ein mobilisiertes Netzwerk voraus. In einem bloß latenten Netzwerk wäre eine derartig aggressive Konditionierung der Selektion nicht möglich. Zum hier verwendeten Begriff des Kommunikationsmediums Macht siehe Luhmann (2002: 18 ff.). Die Notwendigkeit der Mobilisierung zeigt auch an, dass Ethnien durchaus nebeneinander herleben können, ohne dem weitere Beachtung zu schenken. Erst wenn Zurechnungsprozesse von Gegnerschaft greifen, kommt es zu feindseligen Handlungen.

[28] Und es sei wiederholt: Wie *fiktiv* auch immer solche Herkunftssemantiken einem externen Beobachter erscheinen mögen: Wenn sie die Anschlussfähigkeit der einschlägigen Kommunikation steuern, dann sind sie real.

weil sie die eigene Zukunft versperrt. Ethnizität lässt sich ebenso wenig wie Freundschaft oder Verwandtschaft ausdifferenzieren. Sie bleibt auf Netzwerk-bildung (als eine evolutionär weniger unwahrscheinliche Ordnung) angewiesen und kann darüber hinaus als diabolisch generalisiertes Kommunikationsmedium verstanden werden, das sich parasitär in ausdifferenzierte Strukturen einhängt (für China: Gransow 1995); sie lässt sich jedoch nicht ohne weiteres integrieren in dem Sinne, dass aus der dominierenden Diabolik symbolische Generalisierung herauswachsen könnte. Funktionale Differenzierung ist kein selbstsicheres Prinzip (Japp 2007b). Es setzt sich nicht wie ‚von selbst' durch, nur weil es anderen Differenzierungsprinzipien ‚überlegen' ist.

Entlang einer Skala, die mit sehr viel Vertrauen in den Beziehungen eines Netzwerks beginnt und mit wenig Vertrauen (bzw. einer charakteristischen Mischung aus Ver- und Misstrauen: Kriminalität) endet, sind ethnische Netzwerke von besonderer Bedeutung. Ethnische Netzwerke sind Vertrauensnetzwerke, die sich von anderen, weniger ‚primordial' (Geertz 1963) fundierten Netzwerken durch die Intimität ihrer Kommunikation, durch Partikularität von internem Wissen und Aufmerksamkeit, durch die Stärke der *ties* sowie durch vergleichsweise hohe Austrittskosten auszeichnen.[29] Historisch vergleichbar sind die konfessionalisierten Religionen und die Religionskriege im Europa des 16. und 17. Jahrhunderts, die langfristig durch den Prozess der Säkularisierung beendet wurden, d. h. durch Reduktion der Religion auf *ein* Subsystem der Gesellschaft: Religiöse Identität wurde zur *Teilidentität*. An die Stelle der religiösen Einheit tritt langfristig die nationale Einheit, die ethnisch-religiöse Partikularismen abstrahiert und entdramatisiert (Religionstoleranz)[30] – allerdings prekär, wie der (militante) Nationalismus des 19. und 20. Jahrhunderts gezeigt hat (Hahn 2000: 28 ff.). Und die Herausbildung dieser abstrahierten – und deshalb nur durch eine Art Dauermobilisierung in existentielle Ansprüche gegen den Anderen zurückverwandelbare –

---

[29] Gegenüber den (auf Politik und auf Ethnizität in spezifischen Regionen) eingeschränkten Möglichkeiten der Integration von Vertrauensnetzwerken, die wir hier thematisieren, notiert Tilly (2005: 31 f.) die folgenden Möglichkeiten: Totalitarismus, Theokratie und Demokratie, mit jeweils hoher Integration von Vertrauensnetzwerken, Patronage und verhandelte Autonomie mit jeweils mittlerer Integration sowie opportunistische Konformität und partikularistische *ties* zu politischer Herrschaft mit jeweils niedriger Integration. Diesen möglichen Integrationswerten entsprechen Zwang, Kapital und Commitment als ‚means of connection'. „Regimes vary greatly depending on the relative weight of the three means of connection and on the extent to which they integrate trust networks directly into systems of rule" (33). Beispiele für (qua Repression) segregierte, d. h. schwach integrierte Netzwerke sind: Islamistische Bewegungen z. B. in Ägypten (Singerman 2004), für verhandelte Beziehungen (qua Patronage oder konzedierte Teilautonomien): Jüdische Gemeinden und Ghettos im Mittelalter, für integrierte Netzwerke: Kooptation krimineller Banden und Netzwerke in den KGB nach 1989 (Tilly 2005: 108 f.).
[30] Vgl. Nassehi (1990) zum Problem der Vollinklusion in der modernen Gesellschaft (Nation) und zum Übergang von religiöser zu ethnisch-nationaler Vollinklusion.

Semantik zunächst *eines* Volkes und dann *einer* Nation auf *einem* Territorium hat etwa in Deutschland mehrere Jahrhunderte in Anspruch genommen (Koselleck 1978; Schönemann 1978). Subsumiert wurden diesen politischen Generalformeln die ‚deutschen Stämme‘ (ebd.: 238), von denen die politische Identitätssemantik auch in den voll ausgebildeten Nationalstaaten Europas weniger weit entfernt war, als das vom europäischen Nationalstaat besetzte ‚kulturelle Gedächtnis‘ suggeriert. Überhaupt muss man sehen, dass Nation und Nationalität zwar eine hochgeneralisierte Form von Ethnizität darstellen, die gewissermaßen näher an Sprache und Kultur als an Herkunft gebaut ist, dass diese Form aber keineswegs davor bewahrt, im Alltag den Fremden im eigenen Land abzulehnen und im Krisenfall das Heil in der (semantischen) Einheit der eigenen Herkunft zu suchen.[31] Gleichwohl besteht der Gewinn der ‚Form Nation‘ (Richter 1996) nicht zuletzt darin, dass ihr im Normalfall kein (ohne weiteres mobilisierbares) ethnisches Vertrauensnetzwerk mehr korrespondiert – außer eben in Gestalt des ‚Fremden‘, also etwa des Migrantennetzwerkes.

In struktureller Hinsicht scheint die Einkapselung einer ethnischen Metapräferenz als Sonderreferenz eher schwierig, denn Ethnizität kann nicht als System ausdifferenziert werden, sie kann nur mit anderen (auch ethnischen) Ungleichheiten fusionieren und *dadurch* zur Teilidentität werden, wie das Problem der ‚Integration‘ von Migranten zeigt. An der Relativierung zur Teilidentität hindert Ethnizität sich selbst durch schematische Feindschaft als Selbsterhaltungsbedingung. Allerdings spitzt sich diese Konstellation unter der Bedingung weltgesellschaftlich erwarteter (womöglich demokratischer) Nationalstaatlichkeit zu, denn erst diese schafft die Grundlage für die Zuspitzung von bloßer Konkurrenz zu erbitterter Feindschaft.[32]

Nahe liegt deshalb auch die Beschreibung ethnischer Konflikte als äußerst widerständige Konfliktsysteme, die aus den Unsicherheiten negativer Doppelkontingenz resultieren (Japp 2007a; Luhmann 1984: 529 f.) und dadurch die eigene Diabolik konstituieren. Es gibt allerdings immer wieder Fälle, in denen die Integration von ethnisch-religiösen Vertrauensnetzwerken in politische Kommunikation im Rahmen einer anvisierten *Nation* gelingt. Man kann das gegenwärtig im Irak beobachten, wo ein (vielleicht fragiler und wahrscheinlich auch durch Einsatz von Repression und Geld ermöglichter) Interessenausgleich zwischen schii-

---

[31] Serbische, russische und in menschenrechtlich-moralischer Hinsicht besser rationalisierte auch amerikanische Militanz in Reaktion auf den 11. September 2001 ist hier einschlägig. Von den deutsch-französischen Auseinandersetzungen im nationalistischen 19. Jahrhundert, vom diese ‚Tradition‘ fortsetzenden ersten Weltkrieg und den Riesenkatastrophen des dritten Reichs und des russischen Bolschewismus einmal ganz abgesehen. Alle diese Fälle sind unvergleichlich komplexer als die ethnisch gerahmten Konflikte, von denen hier die Rede ist. Aber ohne mehr oder minder strikten Rekurs auf Semantiken der Herkunftsidentität sind alle diese Begebenheiten nicht ausgekommen.

[32] Ein Effekt der den Erdball vereinnahmenden Weltgesellschaft also!

tischer Mehrheit und sunnitischer Minderheit unter dem Banner einer irakischen Nation zu gelingen scheint.[33] Wenn die Integration ethnisch-religiöser Netzwerke nicht gelingt oder diese sich in blutige Kämpfe um die Exklusion des feindlichen Netzwerkes verwickeln, dann misslingt die Ausdifferenzierung (hier) politischer Kommunikation ohne partikularistische Rückbindung an soziale Konflikte. Politik wird dann zur Bühne (Riggs: *stage*) unlösbarer Konflikte um partikulare Ansprüche an mit eigener Dominanz identifizierter Nationalstaatlichkeit. Ausdifferenzierung ist dagegen mit Generalisierung der (politischen) Kommunikation (Luhmann 1999: 84 ff.) und mit dem, was Talcott Parsons (1966) *adaptive upgrading* genannt hat, verbunden. Für den europäischen Staat der Neuzeit hat Norbert Elias (1980; 1983) diese Zusammenhänge veranschaulicht: Eine sich allmählich gegen die Konkurrenten im eigenen Vertrauensnetzwerk durchsetzende politische Elite (des Absolutismus) zerstört und transformiert auf diesem Wege – mit Hilfe des aufsteigenden Bürgertums – zugleich eben dieses Netzwerk als ein politisch eigenständiges Netzwerk des europäischen Adels. Am Ende (des 18. Jahrhunderts) gibt es keine mit dem absolutistischen Staat konkurrierenden Machtzentren mehr.

Das Resultat eines zirkulär strukturierten – und deshalb unendlichen – Konflikts ist demgegenüber die Blockierung funktionaler Spezifikation vor allem der Politik und in der Folge auch aller anderen Funktionsbezüge.[34] Das ethnische Vertrauensnetzwerk behindert die Autonomie politischer Kommunikation durch Insistieren auf Exklusion (der Schwarzafrikaner durch die arabischen Afrikaner im Sudan), durch Insistieren auf eigene Machtzentren (territoriale Okkupation durch arabische Milizen in Darfur und/oder durch schwarzafrikanische Milizen im südlichen Sudan) und durch Kopieren der ethnischen Differenz in die politische Kommunikation (Schwierigkeiten mit ‚Opposition‘). Nationalstaatlichkeit

---

[33] „Was hat sich in den Köpfen der Iraker verändert? Über Jahre hatten schiitische Parteien wie der „Hohe Islamische Rat des Iraks" des Ajatollah al Hakim und schiitische Bewegungen wie die des Großajatollahsohns al Sadr von den konfessionellen Spannungen profitiert. So sicherten sie sich ihre Gefolgsleute. Erstmals in der Geschichte des Irak müssen die Schiiten nicht mehr um ihre dominierende Stellung fürchten, und so scharen sie sich nicht länger um ihre schiitische Geistlichkeit. Sie war vorübergehend ein Ersatz für nicht mehr vorhandene (oder auch seit 2003 zerstörte) politische Kategorien geworden. Allein Großajatollah Sistani wird noch konsultiert; andere Ajatollahs haben ihren Einfluss eingebüßt. Die Sunniten andererseits haben begonnen, sich der Realität zu fügen. Sie haben eigene glaubhafte Repräsentanten hervorgebracht und erkennen die Mehrheit der Schiiten an. Die Sunniten sehen sich nicht länger einer feindlichen schiitisch-kurdischen Allianz gegenüber und haben dem Widerstand den Boden entzogen. Die Schiiten haben wiederum begriffen, dass es keinen Frieden in ihrem Land geben kann, solange sie die Sunniten nicht integrieren. Nach einem leidvollen Ringen erkennt jede Gruppe nun die andere an" (Frankfurter Allgemeine Zeitung, 7.2.2009, S. 1: Morgengabe an Obama).

[34] Es ist die im Prozess der Ausdifferenzierung liegende Generalisierung der Kommunikation, ihre Entpartikularisierung gleichsam, die durch das Beispiel des Irak deutlich wird.

wird so zu einer bloßen Anspruchshaltung dessen, der gerade im Amt ist und von den anderen um keinen Preis akzeptiert wird. Vertrauensnetzwerke, die diese Konfliktdynamik ‚betreiben‘, sind Parasiten (Kusche/Schneider in diesem Band), insofern sie auf Wirte in Gestalt formaler Organisationen (der Entwicklungshilfe, des Staates, der Wirtschaft, der Erziehung) angewiesen sind. Andererseits korrumpieren sie diese Wirte. Sie hindern diese am Aufbau von generalisierten Kapazitäten (Tilly 2007: 17), indem sie die Distribution der Leistungen dieser Organisationen den partikularistischen Kriterien des Vertrauensnetzwerkes unterwerfen (Reziprozität, Klientelismus).

Terrornetzwerke schließlich wenden sich gegen das Programm funktionaler Differenzierung überhaupt – sie klagen eine (religiöse) Adresse (!) für die Gesellschaft ein (Fuchs 2004).[35] Aber das ist nur die Spitze eines Eisberges. Im Nahen Osten gibt es eine Art Interaktion von staatlicher Repression und Netzwerken islamistischer Bewegungen (Ägypten, Syrien, Saudi-Arabien). Auch in diesen Fällen handelt es sich um Netzwerke mit – hier eher religiösen – Metapräferenzen (Singerman 2004). Allerdings ist es in diesen Fällen staatliche Repression, die die Bewegungen in die Informalität (Holzer 2006b), in die Form des klandestinen Netzwerks treibt. Aber der strukturelle Effekt ist vergleichbar. Das parasitäre Netzwerk zwingt den Wirt zu Ressourcenverwendungen, die ihm dann fehlen, um Inklusion, Interessenausgleich und Gewaltverzicht zu ermöglichen. Das Vertrauensnetzwerk wird nicht integriert, es wird aber auch nicht zerschlagen – u. a. *wegen* der strategischen Vorteile der Netzwerkförmigkeit (Singerman 2004). Die Behauptungsfähigkeit nicht nur ethnischer, sondern auch religiöser Vertrauensnetzwerke im Kontext von schwacher Staatlichkeit und/oder staatlicher Repression blockiert in ‚der Peripherie‘ die Generalisierung politischer Kommunikation. In den Genuss von Wohlfahrtseffekten des Staates kommen – wenn überhaupt – nur besondere Gruppierungen, andere haben es mit Repression zu tun. Besonders (ethnisch-religiöse) Vertrauensnetzwerke sind vergleichsweise schwer zu integrieren – sei es durch Gewalt, Kapital und/oder Commitment –, insbesondere wegen der Korrelation von hoher Risikobereitschaft und quasi-intimer Kommunikation innerhalb des Netzwerkes.[36]

Nicht zu unterschätzen ist der konfliktgenerierende Effekt von gesellschaftsweiten – und damit ethnische Konflikte verschärfenden – Erwartungen an Nationalstaatlichkeit als einem Moment der Weltgesellschaftlichkeit, aber

---

[35] In diesem Kontext stellt sich die – hier nicht zu bearbeitende – Frage nach der möglichen Globalisierung von Vertrauensnetzwerken, angetrieben durch die Globalisierung selbst und durch den rapiden Ausbau von Verbreitungsmedien wie Internet und Mobilfunk. Das dürfte vor allem im Migrationsbereich zu beobachten sein (Bommes in diesem Band; Stichweh 2000b).

[36] „On the average [...] the argument predicts greater overall resistance to top-down integration on the part of kinship and similar trust networks than on the part of credit circles and mercantile networks" (Tilly 2005: 38).

schließlich kann man diese Erwartung nicht fallen lassen, nur weil in den peripheren Regionen etwas nachgeholt wird, was in Europa vor fünfhundert Jahren begonnen hat. Allerdings sind die Aussichten, die in der frühen Neuzeit Europas Zukunftsoffenheit und entsprechende Risikobereitschaften erzeugt haben, unter den weltgesellschaftlichen Bedingungen der Moderne ganz andere. Die begehrten Positionen sind zumeist schon besetzt, im Zweifel von den *Fremden*, von den *Feinden* oder von beiden. Dies ist sicher noch ein Grund mehr, die relativen Sicherheiten des eigenen Vertrauensnetzwerkes nicht aufzugeben. Und die resultierende Widerständigkeit erreicht nicht selten ein Ausmaß, das sowohl den Prognosen der (alten) Modernisierungstheorien (etwa Deutsch 1961) als auch denen der (neueren) Theorien der Weltgesellschaft zu widersprechen scheint (etwa Stichweh 2000a).

5   Fazit

Im Fall der Zentren der Weltgesellschaft könnten sich die Folgeprobleme funktionaler Differenzierung mit ihren eigentümlichen Vertrauensnetzwerken jedenfalls der Möglichkeit nach zu involutiven Prozessen hin entwickeln (Klimaschäden oder massenhafte Exklusion, mit Blick auf Afrika praktisch eines ganzen Kontinents). Die Frage ist, ob es sich (entgegen den Annahmen sowohl der Modernisierungstheorie als auch der neueren Theorie der Weltgesellschaft) um schwer oder gar nicht umkehrbare Pfadabhängigkeiten handelt. Im Fall der zentralen Regionen ergäbe sich zumindest ein Problem der Intransparenz u. a. durch Problemlasten, die quer zu den Routinen der Funktionssysteme liegen und die nur noch kurzfristiges Reagieren zulassen[37], also Unkontrollierbarkeit der Entwicklung zumindest in den Exklusionszonen, im Kontext der Risiken, die gleichsam im Namen der Funktionssysteme eingegangen werden (man bestaune nur die Finanzmarktkrise, aber auch das Desaster der Reaktionen darauf) und nicht zuletzt im ökologischen Kontext.[38] Im Fall der peripheren Regionen ergäbe sich stabile Unterentwicklung. Und beides ist Teil der Weltgesellschaft, das heißt: nicht steuerbar.

Für die soziologische Forschung folgt daraus unter anderem, dass der Primat funktionaler Differenzierung selbst zum Forschungsproblem wird (siehe Japp 2007b) und dass die Frage nach dem Verhältnis von Systemen und Netzwerken

---

[37] Eine Entwicklung, die von Luhmann (2002: 143 f.) schon seit geraumer Zeit notiert wurde.

[38] Also eigentlich in jeglicher Hinsicht. Und ohne Alternative, denn die Funktionssysteme mögen (durch strukturelle Kopplungen) ‚immer schon‘ angepasst sein, aber diese Angepasstheit wird doch immer wieder aufs Spiel gesetzt, wenn insbesondere in den Risikozonen nicht mehr vorausgesehen werden kann, wann aufgrund des Drucks sozialer Interdependenzen Präferenzen des Entscheidens geändert werden müssen.

von einer Definitionsfrage zu einer Frage nach evolutionär relevanten (regional unterschiedlichen) Pfadabhängigkeiten der Entwicklung der Weltgesellschaft wird (Holzer 2006b).

Literatur

Blaser, J. (2003): Die organisatorische Verdichtung struktureller Kopplung am Beispiel des Schweizer Vernehmlassungsverfahrens. In: Hellmann, Kai-Uwe et al. (Hrsg.), Das System der Politik. Niklas Luhmanns politische Theorie. Opladen: Westdeutscher Verlag, 95–107

Bommes, Michael (1996): Ausbildung in Großbetrieben. Einige Gründe, warum ausländische Jugendliche weniger Berücksichtigung finden. In: Kersten, Ralph/Kiesel, Doron/ Sargut, Sener (Hrsg.), Ausbilden statt Ausgrenzen. Jugendliche ausländischer Herkunft in Schule, Ausbildung und Beruf. Frankfurt a. M.: Haag + Herchen, 31–44

Bommes, Michael/Tacke, Veronika (2006): Das Allgemeine und das Besondere des Netzwerkes. In: Hollstein, Betina/Straus, Florian (Hrsg.), Qualitative Netzwerkanalyse. Konzepte, Methoden, Anwendungen. Wiesbaden: VS Verlag, 37–62 (Wiederabdruck in diesem Band)

Brodocz, André (1996): Verbände als strukturelle Kopplung. In: Soziale Systeme 2, 361–388

Brodocz, André (2003): Das politische System und seine strukturellen Kopplungen. In: Hellmann, Kai-Uwe et al. (Hrsg.), Das System der Politik. Niklas Luhmanns politische Theorie. Opladen: Westdeutscher Verlag, 80–94

Brunsson, Nils (1985): The Irrational Organization. Chichester et al.: Wiley

Burt, Ronald S. (2004): Structural Holes and Good Ideas. In: The American Journal of Sociology 110, 349–399

Büscher, Christian (2009): Risiko-Lebensraum Megastadt. In: Birle, Peter/Dewey, Matias/ Mascareño, Aldo (Hrsg.), Durch Luhmanns Brille. Herausforderungen an Politik und Recht in Lateinamerika und in der Weltgesellschaft. [im Erscheinen]

De Sardan, J. P. Olivier (1999): A Moral Economy of Corruption in Africa? In: The Journal of Modern African Studies 37, 1, 25–52

Deutsch, Karl W. (1961): Social Mobilization and Political Development. In: American Political Science Review 55, 493–514

Elias, Norbert (1980): Über den Prozeß der Zivilisation. Soziogenetische und psychogenetische Untersuchungen, Bd. 2. Frankfurt a. M.: Suhrkamp

Elias, Norbert (1983): Die höfische Gesellschaft. Frankfurt a. M.: Suhrkamp

Esposito, Elena (1997): Unlösbarkeit der Reflexionsprobleme. In: Soziale Systeme 3, 2, 379–392

Feld, Scott L. (1981): The Focused Organization of Social Ties. In: The American Journal of Sociology 86, 1015–1035

Fuchs, Peter (2004): Das System Terror. Versuch über eine kommunikative Eskalation der Moderne. Bielefeld: transcript

Fuchs, Stephan (2001): Networks. In: Soziale Systeme 1, 125–155

Geertz, Clifford (1963): The Integrative Revolution. Primordial Sentiments and Civil Politics in the New States. In: ders. (Hrsg.), Old Societies and New States. The Quest for Modernity in Asia and Africa. Glencoe: Free Press, 105–157

Gransow, Bettina (1995): Chinesische Modernisierung und kultureller Eigensinn. In: Zeitschrift für Soziologie 24, 183–195

Hahn, Alois (2000): Konstruktion des Selbst, der Welt und der Geschichte. Frankfurt a.m: Suhrkamp

Héritier, Adrienne (Hrsg.) (1993): Policy-Analyse. Kritik und Neuorientierung. Politische Vierteljahresschrift (PVS), Sonderheft 24. Opladen: Westdeutscher Verlag

Hiller, Petra (2005): Korruption und Netzwerke. Konfusionen im Schema von Organisation und Gesellschaft. In: Zeitschrift für Rechtssoziologie 26, 57–77.

Hirschman, Albert O. (1970): Exit, Voice and Loyalty. Princeton: University Press

Holzer, Boris (2006b): Spielräume der Weltgesellschaft. Strukturen und Zonen der Informalität. In: Schwinn, Thomas (Hrsg.), Die Vielfalt und Einheit der Moderne. Kultur- und strukturvergleichende Analysen. Wiesbaden: VS-Verlag, 259–280

Horowitz, Donald L. (2000): Ethnic Groups in Conflict. Berkeley et al.: University of California Press

Huntington, Samuel P. (1968): Political Order in Changing Societies. New Haven/London: Yale University Press

Japp, Klaus P. (2007a): Terrorismus als Konfliktsystem. In: Kron, Thomas/Reddig, Melanie (Hrsg.), Analysen des internationalen Terrorismus. Soziologische Perspektiven. Wiesbaden: VS-Verlag, 166–193

Japp, Klaus P. (2007b): Regionen und Differenzierung. In: Soziale Systeme 13, 185–195

Kersten, Catrin (2007): Orte der Freundschaft. Niklas Luhmann und „Das Meer in mir". Berlin: Kadmos

Koselleck, Reinhart (1978): Einleitung zum Stichwort ‚Volk, Nation'. In: Brunner, Otto/ Conze, Werner/Koselleck, Reinhart (Hrsg.), Geschichtliche Grundbegriffe. Historisches Lexikon zur politisch-sozialen Sprache in Deutschland, Bd. 7. Stuttgart: Klett-Cotta, 142 f.

Koselleck, Reinhart (1989): Vergangene Zukunft. Zur Semantik geschichtlicher Zeiten. Frankfurt a.M: Suhrkamp

Lehmbruch, Gerhard (1991): The Organization of Society, Administrative Strategies, and Policy Networks. In: Czada, Roland M./Windhoff-Héritier, Adriénne (Hrsg.), Political Choice. Institutions, Rules and the Limits of Rationality. Frankfurt a.M./Boulder, CO: Campus/Westview Press, 121–158

Lentz, Carola (1995): „Tribalismus" und Ethnizität in Afrika. In: Leviathan 1, 115–145

Luhmann, Niklas (1981): Symbiotische Mechanismen. In: ders.: Soziologische Aufklärung 3. Soziales System, Gesellschaft, Organisation. Opladen: Westdeutscher Verlag, 228–245

Luhmann, Niklas (1984): Soziale Systeme. Frankfurt a.M.: Suhrkamp

Luhmann, Niklas (1986): Ökologische Kommunikation. Opladen: Westdeutscher Verlag

Luhmann, Niklas (1987): Machtkreislauf und Recht in Demokratien. In: ders.: Soziologische Aufklärung 4. Opladen: Westdeutscher Verlag, 42–151

Luhmann, Niklas (1988): Geld als Kommunikationsmedium. Über symbolische und diabolische Generalisierungen. In: ders.: Die Wirtschaft der Gesellschaft. Frankfurt a. M.: Suhrkamp, 230–271

Luhmann, Niklas (1991): Wie lassen sich latente Strukturen beobachten? In: Watzlawick, Paul/Krieg, Peter (Hrsg.), Das Auge des Betrachters. Beiträge zum Konstruktivismus. München/Zürich: Piper, 61–74

Luhmann, Niklas (1994): Protest. Systemtheorie und soziale Bewegungen. Hrsg. von Kai-Uwe Hellmann. Frankfurt a. M.: Suhrkamp

Luhmann, Niklas (1995a): Inklusion und Exklusion. In: ders.: Soziologische Aufklärung 6. Opladen: Westdeutscher Verlag, 237–264

Luhmann, Niklas (1995b): Kausalität im Süden. In: Soziale Systeme 1, 7–28

Luhmann, Niklas (1997): Die Gesellschaft der Gesellschaft, 2 Bde. Frankfurt a. M.: Suhrkamp

Luhmann, Niklas (1999): Grundrechte als Institution. Ein Beitrag zur politischen Soziologie, 4. Aufl. Berlin: Duncker & Humblot

Luhmann, Niklas (2000): Organisation und Entscheidung. Opladen/Wiesbaden: Westdeutscher Verlag

Luhmann, Niklas (2002): Die Politik der Gesellschaft. Frankfurt a. M.: Suhrkamp

Mauss, Marcel (1990): Die Gabe. Form und Funktion des Austauschs in archaischen Gesellschaften. Frankfurt a. M.: Suhrkamp

Mayhew, Leon (1968): Ascription in Modern Societies. In: Social Inquiry 38, 105–120

Mayntz, Renate (1993): Policy-Netzwerke und die Logik von Verhandlungssystemen. In: Héritier, Adrienne (Hrsg.), Policy-Analyse. Kritik und Neuorientierung. Politische Vierteljahreszeitschrift, Sonderheft 24. Opladen, Westdeutscher Verlag, 39–56

Meyer, John (2005): Der sich wandelnde kulturelle Gehalt des Nationalstaats. In: ders. (Hrsg.), Weltkultur. Wie die westlichen Prinzipien die Welt durchdringen. Frankfurt a. M.: Suhrkamp, 133–162

Nassehi, Armin (1990): Zum Funktionswandel von Ethnizität im Prozeß gesellschaftlicher Modernisierung. In: Soziale Welt. Zeitschrift für sozialwissenschaftliche Forschung und Praxis 41, 261–282

Parsons, Talcott (1951): The Social System. New York: Free Press.

Parsons, Talcott (1966): Societies. Evolutionary and Comparative Perspectives. Englewood Cliffs, NJ: Prentice Hall

Polanyi, Karl (1978): The Great Transformation. Politische und ökonomische Ursprünge von Gesellschaften und Wirtschaftssystemen. Frankfurt a. M.: Suhrkamp

Richter, Dirk (1996): Nation als Form. Opladen: Westdeutscher Verlag

Riggs, Fred W. (1964): Administration in Developing Countries. Boston: Houghton Mifflin

Rodenstein, Marianne (1978): Arbeiterselbsthilfe, Arbeiterselbstverwaltung und staatliche Krankenversicherungspolitik in Deutschland. In: Guldimann, Tim et al. (Hrsg.), Starnberger Studien 2. Sozialpolitik als soziale Kontrolle. Frankfurt a. M.: Suhrkamp, 113–180

Schiffauer, Wolfgang (1987): Die Bauern von Subay. Das Leben in einem türkischen Dorf. Stuttgart: Klett-Cotta

Schneider, Volker (1992): The Structure of Policy Networks. A Comparison of the ‚Chemicals Control' and ‚Telecommunications' Policy Domains in Germany. In: European Journal of Political Research 21, 109–129

Schönemann, Bernd (1978): Stichwort ‚Volk, Nation'. In: Brunner, Otto/Conze, Werner/ Koselleck, Reinhart (Hrsg.), Geschichtliche Grundbegriffe. Historisches Lexikon zur politisch-sozialen Sprache in Deutschland, Bd. 7. Stuttgart: Klett-Cotta, 281 ff.

Singerman, Diane (2004): The Networked World of Islamist Movements. In: Wiktorowicz, Quintan (Hrsg.), Islamic Activism. A Social Movement Theory Approach. Bloomington/Indianapolis: Indiana University Press, 143–163

Stichweh, Rudolf (2000a): Die Weltgesellschaft. Soziologische Analysen. Frankfurt a. M.: Suhrkamp

Stichweh, Rudolf (2000b): Migration, nationale Wohlfahrtsstaaten und die Entstehung der Weltgesellschaft. In: ders.: Die Weltgesellschaft. Soziologische Analysen. Frankfurt a. M.: Suhrkamp, 66–84

Stichweh, Rudolf (2005): Inklusion und Exklusion. Studien zur Gesellschaftstheorie. Bielefeld: transcript

Tacke, Veronika (2000): Netzwerk und Adresse. In: Soziale Systeme 6, 291–320

Tilly, Charles (2005): Trust and Rule. Cambridge: Cambridge University Press

Tilly, Charles (2007): Democracy. Cambridge: Cambridge University Press

Tyrell, Hartmann (1983): Zwischen Interaktion und Organisation I. Gruppe als Systemtyp. In: Neidhardt, Friedhelm (Hrsg.), Gruppensoziologie. Perspektiven und Materialien (Kölner Zeitschrift für Soziologie und Sozialpsychologie, Sonderheft 25), 75–87

Wehler, Hans-Ulrich (1996): Deutsche Gesellschaftsgeschichte, Bd. 1. München: C. H. Beck

White, Harrison C. (1992): Identity and Control. A Structural Theory of Social Action. Princeton, NJ: Princeton University Press

Wimmer, Hannes (2000): Die Modernisierung politischer Systeme. Staat, Parteien, Öffentlichkeit. Wien/Köln/Weimar: Böhlau

IV

Neue Medien
des Social Networking

Netz-Werke. Funktionale Differenzierung, Selbstdarstellung und Beziehungspflege auf *Social Networking Platforms*

Stefan Beher, Christian Hilgert und Thorben Mämecke

1 Einleitung: Networking für jedermann

StudiVZ, Facebook, XING, MySpace: Social Networking Platforms (SNPs) besiedeln das Internet, und das mit zunehmendem Erfolg. Die Netzwerkportale verzeichnen weltweit einen bemerkenswerten Zuwachs in ihrer Nutzung und stehen mittlerweile auf Platz vier der meistgenutzten Websites überhaupt. Allein im deutschsprachigen Raum haben sich über 100 solcher Onlinenetzwerke etabliert; und mehr als die Hälfte aller Internetnutzer sind dort registriert, mit steil anwachsender Tendenz gerade auch bei älteren Personen (Nielsen Reports 2009; FR vom 26.3.09[1]). Mit ihrer hohen Resonanz haben sie innerhalb kürzester Zeit riesige Adressenverzeichnisse aufgebaut, in denen eine Fülle an persönlichen Informationen und Selbstenthüllungen freigegeben wird, auch gegenüber Unbekannten. Sie bieten den virtuellen Discountauftritt für jedermann – und liefern über Verlinkung ein Beobachtungsumfeld gleich mit. Doch so verschiedenartig ihre technischen Realisierungen die Sozialität strukturieren und die pauschale Formel des Networkings von Plattform zu Plattform spezifizieren, so gleichförmig scheint doch ihr Tenor: SNPs haben gerade noch gefehlt, um neue persönliche Kontakte beruflicher wie privater Art ohne jede raum-zeitliche Grenze zu knüpfen und vergangene Kontakte über allerlei Werkzeuge virtuell zu organisieren.

Angeregt durch den Titel dieses Bandes, möchten wir die Netzwerk-Portale auf den folgenden Seiten zum einen unter dem Aspekt funktionaler Differenzierung und zum anderen mit Blick auf Netzwerkbildungen diskutieren. Nach einer kurzen Darstellung der Funktionen von SNPs (2) soll es zunächst darum gehen, wie persönliche Beziehungen auf SNPs häufig im sanften Sog von Funktionssystemen der Gesellschaft entstehen und gedeihen. Kommunikative Beobachtungen und Adressierungen können auf den Portalen aus der Logik persönlicher Kommunikation ausscheren und mit dieser in Konflikt geraten. Damit greifen sie eine

---

[1] Frankfurter Rundschau, 26.3.2009: Mehr vom Selben. Der Markt für Online-Netzwerke ist umkämpft. S. 21

für die moderne Gesellschaft charakteristische Ausdifferenzierung persönlicher Kontakte auf und verstärken sie zugleich, und zwar auf eine eigene Art, die weit über das Potential von ähnlichen Diensten des Internets wie E-Mail oder Aktivitäten in Online Communities (Heintz 2000; siehe auch Castells 2005; Stegbauer 2006) hinausreicht (3). Die Frage der Netzwerkbildung soll im Anschluss daran auf zwei Ebenen diskutiert werden: Zum einen unter dem Begriff der „Vernetzung" als einem spezifischen Mechanismus, mit dem SNPs auch unter virtualisierten Bedingungen glaubhafte Selbstdarstellungen von Personen ermöglichen und im Internet typischen Problemen der Erwartungssicherheit, der Verbindlichkeit und des Vertrauens begegnen. Dabei ist unter anderem von Interesse, inwiefern auf SNPs Probleme der Differenzierung und Integration unterschiedlicher Publika entstehen und gelöst werden können (4); zum anderen aber auch unter der Perspektive eines soziologisch anspruchsvolleren Begriff des Networkings und der damit verbundenen Frage, inwiefern SNPs auch über die internen, virtuellen Kommunikationen hinaus Effekte erzielen können, die Netzwerken im engeren Sinn typischerweise zugeschrieben werden (z. B. Tacke 2000) und im Alltag häufig unter dem Begriff des „Vitamin B" aufscheinen. Hier soll es also um die Frage gehen, inwiefern vermittels SNPs tatsächlich soziale Netzwerke entstehen, die auch außerhalb der Plattformen selbst Bedeutung erlangen können: unter dem Aspekt von Geselligkeit, aber auch mit Blick auf lebensweltliche Vorteile wie etwa die Vermittlung von Arbeitsplätzen oder wirtschaftlichen Transaktionen (5). In einem Schlussteil (6) werden wir die Ergebnisse schließlich zusammenfassen.

2 Social Networking Platforms – eine kurze Vorstellung

Social Networking Platforms gehören zur Gattung der Web-2.0-Anwendungen, auch Social Software genannt. Mit ihrer je spezifischen Konfiguration ermöglichen sie es Mitgliedern, auf verschiedenste Art und Weise online zu kommunizieren. Über die Möglichkeiten von E-Mail-Adressen hinaus, die zwar eine eindeutige Adressierung und präzise Lokalisierung unter der Bedingung von Ortsunabhängigkeit ermöglichen, gleichzeitig jedoch über einen frei gewählten Namen hinaus in ihren spezifisch standardisierten Endungen („@hotmail. de") nur wenig territoriale („de") oder institutionelle („hotmail") Informationen enthalten (Stichweh 2000: 227 ff.), konstituieren SNPs Kommunikationschancen über die Anfertigung *persönlicher Profile*. Im Rahmen dieser Profile, die entweder plattformweit von allen anderen Mitgliedern oder nur von selektiv bestätigten Kontaktpartnern eingesehen werden können, werden typischerweise weitreichende Informationen über den jeweiligen Inhaber bereitgestellt. Je nach Plattform lassen sich neben schriftlichen Informationen zur Person anhand von mehr oder minder standardisierten Kategorien und in offenen wie geschlossenen Antwortformaten auch in größerem Umfange Bilder oder ganze Fotoalben, Audio- und Videodateien finden.

Die Kommunikation mit anderen Teilnehmern kann in verschiedenen Abstufungen von Öffentlichkeit vollzogen werden: durch Bereitstellung integrierter Messenger-Systeme als Äquivalent zum E-Mail-Austausch über konventionelle Provider (One-to-one-Communication), aber auch über Eintragungen in von Dritten einsehbare Gästebücher, sogenannte Pinnwände und Kommentierungsflächen (One-to-many-Communication). Dort werden nicht nur ausgedehnte, in weiten Teilen unkontrollierte Empfängerkreise erreicht, so dass es zu einer immensen Erweiterung der kommunikativen Anschlussmöglichkeiten kommt. Darüber hinaus lässt sich auch eine mehr oder minder ausgeprägte Fremdbeteiligung an der Erzeugung der eigenen Selbstdarstellung und damit letztlich eine Verquickung von Kommunikations- und Adressenaspekten beobachten, insofern die Mitteilungen anderer, etwa auf Pinnwänden, mit dem Empfängerprofil verschmelzen.

Der Aspekt der Vernetzung gewinnt dabei eine exponierte Stellung, weil Profile, die einmal von einem anderen Teilnehmer bestätigt wurden, fortan mit dessen Profil verwoben bleiben und als bestätigte Kontakte relativ voraussetzungslos auch von unbekannten Dritten beobachtet werden können. Viele Portale werten diese Netzwerkfunktion im engeren Sinne dadurch auf, dass Freundesfreunde zweiter oder dritter Ordnung – wir sprechen im Folgenden von reflexiven Kontakten – zu jeder Zeit auf dem Bildschirm angezeigt werden, solange sie über Brückenkontakte bereits verlinkter Profile erreicht werden können. Damit wird explizit, über wie viele Ecken man mit einer bestimmten Person bereits bekannt ist.

SNPs dienen in diesem Sinne nicht nur dazu, die Kommunikation mit bereits zuvor bekannten Personen zu organisieren, sondern auch dazu, neue Kontakte zu etablieren – sei es über die Netzwerkfunktion oder über andere Suchkriterien. Häufig besteht darüber hinaus die Möglichkeit, Kommunikationen nicht nur nach Personen, sondern auch nach Themen zu selegieren. Dazu bieten viele der Plattformen den Profilinhabern spezialisierte Submitgliedschaften in sogenannten Gruppen an. Diese ermöglichen den Austausch zu bestimmten Themen und machen die Teilnahme daran häufig im Rahmen des individuellen Profils selbst auch für Dritte sichtbar. Dabei werden, vor allem durch die hohe Reichweite des Internets, noch für die entlegensten Interessen potentielle Gesprächspartner gefunden – selbst wenn man empirisch leicht beobachten kann, dass die jeweiligen Plattformen sehr häufig nicht durch das Verbreitungsmedium Internet, sondern qua Verbreitung von Sprachen eingeschränkt sind: Das StudiVZ etwa reicht so weit wie die deutsche Sprache, und auch andere Formate bilden oft eigene Netzwerke für jeweils verschiedene Sprachräume aus. Einen grundlegenden Überblick zu unterschiedlichen Diensten und Assoziationsformen unter dem breiten Begriff ‚virtueller Netzwerke' bietet von Kardorff (2008).

3 Funktionale Differenzierung auf Social Networking Platforms

SNPs sollen im Folgenden unter der Perspektive gesellschaftlicher Differenzierung in den Blick genommen werden, wobei es hier vor allem um funktionale Differenzierung (siehe nur Luhmann 1997: 743 ff.), aber auch um soziale oder Ebenendifferenzierung (Luhmann 1975; Tyrell 2008) gehen soll.

Leicht erkennbar ist, dass sich die thematische Ausrichtung der meisten der Plattformen an gesellschaftlich ausdifferenzierten sozialen Systemen und den entsprechenden Rollen orientiert. Funktionssysteme und ihre Binnendifferenzierung spielen hier eine ebenso bedeutsame Rolle wie Organisationen, die gesellschaftlich an Funktionssysteme gebunden auftreten, jedoch als Systemtyp eigener Art quer zu ihnen liegen (siehe dazu Tacke 2001). Die Mitglieder auf SNPs präsentieren sich unter Verweis auf entsprechende plattformexterne Rollen, und die Plattformen selbst schränken häufig die anschlussfähigen Rollenkontexte qua Selbstbeschreibung ein. Damit unterscheiden sich die SNPs von Internetangeboten wie virtuellen Spielergemeinschaften, die die Rolle der Teilnehmer weitgehend unabhängig von deren externen Rollen definieren.

Um dies an einigen Beispielen zu verdeutlichen: XING, Ryze oder LinkedIn bieten einen primär beruflich eingeschränkten Kommunikationskontext an, der hinsichtlich gesellschaftlicher Differenzierung auf Organisationskarrieren im Kontext unterschiedlicher Funktionssysteme, insbesondere des Wirtschaftssystems verweist. Auf spezielleren Plattformen wie jurnw.de oder bundinetz.de wird die entsprechende Karriereorientierung noch enger auf einzelne Gesellschafts- und Organisationskontexte (Recht/Staatsorganisation) zugeschnitten. Über Sport spricht man auf athlinks.com, Kunst und Musik werden durch die Plattformen deviantart.com (Bilder), flickr (Fotos), flixster.com (Filme), Scribd oder buzznet.com (Texte) sowie Last.fm und MySpace (Musik) abgedeckt. Travbuddy.com, wayn.com, travellerspoint.com oder passportstamp.com orientieren sich am Thema Reisen und Tourismus, Mütter tauschen sich auf cafemom.com aus, und im Bereich der Wissenschaft lassen sich SciSpace.net und researchgate.net verorten, die auf das Lehr- und Forschungspersonal von Universitäten und Instituten abgestellt sind. Viele Plattformen privilegieren also mindestens in ihren Selbstbeschreibungen ganz offensichtlich einzelne Rollenkontexte – mit Konsequenzen für die Erfordernisse eigener Inszenierung, die nunmehr differenzierte Selbstreferenzen und die selektive Enthüllung verschiedener Persönlichkeitsmerkmale erfordert.

Einen besonders augenfälligen Erfolg haben SNPs dabei im Bereich von Intimkommunikation errungen, soweit dieser nicht auf die Hochleistungsform passionierter Liebe (Luhmann 1982; 2008) beschränkt gedacht wird, sondern in einem breiten Sinn von zwischenmenschlichen Beziehungen, wie sie systemtheoretisch unter dem Begriff der „zwischenmenschlichen Interpenetration" (ausführlich Luhmann 1984: 303 ff.; 1982: 14 f.) abgehandelt werden.[2] Bereits die strukturelle Ermutigung von individuellen Selbstdarstellungen und expressiver Kommunikation auf zahlreichen der erfolgreichsten SNPs weisen eine hohe Affinität zur Semantik von Liebe und Freundschaft auf, weil es zu den einschlägigen Rollenerwartungen gehört, gerade nicht nur eine Rolle zu spielen, sondern mehr als anderswo Person zu sein. Insofern ist davon auszugehen, dass sich auch solche Portale, die ihre Selbstbeschreibung nicht explizit den Erwartungsstrukturen spezifischer Funktionssysteme zuordnen, sondern sich diffus am ‚Menschen' orientieren[3], für Intimkommunikation besonders eignen.[4] Daher dürfte gerade auf diesen relativ unspezifischen Plattformen ein genetischer Primat von intimen und engeren persönlichen Beziehungen vorliegen: Werden Partner, Freunde und vielleicht auch ausgewählte Arbeitskollegen zuerst kontaktiert, werden die Kreise später immer weiter gezogen. Viele dieser Portale lehnen sich in ihren Selbstbeschreibungen und ihren technischen Strukturen bereits an eine Semantik der Intimkommunikation an – etwa, indem vernetzte Personen als ‚Freunde' gelistet werden.

Das Hinzufügen jedes neuen Freundes ist dabei als erster Schritt bereits von symbolischer Bedeutung, da er für Ego neue Beobachtungsmöglichkeiten Alters erschließt und eine Intensivierung von Kommunikation prinzipiell ermutigt. Die Ablehnung einer virtuellen Freundschaftseinladung stellt im Umkehrschluss eine persönliche Zurückweisung dar, die die Möglichkeit zukünftiger Intensivierung bereits ausschließt. So gesehen ist der Erhalt einer Ablehnung im Vergleich zur Annahme eine wesentlich eindeutigere Mitteilung, die deshalb in Bezug auf Personen, denen man in anderen Kontexten – Klassenzimmer, Hörsaal, Arbeitsplatz

---

[2] Eine Schwierigkeit für die systemtheoretische Behandlung dieses Phänomenbereichs dürfte in dem exklusiven und graduellen Charakter von Intimität liegen, der dazu führt, dass die entsprechenden Beziehungen sich erstens nicht zu einem systemischen Gesamtzusammenhang, einem Funktionssystem für Liebe, vergleichbar mit Wirtschaft, Politik oder Wissenschaft, verdichten, und zweitens, denkt man an Freundschaften, Familie etc. – Paarbeziehungen ausgenommen –, nicht in demselben Maße scharfe und wissenschaftlich rekonstruierbare Grenzen ausbilden, wie es zur Anwendung des Systembegriffs geboten erscheint (vgl. Kersten 2008). Eine ausführliche Kritik an dieser offenen Flanke innerhalb der Systemtheorie bieten Fuhse (2005) und Schmidt (2007).
[3] Wie beispielsweise Facebook als eine der international erfolgreichsten SNPs bereits auf der Startseite wirbt: „Facebook ermöglicht es dir, mit den Menschen in deinem Leben in Verbindung zu treten und Inhalte mit diesen zu teilen." (siehe http://de.facebook.com, aufgerufen am 9.4.2009).
[4] Dazu eignet sich auch insbesondere die Nutzung audiovisueller Funktionen auf SNPs. Bilder oder auch virtuell geteilte Videos und Musik können als Substitute für entsprechende Erfahrungsmöglichkeiten der Face-to-Face-Kommunikation begriffen werden, die es räumlich getrennten Personen ermöglichen, einen gemeinsamen Wahrnehmungsraum zu erschließen. So dienen persönliche Fotoalben dazu, den Alltag ebenso wie einschneidende Zäsuren für die vernetzten Personen zugänglich zu machen und präsent zu halten. Diese Sinnträger können dann als Kommunikationsressourcen dienen, auf die man in indexikalischen Gesprächen auf den Plattformen als auch in daran anschließenden Face-to-Face-Episoden zugreifen kann.

oder Treppenhaus – weiterhin begegnen wird, mit einer gewissen Zurückhaltung praktiziert werden dürfte. Denn schon der technische Zwang, über den Status einer Bekanntschaft kommunikativ im Ja-/Nein-Format entscheiden zu müssen, steht in deutlichem Kontrast zu den subtilen Möglichkeiten direkter und indirekter Kommunikation, Annäherung und Distanznahme in Interaktionen und sozialen Netzwerken graduell zu praktizieren (Tacke 2008). Im Ergebnis lagert sich an den Profilen über die Zeit ein mehr oder weniger großes Kontingent loser und entfernter Bekannter an, die überwiegend als passive Beobachter auf das Profil Alters zugreifen, lediglich zu dem auf den Plattformen selbst angekündigten Geburtstag mit den üblichen Phrasen gratulieren oder gar nur noch technisch verlinkt sind, aber selbst keinerlei soziale Anschlüsse mehr realisieren.[5]

Mit Blick auf die Nutzung der SNPs für Intimbeziehungen ist es interessant festzustellen, dass zwei der erfolgreichsten Plattformen in diesem Bereich ihr Angebot jeweils durch einen Bezug auf einen anderen Funktionsbereich der Gesellschaft kontextualisieren: auf das Erziehungssystem im Falle von Schüler- und StudiVZ und auf das Kunstsystem (Musik, Popkultur) im Falle von MySpace. Diese Rahmung scheint primär der Publikumsrekrutierung zu dienen, indem sie verspricht, mit hoher Wahrscheinlichkeit auf Gleichgesinnte zu treffen, mit denen auf Basis gemeinsamer Lebenslagen bestehende Kontakte gepflegt oder auch neue geknüpft werden können. Dies steht durchaus im Einklang mit der kulturellen Semantik von Freundschaft und Liebe, in der der Zufall der Begegnung im Kontext anderer Tätigkeiten als Startpunkt für Intimbeziehungen höher geschätzt wird als eine vorsätzlich betriebene Anbahnung in eigens dazu ausdifferenzierten Sonderkontexten. Dass der Partner oder der Freund als unverwechselbares Individuum geschätzt wird, scheint eben schneller offenbar, wenn er in der Rolle des Studenten, Kollegen oder Nachbarn gleichsam beiläufig ins eigene Leben tritt.

Trotzdem lässt sich die Kommunikation über SNPs, auch bei einem weitgefassten Begriff, keinesfalls gänzlich den Intimbeziehungen zuschlagen, genauso wenig, wie sich etwa das Geschehen auf StudiVZ, XING und MySpace in toto den Systemen für Erziehung, Wirtschaft, Kunst bzw. Massenmedien zuschlagen lässt. So beschränken sich Studi- und SchülerVZ auf die Rekrutierung von Personen in den Publikumsrollen Schüler und Student; Lehrer dagegen haben dort keinen legitimen Auftritt und können sich allenfalls mittels Fake-Profilen dort umsehen. Erziehungskommunikation im engeren Sinne – Lehre, Prüfungen etc. – findet nicht statt, auch wenn die Schule bzw. das Studium thematisch werden können, etwa in der Suche nach Lernpartnern oder Informationen über interes-

---

[5] Daraus folgt jedoch keineswegs die soziale Funktionslosigkeit derartiger Kontakte. Vielmehr lässt sich auch der passive Beobachter als Rolle mit spezifischen Funktionen sowohl für das soziale System als auch für seine psychischen Beobachter identifizieren (vgl. Stegbauer/Rausch 2001 zur Rolle der ,Lurker' in Diskussionsforen).

sante Veranstaltungen, empfehlenswerte Professoren oder Studienbedingungen an anderen Universitäten. Insofern leisten die Portale zwar einen gewissen, wenn auch peripheren Beitrag zur Reproduktion des Erziehungssystems; der Schwerpunkt des Geschehens liegt jedoch in diesem Falle eindeutig in der Entfaltung persönlicher Beziehungen im Kontext der entsprechenden Peergroups. Die eigentümliche Verflechtung von Erziehungssystem und persönlichen Beziehungen, die sich in der Kombination von Zugehörigkeitshinweisen und der Dethematisierung oder ironischen Kommentierung von konkreten Studieninhalten und -leistungen auf StudiVZ darstellt, lässt sich dabei wesentlich auch auf den typischen Habitus des Studenten zurückführen, der die Demonstration von Rollendistanz gegenüber Kommilitonen und Außenstehenden gerade erwartbar, um nicht zu sagen: erforderlich macht (vgl. Bourdieu/Passeron 1971: 45–69).

Die Zentralstellung von Personen auf SNPs, verbunden mit der strukturellen Ermutigung zu individueller Selbstdarstellung – und die relative Marginalität von durch einschlägige Organisationen kontrollierten Adressen – dürften eine grundsätzliche Neigung zu Polykontexturalität (Fuchs 1997; Tacke 2000) zur Folge haben. Noch dort, wo die Portale, wie im Falle von XING, relativ eindeutige und von den Betreibern aktiv gepflegte Funktionsbezüge aufweisen, aber auch etwa bei MySpace schert die Kommunikation in genau diesem Sinn aus den vorgegebenen Skripten und Schemata aus.[6] Der Funktionsbezug auf Kunst und Musik findet sich in der Selbstbeschreibung von MySpace und den konventionellen Profilausgestaltungen stark ausgeprägt. Auch hier geht es zweifellos vorrangig um Jugend- und Subkultur, Peergroups und Lebensstil; auch hier treten Personen typischerweise in der Publikumsrolle – etwa als Fan oder Kenner – auf. Im Kontrast zu StudiVZ lassen sich aber ebenso zunehmend Personen in der Leistungsrolle des Künstlers antreffen, sowohl Amateure als auch erfolgreiche Berufsmusiker und Bands, die sich ebenso in die eigene Freundesliste aufnehmen lassen. Abgesehen davon, dass die Grenzen zwischen Leistungs- und Publikumsrollen gerade bei den verstärkt repräsentierten Amateurmusikern und Nachwuchsbands ohnehin nicht besonders scharf gezogen werden können (vgl. Stichweh 1988: 281 ff.), fällt die strukturelle Parallelführung und semantische Verschmelzung von Freundschaften und Fanbeziehungen aber auch wegen der besonderen phänomenologischen Affinität des Funktionskomplexes Kunst/Popkultur zur Sinndomäne von Intimbeziehungen besonders leicht, denn beide Be-

---

[6] Zum Missfallen der Betreiberorganisation, die von Nutzern ausgehende Initiativen zur Gründung von Foren und Gruppen mit Bezug auf Flirt und politische Kommunikation offenbar zu unterdrücken versucht – wie der Tagespresse zu entnehmen ist: Frankfurter Allgemeine Sonntagszeitung, 14.8.2008: XING: Die große Zeitvernichtungsmaschine, http://www.faz.net (aufgerufen am 9.4.2009).

reiche orientieren sich stark an Expressivität und Individualität.[7] Vernetzungen zu Stars fungieren zum einen als symbolisches Kapital der eigenen Selbstdarstellung, zum anderen bieten sie aber auch die Chance (oder wenigstens: die Illusion), diese tatsächlich kennen zu lernen. Schließlich werden aber gerade über MySpace auch rege Musik und Informationen über einschlägige Veranstaltungen verbreitet, und Plattenlabels unterhalten hier eigene Portale zur Öffentlichkeitsarbeit und Rekrutierung von neuen Interpreten. Das Funktionssystem der Kunst und die entsprechenden Wirtschaftszweige (Musikindustrie, Konzertveranstalter etc.) expandieren ihr jeweiliges ‚Netzwerk der Kommunikation' (Bommes/Tacke 2007) offenbar in stärkerem und erfolgreicherem Maße in den virtuellen Raum der SNPs als andere Funktionssysteme – allein durch die über entsprechende Portale gegebene Möglichkeit, Musik ohne Plattenfirma zu veröffentlichen, als auch durch die Gelegenheit, über Verlinkung direkt zu einschlägigen Onlineshops für Musik zu wechseln.

Trotz thematischer Differenzierung ähneln sich die technischen Applikationen der einzelnen Dienste stark. Während allen Plattformen gemein ist, dass sie die Möglichkeit der Adressverwaltung und gewisse Formen der Visualisierung von Kontakten oder Kontaktketten bieten, heben die meisten eigene technische Funktionen hervor, die die Kommunikation auf der Plattform selbst erleichtern und sich darüber hinaus auf den je eigenen thematischen Kontext der Plattform beziehen. So unterstützt etwa der auf researchgate.net gebotene Zugang zu Fachzeitschriften über seine wissenschaftsbezogene Symbolkraft hinaus einschlägige Literaturrecherchen, während ein Pray-Button im Accountmanager des Onlineportals der katholischen Kirche (xt3.com) Transzendenz sozusagen per Mausklick auf den Schirm bringt. Aber sowohl die Onlinediskussion von Beiträgen in Fachzeitschriften als auch öffentliche Gebete lassen sich nicht nur instrumentell, sondern gerade auch hinsichtlich ihrer expressiven Funktion der Selbstdarstellung und Profilvalidierung interpretieren. Im Sinne eines Inklusionssogs des übergeordneten Funktionssystems kann hier über das Gebet gewissermaßen jede Information zu einem religiösen Thema gemacht werden: „Princess is praying for *the Society of Young Business Executive & Entrepreneurs elections that it might be peaceful and clean in many ways ... may all the candidate be guided by the holy spirit*".[8]

---

[7] Vgl. Luhmann (2008: 20.f.), dessen Analyse in persönlichen Profilen von Teenagern und jungen Erwachsenen auf MySpace reichhaltige Plausibilisierung findet. Die Vorstellung der eigenen Person in Wort und Bild wird hier konventionell durch das Kopieren, Zitieren und Reinszenieren künstlerischer Selbstdarstellungen und Moden angereichert, wenn nicht gar fundiert; Kunst – in einem weiten, nicht auf Hochkultur verpflichteten Sinne – wird hochgradig zur Konstruktion begehrenswerter Identität funktionalisiert.

[8] Siehe www.xt3.com, aufgerufen am 4.1.2009.

Trotz dieser Rahmung über Systemreferenzen wird die typische Kommunikation auf SNPs schließlich ganz allgemein – wenigstens bisher – weniger im Vollzug der elementaren Operationen der mit ihnen korrespondierenden Funktionssysteme liegen, etwa: Zahlungen, Gerichtsentscheidungen, kollektiv bindende Entscheidungen, belastbare Wahrheitsbehauptungen usw., sondern vielmehr im Reden über sie (vgl. in Bezug auf Kunst Luhmann 1995a: 40 ff.). SNPs generieren beachtliche Volumina an Kommunikation *über* Wirtschaft, *über* Recht, *über* Wissenschaft, *über* Kunst, *über* Erziehung. Wenn diese Mitteilungen, gesellschaftstheoretisch gesehen, auch überwiegend marginal und relativ belanglos sind, eher expressive als instrumentelle Funktionen bedienen, eher der Peripherie als dem Zentrum der Funktionssysteme zugehören, eher in der Dimension von Darstellungen denn von Herstellungen der Systemleistungen verortet werden müssen, so bieten sie doch das Potential, einschlägige Informationen zu verbreiten. Damit können sie durchaus weitere Anschlüsse evozieren, die, metaphorisch gesprochen, tiefer in die Systeme hineinführen, indem sie als Prämissen weiterer Kommunikation von Personen in Publikums- und Leistungsrollen fungieren – auch wenn der Großteil der Kommunikation über SNPs wohl gesellschaftsstrukturell vergleichsweise folgenlos bleibt.[9] Wesentlich dürfte das daran liegen, dass Kommunikation dort kaum von Organisationen durch Erwartungsformalisierung konditioniert und zur Abwicklung von Entscheidungen eingesetzt wird (siehe aber Döbler 2008).

Darüber hinaus ist die Kommunikation mit mehr oder weniger Unbekannten wahrscheinlich, die miteinander gewisse, rollenbezogene Interessen teilen. Eine Typik der Plattformen besteht in diesem Sinne darin, sowohl reflexive Kontakte als auch Mechanismen wie Suchfunktionen und interne Gruppen zur Informationsgewinnung anzubieten. Damit lassen sich SNPs funktional auf das Bezugsproblem der komplexitätsbedingten Intransparenz von Funktionssystemen für Personen beziehen. Im Anschluss an die Thesen von Werron (in diesem Band) lässt sich daher konstatieren, dass allen normativen Transparenzversprechen von Wirtschaft, Politik, Wissenschaft etc. (bzw. ihrer Organisationen) zum Trotz diese Gesellschaftsbereiche, mindestens aus der Froschperspektive des Individuums, kognitiv hochgradig intransparent bleiben. Dies ergibt sich schon aus dem enormen Komplexitätsgefälle zwischen psychischen Systemen und komplexen sozialen Ordnungen wie Funktionssystemen (vgl. von Hayek 1972), wobei letztere erstere als Speichermedium des Systemgedächtnisses nutzen. Die Pflege von persönlichen Beziehungen und die eher unverbindliche, anonyme Nutzung von Foren, Gruppen, Wikis etc. können vor diesem Hintergrund als funktional

---

[9] Auszunehmen sind eben vor allem intime Gespräche und die Rezeption von künstlerischen Formaten, die einen Vollzug der Elementaroperationen dieser Funktionssysteme selbst darstellen, so wie beim Onlineshopping zweifellos Operationen des Wirtschaftssystems vollzogen werden.

äquivalente Strategien der Reduktion von Komplexität durch Inanspruchnahme des versprengten Wissens von Personen interpretiert und so mit dem allgemeinen Prozess der gesellschaftlichen Differenzierung korreliert werden (vgl. die analog gebaute Erklärung des Reputationsmechanismus in der Wissenschaft in Luhmann 1970b). Eine Erklärung für den erstaunlichen Erfolg der SNPs finden wir dann in der Tatsache, dass diese Dienste beide Formen kombinieren und füreinander fruchtbar machen.

4   Profil und Publikum

Im Anschluss an die Verortung von SNPs in der funktional differenzierten Gesellschaft soll nun vor allem deren Netzwerkcharakter zum Thema werden. Dabei widmen wir uns den inhärenten Vernetzungseigenschaften der SNPs zunächst unter dem Aspekt der eigenen Selbstdarstellung, d. h. mit Blick auf die öffentliche Darstellung eigener Kontakte. Kontakte auf SNPs umfassen anfangs zumeist Personen, die aus anderen Kontexten bereits bekannt sind (für Facebook: Ellison/ Steinfield/Lampe 2007; für XING: Renz 2006; für StudiVZ: Neuberger 2008; Beher/Hilgert/Mämecke 2009), werden dann aber oft auf zuvor unbekannte Personen ausgedehnt. Die Gewinnung neuer Kontakte via Internet wird qua Befreiung der Kontaktinitiatoren von Pressionen der Face-to-Face-Interaktion und auf Grund geringerer Initiativschwellen zwar erleichtert, im selben Moment aber komplementär weniger wahrscheinlich (vgl. Luhmann 1997: 202 ff.; 1981: 27). Denn so vorteilhaft die Möglichkeiten zur Kontrolle der Selbstdarstellung abseits der physischen Kopräsenz auch erscheinen mögen und so entschieden sie Chancen von (auch längerfristig erfolgreichen) Kontaktrealisierungen bieten, so sehr belasten sie die virtuelle Kommunikation mit eben daran anschließenden Glaubwürdigkeitsproblemen (vgl. Whitty/Joinson 2009). Auch die Empfänger der Kommunikation wissen natürlich um die nahezu unerschöpflichen Möglichkeiten des Impression Managements im virtuellen Raum, um die geringe Prüfbarkeit und hohe Selektivität verschriftlichter Selbstbeschreibungen und um die Fraglichkeit, ob überhaupt ein Zusammenhang zwischen der sich darstellenden, realen Person und den dargestellten Informationen besteht. Dadurch wird der Aufbau von Erwartungssicherheit – als Grundproblem von Sozialität schlechthin (Luhmann 1984: 417 ff.) – erschwert, weil fraglich erscheint, was zukünftig vom Absender erwartet werden kann und inwiefern sich Alter an die durch seine Selbstdarstellung geweckten Erwartungen überhaupt binden lässt.

Grundlegend lösen SNPs dieses Problem durch einen vergleichsweise hohen Grad an Personalisierung der Accounts von Mitgliedern. Erste Hinweise auf die Glaubwürdigkeit einer Person lassen sich dann – darin ähnlich der Prüfung von

Zeugenaussagen vor Gericht (Arntzen 1970; Luhmann 1969) – über eine Konsistenzprüfung des virtuellen Profils gewinnen.

Darüber hinaus erreicht aber die spezifische Vernetzungsstruktur der SNPs besondere Bedeutung bei der Lösung des Problems der Erwartungssicherheit. Dies gilt zum Teil bereits durch die Ansprechbarkeit von Bekannten zweiten oder dritten Grades, deren virtualisierte Verbindung im günstigen Fall als Äquivalent der wechselseitigen Vorstellung durch einen gemeinsamen Freund oder Bekannten fungieren kann.[10] Dabei müssen beide Kommunikationsteilnehmer allerdings stets die Möglichkeit des jeweils anderen bedenken, dem gemeinsamen Bekannten über das Geschehene zu berichten – was angesichts der Sanktionsmöglichkeiten, die dies impliziert, häufig auch dazu führen dürfte, dass eine Vielzahl prinzipiell denkbarer Kommunikationsofferten gerade unterlassen wird: Eben weil Unsicherheit besteht, ob der gemeinsame Bekannte das Verhalten goutieren würde, oder gar, weil Sicherheit in Bezug auf das Gegenteil besteht. Die Sichtbarkeit reflexiver Bekanntschaft wird entsprechende Initiativen deshalb nur insofern begünstigen, als dabei Erwartungen seitens bereits bekannter Personen an die eigene Selbstdarstellung entsprechend mitberücksichtigt werden können.

Doch auch bei Kontaktaufnahmen mit Personen, zu denen keine indirekten Verbindungen bestehen, erfüllt das eigene, sichtbare Kontaktnetz eine vertrauensrelevante Funktion. So kann man in der virtuellen Demonstration von Freunden und Bekannten eine Art symbolisches Kapital sehen, das seinen Inhaber als kontaktfähig, jedenfalls als sozial validiert erscheinen lässt – wenn auch die Kriterien im Kontext unterschiedlicher Plattformen verschieden ausfallen können. Authentizität, Glaubwürdigkeit oder Vertrauenswürdigkeit in die Selbstdarstellung des Profilinhabers werden durch sichtbare Vernetzung mit anderen Personen ganz allgemein verstärkt – und dies umso mehr, je stärker Ego davon ausgehen kann, dass es sich wenigstens bei einer gewissen Anzahl der Kontakte Alters nicht um reine Onlinebekanntschaften handelt.

Denn entgegen den großen Spielräumen, die das mediale Format der SNPs bei der Gestaltung der individuellen Selbstdarstellung gewährt, werden diese Freiheitsgrade im Prozess der Kommunikation und im Zuge zunehmender Vernetzung mit Personen außerhalb der SNPs – Partnern, Freunden, Kollegen, Kommilitonen – schnell wieder eingeschränkt: Sachliche, soziale und zeitliche Konsistenz werden dadurch nicht nur bezüglich der virtuellen Selbstdarstellung selbst, sondern auch im Verhältnis zu Offlineselbstdarstellungen der Person erwartbar. Damit spannt sich durch die Sichtbarkeit der Kontakte untereinander das

---

[10] *Kann*: Solange keiner eine Kommunikationsinitiative wagt, bleiben solche Verbindungen zweiten oder dritten Grades ohne weiteren Effekt, man könnte auch sagen: ein technisches Artefakt, das lediglich ein in der vermeintlichen sozialen Nähe liegendes, faktisch aber unrealisiertes Potential anzeigt.

Profil Egos für all seine vernetzen Kontakte als gemeinsamer Beobachtungsraum auf. Im Bereich anderer Internetanwendungen wie etwa Chat-Portalen fehlt dieses Moment, insofern hier nahezu ausschließlich Konstellationen vorherrschen, in denen Ego eine bestimmte Menge an Kontakten pflegt, die von den Partnern untereinander gerade nicht eingesehen werden können. Auf SNPs hat demgegenüber jede virtuelle Adresse einzurechnen, dass die mittlerweile zur Werbeformel der SNPs verkommene Erkenntnis Stanley Milgrams (1967), dass jeder jeden über sechs Ecken kennt, realweltlich zwar nur von virtueller Relevanz erscheinen mag, im Virtuellen aber eine Realität erhält, die Manipulationsmöglichkeiten in der Sozial- und Zeitdimension erschweren. Denn über die Anzeige von Brückenkontakten zweiten oder dritten Grades führt die Transparenz des Beziehungsgefüges in vielen Fällen dazu, die entsprechenden Verbindungslinien im wörtlichen Sinne stets vor Augen zu haben und sie legitim ansprechen zu können, zumal die Darstellungstechnik dazu beiträgt, dass sie nur schwer abzustreiten sind.

Schon die wechselseitige Antizipierbarkeit dieser Möglichkeiten führt zu einem erhöhten Reflexionsdruck auf Selbstdarstellungen und zur Disziplinierung der Kommunikation (Luhmann 1970a: 100 f.). Offengelegte persönliche Beziehungen fungieren daher als Indizien für die Integrität der Person ‚hinter' dem Profil – so wie man auch einem neuen Nachbar, der regelmäßig (unverdächtigen) Besuch empfängt, mit größerem Vertrauen begegnet als einem, der zwielichtige Personen empfängt oder ganz für sich bleibt. SNPs ermöglichen in eben diesem Sinne die Bildung eines reflexiv gewordenen Vertrauens, eines Vertrauens in das Vertrauen von Dritten, *ohne* dass diese Dritten selbst persönlich bekannt sein müssen.[11] Zusätzlich wird die Authentizität der Person über von Dritten kontrollierte Verlinkungen der virtuellen Selbstdarstellung auf Fotos rückgebunden, die wiederum auf Offlineinteraktionen verweisen.[12] In ganz ähnlichem Sinn

---

[11] Mit einer gewissen Abstraktion kann man in dieser Struktur der SNPs eine Ähnlichkeit zu den Bewertungssystemen auf eBay und ähnlichen Portalen ausmachen (siehe zu deren vertrauensbildender Funktion Brinkmann/Seifert 2001).

[12] Daran anschließen lässt sich die im Rahmen einer qualitativen Analyse von Kommunikation auf StudiVZ gewonnene Beobachtung der Autoren, dass tendenziell deviante Kommunikationen, beispielsweise sexuell offensive oder abwertende Kommentare gegenüber Unbekannten, besonders häufig von solchen Profilen ausgehen, deren Personalisierung und Vernetzung schwach ausfällt. Natürlich bieten die leichten Exit-Optionen beinahe ohne jede Sanktionsmöglichkeit den Inhabern solcher Fake-Profile ausreichende Sicherheiten, auch weiterhin unerkannt aktiv zu bleiben und neue Techniken der Täuschung zu erproben – bis diese dann wiederum einer kritischen Masse zu unglaubhaft erscheinen. So findet sich etwa im StudiVZ ein regelrechtes Subnetzwerk verschiedener Profile vermeintlich weiblicher Nutzer, die sich betont körperlich darstellen und den Mitgliedschaftskern einer ganzen Reihe von Gruppen mit anzüglichen Titeln bilden. Die Inhaber solcher Profile, die sich gerade nicht einer Beobachtung durch persönlich Bekannte aussetzen, haben dann in der Regel keinen lebensweltlichen Gesichtsverlust zu befürchten – und kommunizieren folglich schamlos und ohne die entsprechenden Konsequenzen, gleichwohl mit einer Vielzahl von positiven

wurden Treffen von Angesicht zu Angesicht bereits für andere Kontexte virtueller Kommunikation als leistungsfähige Praxis der Unsicherheitsabsorption, Ambiguitätsreduktion und Vertrauensbildung interpretiert (Meissner 2007; Pahl 2003; Sebald 2008); und sie werden auch von MySpace-, StudiVZ- oder XING-Nutzern abgehalten.

Schließlich können auch in Kommunikationsformaten wie Gruppen, Chats oder Foren, die auf SNPs angeboten werden, ähnliche Funktionen ausgemacht werden. Die Besonderheit dieser sekundären Gesprächsarenen besteht im Falle von SNPs in der Zentralstellung des persönlichen Profils, das über die verschiedenen Kontexte und Subnetzwerke konstant gehalten werden muss. Denn während virtuelle Engagements in freistehenden Foren oder Chats oft auf Grund der typisch hohen Anonymität durch Unverbindlichkeit und nur bedingt praktizierbare Sanktionsfähigkeit geprägt sind, liegt ein Beitrag in einem SNP-Forum immer nur einen Klick entfernt vom Profil Alters, und damit ebenso von dessen persönlicher Kontaktliste.[13] Auch auf diese Weise können Falschdarstellungen zumindest an einen erhöhten Aufwand gekoppelt bzw. unter ein erhöhtes Risiko gestellt werden. Denn für Fälle von Fehlverhalten, die den AGBs der Betreiber widersprechen, droht nicht nur der Gruppenausschluss, sondern auch der Verlust des Hauptprofils, zusammen mit der möglicherweise über längere Zeiträume gewachsenen Kontaktstruktur.

Von Falschdarstellungen zu unterscheiden ist allerdings die selektive Betonung einzelner Persönlichkeitsfacetten, die zu Gunsten einer Anpassung an verschiedene Kommunikationskontexte zu beobachten ist. Typischerweise werden Selbstdarstellungen auf SNPs an die thematische Ausrichtung der jeweiligen Plattform und damit an verschiedene Kommunikationspartner adaptiert – so wie sich auch Face-to-Face-Kommunikation jederzeit an den konkreten Erwartungen der Gesprächspartner orientiert. Entgegen der gesellschaftlich geahndeten Vorspiegelung falscher Tatsachen stellt die Befähigung zu selektiver Selbstdarstellung angesichts gesellschaftlicher Differenzierung eine unverzichtbare Voraussetzung für die Teilnahme an unterschiedlichen Alltagssituationen dar. Denn ganz im Gegensatz zur rigiden Vollinklusion, die sich in der Standesgesellschaft qua Geburt vollzog, erzeugt die funktional differenzierte Gesellschaft eine umfassende, egalisierte Totalexklusion (Hillebrandt 1999: 247) und damit die Voraussetzung und das Erfordernis, Identitätsbildung über partielle Inklusionen

---

und negativen Rückmeldungen. Lernprozesse sind hier zu erwarten – und haben ansatzweise bereits stattgefunden. So lassen sich auch zahlreiche Profile finden, die spätestens auf einen zweiten Blick ganz eindeutig als Fakes erkannt werden können. Hier wird man beinahe gezwungen, das Phänomen auch auf der Ebene zweiter Ordnung zu betrachten: als Beobachtung der Beobachtung von Fake-Profilen durch Fake-Profile – im gegenseitigen Wissen einer als anregend empfundenen Täuschung.

[13] Zur Kanalisierung von Aufmerksamkeit durch Hypertextstrukturen vgl. Schmidt 2008.

in einzelne Funktionsbereiche gewissermaßen selbst zu vollziehen (Luhmann 1969: 158). Eine Folge ist, dass Personen die unterschiedlichen Voraussetzungen einzelner Teilsysteme und ihre mitunter inkompatiblen Orientierungen kompensieren müssen.

Auf SNPs wird nun typischerweise mit der Vergrößerung der Kontaktliste das für eine erwartungsgerechte Selbstdarstellung nahezu elementare Wissen um die potentiellen Beobachter des eigenen Profils komplementär verkleinert. Familienangehörigen, Lehrern, Arbeitskollegen, Kommilitonen und wiederum deren Familienangehörigen und Arbeitskollegen wird technisch die Möglichkeit eröffnet, mit ihren jeweils unterschiedlichen Voraussetzungen die virtuelle Selbstrepräsentation einer Person auch ohne deren Wissen abzufragen (vgl. Stegbauer/ Rausch 2001 zur Rolle der ‚Lurker‘ in Diskussionsforen). Schweigende Beobachter fungieren dabei als Publikum von Selbstdarstellungen, dessen antizipierbare Beobachtung psychisch die Reflexion von Selbstdarstellungen (vgl. Luhmann 1970a: 100 f.) und sozial eine Konditionierung und Zivilisierung der Kommunikation implementiert. Konträre Erwartungshaltungen stellen sich so aber zwangsläufig ein – und die Enttäuschung ist im wortgemäßen Sinne *vorprogrammiert*.

Gesellschaftliche Differenzierung wurde in der Soziologie schon lange als Voraussetzung und Determinante für die Entwicklung persönlicher Beziehungen gesehen. Erst mit ihr werden sie sowohl wahrscheinlicher als auch wichtiger, insofern einerseits die Exklusivität und Unauswechselbarkeit des Partners ohne Differenzierung im Sozialen gar nicht denkbar wäre, andererseits aber auch das Bedürfnis nach dieser exklusiven und über alle Differenzierungen hinaus *kompletten* Berücksichtigung erst unter diesen Bedingungen aufblüht (Simmel 1957: 18). Allerdings lässt sich für Exklusivbeziehungen dieser Intensität schnell feststellen, dass dieselbe soziale Differenzierung, unter dem Druck, Nichtidentisches als Passungsverhältnis zu etablieren, wiederum differenzieren muss: Aus einem ohnehin widersprüchlichen, disparaten Möglichkeitsraum wird die eigene Persönlichkeit auch mit Blick auf ihre Kompatibilität mit dem jeweils anderen neu erfunden und etabliert (Kaufmann 2004: 93 ff.) – mit dem Ergebnis, dass man sich auch selbst im Wechsel von Partnerschaften wie ausgetauscht erleben kann. Derselbe Mechanismus kann nun umso stärker auch ganz bewusst forciert werden, wenn die Beziehung selbst von Anbeginn nicht auf die für anspruchsvollste Intimbeziehungen obligatorische Totalitätserwartung hinausläuft. Solche Beziehungen sind in der Moderne ohnehin anzusehen als häufig flüchtig und zunehmend losgelöster von räumlich gebundenen Interaktionsformen. Dementsprechend werden sie mehr und mehr abhängig von spezifischen Strategien der symbolischen Selbstbehauptung und der individuellen Abgrenzung gegenüber anderen, was ein aktives Grenzmanagement erfordert.

Gerade SNPs haben diesem Umstand Rechnung zu tragen und reagieren darauf vor allem mit zwei Strategien:

Als plattforminterne Differenzierungsstrategien lassen sich zunächst die erweiterten Verwaltungsmöglichkeiten nennen, die es erlauben, die Kontakte selbst weiter in z. B. Kategorien wie Arbeitskollegen oder Familienangehörige einzuteilen und unabhängig voneinander über unterschiedliche Zugriffsrechte auf Fotos und weitere Informationen zu verbinden. Bis hin zur Ebene der Freundesfreunde können die Zugriffe nicht bestätigter Kontakte im Sinne dieser Publikumstrennung mitbestimmt werden, wenn auch um den Preis eines relativ hohen Reflexionsaufwandes, der dazu zwingt, die Beziehung zu jeder Person individuell festzulegen und sämtliche Informationen des Profils auf ihre Eignung zu überprüfen, die Konsistenz einer Selbstdarstellung zu unterstützen oder ihr entgegenzuarbeiten.

Parallel zu der technisch stärkeren Berücksichtigung eines zunehmend heterogenen Publikums auf einer einzigen Plattform erweitert sich fortwährend auch das Gesamtspektrum an SNPs um thematisch eng zugeschnittene Varianten, die kaum einen spezifischen Themenbereich unbesetzt lassen (s. o.). Nicht selten finden sich hier Plattformen, die auf einzelne Leistungs- oder Publikumsrollen (BundiNetz.de, SchülerVZ) zugeschnitten sind und somit entsprechende Selbstdarstellungen erleichtern, indem sie ein auf die Rolle passendes, homogenes Publikum bieten, das schließlich in der beschriebenen Weise plattformintern noch weiter eingegrenzt werden kann. Nutzer dieser spezialisierten Portale haben damit die Möglichkeit, ihre individuelle Selbstdarstellung stärker auf eine Rolle zu zentrieren, und erreichen durch die hier gewährleistete Publikumstrennung eine konsistentere Selbstdarstellung bei gleichzeitig verringertem Reflexionsaufwand. So wie auch Universitäten, Sportveranstaltungen, Diskotheken oder Kirchen einen institutionellen Rahmen für die Einnahme verschiedener Rollen bieten, so finden sich auf SNPs Äquivalente, die semantisch auf verschiedene Funktionsbereiche verweisen und dadurch ein klar ausgerichtetes Angebot für einen legitimen kommunikativen Austausch bieten. Die Verwaltung mehrerer selektiver Selbstdarstellungen steht somit durchaus in Kongruenz zur Identitätsbildung außerhalb des Internets, bei der ebenso orts- und kontextabhängig einzelne Rollen betont bzw. Inklusionskarrieren selektiv dargestellt werden.

Das Verhältnis einzelner Selbstdarstellungen zueinander muss im Internet allerdings deutlich stärker berücksichtigt werden als im Offlinealltag, schon deshalb, weil sich verschiedene SNP-Mitgliedschaften einer Person im Internet bereits über den Gebrauch gewöhnlicher Suchmaschinen gleichzeitig abbilden lassen. Diese Art des Zugriffs professionalisiert sich im Aufkommen sogenannter Personensuchmaschinen, die die Konsistenz einzelner Darstellungen gefährden, indem sie den Blick auf mehrere Bühnen zugleich freigeben und so über die Sichtbarmachung der Mitgliedschaften einer Person bei verschiedenen Plattformen unter Umständen zu Problemen der Rollensegregation (Goffman 1971: 118) führen, ganz unabhängig davon, wie authentisch die einzelnen Rollendarstellungen im

Kontext der spezifischen Plattformen sind. So kann z.B. eine synchrone Darstellung der Mitgliedschaft in einem Berufsnetzwerk der Pharmazieindustrie *und* des Engagements in einer gegensätzlich orientierten Ökologiebewegung dazu führen, dass die an eine Rolle gestellten Erwartungen nicht auf diese beschränkt bleiben oder eine durch das Rollenspiel legitim verdeckte Diskrepanz zwischen Rollenidentität und Selbstbild des Rolleninhabers aufgedeckt wird (Junker 1971: 16 ff.). Mit Blick auf die Einnahme einer verbundenen Identitätsnorm ließe sich in diesem Beispiel die (konsistente) Ausführung der einen Rolle als abweichendes Attribut der anderen Rollendarstellung fassen (ebd.: 32) und umgekehrt.

Suchdienste wie stalkerati[14] (das seine primäre Funktion bereits im Eigennamen verdichtet) bilden dabei nur die eine Seite eines informationellen Wettrüstens im Internet. Komplementär stellen sich Anbieter wie webreputation[15] in den Dienst der Reputationspflege und kontrollieren die virtuellen Fußspuren einer Person, der dann auch die Möglichkeit geboten wird, Selbstdarstellungen abzuschirmen und unwillkommene Vernetzungen zu kappen. Grenzziehung und Vernetzung entpuppen sich so als ambivalentes Prinzipienpaar mit möglicherweise wechselseitigem Steigerungsverhältnis: Je mehr virtuelle Medien in die Alltagskommunikation eingeflochten werden, desto wichtiger wird es, im Zuge von Vernetzung und Netzwerkbildung auch die Grenzen sozialer Systeme zu reflektieren und zu berücksichtigen. SNPs greifen damit eine bereits in der Struktur moderner Gesellschaften angelegte Differenzierung persönlicher Kontakte auf, um sie dann mit eigenen Mitteln weiterzuentfalten. Mit einem Werbeslogan von FindmeOn.com gesprochen: „Instead of collapsing all of your network identities onto one site, FindMeOn helps you manage your circles of friends, family, colleagues and others … respecting the divisions of your real life online".[16]

5   Expressive und instrumentelle Funktionen auf Social Networking Platforms

Im letzten Abschnitt haben wir die Typik der Plattformen unter einem breiten Begriff von „Vernetzung" diskutiert und dabei insbesondere den Aspekt der Validierung von Selbstdarstellungen als bemerkenswertes Strukturmoment herausgehoben. Abschließend sollen SNPs nun auch nach einem soziologisch engeren Verständnis des Networkings analysiert werden: als Netzwerke persönlicher Bekanntschaft unter dem Gesichtspunkt eines potentiellen Nutzens. Denn wenn

---

[14] Weitere Dienstleister sind: Spock, Peekyou, Wink, ZoomInfo, pipl, yoName.

[15] Weitere Anbieter sind u.a.: trackur, myOn-ID, claimID, Datenwachschutz, DEIN GUTER RUF, iKarma, lijit, Naymz, Profilatic, SaubereWeste, Webreputation oder Ziki.

[16] http://findmeon.com/relaunch (aufgerufen am 10.4.2009).

von „Beziehungen" die Rede ist, weist dies bereits im Alltag auf eine Idee von Sozialkapital hin, die uns ebenso in den Selbstbeschreibungen, ja sogar auf den Werbetafeln zahlreicher SNPs begegnet: Unterstrichen werden dabei die Zubringerfunktionen dieser Beziehungen in verschiedensten Hinsichten und verschiedensten Ausprägungen, die dann andernorts teils euphorisch – etwa als Unterstützung –, teils aber auch anklagend – etwa als Korruption – beschrieben werden (Luhmann 1995b).[17]

Neben der Tatsache, dass Netzwerke über die Sichtbarkeit „falscher Freunde" hinsichtlich ihres persönlichen Nutzens ebenso negative Effekte implizieren, ist das Phänomen solch „nützlicher Netzwerke" (Holzer 2006: 14) in einem sehr breiten, grundsätzlichen Sinn zu verstehen. Auch außerhalb von Regionen, die partikularistisches Verhalten als Normalität erwarten (Hanke 1999), lassen sich aus „Beziehungen" noch unter modernen, universalistischen Bedingungen entscheidende Vorteile ziehen, und sei es bloß über die Folgen von mit Wohlwollen gesteuerter Interpretationsspielräume.[18]

Nutzenaspekte, auch unspektakulärerer Art, werden nun interessanterweise von einigen, aber nicht von allen SNPs konkretisiert. Gerade bei einigen der erfolgreichsten unter ihnen, etwa bei Facebook oder StudiVZ, entsteht vielmehr der Eindruck, als stehe – vollkommen abseits von materiellen oder sonstigen Interessen – die Aufrechterhaltung und Generierung von Freundschaftskontakten im Mittelpunkt. Andere wiederum, etwa die Businessplattform XING, werben explizit mit ökonomischen Vorteilen einer Mitgliedschaft. Damit ist freilich nicht gesagt, dass Beziehungen, die sich auf diesen Portalen unter einer Semantik von Freundschaft und Intimbeziehungen etablieren, nicht ebenfalls instrumentelle Funktionen bedienen können. Spätestens seit Granovetter (1973) ist die Bedeutung von Gelegenheitskontakten, von *weak ties*, die keineswegs unter diesen Erwartungen geschlossen sein müssen, für den Zugang zu Arbeitsplätzen be-

---

[17] Prozesse dieser Art müssen nicht notwendig in Widerspruch zu Idealen des Universalismus stehen, auch wenn sie im Extremfall dazu führen können, dass universalistische Prinzipien partikularistisch unterlaufen werden oder Kriterien bereits mit Blick auf partikular genehme Personen hin formuliert werden. Insofern Netzwerkstrukturen in dieser Weise lediglich aus einer Gruppe fachlich geeigneter Personen selektieren, können sie von einer Theorie funktionaler Differenzierung aus gesehen als Zufall behandelt werden, so wie andererseits die Einbettung in ein bestimmtes Netzwerk selbst als sachlich relevantes Einstellungskriterium von Bedeutung sein kann. Gerade im Bereich von Illegalität werden Netzwerkkontakte darüber hinaus oft dort bedeutungsvoll, wo formale Strukturen versagen oder gar nicht erst bereitstehen. Systemtheoretisch gesprochen fungieren sie dann als eine Art Alternative zu symbolisch generalisierten Kommunikationsmedien.

[18] Gerade bei Luhmann (etwa: 1962) lassen sich hier reichhaltige Beispiele in Bezug auf Informalitäten in Organisationen finden, obwohl er selbst eine Theorie, die Gesellschaft „aus Beziehungen zwischen Menschen" rekonstruiert, aus kommunikationstheoretischer Perspektive ohnehin als „Erkenntnisblockierung" (1997: 24) begreift und allein den Beziehungsbegriff als „immer schon verkorksten Theorieanfang" (1990: 197) ablehnt.

kannt. Und gerade Plattformen wie Facebook oder StudiVZ eignen sich offenbar besonders gut dazu, solche *weak ties* ohne viel Aufwand dennoch langfristig verfügbar zu halten (Beher/Hilgert/Mämecke 2010; Ellison/Steinfield/Lampe 2007; Neuberger 2008).

Um SNPs in diesem Sinne klarer in den Blick zu bekommen, möchten wir sie im Folgenden im Anschluss an Parsons und mit Luhmann (1969: 224 ff.) hinsichtlich ihrer expressiven und instrumentellen Funktionen unterscheiden. Während die instrumentelle Funktion ihren Zweck der eigentlichen Handlung bzw. Kommunikation nachordnet und in jener lediglich ein Mittel identifiziert, diesen in der Zukunft zu erreichen, findet expressives Verhalten seinen Zweck bündig in der Gegenwart, im Vollzug der Handlung selbst. Interpretiert als Selbstzweck, konstituiert es Phänomene der Selbstdarstellung; die instrumentelle Funktion des Verhaltens fokussiert dagegen für die Zukunft zu lösende Probleme und eignet sich deshalb zur Rationalisierung des Handelns, um Zwecke mit entsprechenden Mitteln zukünftig zu erreichen.[19] Verschiedene SNPs können im Anschluss daran zunächst dahingehend unterschieden werden, inwiefern sie ihrerseits eher expressiven oder eher instrumentellen Funktionen eine exponierte Stellung einräumen: Werden in erster Linie Freundschaftssemantiken bedient und das Erschließen neuer Sozialkontakte unter der Prämisse von Geselligkeit in Aussicht gestellt? Oder stehen weitere oder zumindest darüber hinausreichende Nutzenerwägungen im Vordergrund, wie etwa berufliche Vorteile oder die Bereitstellung eines Schlafplatzes in einer fremden Stadt? Man könnte die instrumentelle oder expressive Rahmung der Portale dann dahingehend verstehen, dass sie ihre Nutzer mit Motiven versorgen, mit denen sie in diesem Rahmen legitim kommunizieren können[20]: So werden etwa auf XING oder JurNW konsistent instrumentelle Absichten sowohl bei Alter als auch bei Ego unterstellt, insofern diese Portale offensichtlich darauf abstellen, Kontakte zu ermöglichen, die Personen spezifische,

---

[19] Empirisch lässt sich zwar jederzeit an jeder als instrumentell bezeichneten Handlung immer auch eine expressive Seite identifizieren, wie auch – in abgeschwächter Form – komplementär expressives Verhalten häufig instrumentelle Aspekte impliziert – oder jedenfalls, nicht zuletzt gedeckt durch das Prinzip funktionaler Differenzierung selbst, durch einen Beobachter unterstellt werden kann. In diesem Sinne sind Instrumentalität und Expressivität als Variablen zu verstehen, deren Anteil an empirisch beobachtbarem Verhalten variiert und die stets in einem Mischungsverhältnis auftreten (vgl. Luhmann 1969: 224 ff.).

[20] Auch hier ist dabei kein psychologischer Motivbegriff impliziert, insofern die einzelnen Nutzer tatsächlich aus diesen und nur diesen Gründen heraus auf der Seite aktiv werden, auch wenn dies fallweise, vielleicht sogar mehrheitlich zutreffen mag. Versorgung mit Motiven meint vielmehr die Bereitstellung einer Semantik, auf die man sich argumentativ berufen kann – und der man in der Kommunikation Rechnung zu tragen hat. Die Funktion dieses Motivverständnisses liegt also auf der sozialen Ebene darin, dass Ausreden oder Begründungen „nur derjenige braucht, der ein [daran gemessen] ungewöhnliches, ein neuartiges oder ein situativ unpassendes Verhalten bevorzugt" (Kieserling 1999: 142).

im Wesentlichen ökonomische bzw. berufliche Vorteile wie Arbeitsplätze, Expertise oder Vertriebskanäle versprechen. Konsistent expressive Absichten sowohl bei Alter als auch bei Ego finden sich dagegen im Fall von StudiVZ oder ‚Wer kennt wen', die einen Rahmen für persönliche Selbstdarstellung und zweckfreie Geselligkeit legitimieren. Aber halten die Plattformen, was sie versprechen?

Mit Bezug auf Instrumentalität mag man zunächst an die zahlreichen Varianten nicht intendierter Zugriffe Dritter auf persönliche Profile denken, mit zum Teil unangenehmen Folgen: Auswertungen von Profilinformationen zur Personalselektion, für Werbezwecke oder massenmediale Verwertungen[21], Formen der Belästigung oder des Ausspionierens durch unerkannt bleibende Nutzer oder auch durch solche, die sich durch gefälschte Eigenprofile Zugang verschaffen, werden mittlerweile breit thematisiert (Whitty/Joinson 2009). Neben der Tatsache, dass solche Zugriffe nicht immer Instrumentalität als *kommunikative* Funktion realisieren – einige erscheinen ja gerade dann erfolgreich, wenn die Betroffenen davon gar nicht in Kenntnis gesetzt werden und auch keinerlei Anschlusskommunikation erfolgt – erscheint die Frage, inwiefern Phänomene dieses Typs tatsächlich stattfinden, vor allem eine empirische Frage zu sein, zu der bislang wenig Evidenz vorliegt. Dies gilt freilich nicht bloß für die nicht intendierten Anschlüsse, sondern in Teilen ebenso für solche instrumentellen Aktivitäten, die durch die von den Selbstbeschreibungen der Plattformen legitimierten Motive gedeckt sind. Denn sofern diese tatsächlich als „Vitamin B" in einem partikularistischen Sinn über persönliche Beziehungen und nicht über Sachkriterien vermittelt entstehen, erscheinen sie in der modernen Gesellschaft als nicht legitim und werden daher – darin ähnlich den nicht intendierten Anschlüssen – mit üblichen Methoden empirischer Befragung kaum erfasst werden können.

Im Normalfall wäre es aber auch wenig plausibel, spektakuläre partikularistische Leistungen gerade dann zu erwarten, wenn der oder die Begünstigte nicht einmal aus persönlichen Kontakten bekannt ist. Gerade Unbekannte werden, konfrontiert mit instrumentellen Absichten, die etwa an ihre Mitgliedschaftsrolle in einer Organisation gerichtet werden, mit hoher Wahrscheinlichkeit formalisiertes Verhalten an den Tag legen und folglich bloß marktübliche Angebote machen, auch dann, wenn die Bittsteller in ihrer weiteren Selbstdarstellung glaubwürdig und durch ihr Netz an Kontakten validiert erscheinen. In eben diesem Sinne können dann Plattformen wie XING ähnlich wie die Gelben Seiten oder der Stellenmarkt, universalistisch verstanden, durchaus erfolgreich Berufschancen eröffnen, dies vielleicht unter dem zusätzlichen Aspekt, dass über die Person

---

[21] Gewisse Zeitungen etwa bedienen sich reichlich und ohne juristische Klärung des Bildmaterials der SNPs, insbesondere wenn über Opfer von Gewaltverbrechen berichtet wird; vgl. z.B. die tageszeitung (taz), 26.3.2008: StudiVZ-Daten in der BILD-Zeitung. Jäger und Sammler, http://www.taz.de/1/leben/internet/artikel/1/jaeger-und-sammler (aufgerufen am 7.4.2009).

hinaus auch deren Beziehungen unter einem vergleichenden Gesichtspunkt in die Rekrutierungskriterien mit einbezogen werden können, mit allen Vor- *und* Nachteilen, die daran hängen. Persönliche Beziehungen werden dann weniger als Zubringer („Vitamin B"), sondern eher als Potenzen einer Person neben anderen relevant, die durchaus auch unter universalistischen und sachbezogenen Kriterien ausgewertet werden können. Inwiefern dies noch mit dem Alltagsverständnis des Networkings etwas zu tun hat, ist dann eine zweite Frage. Engere, auf Partikularismus und reziproke Leistungskommunikation abstellende Konzepte von Netzwerken, wie sie sich in der Systemtheorie etwa bei Tacke (2000) finden, sind diesbezüglich jedenfalls nur bedingt anschlussfähig. Und erfolgreicher Partikularismus, der bis zur tatsächlichen „Mobilisierbarkeit" (ebd.) von Personen erhebliche Hürden der Vertrauensbildung zu nehmen hätte, würde bereits durch die Selbstbeschreibung von Portalen wie XING, die den Nutzern instrumentelle Absichten geradezu unterstellen, wesentlich behindert.[22] In diesem Sinne lässt sich auch eine Pilotstudie von Renz (2006) an 17 Nutzern der SNP XING interpretieren, derzufolge auf dieser, zumindest an ihrer Mitgliederzahl gemessen, sehr erfolgreichen Plattform nur ausnahmsweise Neukontakte generiert werden (ebd.: 73 ff.). Deutlich mehr wird die Seite, wenn nicht als universalistisch verstandener Stellenmarkt ohne Darstellungs- bzw. Geheimhaltungszwänge persönlicher Bekanntschaft, so doch als „Freundeverwaltungstool" (ebd.) oder eben als Adressbuch für ohnehin bereits bekannte Personen genutzt.

„Vitamin B" scheint also über instrumentell gerahmte Kommunikation eher nicht zu entstehen, auch wenn sich dabei natürlich die grundsätzliche Frage stellt, welche Art von Leistungen über Vitamin B überhaupt vermittelt werden sollen. Einfache Gefälligkeiten etwa, die dem Geber keine hohen Kosten verursachen oder möglicherweise noch auf anderer Ebene mit Vorteilen für ihn verbunden sein könnten, sind in diesem Sinne wahrscheinlich um einiges leichter zu erhal-

---

[22] Bei diesem Motivverdacht handelt es sich um eine in Organisationen virulente Beobachtungsperspektive auf persönliche Kontakte: „Es gilt eine Art von Umkehrung des kategorischen Imperativs, die vorsieht, daß man den anderen nicht nur als Zweck, sondern immer auch als Mittel zu behandeln habe" (Kieserling 1999: 362). Insofern Selbstbeschreibungen von Businessplattformen wie XING einen entsprechenden Motivverdacht nicht nur anregen, sondern ihn zur Gewissheit wenden, nähren sie in der Perspektive einer Theorie sozialer Differenzierung besagten Zweifel, ob diese Rahmung dem Aufkeimen und Sichfestigen von persönlichen Beziehungen, die – im Gegensatz zu kollegialen Kontakten – nicht durch die Formalstruktur einer gemeinsamen Organisationsmitgliedschaft abgestützt und grundiert werden, grundsätzlich förderlich sind. Immerhin möglich scheint es, dass das Networking unter diesem Banner sich deutlich zäher und ertragsärmer darstellt, als die offiziellen Verlautbarungen es versprechen. Der Geschäftsführer von XING, Groß-Selbeck, bewirbt die Aktie der weltweit mittlerweile sieben Millionen Mitglieder umfassenden Plattform jedenfalls ungeachtet solcher Reflexionen mit dem Argument, in Zeiten der Wirtschaftskrise sei „Vitamin B wichtiger denn je". Frankfurter Allgemeine Sonntagszeitung, 5.4.2009: Aktie im Blick: XING. „In diesen Zeiten ist Vitamin B wichtiger denn je". 52

ten als geldwerte Güter oder Dienstleistungen. Denn letztere erfordern in der Regel hoch voraussetzungsvolle Sozialbeziehungen, deren zügige und vor allem rein virtuelle, nicht auf Face-to-Face-Kommunikationen rekurrierende Konstituierung eher nicht erwartet werden kann.

Leistungen dagegen, die dem Geber keine hohen Kosten verursachen, werden beispielsweise auf DIGG.de erfolgreich vermittelt. Nutzer stellen dort erfolgreich ihre Recherchearbeiten aus dem Netz anderen zur Verfügung, wenn dabei auch keine Tauschbeziehung im engeren Sinne vorliegt, insofern jedes Mitglied der Plattform ohne weitere Validierung oder Selektion durch den Geber auf diese Leistungen zugreifen kann. Ähnlich wie in Hilfeforen (die mittlerweile ihrerseits z. T. als „Netzwerke" firmieren, etwa auf www.wer-weiss-was.de) scheint hier der über die Gabe, also die Hilfeleistung selbst erzielte Achtungsgewinn auszureichen, eigene Informationen ohne explizite Gegenleistung anderen zur Verfügung zu stellen. Und auch Diskussionen in themenspezifischen Gruppen, die auf vielen SNPs bereitstehen, können in diesem Sinne durchaus auf nicht virtuelle Instrumentalitäten referieren, sofern hier ebenso – je nach dem spezifischen Thema der Gruppe – ‚nützliche' Informationen ausgetauscht werden.

Etwas voraussetzungsreicher, aber mindestens ebenso erfolgreich erscheint darüber hinaus couchsurfing.de in der privaten Vermittlung kostenbefreiter Schlafplätze in fremden Städten, jedenfalls, wenn man dem angeschlossenen Feedback- und Bewertungssystem vertraut. Bezeichnenderweise wird hier Instrumentalität aber mit der Voraussetzung verquickt, selbst ein ausführliches und eindeutig expressiv orientiertes Profil einzustellen, ohne selbst zwingend eine Leistung anzubieten. Entsprechende Anfragen können dann per räumlich orientierter Suchfunktion an andere, meist völlig unbekannte Profilinhaber gestellt werden, sodass in diesem Fall von indirekter Reziprozität gesprochen werden muss, insofern Begünstigte – wenn überhaupt – nicht automatisch auch im selben Interaktionszusammenhang als Leistungsanbieter erwartet werden. Das eigene, sichtbare Netzwerk sorgt also keinesfalls direkt für instrumentellen Erfolg in dem Sinne, dass Personen aus dem eigenen Netzwerk für Vorteile sorgen – vielmehr ergeben sich die Netzwerkkontakte oft erst darüber, dass man über eine städteweite Suchfunktion von gastfreundlichen Unbekannten einen Platz angeboten bekommt. Im Netzwerk bestätigt wird man folglich erst später, *nach* der eigentlichen Leistung und dem Kennenlernen vor Ort, was dann allerdings als Referenz bei der nächsten Anfrage um einen Schlafplatz bei Unbekannten im bereits dargestellten Sinn umso vertrauensbildender wirken kann. Immerhin lassen sich hier auf Grund der hohen Spezifizierung der Leistungen, die über die Plattform bereitgestellt werden sollen, Erfahrungen anderer auch besser auf den eigenen Kontakt übertragen, als wenn es z. B. eher diffus um Businesskontakte geht. Und auch mit Blick auf das eher junge und damit häufig gering verdienende, aber reisefreudige Publikum lässt sich festhalten, dass angesichts der Kosten für

Hotels äquivalente, nicht auf persönlichen Beziehungen beruhende Leistungen nirgendwo abgerufen werden können. Schon damit erreichen sie eine Legitimität, die anderen instrumentell interessierten Kontakten, sofern sie alternativ auch über universalistisch operierende Inklusionsmechanismen oder symbolisch generalisierte Kommunikationsmedien erhältliche Leistungen anfordern, unter Bedingungen funktionaler Differenzierung grundsätzlich abgeht.

Der Erfolg der Plattform wird dann offenbar gerade von ihrer stärkeren Berücksichtigung expressiver Aspekte bedingt: Wie auch DIGG legitimiert Couchsurfing zwar instrumentelle Zugriffe durch Fremde, institutionalisiert aber ebenso ganz explizit die Anlage expressiv konnotierter Profile. Und auch bei den gehandelten Gütern (kostenfreie Schlafplätze und Bereitstellung interessanter Informationen) liegen expressive Anschlusskommunikationen etwa im Sinne von Smalltalk oder Geselligkeitserwartungen zumindest auf Seiten der Gastgeber mit einiger Wahrscheinlichkeit nahe. Überhaupt befördert eine expressive Rahmung schon deswegen auch instrumentelle Leistungen, weil sie sich völlig abseits der Frage ihrer Legitimität jederzeit auf der sozialen Ebene als Freundschaftsleistungen (oder jedenfalls: gast*freundliche* Leistung) kommunizieren lassen, die über ganz andere Kategorien konditioniert werden und deren Bestätigung ohne zeitlich eng gekoppelte Gegenleistungen geradezu erwartet wird (Blau 1968). „Vitamin B" wird dann nach der Logik von Kommunikation gar nicht als instrumentelle Funktion, sondern vielmehr als Korrelat von Expressivität behandelt.

Aus einer verallgemeinerten Perspektive von „Netzwerkbeziehungen" lässt sich daran vielleicht lernen, dass sie gerade instrumentelle Leistungen häufig unter den Vorzeichen von Expressivität bereitstellen. Erst deren Selbstgenügsamkeit, deren unmittelbare Befriedigung der Selbstdarstellungsbedürfnisse Alters und Egos und deren apriorische Unterdrückung komplexer Berechnungen zum Ausgleich der Ansprüche (Kaufmann 1994: 199 ff.) bieten den Rahmen dafür, gleichsam beiläufig und als Bestätigung der Freundschaft als solcher, instrumentelle Funktionen partikularistisch bereitzustellen. Wenn man so will, müssen sich Gaben solcher Art nicht nur oder vielleicht nicht einmal in erster Linie nach außen (Werron in diesem Band), gegenüber Fremden, gegenüber der Gesellschaft und ihrer Norm des Universalismus invisibilisieren, sondern ebenso und vielleicht vorrangig nach innen, gegenüber dem Begünstigten selbst. Für das Phänomen der als Sozialkapital gehandelten Beziehungen dürfte ohnehin typisch sein, dass Instrumentalität auf der Ebene von Kommunikation nicht in der Schärfe ausdifferenziert und rationalisiert werden kann, wie das im Vergleich dazu im Kontext formaler Organisation möglich ist. Entscheiden könnte dann eher der richtige Habitus, die Fähigkeit, einschlägige Kontakte mit souveräner Selbstverständlichkeit zu handhaben und ihren möglichen Nutzen möglichst implizit mitlaufen und nur beiläufig einfließen zu lassen, ohne dass man darauf festgelegt wäre (Bourdieu

1983).[23] Plattformen, die demgegenüber schon auf ihren Startseiten mit partikularen Begünstigungen werben, scheinen folglich das eigene Scheitern selbst zu
befördern. Zwar muss man – im Falle von Couchsurfing – vielleicht nicht als
Freund im engeren Sinne auftreten, wenn man nach einem Schlafplatz verlangt.
Sehr wohl aber sollte man sein Ansinnen auch hier genau so darstellen, dass
die Freude über die neuen Bekanntschaften und nicht die Schonung des eigenen
Geldbeutels in den Vordergrund rückt.

Schon deshalb sind Plattformen mit einer solchen Semantik wohl auch am
erfolgreichsten in Bezug auf die Generierung von Neukontakten: Expressivität
erscheint, auch als Mittel von Personalisierung schlechthin, in unserem Zusammenhang voraussetzungsloser und deshalb schon intuitiv gerade für Kontakte
via SNPs, die über bloße Personalsuche nach universalistischen Kriterien hinaus-
reichen soll, weitaus geeigneter. Auch empirisch spricht einiges für diese These:
So ergab eine Untersuchung über das StudiVZ an 1316 zufällig ausgewählten
Nutzern unter anderem, dass etwa die Hälfte aller Personen bereits Kontakte
geschlossen hatten, die über das Portal selbst kennen gelernt wurden, und in
beachtlichem Maß Freundschaften und heterosexuelle Beziehungen geschlossen wurden, die rein über die Plattform selbst vermittelt waren (Beher/Hilgert/
Mämecke 2010). Ähnlich wie bei Couchsurfing erschien aber auch die instrumentell zu interpretierende, wenn auch eher marginale Funktion des Findens von
Lern- und Übungsgruppen überaus erfolgreich: Über zwei Drittel der daran interessierten Personen kamen hier zum Zuge (vgl. im Einzelnen ebd.). Ähnlich wie
bei Couchsurfing schien aber auch dabei die eigentliche Netzwerkfunktion , d. h.
die Sichtbarkeit der Bekanntheitsstufen im Milgram'schen Sinne, für die Generierung von Neukontakten gar keine entscheidende Rolle zu spielen: Neukontakte wurden unter Fremden mit nahezu gleicher Wahrscheinlichkeit geschlossen
wie unter Personen, die über eine oder mehrere Mittelspersonen bereits indirekt
miteinander verbunden waren. Netzwerke auf SNPs sollten auch demnach – entgegen den üblichen Slogans – kaum vorrangig als direkte Zubringer zu neuen
Bekanntschaften interpretiert werden. Wie bereits im vergangenen Abschnitt
dargelegt und am Beispiel von Couchsurfing illustriert, scheinen sie ganz allgemein eher indirekt, hinsichtlich ihrer Validierungsfunktion durch Dritte, relevant.

---

[23] Dies wiederum kann durch die ‚Norm der Reziprozität' als einem Mechanismus der permanenten
Offenhaltung von unspezifischen Dankesverpflichtungen (Blau 1968) erklärt werden. Eine Rationalisierung der Instrumentalität, wie sie für geldvermittelten Tausch typisch ist, würde der Etablierung
einer in diesem Sinn belastbaren Beziehung entgegenwirken; die starke Thematisierung der Instrumentalität kann überdies bei demjenigen, der in Vorleistung geht, Zweifel bezüglich der zukünftigen
Erwiderungsbereitschaft auslösen. Expressivität kann nach dieser Lesart dann als Schmiermittel
angesehen werden, das diese Vertrauensprobleme zu lösen hilft und insofern selbst eine – latent zu
haltende – instrumentelle Funktion hat.

6 SNPs in der funktional differenzierten Gesellschaft: Ein vorläufiges Resümee

SNPs stellen keine von aller übrigen gesellschaftlichen Wirklichkeit geschiedene Sphäre dar, sondern sie bedienen sich bei der Konditionierung von kommunikativen Selbstdarstellungsformaten und legitimen Teilnahmemotiven semantischer Ausstattungen von Funktionssystemen und den mit ihnen assoziierten Organisationen. Dabei einer Logik der Personalisierung folgend, lässt sich die anlaufende Kommunikation allerdings kaum in den Schranken je spezifischer Funktionssysteme halten, sondern sie zeigt starke Tendenzen zu Polykontexturalität. Den internen Ordnungsaufbau von SNPs konstituiert deren Vernetzungsstruktur wie insbesondere die Möglichkeit, soziale Beziehungen für Dritte sichtbar zu machen. Eine Funktion dieser Vernetzung kann, ganz im Gegensatz zu der viel beschworenen Anonymität des Internets, in der Validierung und Konditionierung von individuellen Selbstdarstellungen durch Bekannte gesehen werden. Dieser Mechanismus lässt sich funktional auf das Problem der Vertrauensbildung gegenüber Unbekannten rückbeziehen – und wirft seinerseits Folgeprobleme auf, die aus der Differenzierung von Bekanntenkreisen mit ihren je eigenen Erwartungsstrukturen und der zugleich beinahe universalen Abrufbarkeit verschiedenster Profile derselben Person resultieren. Neue, belastbare Kontakte entstehen auf SNPs schließlich in den engmaschigen Reziprozitäten der geselligen Rede und Gegenrede, die über gegenseitige Validierung im Hier und Jetzt auch unter virtuellen Bedingungen keine größeren, einseitigen Schulden anwachsen lassen. Nur wenn sie nicht auf die virtuelle Kommunikation beschränkt bleiben, sondern sich im Rahmen von Face-to-Face-Interaktionen festigen und vertiefen, werden auch erhebliche Potentiale instrumentell ertragreicher Beziehungen entfaltet. Nützlichkeitsversprechen lassen sich dann gerade hier am ehesten einlösen, in gleichsam sicherer Distanz zu den kostenarmen Vorteilnahmen, die manche Plattformen ihren Nutzern allzu vollmundig verheißen.

Literatur

Arntzen, Friedrich (1970): Psychologie der Zeugenaussage. Göttingen: Hogrefe

Beher, Stefan/Hilgert, Christian/Mämecke, Thorben (2010): Kontaktgenerierung auf StudiVZ: Wie über Social Networking Platforms alte Freundschaften gepflegt und neue geschlossen werden. Ms., eingereicht für Heft 3/2010 der Österreichischen Zeitschrift für Soziologie

Blau, Peter M. (1968): Social Exchange. In: Sills, David (Hrsg.), International Encyclopedia 7. New York et al.: Free Press and Macmillan. 452–457

Bommes, Michael/Tacke, Veronika (2007): Netzwerke in der „Gesellschaft der Gesellschaft". Funktionen und Folgen einer doppelten Begriffsverwendung. Soziale Systeme 13. 9–20

Bourdieu, Pierre (1983): Ökonomisches Kapital – Kulturelles Kapital – Soziales Kapital. In: Kreckel, Reinhard (Hrsg.), Soziale Ungleichheiten (Soziale Welt, Sonderbd. 2). 183–198

Bourdieu, Pierre/Passeron, Jean-Claude (1971): Die Illusion der Chancengleichheit. Untersuchungen zur Soziologie des Bildungswesens am Beispiel Frankreichs. Stuttgart: Klett

Brinkmann, Ulrich/Seifert, Matthias (2001): Face to Interface: Zum Problem der Vertrauenskonstitution im Internet am Beispiel von elektronischen Auktionen. In: Zeitschrift für Soziologie 30. 23–47

Castells, Manuel (2005): Virtuelle Gemeinschaft oder Netzwerkgesellschaft? In: ders., Die Internet-Galaxie. Internet, Wirtschaft und Gesellschaft. Wiesbaden: VS-Verlag. 129–148

Döbler, Thomas (2008): Zum Einsatz von Social Software in Unternehmen. In: Stegbauer, Christian/Häckel, Michael (Hrsg.), Social Software – Formen der Kooperation in computerbasierten Netzwerken. Wiesbaden: VS Verlag 119–137

Ellison, Nicole/Steinfield, Charles/Lampe, Cliff (2007): The Benefits of Facebook „friends:" Social Capital and College Students' Use of Online Social Network Sites. In: Journal of Computer-Mediated Communication 12, http://jcmc.indiana.edu/vol12/issue4/ellison.html (aufgerufen am 7.4.2009)

Fuchs, Peter (1997): Adressabilität als Grundbegriff der soziologischen Systemtheorie. In: Soziale Systeme 3. 57–79

Fuhse, Jan (2005): Persönliche Netzwerke in der Systemtheorie, http://elib.uni-stuttgart.de/opus/volltexte/2006/2509/pdf/SPN_SISS.pdf (aufgerufen am 7.4.2009)

Goffman, Erving (1971): Verhalten in sozialen Situationen, Gütersloh: Bertelsmann

Granovetter, Marc (1973): The Strength of Weak Ties. In: American Journal of Sociology 78. 1360–1380

Hanke, Stephanie (1999): Klientelismus als System. In: Lauth, Hans-Joachim/Liebert, Ulrike (Hrsg.), Im Schatten demokratischer Legitimität. Opladen: Westdeutscher Verlag. 277–293

Hayek, Friedrich A. von (1972): Die Theorie komplexer Phänomene. Vorträge und Aufsätze. Tübingen: J. C. B Mohr

Heintz, Bettina (2000): Gemeinschaft ohne Nähe? Virtuelle Gruppen und reale Netze. In: Thiedeke, Udo (Hrsg.), Virtuelle Gruppen. Charakteristika und Problemdimension. Opladen: Westdeutscher Verlag. 188–218

Hillebrandt, Frank (1999): Exklusionsindividualität. Moderne Gesellschaftsstruktur und soziale Konstruktion des Menschen. Opladen: Leske und Budrich

Holzer, Boris (2006): Netzwerke. Bielefeld: transcript

Junker, Jean-Pierre (1971): Entfremdung von der Rolle – Ein Nachtrag zu Goffmans Konzept der Rollendistanz. Bern/Stuttgart: Paul Haupt

Kaufmann, Jean-Claude (1994): Schmutzige Wäsche. Zur ehelichen Konstruktion von Alltag. Konstanz: UVK

Kaufmann, Jean-Claude (2004): Die Erfindung des Ich. Konstanz: UVK

Kersten, Catrin (2008): Orte der Freundschaft. Niklas Luhmann und das „Das Meer in mir" (Kaleidogramme 22). Berlin: Kadmos

Kieserling, André (1999): Interaktion unter Anwesenden. Studien über Interaktionssysteme. Frankfurt a. M.: Suhrkamp

Kardorff, Ernst von (2008): Virtuelle Netzwerke – Neue Formen der Kommunikation und Vergesellschaftung? In: Willems, Herbert (Hrsg.), Weltweite Welten. Internet Figurationen aus wissenssoziologischer Perspektive. Wiesbaden: VS Verlag

Luhmann, Niklas (1969): Legitimation durch Verfahren. Frankfurt a. M.: Suhrkamp

Luhmann, Niklas (1962): Funktionen und Folgen formaler Organisation. Berlin: Duncker & Humblot

Luhmann, Niklas (1970a): Reflexive Mechanismen. In: ders., Soziologische Aufklärung 1. Aufsätze zur Theorie sozialer Systeme. Opladen: Westdeutscher Verlag. 92–112

Luhmann, Niklas (1970b): Selbststeuerung der Wissenschaft. In: ders., Soziologische Aufklärung 1. Aufsätze zur Theorie sozialer Systeme. Opladen: Westdeutscher Verlag. 232–252

Luhmann, Niklas (1975): Interaktion, Organisation, Gesellschaft. In: ders., Soziologische Aufklärung 2. Aufsätze zur Theorie der Gesellschaft. Opladen: Westdeutscher Verlag. 9–20

Luhmann, Niklas (1981): Die Unwahrscheinlichkeit der Kommunikation. In: Ders, Soziologische Aufklärung 3. Soziales System, Gesellschaft Organisation. Opladen: Westdeutscher Verlag. 25–34

Luhmann, Niklas (1982): Liebe als Passion. Frankfurt a.M: Suhrkamp

Luhmann, Niklas (1984): Soziale Systeme. Frankfurt a.M: Suhrkamp

Luhmann, Niklas (1990): Sozialsystem Familie. In: ders., Soziologische Aufklärung 5, Konstruktivistische Perspektiven. Opladen: Westdeutscher Verlag. 196–217

Luhmann, Niklas (1995a): Die Kunst der Gesellschaft. Frankfurt a. M.: Suhrkamp

Luhmann, Niklas (1995b): Kausalität im Süden. In: Soziale Systeme 1. 7–28

Luhmann, Niklas (1997): Die Gesellschaft der Gesellschaft, Frankfurt a. M.: Suhrkamp

Luhmann, Niklas (2008): Liebe. Eine Übung. Hrsg. von André Kieserling, Frankfurt a. M.: Suhrkamp

Meissner, Jens (2007): Herausforderung Computerkommunikation. Eine konstruktivistische Perspektive auf organisationale Kommunikation im Kontext neuer Medien. Heidelberg: Carl Auer

Milgram, Stanley (1967): The Small World Problem. In: Psychology Today. May. 60–67

Neuberger, Christoph (2008): Wie soziale Kontakte im StudiVZ geknüpft und gepflegt werden. Neue Gegenwart 56, http://neue-gegenwart.org/ausgabe56/studivz.htm (aufgerufen am 1.5.2009)

Nielsen Reports (2009): Global Faces and Networked Places, http://en-us.nielsen.com/main/insights/reports (aufgerufen am 7.4.2009)

Pahl, Folker (2003): Cybertrust – Die Rolle des Sozialen im Digitalen. In: Schetsche, Michael/Lehmann, Kai (Hrsg.), Netzwerker Perspektiven. Bausteine einer praktischen Soziologie des Internet. Regensburg: S. Roderer

Renz, Florian (2006): Praktiken des online-gestützten Netzwerkens am Beispiel von open-BC. Diplomarbeit, Universität Bamberg, http://www.flo-renz.de (aufgerufen im Winter 2007)

Schmidt, Johannes F.K. (2007): Beziehung als systemtheoretischer Begriff. In: Soziale Systeme 13. 516–527

Schmidt, Jan (2008): Zu Form und Bestimmungsfaktoren weblogbasierter Netzwerke. Das Beispiel twoday.net. In: Stegbauer, Christian/Häckel, Michael (Hrsg.), Social Software – Formen der Kooperation in computerbasierten Netzwerken. Wiesbaden: VS Verlag. 71–95

Sebald, Gerd (2008): Person und Vertrauen. Mediale Konstruktionen in den Online-Kooperationen der Free/Open-Source-Softwareentwicklung. In: Stegbauer, Christian/Häckel, Michael (Hrsg.): Social Software – Formen der Kooperation in computerbasierten Netzwerken. Wiesbaden: VS Verlag. 11–27

Simmel, Georg (1957): Fragment über die Liebe. In: ders., Brücke und Tür. Essays des Philosophen zur Geschichte, Religion, Kunst und Gesellschaft. Hrsg. von Michael Landmann und Margarete Susman, Stuttgart: K.F. Koehler. 17–28

Stegbauer, Christian (2006): Von den online communties zu den computervermittelten Netzwerken. In: Stegbauer, Christian/Rausch, Alexander (Hrsg.), Strukturalistische Internetforschung – Netzwerkanalysen internetbasierter Kommunikationsräume, Wiesbaden: VS-Verlag. 67–95.

Stegbauer, Christian/Rausch, Alexander (2001): Die schweigende Mehrheit. „Lurker" in internetbasierten Diskussionsforen. In: Zeitschrift für Soziologie 30. 48–64

Stichweh, Rudolf (1988): Inklusion in Funktionssysteme der modernen Gesellschaft. In: Renate Mayntz et al. (Hrsg.), Differenzierung und Verselbstständigung. Frankfurt a.M.: Campus. 261–293

Stichweh, Rudolf (2000): Adresse und Lokalisierung in einem globalen Kommunikationssystem. In: ders., Die Weltgesellschaft. Soziologische Analysen. Frankfurt am Main: Suhrkamp. 220–231

Tacke, Veronika (2000): Netzwerk und Adresse. In: Soziale Systeme 6. 291–320

Tacke, Veronika (2001): Funktionale Differenzierung als Schema der Beobachtung von Organisationen. Zum theoretischen Problem und empirischen Wert von Organisationstypologien. In: dies. (Hrsg.), Organisation und gesellschaftliche Differenzierung, Wiesbaden: VS-Verlag. 141–169

Tacke, Veronika (2008): Neutralisierung, Aktualisierung, Invisibilisierung. Zur Relevanz von Geschlecht in Systemen und Netzwerken. In: Sylvia M. Wilz (Hrsg.), Geschlechterdifferenzen – Geschlechterdifferenzierungen. Wiesbaden: VS-Verlag. 253–289

Tyrell, Hartmann (2008): Zweierlei Differenzierung: Funktionale und Ebenendifferenzierung im Frühwerk Niklas Luhmanns. In: ders., Soziale und gesellschaftliche Differenzierung. Aufsätze zur soziologischen Theorie. Wiesbaden: VS-Verlag. 55–72

Whitty, Monica/Joinson, Adam (2009): Truth, Lies and Trust on the Internet. London: Psychology Press

Autorenverzeichnis

Stefan Beher, Dipl.-Psych./Dipl.-Soz., ist Lehrkraft für besondere Aufgaben an der Fakultät für Soziologie der Universität Bielefeld

Cristina Besio, Dr. rer. soc., ist wissenschaftliche Mitarbeiterin am Institut für Soziologie der TU Berlin

Michael Bommes, Dr. phil., ist Professor für Soziologie/Methodologie interkultureller und interdisziplinärer Migrationsforschung am Fachbereich Sozialwissenschaften der Universität Osnabrück

Peter Hertner, Dr. rer. pol., ist Professor i. R. für Wirtschafts- und Sozialgeschichte am Institut für Geschichte der Martin-Luther-Universität Halle-Wittenberg

Christian Hilgert, Dipl.-Soz., ist Doktorand im Graduiertenkolleg „Weltgesellschaft" an der Fakultät für Soziologie der Universität Bielefeld

Boris Holzer, Ph.D., ist Professor für Politische Soziologie an der Fakultät für Soziologie der Universität Bielefeld

Klaus P. Japp, Dr. phil., ist Professor für Politische Kommunikation und Risikosoziologie an der Fakultät für Soziologie der Universität Bielefeld

Isabel Kusche, Dr. phil., ist wissenschaftliche Mitarbeiterin im Fachgebiet Allgemeine Soziologie am Fachbereich Sozialwissenschaften der Universität Osnabrück

Karl-Heinz Ladeur, Dr. iur., ist em. Professor für öffentliches Recht an der Universität Hamburg und Distinguished Bremen Professor an der Bremen International Graduate School of Social Sciences

Thorben Mämecke studiert Soziologie an der Universität Bielefeld

Wolfgang Ludwig Schneider, Dr. rer. soc., ist Professor für Allgemeine Soziologie am Fachbereich Sozialwissenschaften der Universität Osnabrück

Veronika Tacke, Dr. rer. soc., ist Professorin für Organisationssoziologie an der Fakultät für Soziologie der Universität Bielefeld

Tobias Werron, Dr., ist Akademischer Rat an der Fakultät für Soziologie der Universität Bielefeld

MIX
Papier aus verantwortungsvollen Quellen
Paper from responsible sources
FSC® C105338

If you have any concerns about our products,
you can contact us on
ProductSafety@springernature.com

In case Publisher is established outside the EU,
the EU authorized representative is:
Springer Nature Customer Service Center GmbH
Europaplatz 3, 69115 Heidelberg, Germany

Printed by Libri Plureos GmbH
in Hamburg, Germany